Remschmidt
Adoleszenz

Adoleszenz

Entwicklung und Entwicklungskrisen im Jugendalter

Helmut Remschmidt

53 Abbildungen, 16 Tabellen

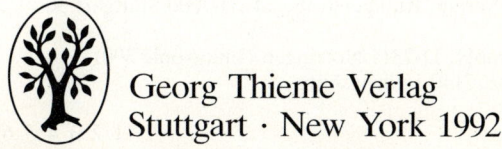

Georg Thieme Verlag
Stuttgart · New York 1992

Prof. Dr. med. Dr. phil. Helmut Remschmidt
Direktor der Klinik und Poliklinik für Kinder- und Jugendpsychiatrie
Geschäftsführender Direktor des Zentrums für Nervenheilkunde
der Philipps-Universität
Hans-Sachs-Straße 6, 3550 Marburg

Die Deutsche Bibliothek — CIP-Einheitsaufnahme

Remschmidt, Helmut:
Adoleszenz : Entwicklung und Entwicklungskrisen im
Jugendalter; 16 Tabellen / H. Remschmidt. — 1. Aufl. —
Stuttgart ; New York : Thieme, 1992

Wichtiger Hinweis: Wie jede Wissenschaft ist die Medizin ständigen Entwicklungen unterworfen. Forschung und klinische Erfahrung erweitern unsere Erkenntnisse, insbesondere was Behandlung und medikamentöse Therapie anbelangt. Soweit in diesem Werk eine Dosierung oder eine Applikation erwähnt wird, darf der Leser zwar darauf vertrauen, daß Autoren, Herausgeber und Verlag große Sorgfalt darauf verwandt haben, daß diese Angabe dem Wissensstand bei Fertigstellung des Werkes entspricht.
Für Angaben über Dosierungsanweisungen und Applikationsformen kann vom Verlag jedoch keine Gewähr übernommen werden. Jeder Benutzer ist angehalten, durch sorgfältige Prüfung der Beipackzettel der verwendeten Präparate und gegebenenfalls nach Konsultation eines Spezialisten festzustellen, ob die dort gegebene Empfehlung für Dosierungen oder die Beachtung von Kontraindikationen gegenüber der Angabe in diesem Buch abweicht. Eine solche Prüfung ist besonders wichtig bei selten verwendeten Präparaten oder solchen, die neu auf den Markt gebracht worden sind. Jede Dosierung oder Applikation erfolgt auf eigene Gefahr des Benutzers. Autoren und Verlag appellieren an jeden Benutzer, ihm etwa auffallende Ungenauigkeiten dem Verlag mitzuteilen.

© 1992 Georg Thieme Verlag, Rüdigerstraße 14, D-7000 Stuttgart 30
Printed in Germany
Satz: Robert Hurler GmbH, D-7311 Notzingen (Linotronic 300)
Druck: Druckhaus Götz, 7140 Ludwigsburg

ISBN 3-13-767701-7   1 2 3 4 5 6

Frau Prof. Dr. med. Doris Weber
in freundschaftlicher Verbundenheit gewidmet

Vorwort

Es ist auffallend, wie wenig die Tatsache, daß jeder Erwachsene einmal selbst Jugendlicher war, dazu beiträgt, ein tieferes Verständnis für diese Entwicklungsphase aufzubringen. Noch heute gilt, was Eduard Spranger bereits 1926 ausgeführt hat:

„In keinem Lebensalter hat der Mensch ein so starkes Bedürfnis nach Verstandenwerden wie in der Jugendzeit. Es ist, als ob nur durch ein tieferes Verstehen dem werdenden Wesen herausgeholfen werden könnte. Und doch wirkt eine Fülle von Umständen zusammen, um ein solches Verständnis zu erschweren oder gar zu verhindern."

Ausgehend von dieser Beobachtung soll mit dem vorliegenden Buch der Versuch unternommen werden, über eine detaillierte Darstellung normaler Entwicklungsvorgänge mehr Verständnis für die vielfältigen Veränderungen, Probleme und Krisen der Adoleszenz zu erreichen. Dabei muß im Auge behalten werden, daß die Lebensphase der Adoleszenz keineswegs generell als Krisenzeit oder gar als krankheitsbegünstigende Entwickungsphase angesehen werden kann. Vielmehr setzt die Mehrzahl der jungen Menschen den Weg ins Erwachsenenalter zielstrebig und ohne nennenswerte Beeinträchtigungen fort. Ein kleiner Teil freilich gerät in Entwicklungs- und Individuationskrisen, und etwa 10—12% werden psychisch krank. Auch ihre Probleme lassen sich am besten über die Kenntnis normaler Entwicklungsvorgänge verstehen, aus deren Zuspitzung oder Abweichung sie sich vielfach ergeben.

Psychische Erkrankungen in der Adoleszenz sind allerdings nicht Thema dieses Buches, sondern eines umfangreicheren Werkes, „Psychiatrie der Adoleszenz", das etwa zeitgleich im selben Verlag erscheint. Beide Bücher korrespondieren insofern miteinander, als die Kenntnis der hier beschriebenen Vorgänge der *normalen Entwicklung* unabdingbare Voraussetzung für das Verständnis psychischer Störungen und Erkrankungen sind. Sie werden deshalb in knapper Form auch in der „Psychiatrie der Adoleszenz" abgehandelt.

Die hier gegebene Darstellung ist einem *interdisziplinären Ansatz* verpflichtet und geht daher gleichermaßen auf die biologischen, psychologischen und psychosozialen Aspekte der Adoleszenz ein wie auf transkulturelle Perspektiven und Theorienbildung. Die letzten beiden Kapitel „Psychische Gesundheit und Krankheit" und „Entwicklungskrisen" stellen dabei die Brücke zur „Psychiatrie der Adoleszenz" her. Diese Kapitel sollen zugleich auch zu einem verständnisvollen Umgang mit Jugendlichen beitragen und Besonderheiten des diagnostischen und therapeutischen Vorgehens im Falle von Entwicklungskrisen oder psychischen Störungen herausstellen.

Das Buch wendet sich an einen interdisziplinären Leserkreis, zu dem Ärzte, Psychologen und Pädagogen ebenso gehören wie in der Praxis der Jugendarbeit Tätige und Eltern.

Bei der Konzeption und Abfassung dieses Buches habe ich zahlreiche Hilfestellungen erfahren, die mich mit Dankbarkeit erfüllen. Mein Dank gilt zunächst meinen engsten klinischen und wissenschaftlichen Mitarbeitern, die durch permanenten Meinungsaustausch und wohlmeinende Kritik die Entstehung dieses Buches wesentlich gefördert haben: den Oberärzten der Klinik Herrn PD Dr. Mathias Martin und Herrn Prof. Dr. Andreas Warnke, dem leitenden Psychologen Herrn Dr. Gerhard Niebergall, dem Leiter der Familienambulanz Herrn PD Dr. Fritz Mattejat. Frau Renate Ihle (Berlin) hat die ersten Teile des Manuskriptes geschrieben, ihre Arbeit wurde von Frau Elisabeth Le Guillarme, Frau Inge Grundel und Frau Inga Engel fortgesetzt. Herr Dipl. Psych. Kurt Quaschner hat Korrektur gelesen und das Sachregister angefertigt. Ihnen allen sei herzlich gedankt.

Ein besonderer Dank gilt Frau Diplom-Psychologin Monika Becker, die unermüdlich die verschiedenen Versionen des Manuskriptes mit mir diskutiert hat und der ich nicht nur für die kompetente Hilfe bei allen redaktionellen Arbeiten zu danken habe, sondern auch für manchen Verbesserungsvorschlag.

Ein herzlicher Dank gilt schließlich dem Georg Thieme Verlag und seinen Mitarbeitern, insbesondere Herrn Dr. Dieter Bremkamp, für die stets harmonische Zusammenarbeit, nicht nur bei diesem Buch, sondern über mittlerweile mehr als zwanzig Jahre.

Das Buch ist in freundschaftlicher Verbundenheit Frau Prof. Dr. Doris Weber gewidmet, der ich in langer Zusammenarbeit manche fachlichen und menschlichen Einsichten verdanke.

Marburg, im Februar 1992 Helmut Remschmidt

Inhaltsverzeichnis

1. Begriff der Adoleszenz und historische Aspekte

1.1 Die Begriffe Pubertät und Adoleszenz

Als **Adoleszenz** wird die Lebensphase bezeichnet, die den *Übergang von der Kindheit zum Erwachsenenalter* markiert. Diese bewußt sehr weit gefaßte Umschreibung zeigt, daß nur eine *mehrdimensionale Betrachtung* den vielfältigen Problemen der Adoleszenz gerecht werden kann. Denn dieser Übergang geht mit einer Reihe tiefgreifender körperlicher Veränderungen einher (s. Kap. 2), er bringt zahlreiche psychische Wandlungen mit sich (s. Kap. 3), führt manchmal zu heftigen Auseinandersetzungen mit der Gesellschaft und ihren Institutionen (Elternhaus, Schule, Beruf usw.) (s. Kap. 4) und weist schließlich bei einheitlichen biologischen Gegebenheiten zahlreiche soziokulturelle Differenzen auf (s. Kap. 5).

Die Berechtigung einer solchen mehrdimensionalen Betrachtung, die wir auch dieser Darstellung zugrunde legen, wird durch eine Fülle empirischer Daten gestützt. So sind die somatischen Veränderungen Ausdruck endogen-biologischer Reifungsabläufe und gewiß nicht soziokulturell erklärbar. Hingegen lassen sich viele psychische und psychosoziale Probleme (z. B. die Wandlungen der Vorstellung vom eigenen Körper, die Suche nach Identität, die Entwicklung eines Wertesystems, die Übernahme der Geschlechtsrolle – alles Faktoren, deren Bedeutsamkeit für die Adoleszenz in unserem Kulturkreis als bewiesen angesehen werden kann) nicht auf biologische Faktoren reduzieren. Ebensowenig ist das in manchen Kulturen geläufige, in anderen jedoch unbekannte Phänomen einer stürmischen, mit heftigen Aggressionen einhergehenden krisenhaften Pubertätsphase ausschließlich biologisch erklärbar. Auch ist die Dauer der als Adoleszenz bezeichneten Entwicklungsphase kulturabhängig. Abgesehen davon unterliegt die Betrachtung der Adoleszenz historischen Wandlungen und modischen Zeitströmungen, wobei sich gegenwärtig das Pendel mehr zur psychologisch-soziologischen Seite neigt.

Unter Berücksichtigung dieser Gesichtspunkte, die zugleich als relativierende Faktoren zu betrachten sind, läßt sich zur Definition von Pubertät und Adoleszenz ausführen:

Pubertät ist ein primär biologischer Begriff. Es hat Versuche gegeben, eine „physische Pubertät" von einer „psychischen Pubertät" zu unterscheiden (Ch. Bühler 1922), manche Autoren sprechen auch von einer

„Kulturpubertät" oder einer „sozialen Pubertät" (Bertlein 1960). Diese Bezeichnungen sind unglücklich und sollten aufgegeben werden. Pubertät umschreibt vielmehr die biologischen und physiologischen Veränderungen, die mit der körperlichen und sexuellen Reifung verbunden sind. Sie wird markiert durch das Auftreten der Menarche bzw. der ersten Ejakulation. Diese Merkmale sind allerdings als Grenzmarken für das Einsetzen der Pubertät insofern umstritten, als bereits vor deren Eintritt puberale Veränderungen begonnen haben (s. Kap. 2).

Adoleszenz bezieht sich im Unterschied dazu mehr auf die *psychologische* Bewältigung der körperlichen und sexuellen Reifung oder „die Anpassung der Persönlichkeit des Kindes an die Pubertät" (Bernfeld 1938). *Pubertät* umfaßt also mehr den *körperlichen* Reifungsaspekt, Adoleszenz den psychischen Entwicklungsaspekt. Da die körperlichen Reifungsvorgänge gewissermaßen den Anstoß für alle folgenden Wandlungen geben, läßt sich die *Pubertät als Beginn der Adoleszenz* auffassen.

Der Umgang mit der Terminologie in diesem Gebiet wird dadurch erschwert, daß einige Begriffe, die zur Kennzeichnung verschiedener *Altersstufen* verwendet werden, rechtlich definiert sind und andere nicht. Tab. 1.**1** gibt neun Begriffe wieder, von denen die ersten sieben gesetzlich definiert sind, die letzten beiden (Pubertät und Adoleszenz) jedoch nicht. Die Altersstufe der 18- bis 21jährigen wurde bis 1974 als Heranwachsendenalter bezeichnet. Durch das 1975 in Kraft getretene Gesetz zur Herabsetzung des Volljährigkeitsalters entfällt diese Altersklasse im rechtlichen Sinne. Der Begriff wird aber vielfach noch gebraucht, manchmal auch im Sinne von Adoleszenz. Letztere Anwendung ist jedoch nicht richtig, da Adoleszenz einen weit größeren Zeitraum umfaßt.

Im folgenden gehen wir von einem umfassenden Adoleszenzbegriff aus, der die Altersgruppe vom 12. bzw 14. bis zum 25. Lebensjahr umfaßt. Dieser Begriff, der von manchen Autoren synonym mit „Jugend" oder „jüngere Generation" angewandt wird, läßt sich eingedenk der eingangs skizzierten Vielschichtigkeit der körperlichen und psychischen Veränderungen wie folgt präzisieren und differenzieren:

1. *Biologisch* gesehen, umfaßt Adoleszenz die Gesamtheit der somatischen Veränderungen, die sich am augenfälligsten in der körperlichen Entwicklung und der sexuellen Reifung zeigen.

2. *Psychologisch* betrachtet, umfaßt sie die Gesamtheit der individuellen Vorgänge, die mit dem Erleben, der Auseinandersetzung und der Bewältigung der somatischen Wandlungen sowie den sozialen Reaktionen auf diese verbunden sind. Dabei kommen insofern psy-

Tabelle 1.**1** Die verschiedenen Altersstufen in Kindheit und Adoleszenz

Bezeichnung	Kriterien
Säuglingsalter	Geburt bis Ende des 1. Lebensjahres
Kindesalter	Geburt bis Ende des 13. Lebensjahres
Jugendalter	14−18 Jahre
Heranwachsendenalter	18−21 Jahre (gesetzliche Definition bis zum 31. 12. 74)
Junge Volljährige	18−25 Jahre
Minderjährige	alle unter 18 Jahre
Erwachsene	alle über 18 Jahre
Pubertät/Pubeszenz	12/14 Jahre
Adoleszenz (vielfach synonym mit „Jugend")	12/14−25 Jahre

chosoziale Faktoren ins Spiel, als in der jeweiligen Gesellschaft eine mehr oder weniger präzise Vorstellung davon besteht, was als Kindheit oder als Erwachsenenstatus zu bezeichnen ist.

3. *Soziologisch* betrachtet, läßt sich Adoleszenz als ein Zwischenstadium definieren, in welchem die Jugendlichen mit der Pubertät die biologische Geschlechtsreife erreicht haben, ohne jedoch

„mit Heirat und Berufsfindung in den Besitz der allgemeinen Rechte und Pflichten gekommen zu sein, welche die verantwortliche Teilnahme an wesentlichen Grundprozessen der Gesellschaft ermöglichen und erzwingen. In positiver Wendung ließe sich diese Phase als jene bestimmen, in der im Hinblick auf Beruf und Ehepartner die ‚Objektwahl' zunehmend motiviert, aber noch nicht institutionell vollzogen wird" (Neidhardt 1970b).

4. In *zeitlicher Hinsicht* umfaßt Adoleszenz die Altersphase etwa vom 12. bzw. 13. bis 20./24. Lebensjahr.

5. In *rechtlicher Hinsicht* bedeutet Adoleszenz eine Zunahme von Teilmündigkeiten.

Die zeitlichen Grenzen sind bezüglich aller genannten Kriterien sowohl nach unten als nach oben unscharf. Während die untere Grenze mit dem Eintritt der Menarche bzw. der ersten Ejakulation sowie durch die augenfälligen körperlichen Veränderungen noch einigermaßen präzise zu bestimmen ist (auch dies ist umstritten, s. o.), ist die obere Grenze äußerst variabel und unterliegt weitaus stärker gesellschaftlichen Einflüssen und Definitionen. So hatte z. B. die 1975 erfolgte Herabsetzung des Volljährigkeitsalters auf 18 Jahre erhebliche Auswirkungen in den verschiedensten Rechtsbereichen (Stutte u. Remschmidt 1973a u. b).

Angesichts der erheblichen Variabilität der oberen Grenze der Adoleszenzphase (man denke nur an die zunehmende Streuung des Berufseintritts und des Heiratsalters) kommt man immer mehr davon ab, feste Altersmarken anzugeben. Vielmehr geht man dazu über, die obere Grenze nach sozialen Kriterien zu definieren.

Weitgehend anerkannt ist, die Adoleszenzphase in *mehrere Stadien* zu unterteilen. Fast alle Theorien unterscheiden zumindest zwei (Ausubel 1968), manche drei (frühe, mittlere und späte Adoleszenz) (Buxbaum 1958), andere fünf Phasen (Präadoleszenz, frühe Adoleszenz, eigentliche Adoleszenz, Spätadoleszenz und Postadoleszenz) (Blos 1962).

Eine Einteilung in zumindest *zwei Phasen* ist sicher sinnvoll. Die erste Phase ist durch eine Fülle von Veränderungen im somatischen, psychischen und psychosozialen Bereich gekennzeichnet. Es kommt zu einem mehr oder weniger plötzlichen *Verlust des Status der Kindheit*, es existieren noch unrealistische Vorstellungen von den Statusprivilegien der Jugendlichen ebenso wie vom Erwachsenenstatus. Die Pubertierenden nehmen eine Zwitterstellung ein; sie sind nicht mehr Kind, haben aber auch in der Subkultur der Jugendlichen noch nicht Fuß gefaßt (Ausubel 1968).

Das zweite Stadium der Adoleszenz ist charakterisiert durch eine Phase der *Reorganisation*. Die im ersten Stadium im Vordergrund stehende Beunruhigung und Verunsicherung nimmt ab, die Jugendlichen haben an Orientierung gewonnen, Kontakt zu Gleichaltrigen gefunden und den Status der Kindheit weitgehend abgestreift. Gleichwohl ist die Übernahme des Erwachsenenstatus noch nicht gelungen, es entstehen Probleme mit der Identitätsfindung, und es kann zu Auseinandersetzungen mit den herkömmlichen Strukturen der Gesellschaft kommen.

Diese allgemeine Charakterisierung wird von verschiedenen *Theorien* je nach Ausgangspunkt abgewandelt (s. Kap. 6). In psychoanalytischer Sicht dominieren z. B. die Probleme der Sexualreifung bzw. der Identitätsfindung, in der Feldtheorie die psychosoziale Adaptation, in den kognitiven Theorien die Auseinandersetzungen mit dem in der Adoleszenz erfahrenen Zuwachs an geistigen Fähigkeiten.

1.2 Adoleszenz als eigenständige und als Übergangsphase

Die Adoleszenzphase (unter Einschluß der Pubertät) läßt sich entweder als eine Stufe des menschlichen Lebens sehen, die in sich selber relevant ist, oder im Hinblick auf den Eintritt in die Erwachsenenwelt, wobei sie dann nicht mehr als ein Durchgangsstadium darstellt.

1.2.1 Adoleszenz als Übergangsphase

In dieser Sicht wird die Adoleszenz vorwiegend als notwendiger, aber mit Schwierigkeiten belasteter Schritt ins Erwachsenenalter angesehen. Eine Reihe von Faktoren legt diese Betrachtungsweise nahe.

Erstens wird die Adoleszenz *subjektiv* von vielen in der Rückschau als bloßer Übergang zum Erwachsenenalter erlebt, oft sogar als Zeit, an die man sich ungern erinnert. Eine Reihe von Faktoren können dazu beitragen: Beunruhigung durch körperliche und psychische Veränderungen, Träume und Ideale, die aus Sicht des Erwachsenen unrealistisch erscheinen, krisenhafte Auseinandersetzungen mit sich selbst und der Familie, das Erlebnis der Einsamkeit und der Verlust des festen Bezugsrahmens der Kindheit, Insuffizienzgefühle und das rasche Streben nach dem Erwachsenenstatus.

Zweitens fehlen *kulturell verbindlich vorgezeigte Wege* wie die Initiationsriten, die den Übergang ins Erwachsenenalter erleichterten und beschleunigten und mit der Übernahme von Pflichten und Verantwortung in der Erwachsenenwelt gekoppelt waren.

Ein *dritter* Faktor ist der epochale *Trend zu immer komplexeren gesellschaftlichen Verhältnissen*. Je komplizierter die Funktionen sind, die ein Erwachsener innerhalb der Gesellschaft wahrzunehmen hat, um so schwieriger ist deren Übernahme. Da diese erlernt werden müssen, ergibt sich eine *immer längere Übergangsphase*, in welcher zwar zur Verantwortung erzogen werden muß, Verantwortung aber nicht oder noch nicht übernommen werden kann. Dadurch werden vielfach Konflikte vorgebahnt. Auch gesetzliche Bestimmungen tragen dazu bei, daß das richtige Erziehungsziel propagiert wird, möglichst frühzeitig selbständig zu sein und Verantwortung zu übernehmen. Zugleich sind aber die gesellschaftlichen Voraussetzungen nicht vorhanden, um den Adoleszenten entsprechende Aufgaben und Verantwortung zu übertragen.

Ein Teil der genannten Gesichtspunkte läßt sich unter dem soziologischen Begriff der „*Rollenübernahme*" subsumieren. In diesem Sinne wird die Unselbständigkeit im Hinblick auf soziale Rollen als Charakteristikum der Adoleszenz angesehen, und die Adoleszenz dient dazu, sich diese Rollen anzueignen. Die Diskussion hierzu geht im wesentlichen von Schelsky (1957) aus, der die soziale Rolle der Jugend lediglich als Übergangsphase zwischen der Eigenständigkeit der Kindheit und festumschriebenem Rollenverhalten des Erwachsenenstatus sieht. Schelsky ist der Ansicht, daß es adoleszenzspezifische Verhaltensweisen nicht gibt bzw. daß solche durch epochale Entwicklungen verlorengegangen sind. Die Zeit der Jugendbewegung wird als Epoche gesehen, in der solche Verhaltensweisen vorhanden waren. Deren Verlust wird mit einer generellen Nivellierung sozialer Altersrollen sowie einer „schichtbezogenen Nivellierung sozialer Verhaltensweisen der Jugend" erklärt.

1.2.2 Adoleszenz als eigenständige Phase

Die neueren Erkenntnisse über die physischen, psychischen und psychosozialen Besonderheiten der Adoleszenz legen jedoch eine eigenständige Betrachtung dieser Altersgruppe nahe. Junge Menschen dieser Lebensphase, die gemäß unserer Definition einen Zeitraum umfaßt, der demjenigen der Kindheit entspricht, sollten nicht nur unter dem Blickwinkel des noch nicht realisierten Erwachsenenstatus, sondern als Gruppe mit spezifischen Bedürfnissen, Problemen und Sorgen betrachtet werden. In diesem langen Zeitraum haben die Adoleszenten phasenspezifische Verhaltensweisen, Normen, Einstellungen, Gesellungsformen, Rollenverhalten und Konflikte (Erikson 1965; Eisenstadt 1966). Ihre Probleme und Konflikte bringen für die Gesellschaft die Verpflichtung mit sich, die Vorgänge in dieser Phase genau zu untersuchen und Hilfestellungen anzubieten.

Eine solche Auffassung der Adoleszenz als eigenständiger Entwicklungsphase wird verschiedentlich bereits vertreten. So tragen legislative Maßnahmen diesem Gesichtspunkt Rechnung (Jugendarbeitsschutzgesetz, Jugendwohlfahrtsgesetz, Jugendgerichtsgesetz, in der Planung befindliches Jugendstrafrecht), sind aber in verschiedenen Bereichen noch nicht in die Praxis umgesetzt. In der Medizin wird die Adoleszenz vielfach als reines Durchgangsstadium angesehen, weshalb beispielsweise kranke Jugendliche sich in einem unzureichend auf sie abgestimmten Raum bewegen. Die einzige Facharztdisziplin, die die Bezeichnung „Jugend" in ihrem Namen führt, ist die Kinder- und Jugendpsychiatrie. Auch in der Pädiatrie gibt es mittlerweile entsprechende Bestrebungen.

1.3 Geschichte der Jugend

Zu jeder Zeit gibt es Äußerungen, die die Jugend bzw. die jüngere Generation als verdorben, respektlos, initiative- und phantasielos, destruktiv, verworren oder ziel- und planlos erscheinen lassen. Ein historischer Rückblick zur Geschichte des Jugendalters und zu den Auffassungen zur Adoleszenz im Laufe der europäischen und insbesondere der deutschen Geschichte, der hier nur sehr kurz gefaßt wird, kann in mehrfacher Weise zum Verständnis der Adoleszenz und ihrer Probleme beitragen (vgl. Rosenmayr 1976; Schäfers 1982; Gillis 1980; Hornstein 1966; Mitterauer 1986):

Die *Gemeinsamkeiten* der Adoleszenzphase in verschiedenen Zeitepochen helfen Überbewertungen nur epochaler Kennzeichen adoleszenten Verhaltens verhindern, *Unterschiede* öffnen den Blick für gesellschaftliche und psychologische Hintergründe. Der Rückblick läßt *gesellschaftliche Veränderungen*, die das Bild der Adoleszenz maßgeblich mitbestimmen, im Zusammenhang mit historischen Abläufen begreifen. Zusammen mit einer *transkulturellen Betrachtungsweise* (s. auch Kap. 5) führt er über den Horizont des eigenen Kulturkreises hinaus und läßt andersartige Entwicklungsabläufe erkennen, aber auch deren Nivellierung angesichts der Ausbreitung der westlichen Zivilisation in den letzten Jahrzehnten in nahezu allen Regionen der Welt.

Die Existenz einer mehr oder weniger für beide Geschlechter und alle sozialen Schichten geltenden Kindheits- und erst recht einer Jugendphase hat im wesentlichen zwei gesellschaftliche Voraussetzungen: Zum einen ist diese Phase um so notwendiger, je höher die beruflichen und sozialen Anforderungen an den Erwachsenen werden, insbesondere je mehr qualifizierte und relativ flexibel einsetzbare Arbeitskräfte beiderlei Geschlechts benötigt werden. Zum anderen müssen die Kosten getragen werden können, um jeweils eine ganze Generation über Jahre hinweg zu ernähren bzw. auszubilden (s. auch Neidhardt 1970a). Beides trifft erst in neuester Zeit und nur in industrialisierten Gesellschaften zu, auch wenn soziale und Geschlechterunterschiede für die Ausgestaltung der Jugendphase durchaus noch maßgeblich sind. Vorher war Jugend, wenn überhaupt davon gesprochen werden konnte, ganz überwiegend eine Angelegenheit der oberen Schichten und des männlichen Geschlechts.

Bei *Naturvölkern* erfolgt der Übergang von der Kindheit zum Erwachsensein eher abrupt, häufig über einen Initiationsritus. In *archaischen Gesellschaften* (z. B. den alten chinesischen, japanischen, indischen, arabischen und jüdischen Kulturen) besteht eine starke Machtstruktur meist patriarchalischer Prägung, die auch dann bestehen bleibt, wenn die Söhne erwachsen sind (s. Kap. 5).

Antike und Mittelalter

Im *antiken Griechenland* bildet sich eine Jugendphase innerhalb der städtischen Kultur bei den freien Bürgern aus. Es findet sich erstmals eine Gliederung des Lebensablaufs in verschiedene Stufen (Zahnwechsel mit 7 Jahren, Pubertät mit 14, Bartwuchs ist maßgeblich mit 21, stärkste körperliche Kraft mit 28, Heirat mit 35 usw.). Daneben spielt (bei Aristoteles) eine Polarisierung von Jung und Alt eine Rolle, wobei dem Menschen der mittleren Jahre die positiven Eigenschaften beider Gruppen zugeschrieben werden.

Im Kriegerstaat *Sparta* ist die Jugend straff organisiert zum Zweck der militärischen Ausbildung. Die 7- bis 20jährigen werden schrittweise in das staatliche Leben integriert und getrennt von der Familie in altershomogenen Gruppen erzogen. Jeder Erwachsene darf sie erziehen. Unterordnung und Gehorsam gegen Ältere ist ein grundlegendes Gebot. Die Jugend wird radikal den geltenden Normen unterworfen.

Im demokratischen Stadtstaat *Athen* erhält die Jugend mehr Spielraum. Als Jugend gelten die jungen Männer (etwa 18.−20. Lebensjahr), die von Arbeit befreit sind und sich der Bildung und Kultur zuwenden und neue Ideen entwickeln können. „Jugend" gilt bei Aristoteles als Alter der Kraft und wird von der „Reife" bzw. dem „Alter" abgelöst, ist also eine Phase innerhalb des Erwachsenenalters. Damit ist dieser Jugendbegriff dem heutigen nicht vergleichbar.

Im *römischen Reich* sind entsprechend der starken Anlehnung an die griechische Kultur keine prinzipiellen Unterschiede festzustellen.

Auch im *Mittelalter* ist die zumeist aus Handelsniederlassungen entstehende Stadtkultur ab dem 10. und 11. Jahrhundert die entscheidende Voraussetzung für die Entstehung von Jugend, allerdings je nach sozialem Stand unterschiedlich. Die Spezialisierung von Kunst und Handwerk macht längere Ausbildungsphasen und Wanderschaft notwendig, auch das Rittertum erfordert eine lange Vorbereitungszeit. Das Leben der unteren Schichten läßt keinen Raum für Kindheit und Jugend.

Formierung der Jugend ab dem 18. Jahrhundert

Der heutige *Begriff Familie* und der des Kindes(alters) kommen erst Ende des 17. Jahrhunderts auf. Vorher umfaßte Familie die gesamte Verwandtschaft oder unabhängig vom Verwandtschaftsgrad alle unter einem Dach lebenden Personen. Beides gab es nur in den oberen Schichten. Ansatzweise findet sich eine Grenzziehung zwischen Kind und Erwachsenem. Im Übergang zur bürgerlichen Gesellschaft wird Kindheit und Jugend wesentlich durch die *Entstehung der bürgerlichen Familie* und die Durchsetzung der *allgemeinen Schulpflicht* bestimmt. Kinder und Jugendliche verbringen immer längere Zeit in der Herkunftsfamilie, Schulpflicht und Jahrgangsklassen verstärken den Trend zur Bildung altershomogener Gruppen.

Jugend als allgemeine Entwicklungsphase wird erst von der Pädagogik der *Aufklärungszeit*, vor allem von *Rousseau*, gefordert. Kindheit und Jugend werden idealisiert als Stadium der Nichtentfremdung des Menschen, das im Gegensatz zum Zustand der Gesellschaft steht. Erziehung soll die Jugend für den Kontakt mit der sozialen Wirklichkeit wappnen, die Bildung der Jugend garantiert eine Erneuerung der Gesellschaft. Nach Rousseau verdirbt die Gesellschaft den Menschen, Kindheit und Jugend sei daher vor den verderblichen Einflüssen der menschlichen Gesellschaft zu schützen. Diese Phasen müssen in ihrer Eigentümlichkeit durchlebt werden, wenn ein vollwertiges Leben entstehen soll. Lebensthematik der Kindheit sind Ausleben der Leiblichkeit, Lebenserhaltung und Kenntnis und Beherrschung der Umwelt. Pubertät bedeutet den Eintritt in die Welt des Gefühls und des Geschlechtlichen. Die Beziehung zu den Menschen wird zum beherrschenden Thema. Damit entstehen für die bislang von der sozialen Umwelt abschließende Erziehung neue Probleme: aus dem wohlgeordneten Gefüge einer durch Vernunft geregelten Welt wird ein Strudel des sozialen Lebens, der junge Mensch folgt den Vorurteilen und Meinungen anderer. Indem er sich in der menschlichen Welt bewegt und sich mit ihr auseinandersetzt, wird er zu einem wahren Menschen – mit innerem Ringen, Erschütterungen und Krisen. Auch die Geschlechtlichkeit stellt eine Bedrohung dar: der Tyrannei der Triebe gilt es zu widerstehen. Die Aufnahme neuer menschlicher Beziehungen und das Erwachen der Leidenschaften machen die Jugend zu einer *krisenhaften Phase*.

Eine Zeit der Adoleszenz ist bis gegen Ende des 19. Jahrhunderts im gesellschaftlichen Bewußtsein nicht vorhanden. Wahrscheinlich gewannen die Begriffe Adoleszenz und Pubertät mit der Entwicklung psychologischen Denkens an Bedeutung. Bis dahin gibt es bestenfalls eine Dreigliederung in das abhängige Stadium der Kindheit, die tatkräftige Jugend und das Alter, dem wenig Respekt entgegengebracht wird (Vaitkus 1988).

Erst mit der Industrialisierung und Verstädterung seit Ende des 19. Jahrhunderts wird Jugend ein universelles Phänomen, nach und nach auch unter Einschluß der Mädchen, die bis dahin stärker an Haus und Familie gebunden waren.

Jugend im 20. Jahrhundert

Die heutige Vorstellung von Jugend in Deutschland wird nachhaltig von der 1895 begründeten bürgerlich geprägten *Jugendbewegung* bestimmt, deren Vertreter ein Leben mit jugendspezifischen Rechten und Verhaltensweisen, Spontaneität, Geschlechtergleichheit usw. anstreben. Es bilden sich Gruppierungen unterschiedlicher politischer und weltanschaulicher Richtungen. Anhänger der Jugendbewegung tragen bis in die neuere Zeit zur Verselbständigung und Anerkennung dieser Lebensphase bei.

Nach dem ersten Weltkrieg wurden Jugendliche durch Jugendschutz, Jugendfürsorge, Jugendwohlfahrt, Jugendrecht und organisierte Jugendarbeit rechtlich und sozial bessergestellt. Die Jugendlichen werden als Gruppe immer stärker räumlich und zeitlich von anderen Altersgruppen separiert, und es findet eine gewisse Angleichung der Schichten in diesem Alter statt.

Die *Auffassung von Jugend* wird in dieser Zeit entscheidend durch die Vertreter der geisteswissenschaftlichen Pädagogik und Psychologie (Spranger, Bühler) geprägt, die vor allem die entwicklungspsychologische Dimension des Jugendalters betonen (vgl. Krüger 1988). Entwicklung wird als mehr oder weniger naturwüchsiger Prozeß begriffen, der nach allgemeingültigen Regelmäßigkeiten verläuft. Grundlegend für Spranger (1924), der bis in die 60er Jahre in der pädagogischen Diskussion bedeutsam war, ist die Betonung individueller Reifung. Das Jugendalter sieht er als eine Zeit, in der ein innerer Drang nach Selbständigkeit und die Phantasie im Zentrum stehen, eine Konzeption, die ihre philosophischen Wurzeln bei Rousseau hat. Auch bei Ch. Bühler (1922), die das Jugendalter in Pubertät und Adoleszenz unterteilt, dominiert die mehr endogenistische Sichtweise, wenn sie diese Phasen mit Begriffen wie Erregung, Sturm und Drang und Introversion vs. Beruhigung, Stabilisierung und Extraversion kennzeichnet. Auch die Psychoanalyse betont eher endogene Gesetzmäßigkeiten der Entwicklung. Anna Freud (1936) sieht in der Pubertät eine Zeit, in der mit dem Erwachen der Sexualität das zuvor aufgebaute Gleichgewicht zwischen Ich, Es und Über-Ich ins Wanken gerät und Konflikte der Kindheit reaktiviert werden. Bernfeld (1938) bezieht in diese Konzeption soziologische Aspekte ein und unterscheidet zwischen der kurzen Pubertät der erwerbstätigen und der länger dauernden der bürgerlichen Jugend.

In der *Hitlerjugend* wird ein großer Teil der männlichen Jugend und auch die Mädchen als Gruppe außerhalb der jeweiligen Familienzugehörigkeit gesellschaftlich integriert, wobei in der Jugendbewegung entstandene Gruppierungen vereinnahmt werden.

Die Jugend der *Nachkriegszeit* ist überwiegend anpassungs- und integrationsbereit. Dazu trägt auch eine kommerziell gesteuerte Konsumwelt bei. Der Jugendliche wird als Käufer entdeckt.

Die in der Bundesrepublik vor allem *nach 1960* einsetzende Verlängerung von Bildungs- und Ausbildungszeiten führt zu in dieser Form und Breite bislang unbekannten Gruppenbildungen von Jugendlichen. Aus dieser jugendlichen Teilkultur haben sich Subkulturen entwickelt, die sehr nach Inhalten und Stilen variieren. Gleichzeitig entwickelte sich eine vielfältige Jugendkultur in der ganzen westlichen Welt (Hippie-Bewegung, Beat- und Pop-Kultur, neue Formen von Lebensgemeinschaften, außerparlamentarische Opposition usw.). Die Studentenbewegung zielte auf gesamtgesellschaftliche und institutionelle Reformen.

In den *70er Jahren* entstand eine vielfältige Alternativkultur als Reaktion auf die unterbliebene Gesellschaftsreform, aus dem Bestreben heraus, zumindest die eigene Lebenswelt nach eigenen Vorstellungen zu gestalten. Durch solche Entwicklungen hat sich die Jugend zunehmend differenziert und ihre Eigenständigkeit als Sozialgruppe untermauert. Die Auseinandersetzung mit gesellschaftlichen Normen und der elterlichen Kontrolle ist zugunsten der Auseinandersetzung mit der eigenen Person in den Hintergrund geraten. Gegenwärtig vereinheitlicht sich u. a. aufgrund der durch die Massenmedien vermittelten Klischees die Jugendphase immer mehr.

Noch nie waren Heranwachsende so lange institutionell aus der Welt der Erwachsenen ausgegliedert, noch nie war „die konflikthafte Mischung aus kultureller Selbständigkeit und ökonomischer Abhängigkeit so dramatisch wie heute" (Hornstein 1989).

Bis zum Beginn der 50er Jahre war die Auffassung von Jugend weitgehend durch psychologische Ansätze bestimmt, abgesehen von den sozialpsychologischen und anthropologischen Arbeiten Lewins und M. Meads. Im Verlaufe der Nachkriegszeit setzte eine *Akzentverschiebung in Richtung Jugendsoziologie* ein: Der Zusammenhang von Jugend und Gesellschaft wird vorrangig aus der Perspektive des gesellschaftlichen Systems analysiert. Schelsky (1957) sieht Jugend als Übergangsphase von der eigenständigeren sozialen Rolle des Kindes zu einer als weitgehend endgültig gedachten Rolle des Erwachsenen und analysiert einen langfristigen Wandel der Rolle der Jugend vor dem Hintergrund des Übergangs von der vorindustriellen zur industriellen Gesellschaft. Dabei sieht er einen strukturellen Konflikt zwischen dem familiären System und gesellschaftlich-öffentlichen Lebensbereichen. Wegen der Widersprüchlichkeit von Privatheit der Familie und Öffentlichkeit bzw. Anonymität der Gesellschaft geraten die Jugendlichen in eine Situation, die durch Verhaltensunsicherheit und Orientierungsprobleme gekennzeichnet ist. Die Jugend der Nachkriegszeit versuche dies durch eine frühzeitige Integration in die Erwachsenengesellschaft zu überwinden. Auch Eisenstadt (1966) und Tenbruck (1962) gehen von einem Auseinanderklaffen des primären und des sekundären Sozialisationsbereiches aus, leiten daraus jedoch nicht die Aufhebung von Jugend als eigenständiger Phase ab. Vielmehr sehen sie darin die Ursache für die Herausbildung einer eigenständigen Jugendkultur bzw. von Peer groups.

Mitte der 70er Jahre hören die im engeren Sinne jugendsoziologischen Bemühungen praktisch auf. Jugendliche werden immer mehr als handelnde Subjekte begriffen, und es wird eine mehr *interdisziplinäre Jugendforschung* gefordert. Ziehe (1975) z. B. versucht in seiner Theorie vom „neuen Sozialisationstyp" soziologische und psychoanalytische Ansätze zu verbinden, um die psychischen Strukturen von Jugendlichen in kapitalistischen Gesellschaften zu beschreiben. *Tendenzen der heutigen Jugendforschung* sind (nach Hornstein 1989):

– Jugend wird nicht mehr wie in klassischen Theorien (Mannheim 1928; Schelsky 1957; Eisenstadt 1966; Tenbruck 1962) vor allem unter gesellschaftlichen Gesichtspunkten betrachtet. Statt dessen werden heute mehr die individuellen biographischen Entwürfe, die Strategien der Lebensbewältigung, ihre Ausdrucks- und Lebensformen in den Mittelpunkt gestellt.
– Jugend wird nicht mehr als homogene soziale Gruppe gesehen, die (als Generation) im wesentlichen durch eine gemeinsame Grundbefindlichkeit gekennzeichnet ist. Man versucht vielmehr die Vielfalt der Erscheinungen der Jugend herauszuarbeiten („differentielle Jugendforschung"), was im Extremfall auf die Dokumentation einzelner Lebensläufe hinausläuft.

1.4 Geschichte der Jugendpsychiatrie

Die Geschichte der Adoleszentenpsychiatrie ist zunächst Geschichte der Kindheit und Jugend, Geschichte der Erziehung, der Philosophie und Psychologie, sie wird erst spät Geschichte der Psychiatrie und Pädiatrie und erst in neuester Zeit Geschichte der Kinder- und Jugendpsychiatrie. Diese Entwicklung hängt damit zusammen, daß man Kinder und Jugendliche als eigenständige Persönlichkeiten mit eigenen Rechten erst spät gesehen hat. Die Auffassung, wonach Kinder und Jugendliche „Besitz" der Eltern sind, durchzieht die griechische und römische Geschichte und war auch in der zentraleuropäischen Geschichte stets dominierende Auffassung. Erst mit dem Humanismus änderten sich die Auffassungen zusehends. 1526 veröffentlichte Erasmus von Rotterdam seine Erziehungsregeln, die bereits auf ein stärker individuelles Eingehen auf Kinder und Jugendliche ausgerichtet sind.

Eine wesentlich *veränderte Einstellung* zum Kind und auch zum Jugendlichen entsteht im 18. Jahrhundert im Zuge sozialer und technischer Revolutionen. Kinder und Jugendliche werden allmählich als eigenständige Wesen betrachtet mit eigenen Bedürfnissen, Rechten und Pflichten. Freilich gab es auch damals Mißbräuche wie Kinderarbeit, die zum Teil dramatische Ausmaße annahm. In der Folgezeit setzte sich jedoch mehr und mehr die Auffassung von der *Eigenständigkeit des Kindes und Jugendlichen* durch, der Entwicklungsgedanke erhielt den ihm gebührenden Platz, und auch in rechtlicher Hinsicht werden Kinder und Jugendliche als schutz- und förderungswürdige Individuen mit eigener Persönlichkeit und eigenen Bedürfnissen betrachtet.

1.4.1 Die europäische Kinder- und Jugendpsychiatrie

Die deutschsprachige Kinder- und Jugendpsychiatrie wird hier schwerpunktmäßig gewürdigt, weil sie wesentlich zur Entwicklung der europäischen Kinderpsychiatrie beitrug und eine spezifische pädagogische und heilpädagogische Vorgeschichte hat.

Pädagogik, Heilpädagogik und Philosophie

Diese Disziplinen bestimmen vom Ausgang des Mittelalters bis ins 18./19. Jahrhundert die Geschichte der deutschsprachigen Kinder- und Jugendpsychiatrie. Zwar beschrieb Paracelsus von Hohenheim (1493−1541) als erster den Zusammenhang zwischen endemischem Kropf und Schwachsinn und sein Schüler Felix Plater (1536−1614) den erblichen Schwachsinn. Derlei medizinische Beobachtungen, die eigentlich Vorläufer der Kinder- und Jugendpsychiatrie als einer medizinischen Disziplin darstellen, sind zu dieser Zeit allerdings sehr selten. Eine Ausnahme stellt die Epilepsie dar, über die wir medizinische Schilderungen aus der Antike und aus dem Mittelalter besitzen. In der Folgezeit herrschen jedoch pädagogische, heilpädagogische und philosophische Strömungen vor.

Der Begriff *Heilpädagogik* wurde sinngemäß schon von John Locke (1693) und Jean-Jacques Rousseau (1762) verwandt. In den deutschen Sprachraum eingeführt wurde er durch die Leipziger Heilpädagogen Georgens und Deinhardt, die 1861 eine „Heilpädagogik mit besonderer Berücksichtigung der Idioten und der Idiotenanstalten" veröffentlichten. Die Folgezeit wird geprägt durch Johann Heinrich Pestalozzi (1746−1827), Friedrich Fröbel (1778−1852), Johann Hinrich Wichern (1808−1881), der 1833 als Gründer des ersten „Rauhen Hauses" zur Rettung verwahrloster Kinder und Jugendlicher Erwähnung verdient, und Theodor Heller (1869−1938). Heller, der bei Wundt in Leipzig promoviert hatte (1895), gründete eine heilpädagogische Anstalt und ist der Erstbeschreiber der „Dementia infantilis" (1908), die seinen Namen trägt. Er verfaßte ferner einen „Grundriß der Heilpädagogik" (1904).

Entwicklung der Kinder- und Jugendpsychiatrie zu einer ärztlichen Disziplin

Parallel zu den pädagogischen, heilpädagogischen und philosophischen Strömungen entwickelte sich die Kinder- und Jugendpsychiatrie zu einer medizinischen Disziplin.

Henry Maudsley verfaßte in seiner „Physiology and Pathology of Mind" (1867) ein Kapitel „Insanity of Early Life", das als Vorläufer späterer kinderpsychiatrischer **Lehrbücher** angesehen werden kann. Eine entsprechende Abteilung mit Ambulanz und stationärer Aufnahmemöglichkeit wurde allerdings erst 1930 in London eingerichtet.

Ein Markstein in der Geschichte der Kinder- und Jugendpsychiatrie ist das Jahr 1887, in dem das erste kinder- und jugendpsychiatrische Lehrbuch erschien, mit dem Titel „Psychische Störungen im Kindesalter" (Emminghaus). Der Psychiatriehistoriker Harms bezeichnete dies als „die Wiegenstunde der Kinderpsychiatrie".

1899 wurde erstmals die Bezeichnung „Kinderpsychiatrie" durch den Franzosen Manheimer verwendet, der sein Buch „Les troubles mentaux de l'enfance" (1899) im Untertitel „Précis de psychiatrie infantile" nannte. Etwa zur gleichen Zeit erschienen die Lehrbücher von Moreau (1888) und Ireland (1898), die noch nicht den Terminus „Kinderpsychiatrie", aber verwandte Bezeichnungen im Titel führten.

Die weitere Entwicklung ist durch folgende Namen gekennzeichnet:

– Wilhelm Strohmayer (1910), der eine „Psychopathologie des Kindesalters" verfaßte;
– Theodor Ziehen (1902, 1917, 1926) mit seinem Lehrbuch „Die Geisteskrankheiten des Kindesalters";
– Sante de Sanctis (1925), der den Begriff „Neuropsichiatria infantile" prägte und die „Dementia praecocissima" beschrieb;
– August Homburger (1926), der sein einflußreiches Werk „Vorlesungen über Psychopathologie des Kindesalters" nannte;
– Moritz Tramer, dessen „Lehrbuch der allgemeinen Kinderpsychiatrie" (1942) als erste klare Umgrenzung des Fachgebietes angesehen werden kann.

Von einer „Adoleszentenpsychiatrie" ist in diesen frühen Entwicklungen noch nicht explizit die Rede. Es geht vor allem um Kinder. Die Jugendpsychiatrie wird teilweise im Kontext der Kinderpsychiatrie betrieben, teilweise im Verbund der Erwachsenenpsychiatrie.

Diese Orientierung am Kindesalter zeigt sich auch in der **Gründung wissenschaftlicher Zeitschriften**. Hier lassen sich drei Entwicklungen nachzeichnen:

1. 1898 wurde das Periodikum „Die Kinderfehler" gegründet, das seine Fortsetzung in der „Zeitschrift für Kinderforschung" fand, die 1944 mit dem 50. Band ihr Erscheinen einstellen mußte. Erster Redakteur war Werner Villinger. Diese Zeitschrift wurde fortgesetzt in dem von Villinger und Stutte und später von Stutte herausgegebenen „Jahrbuch für Jugendpsychiatrie und ihre Grenzgebiete" (ab 1956), seit 1973 als „Zeitschrift für Kinder- und Jugendpsychiatrie". Mit dem „Jahrbuch" wird die Bezeichnung „Jugendpsychiatrie" im deutschen Sprachraum etabliert.
2. 1934 gründete Tramer die „Zeitschrift für Kinderpsychiatrie", die bis 1984 als „Acta paedopsychiatrica" fortgeführt wurde und seit 1988 (mit Band 51) unter dem gleichen Namen in einem anderen Verlag weitergeführt wird.
3. Als Periodikum mit zunächst stärker psychoanalytischer Orientierung und später interdisziplinärem Ansatz wurde 1952 die „Praxis der Kinderpsychologie und Kinderpsychiatrie" gegründet (von Annemarie Dührssen und Werner Schwidder), die ebenfalls weite Verbreitung gefunden hat.

Die Etablierung neuer Fachdisziplinen setzt ferner entsprechende **Organisationen** bzw. **Fachgesellschaften** voraus.

1939, auf dem letzten Vorkriegskongreß der deutschen Gesellschaft für Psychiatrie, kam es zur Gründung der „Kinderpsychiatrischen Arbeitsgemeinschaft", die den Auftrag erhielt, eine wissenschaftliche Gesellschaft zu gründen. Die offizielle Gründungsversammlung als *„Deutsche Gesellschaft für Kinderpsychiatrie und Heilpädagogik"* fand 1940 in Wien statt. Bereits damals war auch ein Vertreter der „Deutschen Vereinigung für Jugendgerichte und Jugendgerichtshilfen" anwesend, mit der diese Gesellschaft heute noch sehr enge Beziehungen unterhält. Vorsitzender dieser ersten deutschsprachigen Fachgesellschaft wurde Paul Schröder, der jedoch ein Jahr nach der Gründung starb. Sein Nachfolger wurde Werner Villinger, der über Bethel, Breslau und Tübingen nach Marburg kam und dort den psychiatrischen Lehrstuhl übernahm. Die kinderpsychiatrische Abteilung, später Lehrstuhl, wurde Hermann Stutte übertragen. Durch den Krieg wurden die wissenschaftlichen und auch die berufspolitischen Aktivitäten erheblich behindert. Das Verbandsorgan, die „Zeitschrift für Kinderforschung", mußte sein Erscheinen 1944 einstellen. Verschiedene Fachvertreter der Jugendpsychiatrie, die es damals als eigenes Fachgebiet mit Facharztqualifikation noch nicht gab, waren in Euthanasie-Aktionen und Zwangssterilisationen verwickelt.

1948 gab es auf dem Kongreß der „Deutschen Gesellschaft für Psychiatrie und Nervenheilkunde" in Göttingen Bemühungen um die Wiedergründung der Gesellschaft. 1949 fand das erste Nachkriegssymposium der Kinderpsychiater in Marburg statt. 1950 kam es auf dem Deutschen Psychiater-Kongreß in Stuttgart zur offiziellen Wiedergründung bzw. Neugründung der Gesellschaft als *„Deutsche Vereinigung für Jugendpsychiatrie"*. Hier steht schon im Namen das Jugendalter im Vordergrund, wenngleich in der klinischen Arbeit keineswegs ausreichend Abteilungen für psychisch gestörte Jugendliche eingerichtet wurden. Im Jahr 1973 wurde der Name der Gesellschaft geändert in "Deutsche Vereinigung für Jugendpsychiatrie" und im Jahr 1976 in „Deutsche Gesellschaft für Kinder- und Jugendpsychiatrie" (DGKJ).

In der DDR wurde als Subspezialität der Nervenheilkunde das Fachgebiet der Neuropsychiatrie des Kindes- und Jugendalters abgegrenzt, das allerdings nicht als eigene Facharztdisziplin fungierte, sondern als Sektion in die Gesellschaft für Neurologie und Psychiatrie der DDR eingegliedert war. Diese Gesellschaft wurde im Frühjahr 1990 aufgelöst mit der Folge einer Verselbständigung der drei Fachgebiete Neurologie, Psychiatrie und Kinder- und Jugendpsychiatrie.

Die *europäische Kinder- und Jugendpsychiatrie* hat zahlreiche Vorläufer. Ihr organisatorischer Zusammenschluß erfolgte erst relativ spät, später als die Gründung der internationalen Fachgesellschaft und unterbrochen durch den zweiten Weltkrieg, dessen Auswirkungen aufgrund persönlicher Verluste und unliebsamer Erfahrungen die Kontaktaufnahme der Ausländer zu den deutschen Kinder- und Jugendpsychiatern erschwert hat (vgl. Stutte 1980/81).

Das erste Symposium europäischer Pädopsychiater fand 1954 in Magglingen (Schweiz) statt. Dort erfolgte die informelle Gründung der *„Union Europäischer Pädopsychiater" (UEP)*. Moritz Tramer wurde zum Präsidenten gewählt, Jakob Lutz zum geschäftsführenden Präsidenten. Als Vizepräsidenten fungierten Michaux, de Sanctis und Villinger. (Über die Gründungsversammlung und die Beschlüsse finden sich detaillierte Ausführungen bei Friedemann 1967.) Die offizielle Gründung der Union Europäischer Pädopsychiater, verbunden mit dem ersten Kongreß dieser Gesellschaft, erfolgte jedoch erst 1960 in Paris. Der Kongreß war zugleich das 6. Symposium Europaeicum Paedopsychiatricum und stand unter der Leitung von Michaux. Weitere Kongresse fanden 1963 in Rom, 1967 in Wiesbaden, 1971 in Stockholm, 1975 in Wien, 1979 in Madrid, 1983 in Lausanne 1987, in Varna und 1991 in London statt. In der Amtsperiode 1979−1983 erfolgte eine Umbenennung der Union Europäischer Pädopsychiater in *„European Society for Child and Adolescent Psychiatry" (ESCAP)*.

1.4.2 Die internationale Kinder- und Jugendpsychiatrie

Die führenden europäischen Kinderpsychiater schlossen sich 1935 zu einer Gruppe zusammen, aus deren Initiative die *„International Association for Child and Adolescent Psychiatry and Allied Professions"* *(IACAP and AP)* hervorging (Caplan u. Mitarb. 1985). Zusammen mit der Mental Hygiene Conference, die 1937 in Paris stattfand, organisierte Georges Heuyer als Präsident die erste „International Conference on Child Psychiatry", die sich die Organisation weiterer internationaler Tagungen zum Ziel setzte. Paul Schröder (Leipzig) wurde Präsident des neu gegründeten *„International Committee for Child Psychiatry"*. Es war geplant, die zweite Tagung 1941 in Leipzig durchzuführen, doch Paul Schröder starb, und der zweite Weltkrieg machte die Durchführung internationaler Kongresse unmöglich.

1945 trafen sich die Geschäftsführer des International Committee for Child Psychiatry in Zürich und beschlossen, die zweite Tagung in London mit J. R. Rees als Präsidenten durchzuführen. Sie fand im August 1948 statt. Weitere internationale Tagungen fanden 1954 in Toronto (Kanada) statt, 1958 in Lissabon (Portugal), 1962 in Scheveningen (Holland), 1966 in Edinburgh (Schottland), 1970 in Jerusalem (Israel), 1974 in Philadelphia (USA), 1978 in Melbourne (Australien), 1982 in Dublin (Irland), 1986 in Paris (Frankreich) und 1990 in Kyoto (Japan).

Name und Ziel der Gesellschaft wurden *mehrfach verändert* und erweitert. Der ursprüngliche Name „International Association for Child Psychiatry" (1948) wurde geändert in „International Association for Child Psychiatry and Allied Professions" und 1978 in Melbourne erweitert zu „International Association for Child and Adolescent Psychiatry and Allied Professions (IACAP and AP)".

Hinter dem Beschluß zur Namensänderung standen Diskussionen über die Zielsetzung der Fachgesellschaft. 1970 in Jerusalem wurde das Ziel der Gesellschaft von der Generalversammlung formuliert als „Förderung von Forschung, Therapie, Pflege und Prävention geistiger und emotionaler Störungen und des Schwachsinns von Kindern, Jugendlichen und ihren Familien".

Die Mitgliedschaft in der Gesellschaft ist weitgehend durch die Mitgliedschaft in nationalen Organisationen geregelt, die in der internationalen Gesellschaft vertreten sind (Caplan u. Mitarb. 1985). Es gibt jedoch in beschränktem Umfange auch die Einzelmitgliedschaft.

Neben der „IACAP and AP" existieren drei weitere internationale wissenschaftliche Fachvereinigungen:

– die *Child and Adolescent Psychiatry Section* der World Psychiatric

Association. Sie ist die einzige ärztliche Fachvereinigung, die für die ganze Breite der Kinder- und Jugendpsychiatrie zuständig ist, und wurde 1971 auf der Tagung der World Psychiatric Association (WPA) in Mexico City gegründet,

- die *International Society for Adolescent Psychiatry* (ISAP), eine mehreren Berufsgruppen offenstehende Organisation, die sich speziell der Psychiatrie der Adoleszenz widmet, und
- die *World Association for Infant Psychiatry*, die sich speziell mit der Psychiatrie des Säuglings- und frühen Kindesalters beschäftigt. Sie ist mittlerweile umbenannt in World Association for Infant Psychiatry and Allied Disciplines (WAIPAD).

1.4.3 Die Geschichte kinder- und jugendpsychiatrischer Institutionen

Eine ausführliche Darstellung der Geschichte der kinder- und jugendpsychiatrischen Institutionen gibt Stutte (1966).

Die *universitäre* Kinder- und Jugendpsychiatrie erreichte mit der Gründung ihres Lehrstuhls in Baltimore durch Leo Kanner ihre Begründung als vollgültige akademische Disziplin. 1949 folgte die Errichtung des zweiten Lehrstuhls in Paris (G. Heuyer), 1950 in London (durch Cameron, später Rutter), 1954 in Marburg (Hermann Stutte) und 1964 in Frankfurt (Hubert Harbauer). In der Folgezeit wurden in Deutschland und im europäischen und außereuropäischen Ausland zahlreiche Lehrstühle gegründet.

Was den *stationären Bereich* betrifft, so ist die 1864 von Heinrich Hoffmann in Frankfurt gegründete Kinderabteilung an der „Städtischen Anstalt für Irre und Epileptische" hervorzuheben. Sie ist die erste deutschsprachige kinder- und jugendpsychiatrische Klinik. 1911 errichtete Lazar in Wien die erste heilpädagogische Beobachtungsstation an einer Kinderklinik. Ihr folgte 1921 die Gründung einer ähnlichen Abteilung an der Psychiatrischen Universitätsklinik durch Kramer und von der Leyen. 1922 wurde in Tübingen eine kinderpsychiatrische Abteilung durch Villinger und Gaupp gegründet, 1926 in Leipzig durch Schröder und durch Homburger in Heidelberg.

Die *ambulante* Kinder- und Jugendpsychiatrie wurde stark beeinflußt durch die Child-Guidance-Bewegung (1909 in den USA durch Healy gegründet). 1909 gründete Fürstenheim in Berlin eine „Medico-Pädagogische Poliklinik für Kinderforschung, Erziehungsberatung and ärztlich-erzieherische Behandlung". Fürstenheim gründete 1916 im Frankfurter Gesundheitsamt eine „Ärztlich-heilpädagogische Jugendsichtungsstelle", die von der Zielsetzung her heute noch existiert. 1922 erfolgte in München die Gründung der ersten Erziehungsberatungsstelle durch Seif.

In den letzten Jahrzehnten wurden zahlreiche kinder- und jugendpsychiatrische Ambulanzen gegründet. In jüngster Zeit wird auch kinder- und jugendpsychiatrischen Landeskliniken im Gefolge der Psychiatrie-Enquête die Einrichtung einer Ambulanz gestattet. Für die Universitätskliniken war eine eigene Ambulanz schon früher selbstverständlich.

Neuerdings gibt es Bestrebungen, die ambulante Tätigkeit durch teilstationäre Angebote zu ergänzen und stationäre Behandlungsmöglichkeiten zu beschränken. Diese Entwicklung ist begrüßenswert, wird jedoch ein gefächertes stationäres Behandlungsangebot nicht überflüssig machen.

1.5 Fachliche Orientierung der Kinder- und Jugendpsychiatrie

Seit ihrer Wiedergründung als eigene medizinische Fachdisziplin hat die Kinder- und Jugendpsychiatrie Kontakte zu zahlreichen Nachbardisziplinen aufgenommen: zur Pädagogik, Heil- bzw. Sonderpädagogik, Jurisprudenz, Psychologie, Psychiatrie, Pädiatrie und verschiedenen anderen ärztlichen und nichtärztlichen Fachgebieten.

Im Hinblick auf die fachliche Orientierung hat sich die Kinder- und Jugendpsychiatrie in eine Richtung entwickelt, die aus verschiedenen Quellen gespeist wird und sowohl im diagnostischen als auch im therapeutischen Bereich als im guten Sinne *eklektisch* angesehen werden kann. Dennoch existieren in der klinischen Ausrichtung Schwerpunkte, die sich unter vier Gesichtspunkten kennzeichnen lassen:

1. Die *neuropsychiatrische Tradition* geht auf den Einfluß der Psychiatrie und Neurologie zurück, aus der die Kinder- und Jugendpsychiatrie wesentliche Impulse erhalten hat. Viele Abteilungen haben sich aus der Erwachsenenpsychiatrie entwickelt. Diese Tradition findet sich nicht nur im deutschsprachigen Raum, sondern auch in Frankreich, zum Teil sehr ausgeprägt in den sozialistischen Ländern sowie der ehemaligen DDR. Diese Entwicklung hat neuerdings wieder Auftrieb erhalten durch die Neuropsychologie.
2. Die *heilpädagogisch-klinische Tradition* ist besonders in der Bundesrepublik Deutschland, in Österreich und der Schweiz an verschiedenen Kliniken verbreitet. Wesentliche Promotoren dieser Entwicklung waren in Österreich Hans Asperger, in der Schweiz Paul Moor und in der Bundesrepublik Deutschland Heinrich Koch.
3. Die *psychodynamisch-psychoanalytische Tradition* ist ausschließlich in Westeuropa und der westlichen Welt verbreitet, nicht in den Ostblockländern. Sie wurde begründet durch Sigmund Freud. Wesentliche Impulse erhielt sie durch Anna Freud (1895−1982), Melanie Klein (1882−1960), Alfred Adler (1870−1937), August Aichhorn

(1887—1949), René Spitz (1887—1974) und in der Bundesrepublik Deutschland besonders durch Annemarie Dührssen.
Verschiedene Kliniken im deutschsprachigen Raum sehen das psychodynamisch-psychoanalytische Konzept als Basis an, integrieren jedoch auch andere Ansätze. Seit 1948 gibt es eine Ausbildung zum Psychagogen. Seit 1970 können Psychagogen, die sich jetzt „Analytische Kinder- und Jugendlichen-Psychotherapeuten" nennen, zu den Krankenkassen zugelassen werden.
4. Die *empirisch-epidemiologisch-statistische Tradition* wird insbesondere in den angelsächsischen Ländern, vor allem in England und den USA, vertreten und ist keiner speziellen theoretischen Richtung verpflichtet. Sie bemüht sich darum, empirische Sachverhalte zu objektivieren, umfassende Versorgungsmodelle zu entwickeln und diagnostische wie therapeutische Methoden einer kritischen Evaluation zu unterziehen.

1.6 Literatur

Ausubel, D. P.: Das Jugendalter: Fakten – Probleme – Theorie, 4. Aufl. 1974. Juventa, München 1968 (Orig.: Theory and Problems of Adolescent Development. Grune & Strattton, New York 1954)

Bernfeld, S.: Types of adolescence. Psychoanalytic Quarterly 7 (1938) 243—253

Bertlein, H.: Das Selbstverständnis der Jugend heute. Eine empirische Untersuchung über ihre geistigen Probleme, ihre Leitbilder und ihr Verhältnis zu den Erwachsenen. Schroedel, Berlin 1960

Blos, P.: Adoleszenz: Eine psychoanalytische Interpretation. Klett, Stuttgart 1973 (Orig.: On Adolescence. A Psychoanalytic Interpretation. Free Press, New York u. Collier-Macmillan, London 1962)

Bühler, Ch.: Das Seelenleben des Jugendlichen. Versuch einer Analyse und Theorie der psychischen Pubertät. Fischer, Jena 1922; 6. Aufl. Fischer, Stuttgart 1967

Buxbaum, E.: The psychology of adolescence. Journal of the American Psychoanalytic Association 6 (1958) 111-120

Caplan, G., R. Jensen, S. Lebovici: Zur Geschichte der International Association for Child and Adolescent Psychiatry and Allied Professions (IACAP & AP). Zeitschrift für Kinder- und Jugendpsychiatrie 13 (1985) 382—391

Eisenstadt, S. N.: Von Generation zu Generation. Altersgruppen und Sozialstruktur. Juventa, München 1966 (Orig.: From Generation to Generation – Age Groups and Social Structure. Free Press, Glencoe/Ill. 1956)

Emminghaus, H.: Die psychischen Störungen des Kindesalters. Laupp, Tübingen 1887

Erikson, E. H.: Identifikation und Identität. In von Friedeburg, L.: Jugend in der modernen Gesellschaft. Kiepenheuer & Witsch, Köln 1965

Freud, A.: Das Ich und die Abwehrmechanismen. Internationaler Psychoanalytischer Verlag,
Wien 1936

Friedemann, A.: Vorgeschichte
und Entwicklung der Union Eu-
ropéenne des Pédopsychiatres
(UEP). Jahrbuch für Jugendpsychiatrie 6 (1967) 17—26

Georgens, J. D., H. M. Deinhardt:
Die Heilpädagogik unter besonderer Berücksichtigung der Idio-
tie und der Idiotenanstalten, 2
Bde. Fischer, Leipzig 1861—63

Gillis, J. R.: Geschichte der Jugend. Tradition und Wandel im
Verhältnis der Altersgruppen
und Generationen in Europa von
der zweiten Hälfte des 18. Jahrhunderts bis zur Gegenwart.
Beltz, Weinheim 1980; 2. Aufl.
1984 (Orig.: Youth and History.
Tradition aand Change in European Age Relations, 1770 – Pre-
sent. Academic Press, New York
1974)

von Gontard, A.: The development
of child psychiatry in 19th century
Britain. Journal of Child Psychology and Psychiatry 29 (1988)
569—588

Harms, E.: At the cradle of child
psychiatry. American Journal of
Orthopsychiatry 30 (1960)
186—190

Harms, E.: Die Entwicklung der
Kinderpsychiatrie. Praxis der
Kinderpsychologie und Kinder-
psychiatrie 11 (1962) 81—85

Heller, T.: Grundriß der Heilpädagogik, 2. Aufl. Engelmann,
Leipzig 1912; 3. Aufl. 1925

Homburger, A.: Vorlesungen über
Psychopathologie des Kindesalters. Springer, Berlin 1926; Wissenschaftliche Buchgesellschaft,
Darmstadt 1967

Hornstein, W.: Jugend in ihrer
Zeit. Geschichte und Lebensfor-
men des jungen Menschen in der
europäischen Welt. Schröder,
Hamburg 1966 (Das moderne
Sachbuch, Bd. XLVI)

Hornstein, W.: Auf der Suche nach
Neuorientierung: Jugendforschung zwischen Ästhetisierung
und neuen Formen politischer
Thematisierung der Jugend.
Zeitschrift für Pädagogik 35
(1989) 107—125

Ireland, W. W.: The Mental Affec-
tions of Children. Blakiston, Philadelphia 1898

Krüger, H.-H.: Geschichte und
Perspektiven der Jugendforschung – historische Entwick-
lungslinien und Bezugspunkte
für eine theoretische und methodische Neuorientierung. In Krüger, H.-H.: Handbuch der
Jugendforschung. Leske & Budrich, Leverkusen 1988

Lewin, K.: Feldtheorie in den Sozialwissenschaften. Ausgewählte
theoretische Schriften. Huber,
Bern 1963 (Orig.: Field Theory
in Social Science. Harper, New
York 1951)

Manheimer, M.: Les troubles mentaux de l'enfance: Précis de
psychiatrie infantile avec les ap-
plications pédagogiques et médi-
co-legales. Societé d'éditions
scientifiques, Paris 1989

Mannheim, K.: Das Problem der
Generationen. Köln. Vjh. So-
ziol. 7 (1928/29) 157—185 u.
309—330 (teilw. nachgedr. in von
Friedeburg, L.: Jugend in der
modernen Gesellschaft. Kiepenheuer & Witsch, Köln 1965)

Maudsley, H.: The Physiology and
Pathology of Mind. Macmillan,
London 1867

Mead, M.: Kindheit und Jugend in Samoa. dtv, München 1970 (Jugend und Sexualität in primitiven Gesellschaften, Bd. I) (Orig.: Coming of Age in Samoa. A Psychological Study of Primitive Youth for Western Civilisation. Morrow, New York 1928)

Mitterauer, M.: Sozialgeschichte der Jugend. Suhrkamp, Frankfurt 1986

Moreau, P.: La folie chez les enfants. Baillière, Paris 1888 (dtsch. Übers. von Galatti, D.: Der Irrsinn im Kindesalter. Enke, Stuttgart 1889)

Neidhardt, F.: Die junge Generation. Jugend und Gesellschaft in der Bundesrepublik, 3. Aufl. Leske, Opladen 1970a (Beiträge zur Sozialkunde, Reihe B, H. 6)

Neidhardt, F.: Bezugspunkte einer soziologischen Theorie der Jugend. In Neidhardt, F., R. Bergius, T. Brocher, D. Eckensberger, W. Hornstein, L. Rosenmayr, W. Loch: Jugend im Spektrum der Wissenschaften. Beiträge zur Theorie des Jugendalters. Juventa, München 1970b

Nissen, G.: Zur Geschichte der deutschen Kinder- und Jugendpsychiatrie. Zeitschrift für Kinder- und Jugendpsychiatrie 2 (1974) 148–162

Remschmidt, H.: Die historische Entwicklung der Kinder- und Jugendpsychiatrie. In Remschmidt, H., M. H. Schmidt: Kinder- und Jugendpsychiatrie in Klinik und Praxis, Bd. I. Thieme, Stuttgart 1988

Rosenmayr, L.: Schwerpunkte der Jugendsoziologie. In König, R.: Handbuch der empirischen Sozialforschung, 2. Aufl., Bd. VI: Jugend. dtv/Enke, Stuttgart 1976

de Sanctis, S.: Neuropsichiatria infantile. Stock, Rom 1925

Schäfers, B.: Soziologie des Jugendalters. Leske & Budrich, Opladen 1982 (Uni-Taschenbücher, Bd. 1131)

Schelsky, H.: Die skeptische Generation. Eine Soziologie der deutschen Jugend. Diederichs, Düsseldorf 1957

Spranger, E.: Psychologie des Jugendalters, 6. Aufl. Quelle & Meyer, Leipzig 1926

Strohmayer, W.: Vorlesungen über die Psychopathologie des Kindesalters: Für Mediziner und Pädagogen. Laupp, Tübingen 1910

Stutte, H.: Zur Geschichte jugendpsychiatrischer Institutionen. In Förster, E., K.-H. Wewetzer: Jugendpsychiatrische und psychologische Diagnostik. Huber, Bern 1966

Stutte, H.: 30 Jahre Deutsche Vereinigung für Jugendpsychiatrie. Nervenarzt 41 (1970) 313–317

Stutte, H.: Zur Geschichte des Terminus „Kinderpsychiatrie". Acta paedopsychiatrica 41 (1974) 209–215

Stutte, H.: Über die Anfänge der „Europäischen Kinderpsychiatrie". Acta paedopsychiatrica 46 (1980/81) 189–192

Stutte, H., H. Remschmidt: Die Ansichten 17- bis 18jähriger über die Herabsetzung des Volljährigkeitsalters. Monatsschrift für Kriminologie und Strafrechtsreform 56 (1973a) 383–399

Stutte, H., H. Remschmidt: Die Herabsetzung des Volljährigkeitsalters im Urteil der Betroffenen. Ergebnisse einer Befragung von 17- und 18jährigen Jugendlichen. Arbeitsgemeinschaft für Erziehungshilfe

(AFET), Hannover 1973b (Wissenschaftliche Informationsschriften der AFET, H. 7)

Tenbruck, F. H.: Jugend und Gesellschaft. Soziologische Perspektiven. Rombach, Freiburg 1962

Tramer, M.: Lehrbuch der allgemeinen Kinderpsychiatrie: einschließlich der allgemeinen Psychiatrie der Pubertät und Adoleszenz, 3. Aufl. Schwabe, Basel 1949; 4. Aufl. 1964

Vaitkus, A.: „Jugend" gibt es nicht. Zum Dilemma der Sozialpädagogik im Umgang mit einem Schlüsselbegriff. Athenäum, Frankfurt 1988 (Athenäum Monografien: Erziehungswissenschaft, Bd. XXX)

Ziehe, T.: Pubertät und Narzißmus. Sind Jugendliche entpolitisiert? Europäische Verlagsanstalt, Frankfurt 1975

Ziehen, T.: Die Geisteskrankheiten des Kindesalters mit besonderer Berücksichtigung des schulpflichtigen Alters. Reuther & Reichard, Berlin 1902 (Sammlung von Abhandlungen aus dem Gebiete der pädagogischen Psychologie und Physiologie, Bd. V, H. 1)

Ziehen, T.: Die Geisteskrankheiten des Kindesalters. Einschließlich des Schwachsinns und der psychopathischen Konstitutionen. Reuther & Reichard, Berlin 1917; 2. Aufl. 1926

2. Biologische Aspekte von Pubertät und Adoleszenz

Die biologischen Veränderungen der Pubertät stehen am Anfang der Adoleszenzphase und sind wichtige Voraussetzungen für alle folgenden Entwicklungsprozesse. Am augenfälligsten sind das Wachstum und, im Zusammenhang damit, die Veränderungen der körperlichen Proportionen. Diese werden hormonell gesteuert. Im Zusammenhang mit den endokrinen Regulationen erfolgen einerseits die Entwicklung zur Geschlechtsreife, zum anderen zum Teil erhebliche funktionelle und morphologische Veränderungen in verschiedenen Organsystemen.

Die äußeren Merkmale der sexuellen Reifung stellen wichtige Gesichtspunkte zur Beurteilung des Reifungsablaufes dar, wenngleich eine nicht geringe Spielbreite durch sehr unterschiedliche Faktoren zustande kommt. Dennoch lassen sich Stadien der Reifung unterscheiden, die unabhängig von psychosozialen und transkulturellen Unterschieden einheitlich ablaufen.

In diesem Kapitel werden die allgemeinen Gesetzmäßigkeiten des Wachstumsablaufes dargestellt, die Faktoren, von denen er abhängig ist, sowie seine Varianten und Störungen. Schließlich stellt sich die Frage nach dem Zusammenhang von körperlichen und psychischen Veränderungen (s. auch Kap. 3), was auch für das Verständnis psychopathologischer Erscheinungen von großer Bedeutung ist.

2.1 Wachstum und Veränderung der körperlichen Proportionen

2.1.1 Körpergröße, Gewicht und Wachstumsgeschwindigkeit

Der Beginn der Pubertät ist durch einen *Wachstumsschub* gekennzeichnet, also eine deutliche Zunahme der Wachstumsgeschwindigkeit. Das rasche **Längenwachstum** in den ersten beiden Lebensjahren (etwa 25 cm im ersten Lebensjahr) entspricht der auslaufenden Phase des fetalen Wachstums (Bierich 1975). Es folgt eine längere Phase relativ langsamen Wachstums bis zum 9. Lebensjahr mit einem Tiefpunkt von etwa 5 cm pro Jahr unmittelbar vor der Pubertät, die in den Pubertätswachstumsschub mit einer maximalen Wachstumsgeschwindigkeit von 9,5 cm pro Jahr bei den Jungen und 8 cm pro Jahr bei Mädchen übergeht (Abb. 2.1). Anschließend fällt die Kurve rasch ab und erreicht allmählich den Wachstumsabschluß.

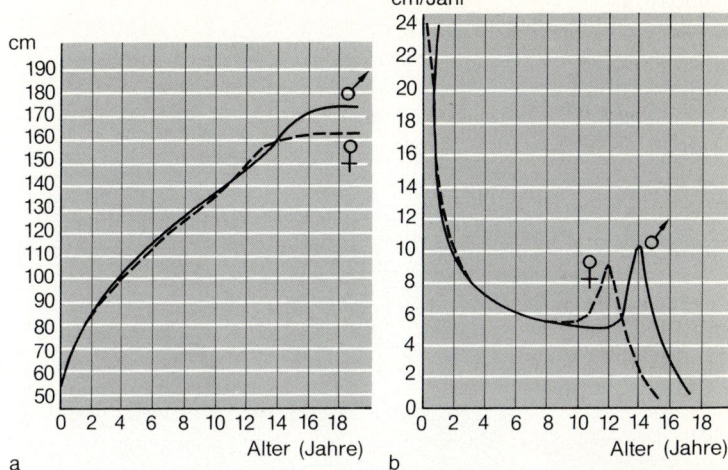

a   b

Abb. 2.**1** Mittleres Längenwachstum britischer Jungen und Mädchen in Abhängigkeit vom Lebensalter: **a** Körpergröße (in cm), **b** Wachstumsgeschwindigkeit (in cm/Jahr) (nach Tanner u. Mitarb. 1966)

Vor dem Wachstumsschub ist die Wachstumsgeschwindigkeit von Jungen und Mädchen etwa gleich. Der Pubertätswachstumsschub erfolgt bei Mädchen zwei Jahre früher als bei Jungen und erreicht nicht die gleiche Höhe. Dies erklärt auch den durchschnittlichen Größenunterschied von 12−13 cm zwischen Mann und Frau.

Wegen großer individueller Unterschiede ist der *Normbereich* weitaus wichtiger als eine Betrachtung der Mittelwerte. Er läßt sich definieren als der Bereich zwischen der 3. und 97. Perzentile, aber auch als Mittelwert ± zwei Standardabweichungen. In diesem Bereich liegen definitionsgemäß jeweils 94% bzw. rund 95% der Kinder.

Die *Perzentilenkurven* geben jeweils den Prozentanteil der Kinder wieder, die über bzw. unter der entsprechenden Kurve liegen. Der Perzentilenwert 10 bedeutet, 10% der Kinder liegen noch unterhalb der Werte dieser Kurve. Werte zwischen der 90. und der 10. Perzentile bzw. zwischen der 97. und der 3. Perzentile betrachtet man als Normalwerte. Die Perzentilenmethode ist anhand derartiger Kurven einfach zu handhaben; sie hat darüber hinaus den Vorteil, daß sie auch dann anwendbar ist, wenn keine Normalverteilung vorliegt. Während Zunahme und Wachstumsgeschwindigkeit der Körpergröße im Bereich der Pubertätsveränderungen einer Normalverteilung unterliegen, gilt

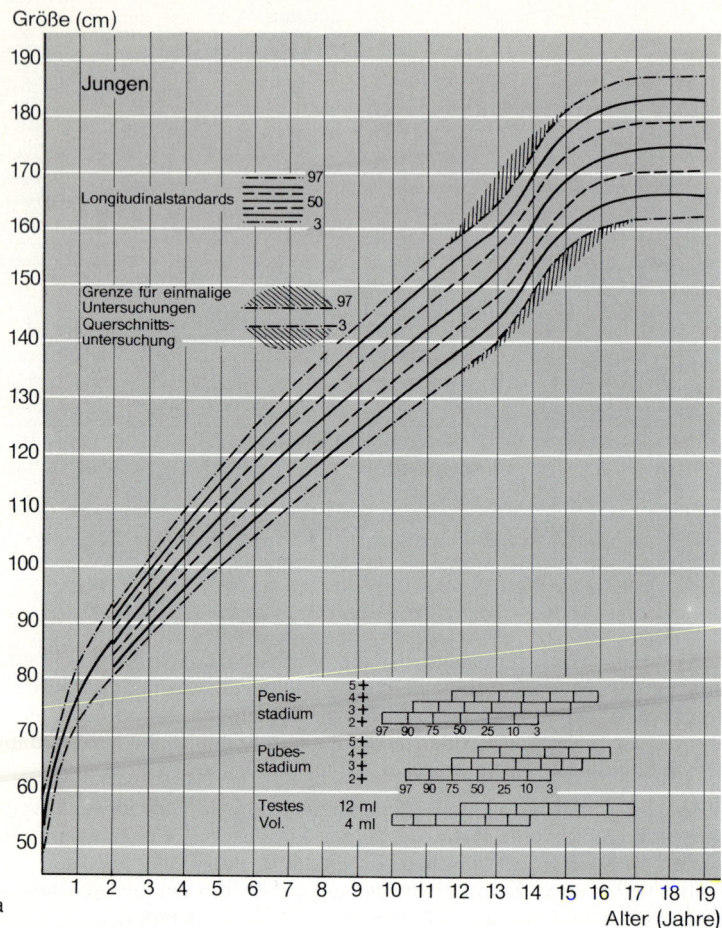

Abb. 2.2 Perzentilenkurven für das Längenwachstum britischer Jungen (**a**) und Mädchen (**b**). Außerdem sind jeweils die Perzentilnormen für weitere Pubertätskriterien nach Tanner eingetragen (nach Tanner u. Whitehouse 1976)

dies für andere Maße wie z. B. Körpergewicht und Hautfaltendicke nicht. Vor der Pubertät bleibt der Wachstumsverlauf bezüglich der Körpergröße in der Regel auf der gleichen Perzentile oder im jeweiligen Perzentilenkanal (Abb. 2.2).

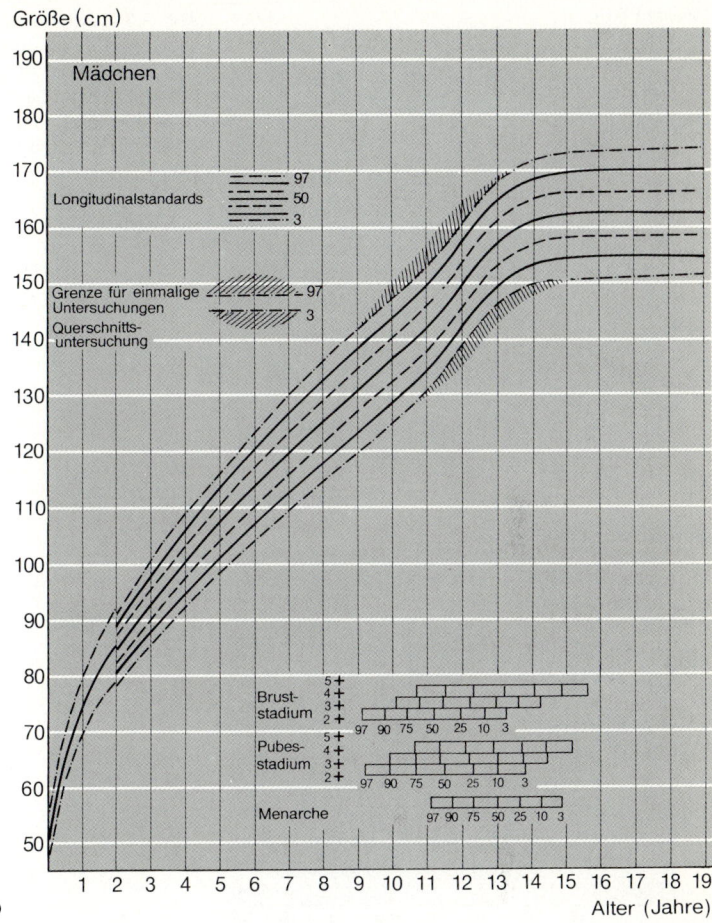

b

Eine nach unten oder oben *abweichende Wachstumskurve* wird als pathologisch angesehen, wenn sie nicht zwischen der 3. und 97. Perzentile liegt. Vor der Pubertät läßt eine nach unten abweichende Wachstumskurve an eine Hypothyreose oder einen hypophysären Minderwuchs denken, eine nach oben abweichende kann ein Hinweis auf eine Pubertas praecox oder ein adrenogenitales Syndrom sein. Während der Pubertät ist ein Abweichen vom Perzentilenverlauf nicht pathologisch, ja sogar in gewisser Weise normal.

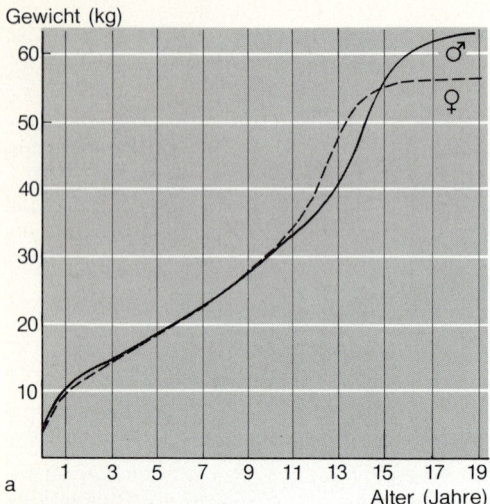

Gewicht (kg)

a   Alter (Jahre)

Abb. 2.**3** Gewichtsent-
wicklung bei Jungen
und Mädchen in Ab-
hängigkeit vom Le-
bensalter: **a** absolutes
Gewicht (in kg), **b** Gewichtszunahme (in kg/
Jahr) (nach Tanner
u. Mitarb. 1966)

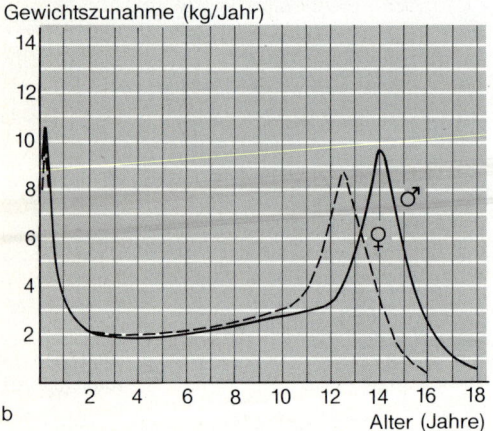

Gewichtszunahme (kg/Jahr)

b   Alter (Jahre)

Ein ähnlicher Verlauf wie für das Größenwachstum gilt auch für das
Körpergewicht (Abb. 2.**3**). Die Gewichtszunahme um die Pubertät ist
Ausdruck einer tiefgreifenden morphologischen Veränderung mit hohen Zuwachsraten für das Skelett, die Muskeln, die inneren Organe
sowie das Fettgewebe. Die Zunahme des Körpergewichts ist jedoch
eine weitaus weniger zuverlässige Variable als die der Körpergröße zur
Beurteilung des Entwicklungsablaufes.

Hinsichtlich der Beurteilung von Wachstum und Wachstumsgeschwindigkeit spielt das **Knochenalter** eine große Rolle. Knochenalter und Knochenreife stellen einen besseren *Maßstab für das biologische Alter* dar als das chronologische Alter. Je stärker das Knochenwachstum verzögert ist, um so länger ist die Zeitspanne bis zum Pubertätsbeginn, und um so mehr Wachstum ist noch möglich. Aufgrund der Annahme, daß das Auftreten der Pubertätsmerkmale enger mit dem Knochenalter zusammenhängt als mit dem chronologischen Alter, kommt der Bestimmung des Knochenalters eine große klinische Bedeutung zu. Es wird in der Regel aus dem *Handröntgenbild* mit Hilfe des Atlas von Greulich u. Pyle (1959) oder mit Hilfe der Tafeln von Tanner u. Mitarb. (1975) bestimmt. Das Knochenalter weist eine verhältnismäßig große Streubreite auf (Marshall u. Tanner 1974). Sie entspricht ungefähr der Standardabweichung des chronologischen Alters (rund 1 Jahr). Lediglich für den Zeitpunkt der Menarche, zu dem 95% der Erwachsenengröße erreicht ist, ist die Standardabweichung mit 0,4 Jahren wesentlich kleiner (Prader 1975). Ähnliche Ergebnisse erhielt Prader für das Hodenwachstum. Dennoch ist das Knochenalter für die Beurteilung und Voraussage der Pubertät keineswegs überflüssig; dies gilt insbesondere für pathologische Erscheinungen. Bei extrem frühem oder spätem Pubertätseintritt ist das Knochenalter nach wie vor ein besserer Maßstab als das chronologische Alter. In der Praxis empfiehlt es sich, beide Maßstäbe heranzuziehen und bei Diskrepanzen für prognostische Aussagen eher das Knochenalter zugrunde zu legen als das chronologische Alter.

Für die **Prognose der Erwachsenengröße** mit Hilfe des *Knochenalters* werden das nach Greulich u. Pyle (1959) bestimmte Knochenalter, das mindestens 7 sein muß, das chronologische Alter und die Größe zugrunde gelegt. Mit Hilfe der Tabellen von Bayley u. Pinneau (1952) läßt sich der entsprechende Wert ausrechnen. Es ist auch möglich, aufgrund *genetischer Informationen* die voraussichtliche Größe eines Kindes abzuschätzen. Bestimmt wird die sogenannte Zielgröße (Tanner u. Mitarb. 1970). Diese läßt sich als arithmetisches Mittel zwischen der Größe der Mutter und der Größe des Vaters berechnen, wobei bei Mädchen 12 cm abzuziehen, bei Jungen 12 cm hinzuzuzählen sind. Die Fehlerbreite dieser Zielgrößenbestimmung liegt ohne Berücksichtigung der Akzeleration bei ± 8,5 cm.

Auch *innerhalb des normalen Wachstums* kann man verschiedene **Varianten** unterscheiden (Falkner 1972):

1. Kinder, die hinsichtlich des Körperwachstums auf allen Altersstufen im Durchschnittsbereich liegen;
2. Kinder, die früh reifen und infolge ihrer Frühreife bereits im Kindesalter hinsichtlich der Größe über dem Durchschnittsbereich lie-

gen (sie erreichen im Erwachsenenalter eine durchschnittliche Körpergröße);

3. frühreife Kinder, die aus genetischen Ursachen größer als der Durchschnitt sind (sie sind dies bereits im Kindesalter und behalten diesen Vorsprung bis ins Erwachsenenalter, sie erreichen früher den Erwachsenenstatus und ihre Körpergröße bleibt über dem Durchschnitt);

4. Kinder mit verzögertem Reifungsablauf, deren Wachstumskurve im Kindesalter unter dem Durchschnitt liegt;

5. Kinder mit genetisch bedingt verzögertem Reifungsablauf. Diese Gruppe zeigt die unregelmäßigste Entwicklung, und ihr Entwicklungsverlauf läßt sich am wenigsten genau voraussagen.

Von diesen Varianten muß man die eindeutig pathologischen Wachstumsstörungen unterscheiden (s. u.).

2.1.2 Veränderung der körperlichen Proportionen

Im Zusammenhang mit dem Pubertätswachstumsschub kommt es zu erheblichen Veränderungen der Körperproportionen (Gestaltwandel). Wenngleich diese kontinuierlich seit dem frühesten Kindesalter erfolgen, so sind sie doch um die Pubertät am ausgeprägtesten. So weist z. B. die Veränderung der Wachstumsgeschwindigkeit von Rumpf- und Beinlänge für Jungen sowie die der Körpergröße jeweils einen unterschiedlichen *Wachstumsgipfel (PHV, peak height velocity)* auf, der aber recht eng um das 14. Lebensjahr variiert (Abb. 2.4).

Die Veränderung der körperlichen Proportionen vollzieht sich nach allgemeinen *Gesetzmäßigkeiten.* So verläuft der Pubertätswachstumsschub in folgenden Schritten: zunächst erfolgt eine Steigerung des Wachstums von Hand und Fuß, danach von Hüften, Brust und Schultern, zuletzt wird der Rumpf vom Wachstumsschub erfaßt. Am geringsten ist das Kopfwachstum, da Schädelwachstum und Gehirnentwicklung der übrigen Reifung vorauseilen. Innerhalb des Schädelwachstums wachsen die Gesichtsknochen rascher als die übrigen Teile des knöchernen Schädels, so daß es zu einer Streckung des Gesichtes kommt.

Alle diese Veränderungen sind bei Jungen ausgeprägter als bei Mädchen. Einige *Geschlechterunterschiede* sind bereits zum Zeitpunkt der Geburt vorhanden, andere werden erst mit der Pubertät deutlich (z. B. breitere Schultern der Jungen, breitere Hüften und im Vergleich zum Rumpf kürzere Beine bei den Mädchen). Aus Abb. 2.5 wird die Kontinuität der Veränderungen und, bei den Jungen stärker als bei den Mädchen, der Pubertätswachstumsschub sichtbar.

Abb. 2.**4** Wachstumsgeschwindigkeit der Körpergröße, des Rumpfes (Sitzhöhe) und der Beinlänge (unteres Segment) bei Jungen und jeweiliger Wachstumsgipfel (peak height velocity, PHV) (nach Prader u. Budliger 1977)

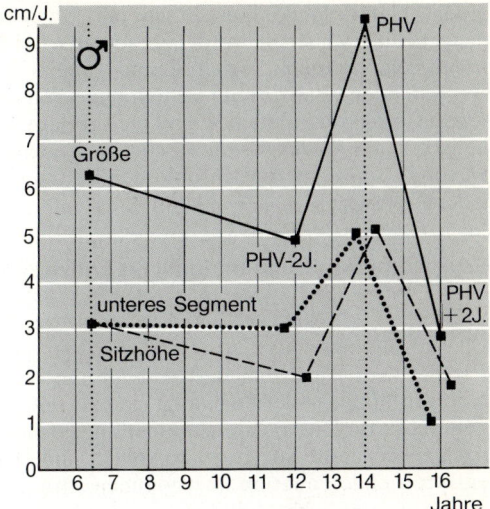

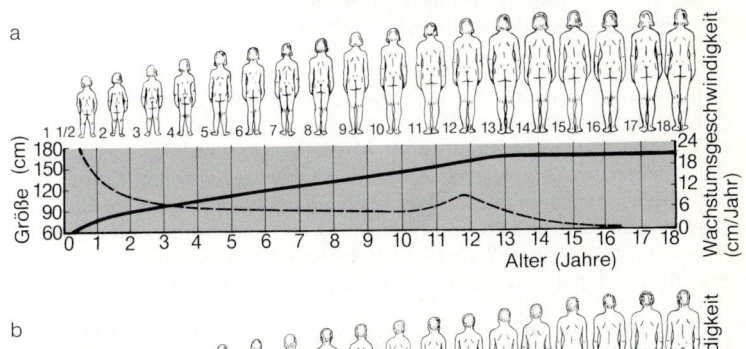

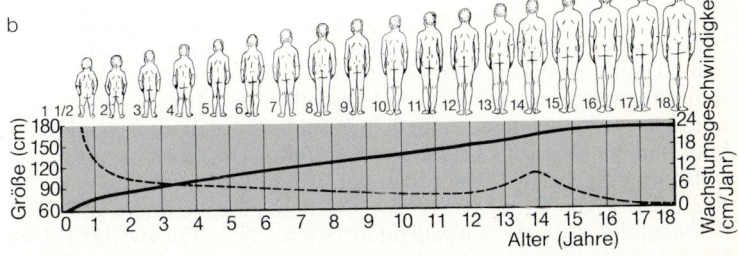

Abb. 2.**5** Veränderung der Körperproportionen und Längenwachstum von 1½−18 Jahren: **a** bei Mädchen, **b** bei Jungen.
Durchgezogene Linie: absolutes Längenwachstum (in cm),
gestrichelte Linie: relatives Längenwachstum (in cm/Jahr). Deren Gipfel korrespondiert jeweils mit dem Pubertätswachstumsschub (nach Tanner 1973)

Die Unterschiede hinsichtlich der Körperproportionen zwischen Jungen und Mädchen werden besonders bei *Veränderungen im Reifungsablauf* deutlich. Frühreifende Jungen weisen im Vergleich zu spätreifenden relativ breite Hüften und schmale Schultern auf, spätreifende Jungen und Mädchen sind meist relativ langbeinig und haben einen kürzeren Rumpf als die rascher reifenden Altersgenossen. Ein gewisses Ausmaß an Asynchronie der Reifung ist für diese Altersstufe jedoch typisch.

2.1.3 Körperkraft und motorische Entwicklung

Körperkraft

Parallel zum Wachstum des Skeletts und der Muskulatur nimmt die Körperkraft zu. Allerdings folgt sie erst mit einiger Latenz dem Muskelwachstum. Dies entspricht einer allgemeinen Gesetzmäßigkeit, wonach zunächst die Struktur ausgebildet und erst im zweiten Schritt die entsprechende Funktion übernommen wird.

Der *Muskelzuwachs* läßt sich unter anderem auch an der Zunahme der *Kreatininausscheidung* im Urin nachweisen (Abb. 2.**6**).

Das Muskelwachstum erreicht sein Maximum durchschnittlich drei Monate nach dem Wachstumsgipfel des Skeletts. Dabei besteht ein deutlicher *Unterschied zwischen Jungen und Mädchen*. Dies entspricht der Beobachtung eines stärkeren Muskelwachstums bei den Jungen, was zu einem noch größeren Zuwachs an *körperlicher Kraft* führt. Vor der Pubertät besteht dieser Unterschied noch nicht. In der Pubertät aber manifestiert er sich und bleibt über die ganze Phase der Adoleszenz erhalten. Abb. 2.**7** zeigt die zunehmende Geschlechterdifferenz hinsichtlich der *Arm-Zug- und -Stoßkraft* zwischen dem 11. und 17. Lj.

Wenngleich für die unterschiedliche Körperkraft von Jungen und Mädchen im wesentlichen soziokulturelle Bedingungen verantwortlich sein dürften, so spielen auch *biologische Faktoren* eine wichtige Rolle. Zunächst bestehen Unterschiede hinsichtlich der *Anzahl der Muskelzellen*, die zwischen dem 5. und dem 6. Lj. bei Jungen eine 14fache, bei Mädchen nur eine 10fache Steigerung erfährt. Das Maximum der Vermehrung der Muskelzellzahl liegt bei beiden Geschlechtern etwa bei $10^{1/2}$ Jahren. Die Größe der Muskelzellen und Muskelfasern verändert sich noch bis ins 3. Lebensjahrzehnt (Root 1973). Ein zweiter Faktor könnte die Ausschüttung der *Androgene* sein, die eine Wirkung auf die Muskelentwicklung haben. Schließlich können auch Unterschiede in den *Körperproportionen* dafür verantwortlich sein: Jungen sind hinsichtlich der Hebelkraft im Vorteil und können auch wegen ihres größeren Atemvolumens körperliche Anstrengungen besser durchhalten.

Abb. 2.**6** Kreatininausscheidung (g/24 Stun-
den) als Ausdruck der
Zunahme an Muskel-
gewebe bei Jungen
und Mädchen im Alter
zwischen 5 und 17
Jahren (aus Tanner, J.
M.: Wachsum und Rei-
fung des Menschen.
Thieme, Stuttgart
1962)

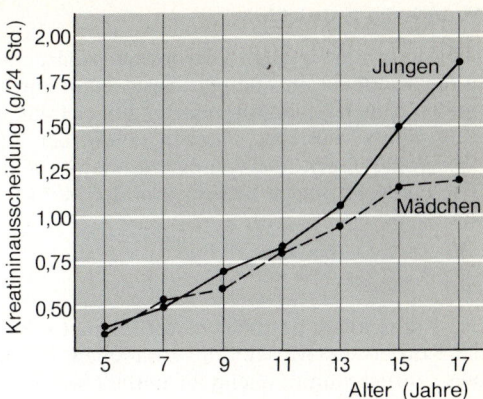

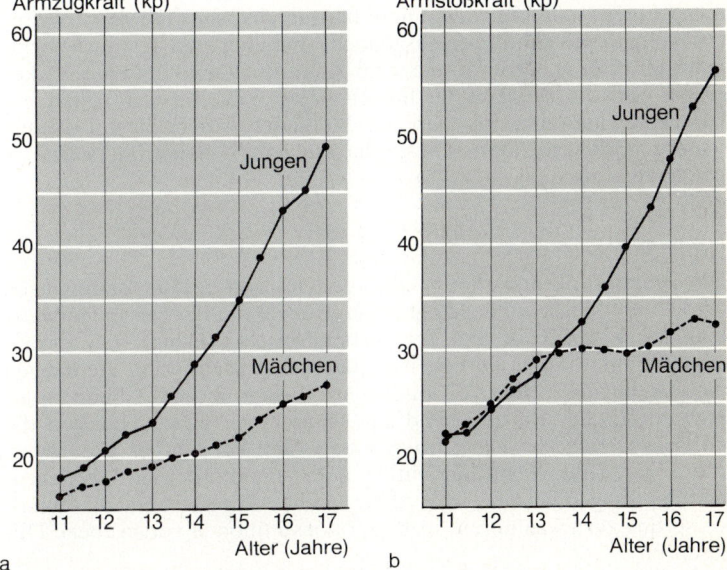

Abb. 2.**7** Kraft der Armbeugung (**a**) und -streckung (**b**) im Alter von 11–17
Jahren bei Jungen und Mädchen (Längsschnittdaten von 65–95 Jungen und
66–93 Mädchen in jeder Altersgruppe) (nach Tanner 1962)

Motorische Entwicklung

Die Motorik ist in allen Entwicklungsphasen bedeutsam. Während sie in der Kindheit ein wichtiges Instrument zur Umweltbeherrschung ist und im frühen Kindesalter ein wichtiger Indikator für den Zustand des Zentralnervensystems, ergeben sich in der Pubertät und Frühadoleszenz Wandlungen, die von einem relativ stabilen Muster in der Kindheit in eine *passagere Unsicherheit* der Motorik in der Adoleszenz führen.

Grobmotorik

Die Entwicklung der Grobmotorik hängt sehr eng mit dem Wachstum der Körper- und Muskelkraft zusammen, läßt sich aber nicht allein auf diese zurückführen. Vielmehr umfaßt sie eine Reihe zusätzlicher Leistungen wie Bewegungsgeschwindigkeit, Geschicklichkeit, Koordination, Zusammenspiel verschiedener Körperteile. Wie bei der Körperkraft, so gibt es auch hinsichtlich der Grobmotorik *Unterschiede zwischen Jungen und Mädchen*. Diese hängen einerseits mit den erwähnten biologischen Einflüssen zusammen, sind aber zum Teil auch soziokulturell bedingt. Denn in unserem Kulturkreis wird auf eine stärker grobmotorische Tätigkeit der Jungen größerer Wert gelegt, so daß ein Übungsgewinn entsteht, der die biologisch vorgegebenen Unterschiede noch vergrößert. Diese Unterschiede nehmen im Laufe der Adoleszenz zu.

Feinmotorik

Die Feinmotorik erfordert rasche, gezielte und genaue Bewegungen der kleinen Muskeln. Sie hängt daher weniger mit der Gesamtentwicklung der Körperkraft und der grobmotorischen Fähigkeiten zusammen. Feinmotorische Fertigkeiten sind viel spezialisierter. Sie hängen darüber hinaus stärker von Intelligenz, Erfahrung und Übung ab als grobmotorische. Entsprechend sind hinsichtlich dieser Funktion die *Geschlechterunterschiede geringer* ausgeprägt: bei gleicher Übung existieren sie nicht. Wenn hinsichtlich der Feinmotorik eine Überlegenheit der Jungen besteht, so ist diese in aller Regel auf einen Übungsvorsprung zurückzuführen, nicht auf konstitutionell vorgegebene Differenzen.

Motorische Koordination

Motorische Koordination ist sowohl bei der Feinmotorik als auch der Grobmotorik erforderlich. In verschiedenen Untersuchungen wurde nachgewiesen, daß in Pubertät und Adoleszenz Schwierigkeiten und

Unsicherheiten hinsichtlich der motorischen Koordination bestehen, was zur Auffassung von der *Unbeholfenheit* von Jugendlichen geführt hat. Es wurde immer wieder die Frage aufgeworfen, ob diese Unbeholfenheit soziale oder biologische Ursachen hat.

An *sozialen Ursachen* werden relative Unerfahrenheit in sozialen Situationen angeführt, überhöhte Erwartungen an die motorischen Fähigkeiten aufgrund der relativ ausgeprägten Körpergröße im Vergleich zum Alter, Befangenheit und Unsicherheit, die sich stets auch im motorischen Bereich äußert.

Andererseits lassen sich auch *biologische Variablen* identifizieren. Zum einen besteht die zeitliche *Sequenz Muskelwachstum – Muskelkraft – Koordination*. Folglich kann eine angemessene Funktion nicht von Anfang an vorhanden sein, sondern sich erst langsam ausbilden, wobei Übung und Lernvorgänge eine wesentliche Rolle spielen. Dies ist besonders dann bedeutsam, wenn, wie bei der Koordination, verschiedene Muskelgruppen zusammenspielen müssen. Zweitens ergibt sich durch den Pubertätswachstumsschub und die dadurch bedingten *Veränderungen der Körperproportionen* eine Unsicherheit hinsichtlich der Koordinationsabläufe. So wird beispielsweise das in der Kindheit entwickelte Schema der Auge-Hand-Koordination labilisiert und muß sich auf neuem Niveau einstellen. Schließlich gibt es *„physiologische Asynchronien"*, die zu einer Diskrepanz zwischen den Wachstumsgeschwindigkeiten unterschiedlicher Bereiche und damit zu einer Unsicherheit im Zusammenspiel führen.

2.2 Funktionelle und morphologische Veränderungen in verschiedenen Organsystemen

Wie in der Kindheit, so wachsen auch in der Pubertät und Adoleszenz die Organsysteme mit unterschiedlicher Geschwindigkeit. Das Wachstum der Atem-, Kreislauf-, Verdauungs- und Ausscheidungsorgane zeigt einen parallelen Verlauf zum allgemeinen Körperwachstum. Hingegen nimmt das Wachstum des lymphatischen Gewebes mit der Pubertät rasch ab, während das allgemeine Körperwachstum sowie das Wachstum der Fortpflanzungsorgane in bemerkenswerter Weise zunimmt. Das Zentralnervensystem erfährt in den ersten Lebensjahren die größten Zuwachsraten und zeigt von der Pubertät bis zum Erwachsenenalter nur eine sehr geringe Wachstumstendenz.

Verschiedene Gewebe und Organsysteme folgen den *vier* angegebenen *Wachstumstypen*. Dem *lymphoiden* Wachstumstyp unterliegen Thymus und die Lymphknoten, dem Wachstumstyp von *Kopf und Gehirn* das Gehirn und seine Teile, Dura, Rückenmark, optisches System und Schädelknochen, dem Typus des *allgemeinen Körperwachstums*

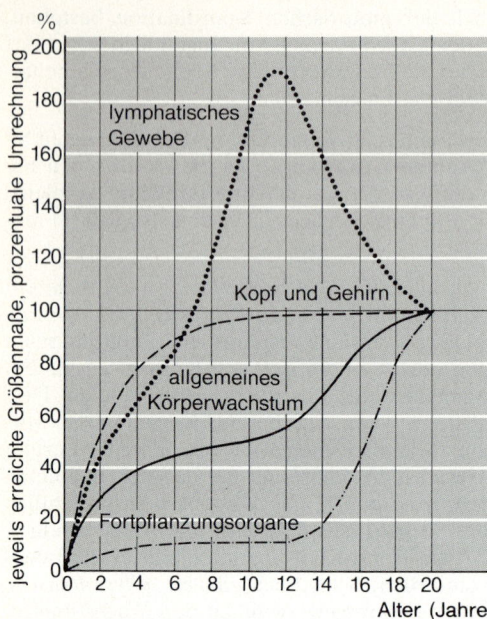

Abb. 2.**8** Die vier Grundtypen des Wachstumsverlaufes verschiedener Körperteile und Gewebe. Die Ordinate zeigt die Größenmaße der Organe, umgerechnet auf einen Maßstab, der die Größe bei der Geburt = 0 und die Größe im Alter von 20 Jahren = 100% setzt (nach Scammon 1930)

die meisten inneren Organe, Aorten- und Pulmonalbogen, die Muskulatur und das Blutvolumen, dem Wachstumstypus der *Fortpflanzungsorgane* Ovar, Tuben, Hoden und Nebenhoden, Prostata und Samenbläschen (Abb. 2.**8**). Im folgenden soll auf einige Veränderungen in wichtigen Organsystemen eingegangen werden.

2.2.1 Strukturelle und funktionelle Veränderungen des Gehirns

Strukturelle Veränderungen

Der überwiegende Teil der strukturellen Veränderungen findet vom 5. Fetalmonat *bis zum Ende des 3. Lebensjahres* statt. Diese Entwicklung betrifft nicht nur das Hirngewicht, das in den ersten zwei Lebensjahren um 350% ansteigt, während der Anstieg in den nächsten 10 Jahren nur noch 35% ausmacht. Das Gehirn erreicht etwa im 14. Lebensjahr sein endgültiges Gewicht. Auch andere strukturelle Veränderungen zeigen einen ähnlichen Verlauf.

Untersuchungen liegen vor zum Zellkörpervolumen der Neuronen der Großhirnrinde. Dieses nimmt von der Geburt bis zum 18. Lebens-

Abb. 2.**9** Die Veränderung von Neuronendichte und Grauzell-Koeffizient mit dem Alter (Geburt bis zum 40 Lebensmonat) (aus Lenneberg, E. H.: Biologische Grundlagen der Sprache. Suhrkamp, Frankfurt 1972)

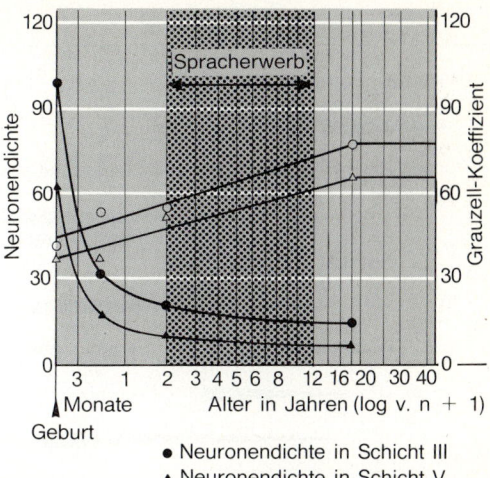

- ● Neuronendichte in Schicht III
- ▲ Neuronendichte in Schicht V
- ○ Grauzell-Koeffizient in Schicht III
- △ Grauzell-Koeffizient in Schicht V

jahr zu und zeigt ebenfalls in den ersten drei Lebensjahren die höchste Steigerungsquote. Mit zunehmender Ausdehnung des Gehirns nimmt dagegen die Dichte der Neuronen ab. Dies ist offenbar eine wesentliche Vorbedingung für die Verzweigung der Dendriten. Diese Entwicklung ist in Abb. 2.**9** dargestellt. Sie zeigt, daß mit fortschreitender Ausdehnung des Gehirns die Neuronendichte abnimmt und der *Grauzell-Koeffizient* zunimmt. Der Grauzell-Koeffizient gibt das Volumenverhältnis von grauer Substanz, dividiert durch das Volumen der in ihr enthaltenen Nervenzellen, an. Er erreicht etwa mit dem 18. Lebensjahr sein endgültiges Niveau.

Ein weiterer wichtiger Indikator für die strukturellen Veränderungen des Gehirnes ist die *Markreifung* (Abb. 2.**10**). Die Myelinisierung der für die postpartale Periode wichtigsten Funktionen beginnt bereits im 5. Fetalmonat (motorische und sensorische Wurzeln) und ist gegen Ende des 3. Lebensjahres für die meisten Strukturen abgeschlossen. Bis zum 10. Lebensjahr ist die Markreifung der großen Kommissuren abgeschlossen, über das 10. Lebensjahr hinaus setzt sich die Markreifung der Formatio reticularis und vor allem die der intrakortikalen Assoziationsfasern fort. Letztere dürften vor allem für mnestische Vorgänge und für Denkprozesse von größter Bedeutung sein. Viel ist über diese Zusammenhänge allerdings noch nicht bekannt.

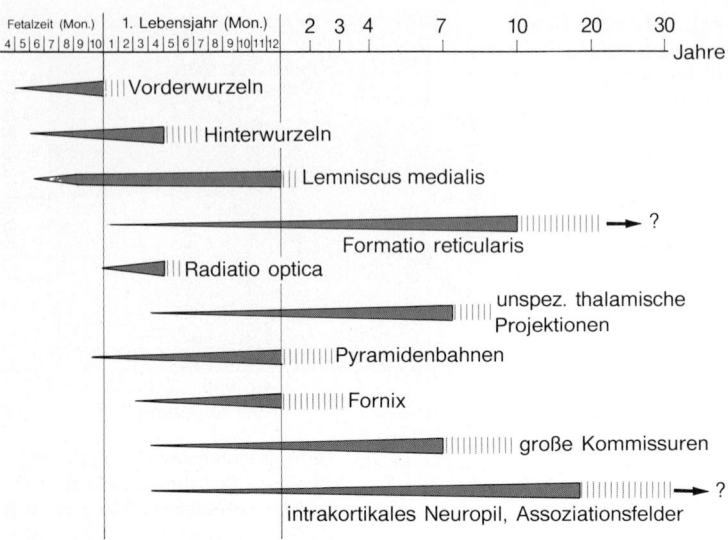

Abb. 2.**10** Markreifung (Myelinisierung) in verschiedenen Hirnbereichen, prä- und postnatal, bezogen auf das Alter (nach Yakovlev u. Lecours 1967)

Elektrophysiologische Veränderungen

Elektroenzephalographische Ableitungen werden immer wieder zu *Beurteilungen der Hirnreife* herangezogen. Die dominante Frequenz steigt mit zunehmendem Lebensalter an, gleichzeitig nimmt die Amplitude der höherfrequenten Wellen zu und diejenige der niederfrequenten ab. Der stärkste Amplitudenzuwachs gilt für die Alphafrequenz. Abb. 2.**11** zeigt die asymptotische Zunahme der Wellenfrequenz im EEG in Abhängigkeit vom Lebensalter. Die Zeit des Spracherwerbs ist global eingezeichnet.

Um das 18. Lebensjahr wird das endgültige Niveau erreicht. Dies stimmt mit den Ergebnissen der umfassenden Verlaufsuntersuchungen von Eeg-Olofsson (1971) überein, wonach die bioelektrische Reifung des Gehirns mit etwa 18 Jahren abgeschlossen ist.

Ausbildung der funktionellen Hemisphärenasymmetrie

Bereits zum Zeitpunkt der Geburt sind die beiden Hirnhemisphären nicht gleichwertig. Mit zunehmender Entwicklung vollzieht sich jedoch eine weitere *Arbeitsteilung* der beiden Hirnhälften, wobei die *linke* He-

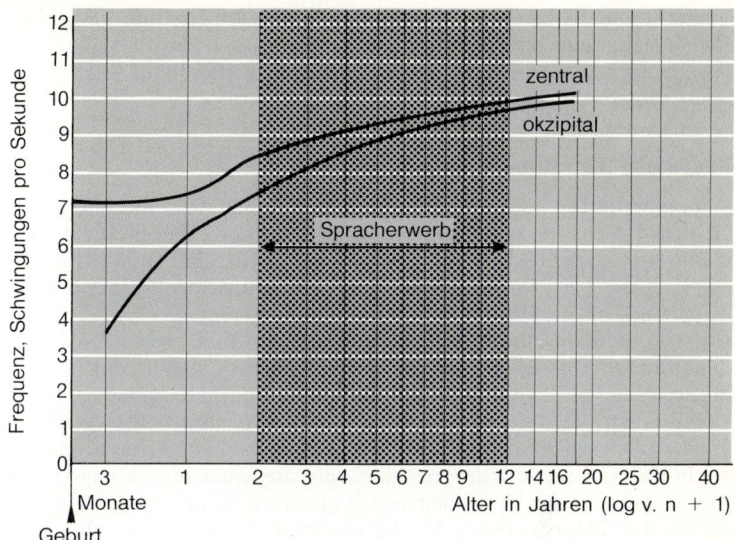

Abb. 2.**11** Dominante Frequenz der Hirnwellen als Funktion des Alters (Geburt bis 40. Lebensmonat) (nach Smith 1941)

misphäre sich immer stärker auf die Sprache spezialisiert und die *rechte* auf nichtsprachliche Funktionen wie geometrisch-räumliche Fähigkeiten, ganzheitliches Bilddenken, zeitliche Integration sowie Bild- und Mustererfassung. Mit zunehmendem Lebensalter wird diese Arbeitsteilung immer stabiler und zugleich *immer weniger umkehrbar*.

Wird in den ersten beiden Lebensjahren die *linke Hemisphäre geschädigt*, so ist eine Übernahme der Sprachfunktionen durch die rechte Hemisphäre noch möglich. Im Alter von etwa 10 Jahren ist die linksseitige zerebrale Dominanz für die Sprachfunktionen bei einem Großteil der Kinder bereits ausgebildet. Schwere Verletzungen der linken Hemisphäre führen dann bei rund 85% der betroffenen Kinder zu Sprachstörungen, Verletzungen der rechten Hemisphäre bei etwa 45% (Basser 1962). Bei Erwachsenen hingegen kommt es nach *Verletzungen der rechten Hemisphäre* nur in rund 3% der Fälle zu einer Aphasie, wobei es sich vorwiegend um Linkshänder handelt. Über die Möglichkeit der *Übernahme der Sprachfunktionen durch die rechte Hemisphäre* geben Untersuchungen an hemisphärektomierten Kindern Auskunft. Es erweist sich der Zeitpunkt als entscheidend, zu welchem die Verletzung (Schädigung) erlitten wurde; der Zeitpunkt der späteren Hemisphärektomie fällt weniger ins Gewicht (Basser 1962; Stutte 1965). Die *Pubertät* markiert in etwa den Zeitpunkt, zu dem die Plastizität der Hirnhemisphären endgültig verlorengeht, die funktionelle *Hemisphärenasymmetrie* ist *irreversibel* festgelegt.

Bedeutung der Hirnreifung

Alle angeführten strukturellen und funktionellen Veränderungen des Gehirns lassen sich unter dem Gesichtspunkt der Hirnreifung zusammenfassen. Sie sprechen übereinstimmend dafür, daß zum Zeitpunkt der Pubertät bzw. in den Jahren danach die funktionelle Hirnreifung weitgehend abgeschlossen ist. Gleichzeitig zeigt eine Analyse verschiedener *körperlicher und psychischer Funktionen* (z. B. statomotorische Funktionen, Entwicklung des Sprachvermögens), daß Parallelen zur Hirnreifung bestehen. Diese geben zu der Hypothese Anlaß, daß der globale Grad der Hirnreifung Vorbedingung für das Auftreten dieser Funktionen ist (Lenneberg 1972). Mit zunehmender Hirnreifung erreicht das wachsende Kind sukzessiv verschiedene Entwicklungsstufen wie Sitzen, Gehen, Verbinden von Wörtern zu Sätzen (Abb. 2.**12**). In der Hirnreifung retardierte Kinder erreichen die entsprechenden Entwicklungsstufen später.

Am Beispiel der *Sprache* läßt sich dies aufzeigen. Ein gesundes Kind beginnt normalerweise 12−14 Monate nach dem freien Sitzen Wörter zu verbinden und hat nach 20 weiteren Monaten das Sprachvermögen nahezu voll entwickelt. Bei Kindern mit einer *Reifungsverzögerung* kann die Zeitspanne zwischen dem Sitzen und dem Verbinden von Wörtern 24 Monate betragen, und das Sprachvermögen muß auch mit 60 Monaten noch nicht voll entwickelt sein (Lenneberg 1972). Auch wird die Entwicklungsverzögerung mit zunehmendem Lebensalter größer.

2.2.2 Veränderung des Herz-Kreislauf-Systems

Das *Herz* hat Anteil am allgemeinen Wachstumsschub in der Pubertät und entwickelt sich ähnlich wie andere muskuläre Organe. Es folgt im Wachstum dem Typ des Körperwachstums (s. Abb. 2.**8**) und verdoppelt nahezu sein Gewicht im Verlauf der Pubertätsveränderungen. Gleichzeitig sinkt die *Herzfrequenz*, während der *systolische Blutdruck* ansteigt, wobei jenseits des 14. Lebensjahres Differenzen zwischen Jungen und Mädchen bestehen. Der systolische Blutdruck erreicht bei den Jungen höhere Werte. Auch die *Zusammensetzung des Blutes* verändert sich. Blutvolumen, Hämoglobin und rote Blutkörperchen nehmen bei Jungen stärker zu als bei Mädchen. Bis etwa zum 12. Lebensjahr sind keine Unterschiede zwischen Jungen und Mädchen festzustel-

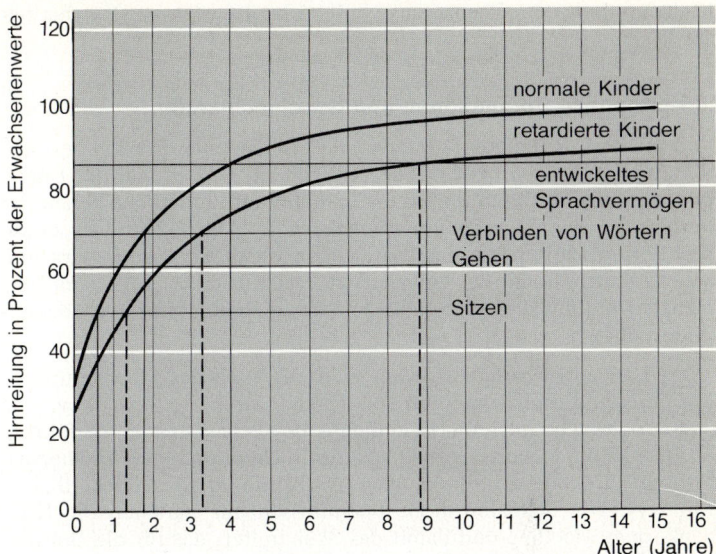

Abb. 2.**12** Zusammenhang der Entwicklung der Hirnreifung (in Prozent der Erwachsenenwerte) mit der Entwicklung von körperlichen und psychischen Funktionen in Abhängigkeit vom Lebensalter, Vergleich von normalen und retardierten Kindern (aus Lenneberg, E. H.: Biologische Grundlagen der Sprache. Suhrkamp, Frankfurt 1972)

len. Die danach auftretenden Differenzen bleiben im Erwachsenenalter erhalten.

2.2.3 Veränderungen im Respirationstrakt und im Stoffwechsel

Auch hier folgen die strukturellen und funktionellen Veränderungen der allgemeinen Kurve des Körperwachstums. Sowohl die Größe der Lungen als auch die Vitalkapazität nimmt während der Pubertät zu, bei Jungen stärker als bei Mädchen. Die Respirationsrate sinkt vom Kindesalter zur Adoleszenz bei beiden Geschlechtern allmählich, jedoch nimmt die Effizienz des Sauerstoffaustausches in der Pubertät zu.

Die Körpertemperatur sinkt vom Kindesalter zur Adoleszenz allmählich ab und erreicht bei den Mädchen im Alter von 12 Jahren Erwachsenenwerte, bei Jungen fällt sie auch danach noch geringfügig ab. Gleichzeitig sinkt die Stoffwechselintensität, die in der Pubertät wieder eine relative Stabilisierung erfährt, welche bei beiden Geschlechtern gleichzeitig mit dem Wachstumsschub zu beobachten ist (Katchadourian 1977).

2.3 Hormonelle Regulationen und Geschlechtsreife

Hormonelle Regulationen können auf verschiedenen *Ebenen* betrachtet werden: auf der Ebene der sezernierenden *Drüsen*, auf der Ebene der Koordination durch die *Hypophyse* und auf der Ebene *zerebraler Auslösungs- und Steuerungsmechanismen* (s. Abb. 2.**20**). Das endokrine System ist bereits im pränatalen Entwicklungsstadium wirksam. In der Pubertät kommt es einerseits zu erheblichen quantitativen Veränderungen, und zum anderen tritt ein neuer Regulationsmechanismus auf den Plan.

Das Längenwachstum wird am meisten durch das Wachstumshormon und der Epiphysenschluß vorwiegend durch die Sexualhormone stimuliert, welche auch die Beendigung des Wachstums herbeiführen. Die Bezeichnung „vorwiegend" soll ausdrücken, daß die Geschlechtshormone direkt und indirekt auch Wachstumsvorgänge beeinflussen (Tab. 2.**1**). Die Sexualhormone beeinflussen am stärksten die Knochenkernentwicklung und damit das Skelettalter, das für die Beurteilung einiger Reifungsabläufe wichtiger ist als das chronologische Alter.

Aus diesen Regulationsmechanismen ergibt sich die *zeitliche Sequenz* der hormonellen Veränderungen: Zuerst erfolgt das vorwiegend durch *Wachstumshormon* und *Schilddrüsenhormone* gesteuerte Körperwachstum (Pubertätswachstumsschub) und im zweiten Schritt dessen Abschluß durch das Wirksamwerden der *Sexualhormone*. In dieser Reihenfolge sollen die endokrinen Veränderungen in Pubertät und Adoleszenz besprochen werden.

2.3.1 Wachstumshormone

Normaler Funktionsablauf

Das Wachstumshormon (*Somatotropin*) wird vom Hypophysenvorderlappen sezerniert. Man weiß heute, daß es sich nicht um ein einziges Hormon, sondern um eine ganze Gruppe von Hormonen handelt. Die Molekularstruktur ist aufgeklärt, mehrere Präparate sind inzwischen im Handel. Die vielfältigen Wirkungen können hier nicht im Detail abgehandelt werden. Für die Veränderungen in Pubertät und Adoleszenz sind folgende Gesichtspunkte wichtig:

1. Das Wachstumshormon stimuliert am stärksten das Skelettwachstum, was am deutlichsten an der Körpergröße sichtbar wird. Sein Einfluß ist naturgemäß bei Kindern größer als bei Erwachsenen.

Tabelle 2.**1** Die Wirkung der Hormone auf das Skelettwachstum (aus Bierich, J. R.: Entwicklungsphysiologie und Auxologie: Wachstum und Reifung. In Remschmidt, H., M. H. Schmidt: Kinder- und Jugendpsychiatrie in Klinik und Praxis, Bd. I. Thieme, Stuttgart 1988)

Hormon	Längen-wachstum	Knochen-reifung	Epiphysen-fugenschluß
Wachstumshormon	++	+	0
Somatomedine	++	+	0
Insulin	permissiv	?	0
Schilddrüsenhormone	+	++	0
Androgene	+	++	++
Östrogene	0	++	++
Kortikosteroide	−	−	−

2. Es steuert die Zunahme des Muskelgewebes.
3. Es beeinflußt den Fett- und Kohlenhydratstoffwechsel.
4. Es beeinflußt den Eiweißstoffwechsel und den Elektrolythaushalt. Es steigert z. B. den Transport der Aminosäuren in die Gewebe und hat einen noch nicht in allen Einzelheiten geklärten Einfluß auf die Zusammensetzung der Elektrolyte in den Geweben.

Die Rolle des Wachstumshormons in Pubertät und Adoleszenz ist noch nicht restlos geklärt. So gibt es z. B. unterschiedliche Auffassungen über einen Anstieg dieses Hormons in der Pubertät. Hingegen ist sicher, daß es im Verlaufe der Adoleszenz (etwa 18.−20. Lebensjahr) seinen Einfluß auf das Körperwachstum an die Sexualhormone abgibt. Es ist aber auch nach diesem Funktionswandel offenbar noch teilweise für die Entwicklung der sekundären Geschlechtsmerkmale (gemeinsam mit den Sexualhormonen) verantwortlich (Root 1972).

Störungen der Adenohypophysenfunktion

Störungen des Entwicklungsablaufes können als *Über- oder Unterfunktion* der Adenohypophyse auftreten. Dabei kann die Hypophysenfunktion *insgesamt oder hinsichtlich einzelner Hormone* gestört sein.

Insuffizienz der Adenohypophyse

Eine *globale Hypophyseninsuffizienz* (Panhypopituitarismus) macht sich als *hypophysärer Zwergwuchs* bemerkbar. Er tritt in zwei Formen auf, idiopathisch und als Tumorfolge. Letztere ist in der Regel durch ein Kraniopharyngeom verursacht. Kinder mit einem *idiopathischen hypophysären Zwergwuchs* zeigen bei der Geburt normale Größe und normales Gewicht. In der Regel wird der Wachstumsrückstand im dritten oder vierten Lebensjahr bemerkt. Bei mehr als der Hälfte der Kinder ist auch eine Unterfunktion anderer Vorderlappenhormone festzustellen.

Für ein *Kraniopharyngeom* sind folgende Merkmale typisch: Visusstörungen (bitemporale Hemianopsie), hypothalamische Symptome (Fettsucht, Diabetes insipidus), Beginn meist nach dem sechsten Lebensjahr. Im Röntgenbild finden sich häufig supraselläre Verkalkungen. Kraniopharyngeome sind einer operativen Therapie zuzuführen.

Das *Fröhlich-Syndrom* (Dystrophia adiposogenitalis) ist eine hypothalamische Störung mit der Symptomentrias Kleinwuchs, sexueller Infantilismus und Fettsucht. Es ist relativ selten und darf nicht mit der häufigen Pubertätsfettsucht verwechselt werden.

Ein *isolierter Wachstumshormonmangel* beruht meist auf einem autosomal rezessiven Erbleiden. Seine Behandlung besteht in einer Substitutionstherapie mit menschlichem Wachstumshormon. Bei Ausfall anderer Vorderlappenhormone müssen diese ebenfalls substituiert werden.

Überfunktion der Adenohypophyse

Eine Überfunktion der eosinophilen Zellen führt im Kindesalter zum Gigantismus, im späteren Alter zur Akromegalie. Der *Morbus Cushing* ist auf eine erhöhte ACTH-Sekretion der Hypophyse zurückzuführen, die zu einer beidseitigen Nebennierenrindenhypertrophie und vermehrten Cortisolausschüttung führt.

2.3.2 Schilddrüsenhormone

Normaler Funktionsablauf

Die Schilddrüsenhormone beeinflussen am stärksten die Knochenkernentwicklung, aber auch das Längenwachstum (s. Tab. 2.1). Sie greifen ferner in den Stoffwechsel ein und steuern den Grundumsatz. Sie beeinflussen die Entwicklung der Skelettproportionen, sind verantwortlich für die Umwandlung von Knorpel in Knochen, für die Zahnentwicklung, teilweise auch für die Entwicklung des Gehirns. Die beiden wichtigen Schilddrüsenhormone, das rasch wirkende *Trijodthyronin* und das verzögert und weniger intensiv wirkende *Thyroxin* (Tetrajodthyronin), werden in der Schilddrüse aus Jod und Tyrosin synthetisiert. Hinsichtlich der Rolle der Schilddrüsenhormone in der Pubertät sind noch viele Fragen ungeklärt.

Störungen der Schilddrüsenfunktion

Die bekannteste *Unterfunktion* der Schilddrüse ist die *Hypothyreose*, die als sporadischer oder endemischer *Kretinismus* vorkommt. Die Symptome der Störung werden meist nicht unmittelbar nach der Geburt erkannt. Erste Hinweise sind Trinkfaulheit und Schläfrigkeit. Es kommen dann hinzu: Obstipation, apathisches Verhalten, vergrößerte Zunge, enge Lidspalten, Verzögerung der motorischen und der Gesamtentwicklung. Charakteristisch ist die verzögerte Skelettentwicklung mit verspätetem Auftreten der Knochenkerne, was sich röntgenologisch nachweisen läßt. Wichtig ist eine möglichst früh einsetzende Therapie mit *Schilddrüsenhormonen*.

Eine Schilddrüsen*überfunktion (Hyperthyreose)* ist im Kindesalter selten und betrifft dann meist Mädchen. In voller Ausprägung der Erkrankung liegen vor: Exophthalmus, Struma, Tachykardie und leichte psychische Erregbarkeit. Therapeutisch werden meist *Thyreostatika* angewandt.

2.3.3 Andere das Wachstum beeinflussende Hormone

Auch dem *Insulin* kommt im Zusammenspiel mit dem Wachstumshormon ein Einfluß auf Wachstumsvorgänge zu. Ein optimales Wachstum ist nur möglich, wenn beide Hormone in ausreichender Menge sezerniert werden (Cheek 1967). Das *Cortisol* beeinflußt ebenfalls das Wachstum, vor allem im Sinne einer Beendigung des Wachstumsschubes. Schließlich spielen die *Sexualhormone* eine nicht unwesentliche Rolle.

2.3.4 Sexualhormone

Normaler Funktionsablauf

Über die ganze Kindheit ist ein *langsames Wachstum der Gonaden* festzustellen (s. Abb. 2.**8**). Am stärksten wächst der Uterus, an zweiter Stelle hinsichtlich des Wachstums stehen die Hoden, gefolgt von Prostata und Ovarien. Die Gewichtszunahme von Ovar und Uterus zeigt Abb. 2.**13**.

Auch während der Kindheit lassen sich mit radioimmunologischen Methoden Geschlechtshormone nachweisen. Die *Östrogen- und Gonadotropinspiegel* sind in den ersten beiden Lebensjahren sogar höher als in der späteren Kindheit (Abb. 2.**14**). Dies dürfte die bei manchen Mädchen im Kleinkindesalter zu findende prämature Thelarche erklären. Zu Beginn der Pubertät steigt der Plasmahormonspiegel bei beiden Geschlechtern in charakteristischer Weise an.

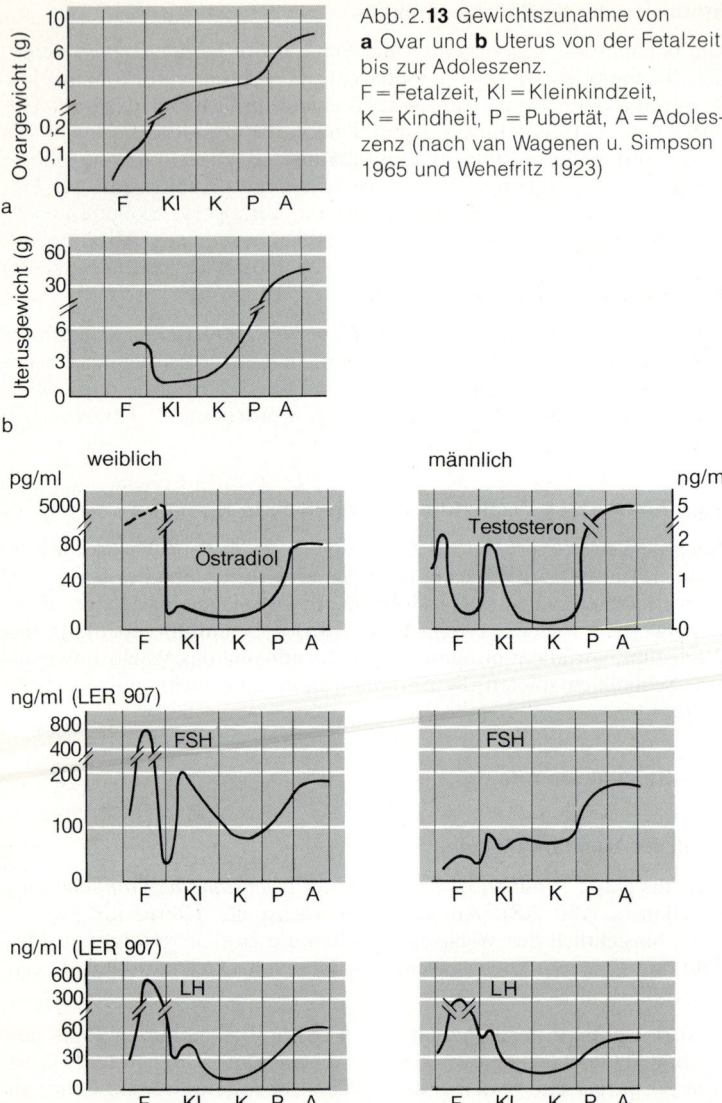

Abb. 2.**13** Gewichtszunahme von **a** Ovar und **b** Uterus von der Fetalzeit bis zur Adoleszenz. F = Fetalzeit, Kl = Kleinkindzeit, K = Kindheit, P = Pubertät, A = Adoleszenz (nach van Wagenen u. Simpson 1965 und Wehefritz 1923)

Abb. 2.**14** Plasmahormonspiegel von der Fetalzeit bis zur Adoleszenz bei Jungen und Mädchen. F = Fetalzeit, Kl = Kleinkindzeit, K = Kindheit, P = Pubertät, A = Adoleszenz (nach Winter u. Mitarb. 1976)

Abb. 2.**15** Zeitliche Korrelation der Gonadotropinarche zur Menarche in einem Kollektiv von Mädchen in der Pubertät bei Anwendung einer mäßig empfindlichen biologischen Methode der Gonadotropinbestimmung (aus Lauritzen, Ch.: Gonadotropine in der Präpubertät und Pubertät. In: Endokrinologie der Entwicklung und Reifung. Springer, Heidelberg 1970)

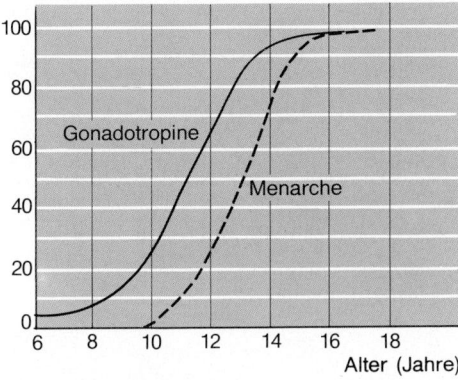

Weibliche Sexualhormone

Zu Beginn der Pubertät existieren noch erhebliche Schwankungen im Laufe eines Zyklus. Die ersten Zyklen sind meist anovulatorisch. Es kommt daher nicht zur Ausbildung eines Corpus luteum, die Progesteronspiegel bleiben niedrig. Den zeitlichen Zusammenhang zwischen dem Anstieg der *Gonadotropine* und der *Menarche* zeigt Abb. 2.**15**.

Abb. 2.**16** zeigt das Zusammenspiel der *gonadotropen Hormone LH und FSH* und die Weiterentwicklung der Pubertätsstadien parallel zum Anstieg des Östradiolspiegels.

Die Gonadotropine LH und FSH werden unter dem Einfluß der im Hypothalamus gebildeten Releasing-Hormone (*LH-RH*) freigesetzt. Die Releasing-Hormone (möglicherweise gibt es auch ein eigenes FSH-RH) werden im Tuber cinereum gebildet. Es ist gelungen, das LH-RH als Dekapeptid zu isolieren. Es kann heute auch synthetisch hergestellt und therapeutisch angewandt werden. Bei intravenöser Injektion erfolgt eine Erhöhung des Gonadotropinspiegels im Plasma. Diese Erhöhung des Plasmaspiegels kann bereits vor der Pubertät erreicht werden, was zeigt, daß das Hypothalamus-Hypophysen-Keimdrüsensystem bereits präpuberal, wenn auch in geringerem Ausmaß, aktiv ist (Bierich 1975).

Männliche Sexualhormone

Der *Hoden* erfährt in der Pubertät eine ausgeprägte Umgestaltung. Diese betrifft vor allem das Samenepithel. Das Hodenvolumen wächst im Verlaufe der Pubertät um den Faktor 10. Die Hodengröße wird mit dem *Orchidometer* nach Prader bestimmt. Der Hoden ist in jeder Al-

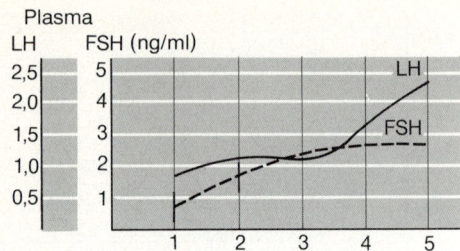

Abb. 2.**16** Zusammenspiel der gonadotropen Hormone LH und FSH und der Östradiolanstieg im Plasma beim weiblichen Geschlecht, bezogen auf das Pubertätsstadium (nach Visser 1973)

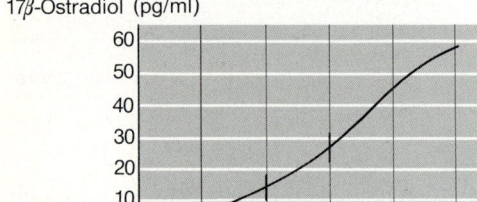

tersstufe unter entsprechender Stimulation in der Lage, *Testosteron* zu bilden. So kann man nach Behandlung mit *humanem Choriongonadotropin (HCG)*, wie sie bei Retentio testis durchgeführt wird, in jeder Altersstufe einen Anstieg des Testosteronspiegels feststellen. Die Verabreichung von HCG dient auch dazu, eine *Anorchie* zu erkennen. Bei einer solchen erfolgt nach Verabreichung von HCG kein Testosteronanstieg im Plasma.

Zu Beginn der Pubertät kommt es unter Einfluß der gonadotropen Hormone sowohl zu dem erwähnten Anstieg des Hodenvolumens als auch zu einer raschen *Zunahme der Plasmatestosteronkonzentration* (Abb. 2.**17** u. 2.**18**).

Der individuelle Anstieg des Plasmatestosterons in der Pubertät ist sehr steil und in der Regel nach etwa 10 Monaten durchlaufen. Die höchste Geschwindigkeit des Pubertätswachstumsschubes findet sich bei einem Plasmatestosteronspiegel um 60−100 ng%. Das Testosteron steigt etwa mit dem 12. Lebensjahr steil an.

Ein weiterer Parameter zur Beurteilung der hormonalen Veränderungen der Gonadenfunktion ist die Ausscheidung von Androsteron im Harn. Diese korreliert stärker mit dem Knochenalter als mit dem chronologischen Alter (Bierich 1975).

Abb. 2.**17** Plasma-LH, -FSH und -Testosteron beim männlichen Geschlecht, bezogen auf Pubertätsstadium und Knochenalter (nach Visser 1973)

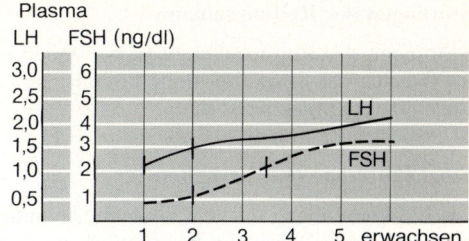

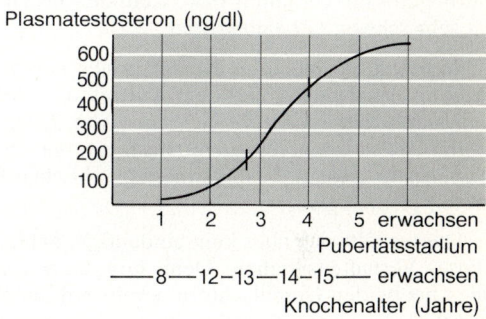

Abb. 2.**18 a** Serumspiegel von Gonadotropin und Testosteron, **b** Hodengröße und Penislänge im Verlauf von Kindheit und Adoleszenz (nach Winter u. Faiman 1972)

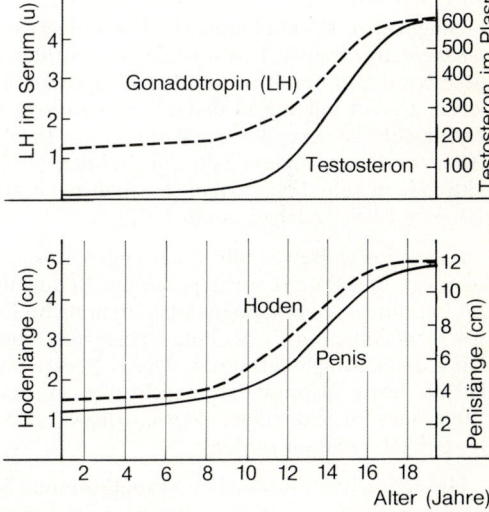

Störungen des Reifungsablaufes

Störungen des Reifungsablaufes, bei denen es zu einer Dysregulation im Bereich der Sexualhormone kommt, sind die Pubertas tarda sowie die Pubertas praecox (s. u.).

Sexualhormone und Verhalten

Im Zusammenhang mit den Sexualhormonen ergibt sich die Frage, ob und in welcher Weise ein Zusammenhang zwischen endokrinen Veränderungen und Verhalten bzw. Befinden festzustellen ist. Diese Frage ist sehr schwer zu beantworten.

So bestehen eindeutige Korrelationen zwischen der Höhe des Testosteronplasmaspiegels und dem Auftreten nächtlicher *Pollutionen, Masturbation und erstem Verliebtsein* (Abb. 2.**19**). Dabei sind zum Zeitpunkt des steilsten *Testosteronanstieges*, der zwischen dem 12. und 15. Lebensjahr erfolgt, die erwähnten psychischen Reaktionen häufig bzw. treten erstmalig auf.

Daraus läßt sich aber kein eindeutiger Schluß auf die Verursachung dieses Verhaltens ziehen. Denn Orgasmus sowie Masturbation kommen bei beiden Geschlechtern bereits vor der Pubertät vor. Auch hinsichtlich des ersten Verliebtseins tauchen bereits präpubertär ähnliche emotionale Reaktionen auf. Andererseits ist unzweifelhaft, daß die wichtigsten sexuellen Verhaltensweisen um die Pubertät mit weitaus höherer Intensität als vorher auftreten.

Umgekehrt kann man nach den Folgen eines plötzlichen *Testosteronentzug*s fragen. Ein solcher liegt bei der *Kastration* vor. Erfolgt diese vor der Pubertät, so resultiert Impotenz. Erfolgt sie nach der Pubertät, so tritt kurze Zeit danach ein Potenzverlust sowie ein abruptes Nachlassen der sexuellen Bedürfnisse ein. In 20% der Fälle tritt dieser Effekt nach rund einem Jahr ein, bei den übrigen kann eine sexuelle Aktivität in sehr begrenztem Ausmaß noch aufrechterhalten werden (Bremer 1958; Katchadourian 1977).

Ein weiterer Beweis für einen engen Zusammenhang zwischen Testosteron und Potenz sowie sexuellen Bedürfnissen liegt in der Tatsache begründet, daß hypogonadale männliche Patienten nach einer *Testosteronbehandlung* eine Potenzbesserung sowie einen entsprechenden Libidozuwachs erfahren. Diese Beobachtungen sprechen dafür, daß die Sexualhormone zwar nicht direkt sexuelles Verhalten hervorrufen, aber im Sinne einer *Aktivatorfunktion* Potenz und entsprechendes Sexualverhalten fördern.

Hinsichtlich der **weiblichen Sexualhormone** ist ein ähnlicher Zusammenhang zu beobachten. Allgemein ist bekannt, daß während des

Abb. 2.**19** Menge des Testosterons im Plasma bei männlichen Individuen in verschiedenen Altersstufen (nach Beach 1974)

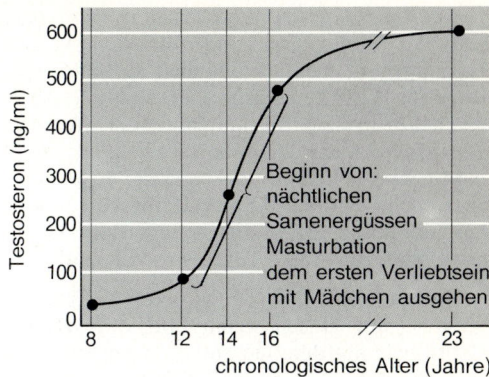

Menstruationszyklus Stimmungsschwankungen auftreten können. Geläufig sind die sogenannten *prämenstruellen Verstimmungen* oder das prämenstruelle Spannungssyndrom. Diese psychischen Veränderungen konnten jedoch bislang nicht auf pathologische endokrine Funktionen zurückgeführt werden. Man kann sie mit Bleuler (1964) als allgemeine *Reaktionen im Rahmen endokriner Umstellungsphasen* deuten. In diesem Sinne hat das Prämenstruum einen ähnlich disharmonisierenden Einfluß auf die Emotionalität wie viele andere endokrine Umstimmungen. Befragungen von Frauen haben ergeben, daß sie sich in der ersten Hälfte des Zyklus, der unter dem überwiegenden Einfluß der *Östrogene* steht, zufriedener und aktiver sowie sexuell leichter stimulierbar erleben als in der zweiten Hälfte, die unter *Progesteron*einfluß steht. Für die prämenstruelle Phase wurde erhöhte Irritierbarkeit, Ängstlichkeit und Neigung zu depressiven Verstimmungen berichtet. Auch diese Beobachtungen lassen sich mit der Aktivatorwirkung der Hormone hinsichtlich psychischer Abläufe vereinbaren. Ein Beweis für einen direkten Einfluß auf Emotionen sind sie nicht.

Diskutiert werden ferner Zusammenhänge zwischen **Testosteron** und aggressivem Verhalten sowie zwischen Testosteron und der Aktivierung sexuellen Verhaltens auch bei Frauen. Deutliche Korrelationen zwischen Testosteronspiegel und aggressivem Verhalten wurden im Tierversuch bei Affen gefunden. Auch bei Menschen scheint ein gewisser Zusammenhang zu bestehen. So fanden Olweus u. Mitarb. (1988) bei normalen männlichen Heranwachsenden einen direkten Einfluß des Testosteronspiegels im Blut auf die Bereitschaft, aggressiv auf Provokationen zu reagieren. Andererseits hat dieser einen indirekten und schwächeren Einfluß auf die Muster aggressiven Verhaltens. Hohe Testosteronspiegel führen zu Ungeduld und Irritierbarkeit und damit eher zu aggressiv-destruktivem Verhalten.

Zweifellos sind die Androgene mitverantwortlich für das Erwachen sexueller Bedürfnisse und sexuellen Verhaltens beim männlichen Jugendlichen. Beim weiblichen Geschlecht scheinen sie in gleicher Richtung zu wirken. Es ist aber die Frage, ob dieser Mechanismus auch verantwortlich ist für individuelle Differenzen bezüglich triebhafter Bedürfnisse nach der Pubertät. Es gibt Anhaltspunkte dafür, daß die Androgene lediglich die Phase der sexuellen Aktivität einleiten, daß aber nach der Pubertät eine Reihe von anderen Mechanismen (Erziehungseinflüsse, eigene Erfahrungen) für das Ausmaß sexueller Bedürfnisse und Aktivitäten verantwortlich sind.

Nach verschiedenen Tierstudien besteht kein Zweifel, daß die Androgene mit Durchsetzungsfähigkeit, Dominanz und Aggressivität ebenso wie mit dem Geschlechtstrieb zu tun haben. Die Unterschiede in diesen Verhaltensweisen zwischen Jungen und Mädchen werden jedoch nicht erst mit der Hormonproduktion in der Pubertät herbeigeführt, sondern bereits pränatal. Es ist anzunehmen, daß die unterschiedlichen hormonellen Veränderungen zwischen Jungen und Mädchen in der Pubertät auch für gewisse emotionale Unterschiede und Unterschiede im Rollenverhalten mitverantwortlich sind. Jedoch ist dieser Zusammenhang noch nicht bis ins einzelne belegt.

Zusammenfassend kann festgehalten werden, daß in Verbindung mit dem puberalen Anstieg der Sexualhormone die zugehörigen psychischen Verhaltensweisen erstmalig bzw. erheblich intensiviert auftreten, daß sie jedoch nicht direkt durch die hormonellen Veränderungen hervorgerufen werden, sondern im *Zusammenwirken von hormoneller Aktivatorfunktion und Umwelteinflüssen* entstehen. Die endokrinen Veränderungen führen offenbar zu einer größeren Empfänglichkeit für stimulierende Einflüsse und bahnen so die entsprechenden psychischen Verhaltensweisen.

2.3.5 Hypothalamus-Hypophysen-System

Die übergeordnete *Regulation der endokrinen Drüsen* wird durch das Hypothalamus-Hypophysen-System gesteuert und erfolgt *auf drei Ebenen* (Abb. 2.20). Die zentrale Koordination erfolgt im *Hypothalamus*, dessen am Boden des dritten Ventrikels gelegene Kerngebiete die sogenannten Releasing-Hormone freisetzen. Diese regen Produktion und Sekretion der *Hypophysen*hormone an, welche wiederum die peripheren *endokrinen Drüsen* stimulieren. Die Releasing-Hormone und die tropen Hormone der Hypophyse wirken direkt auf die endokrinen Organe. Die in der Neurohypophyse gebildeten Sekrete Adiuretin und Oxytozin sowie das luteotrope Hormon der Adenohypophyse (LTH) greifen direkt in den Stoffwechsel ein.

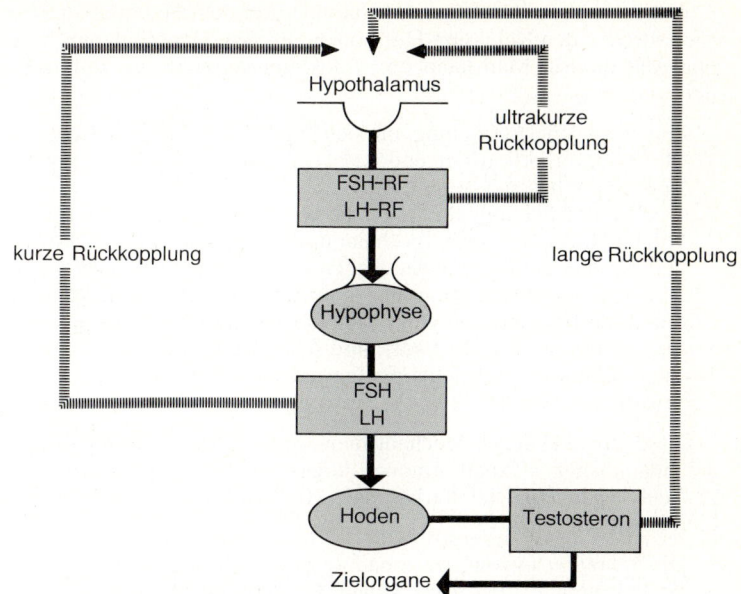

Abb. 2.**20** Zusammenspiel von Hypothalamus, Hypophyse und Hoden. Unter dem Einfluß von Gonadotropin-releasing-Faktoren (FSH-RF, LH-RF) sezerniert der Hypophysenvorderlappen die Gonadotropine FSH und LH ins Blut, wodurch in den Hoden die Testosteronproduktion der Leydig-Zellen und die Spermatogenese stimuliert wird. Die Konzentration von Releasing-Faktoren, Gonadotropinen und Testosteron reguliert ihrerseits über Rückkopplungsmechanismen die Abgabe der hypothalamischen Releasing-Faktoren (nach Katchadourian 1977 und Hafez u. Evans 1973)

Das Zusammenspiel der endokrinen Drüsen und der übergeordneten Stationen wird über Regelkreissysteme gesteuert. Die Regelkreise können ihre Funktion aufgrund des Rückkoppelungsprinzipes wahrnehmen. Unabhängig davon gibt es eine *zentrale Steuerung im Hypothalamus*, die den Regelkreis unterbrechen kann. Ein solcher zweigliedriger Regulationsmechanismus ist sinnvoll, da in bestimmten Situationen Hormonausschüttungen erforderlich sind, die den Regelbereich zwischen endokriner Drüse und Hypophyse überschreiten. So kann z. B. in akuten *Streßsituationen* aufgrund einer zentralen Regulation ein Cortisolspiegel registriert werden, der ein Vielfaches des Normwertes beträgt.

Auch zwischen den tropen Hormonen und dem Hypothalamus sowie zwischen den Releasing-Hormonen und dem Hypothalamus bestehen Regelkreise. Man kann drei *Rückkoppelungssysteme* unterscheiden:

1. eine *lange* Rückkoppelung, die sich auf die Regulation zwischen der Hormonproduktion der endokrinen Drüsen und dem Hypothalamus-Hypophysen-System erstreckt,
2. eine *kurze* Rückkoppelung, die die von der Hypophyse sezernierten tropen Hormone zum Hypothalamus hin reguliert. Für das Vorhandensein dieses Mechanismus liegen experimentelle Belege vor. So läßt sich die Produktion der gonadotropen Releasing-Faktoren durch die Implantation von FSH oder LH im Hypothalamus hemmen (Motta u. Mitarb. 1969), und schließlich dürfte es
3. einen *ultrakurzen* Rückkoppelungsmechanismus geben, der die Selbstregulation des Hypothalamus betrifft.

Diese drei Feedback-Mechanismen sind in Abb. 2.**20** am Beispiel der männlichen Sexualhormone dargestellt. Beim *weiblichen Geschlecht* liegen ähnliche Verhältnisse vor, jedoch mit zwei wichtigen Unterschieden:

1. Die *Sekretion* sowohl der gonadotropen Hormone als auch der Sexualhormone erfolgt nach Ablauf der Pubertätsphase *zyklisch*.
2. Durch den Abfall der Sexualhormonproduktion in der *Menopause* kommt es zu einem *Anstieg der gonadotropen Hormone*. Beim männlichen Geschlecht hingegen kommt es mit zunehmendem Lebensalter zu einem sehr langsamen, jedoch nicht abrupten, Abfall des Testosteronspiegels.

2.3.6 Auslösung der hormonellen Veränderungen in der Pubertät

Die Ursache für die Auslösung der endokrinen Umstellungen in der Pubertät ist bislang nicht bekannt. In der Terminologie des Regelkreismodells ausgedrückt nimmt man an, daß die *hohe Empfindlichkeitsstufe des Fühlers im Hypothalamus für Sexualhormone* von der relativ hohen Empfindlichkeit im Kindesalter auf die niedrigere des Erwachsenenalters *herabgesetzt* wird. Da dies sehr rasch geschieht, kann die Veränderung nicht durch einen Wachstums- oder Alterungsprozeß erfolgen, sondern nur durch eine zentral ausgelöste und von einer umschriebenen Konstellation verschiedener Faktoren abhängige *Umschaltung*. Da die hormonellen Regelkreise bereits vor der Pubertät vorhanden sind, ja sogar im Fetalstadium, kann nicht die Formierung der endokrinen Regelkreise Auslöser für den Pubertätsmechanismus sein. Vielmehr kann das Einsetzen der endokrinen Veränderungen um

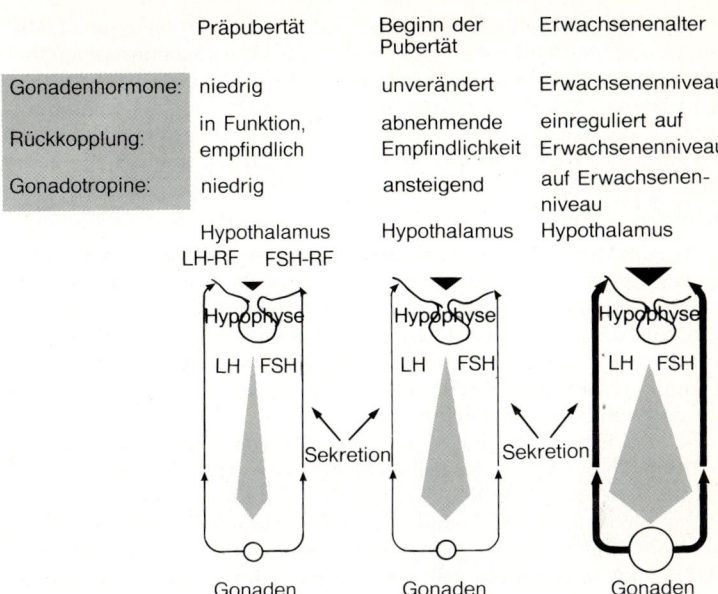

Abb. 2.**21** Veränderung der Empfindlichkeit des hypothalamischen Regelkreises.
a Präpubertät: niedrige Konzentration von Sexualhormonen und Gonadotropinen, hohe Empfindlichkeit des hypothalamischen Rezeptors für die Sexualhormone.
b Beginn der Pubertät: die Empfindlichkeit des Hypothalamus gegenüber der Hemmwirkung der Sexualhormone nimmt ab, die Produktion des LH-releasing-Faktors nimmt zu, und die Sekretion der Gonadotropine ist gesteigert.
c Erwachsenenniveau (nach Katchadourian 1977 und Grumbach u. Mitarb. 1974)

die Pubertät lediglich als *Aktivierung eines vorhandenen Regelmechanismus* angesehen werden. Die bislang vorhandenen Daten sprechen für folgende Hypothese: Mit zunehmender Reifung des Kindes verringert sich die Empfindlichkeit des hypothalamischen Rezeptors gegenüber den Sexualhormonen. Als Folge davon werden größere Mengen an Gonadotropinen sezerniert, bis die gesteigerte Gonadenfunktion ein Gleichgewicht zwischen Hypophysen- und Gonadenfunktion erreicht hat. Der Regelkreis wird also auf ein anderes Niveau eingestellt (Abb. 2.**21**).

Vor der Pubertät (2.**21**a) existiert ein empfindlicher negativer Feedback-Mechanismus. Geschlechtshormone und Hypophysenhormone interagieren auf niedrigem Niveau. *Zu Beginn der Pubertät* (2.**21b**) nimmt die Empfindlichkeit des Fühlers im Hypothalamus gegenüber den Sexualhormonen ab. Es kommt zu einer verstärkten Ausschüttung von LH und FSH, die wiederum die Gonaden zur Produktion größerer Mengen an Sexualhormonen stimuliert. Schließlich erreicht dieser Prozeß ein neues Niveau *beim Erwachsenen* (2.**21c**), das durch eine hohe Produktion von LH und FSH sowie einen hohen Spiegel von Sexualhormonen gekennzeichnet ist. Ein neues Regelniveau ist eingestellt.

Die *Ursachen für diese Empfindlichkeitsänderung* des hypothalamischen Rezeptors sind unbekannt. Eine Hypothese geht von einer direkten Beziehung zwischen einem bestimmten Körpergewicht und dem Pubertätsbeginn aus. Dieser Annahme liegt die Beobachtung zugrunde, daß bei *Mädchen* zu Beginn des puberalen Wachstumsschubes ein mittleres Körpergewicht von etwa 30 kg vorliegt, zum Zeitpunkt der größten Gewichtszunahme ein solches von 39 kg und zum Zeitpunkt des Einsetzens der Menarche eines von 47 kg. Da diese Gewichtsangaben sowohl bei früh- als auch bei spätreifenden Mädchen gefunden werden, liegt der Schluß nahe, daß die puberalen Veränderungen eher mit der Erreichung eines bestimmten Körpergewichts als mit dem chronologischen Alter zusammenhängen (Katchadourian 1977). Nach Frisch (1974) läßt sich dies wie folgt erklären: Überschreitet das Körpergewicht die *kritische Schwelle*, so wird eine Stoffwechselveränderung pro Gewichts- bzw. Oberflächeneinheit herbeigeführt, die den Feedback-Mechanismus zwischen Hypothalamus und Ovar durch Verringerung der hypothalamischen Empfindlichkeitsschwelle (gegenüber Östrogenen) herabsetzt. Die erhöhte Ausschüttung von Gonadotropinen im Anschluß daran führt zu einem Östrogenspiegel, der die Reifungsabläufe in Gang setzt und zur Menarche führt. Inwieweit bei *Jungen* durch einen ähnlichen Mechanismus die Gonadotropin- bzw. Testosteronproduktion gesteigert und dadurch der Regelkreis auf das Erwachsenenniveau gebracht wird, ist unbekannt.

2.4 Äußere Merkmale der sexuellen Reifung

Ein Großteil der bislang beschriebenen körperlichen Veränderungen in der Pubertät ist äußerlich sichtbar. Da sie wichtige Hinweise auf den körperlichen und mit Zusatzinformationen auch auf den psychischen Entwicklungszustand geben, soll im folgenden näher auf sie eingegangen werden. Dies soll so geschehen, daß der körperliche Entwicklungszustand eines Adoleszenten relativ sicher beurteilt werden kann.

Tab. 2.**2** und Abb. 2.**22** geben eine Übersicht über die Entwicklung von Mädchen und Jungen in Pubertät und Adoleszenz. Die dabei verwendete Stadieneinteilung nach Tanner (1962) wird in den folgenden Abschnitten erklärt. Die Altersangaben unterliegen einer gewissen

Tabelle 2.**2** Zeittafel der Pubertätsentwicklung bei Jungen und Mädchen (nach Prader; aus Bierich, J. R.: Z. Kinder- u. Jugendpsychiat. 3 [1975] 300−311)

Jungen		Mädchen	
Alter (Jahre)	Körperliche Merkmale	Alter (Jahre)	Körperliche Merkmale
vor 10	infantile Verhältnisse	vor 8	infantile Verhältnisse
10−12	Testes beginnen zu wachsen	10−11	Brustknospen − Thelarche (B2) Zunahme des Längenwachstums Reifung der Vaginalschleimhaut
		11	erste Pubes = Pubarche (P2) erstes Daumensesambein
		11−12	starkes Wachstum des äußeren und inneren Genitales
12−13	erste Pubes = Pubarche (P2) beginnende Vergrößerung des Penis Zunahme des Längenwachstums	12−13	Pubes- und Brustadium 3 starkes Längenwachstum
13−14	starkes Wachstum von Testes und Penis Pubesstadium 3 leichte Brustdrüsenschwellung erstes Daumensesambein	13	Menarche, unregelmäßige anovulatorische Menses Axillarbehaarung Pubes- und Brustadium 4
14	stärkstes Längenwachstum	14−15	regelmäßige ovulatorische Menses Möglichkeit einer Gravidität Pubes- und Brustadium 5
14−15	beginnende Behaarung der Oberlippe Pubesstadium 4 Axillarbehaarung stärkere Brustdrüsenschwellung		
15−16	Stimmbruch Pubesstadium 5 Hoden und Penis wachsen, reife Spermien Rückgang der Brustdrüsenschwellung	16−17	Epiphysenschluß und Wachstumsstillstand
17−19	Zunahme der Gesichts- und Körperbehaarung Pubesstadium 6 männliche Stirn-Haar-Grenze Epiphysenschluß und Wachstumsstillstand		

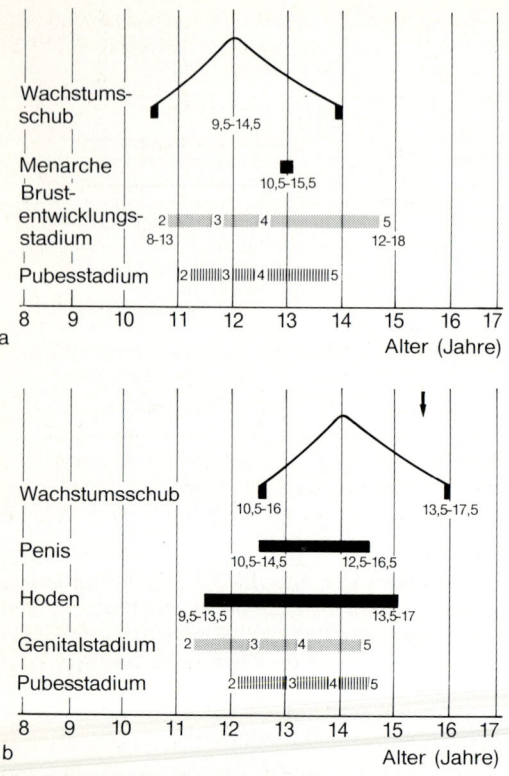

Abb. 2.22 Durchschnittliche Reihenfolge des Auftretens der Kriterien für die Pubertät **a** bei Mädchen und **b** bei Jungen. Die Zahlen innerhalb der Markierungen geben das Stadium der Einteilung nach Tanner an. Die Zahlen unterhalb der Symbole geben den Zeitraum an, in dem mit dem Auftreten des entsprechenden Ereignisses gerechnet werden kann (nach Marshall u. Tanner 1969 u. 1970)

Variabilität. Die zeitliche Abfolge hingegen verläuft in sehr gesetzmäßiger Weise und erlaubt deshalb eine eindeutige Beurteilung.

2.4.1 Reifungsablauf bei Mädchen

Abb. 2.**23** zeigt den normalen Pubertätsverlauf für Mädchen anhand einer größeren Längsschnittuntersuchung. Bemerkenswert ist die erhebliche Streuung hinsichtlich des zeitlichen Auftretens der einzelnen

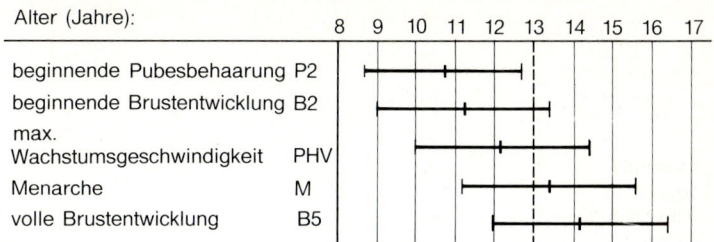

Abb. 2.23 Pubertätsverlauf bei Mädchen (Longitudinale Wachstumsstudie Zürich). Die Abkürzungen beziehen sich auf die jeweiligen Stadieneinteilungen nach Tanner. Dargestellt sind jeweils der Mittelwert und der Bereich ± 2 Standardabweichungen (aus Prader, A.: Mschr. Kinderheilk. 123 [1975] 294)

Merkmale. Wichtig ist ferner, daß zwischen dem Pubertätsbeginn (hier dargestellt durch die beginnende Pubesbehaarung) und der Menarche ein Zeitraum von rund zwei Jahren liegt und daß der Pubertätswachstumsschub zum Zeitpunkt der Menarche schon weitgehend abgelaufen ist. Daher ist nach der Menarche nur noch ein geringes Wachstum zu erwarten.

Die *Reihenfolge* des Auftretens der einzelnen Pubertätsmerkmale wird in der Regel eingehalten, unabhängig davon, ob die Pubertät früh oder spät eintritt. Der *Zeitpunkt des Pubertätseintritts* ist größtenteils genetisch bedingt. Bei früh pubertierenden Kindern ist aus der Anamnese meist zu erfahren, daß auch Vater oder Mutter früh in die Pubertät gekommen sind. Allerdings ist bei derartigen Anamnesen meist nur das Menarchealter der Mutter genau festzustellen, während Väter oft keine genauen Angaben über ihre Pubertätsentwicklung machen können.

Äußere Genitalien und Pubesbehaarung

Wegen ihrer anatomischen Lage eignen sich die äußeren weiblichen Genitalien nicht so gut zur Beurteilung der sexuellen Reifung wie die männlichen. Sie erfahren aber in ähnlicher Weise in der Pubertät einen Wachstumszuwachs. Gleichzeitig erhöht sich die Sensibilität für erotische Reize, wobei psychologische Momente stark mitspielen.

Die *Pubesbehaarung* hingegen eignet sich recht gut zur Beurteilung des Ablaufes der sexuellen Reifung. Man unterscheidet (nach Tanner 1962) fünf Stadien (Abb. 2.**24**). Der Beginn der Pubesbehaarung ist eines der ersten Merkmale der beginnenden Pubertät (s. Abb. 2.**22** u. Tab. 2.**2**). Ein weiteres, sehr früh auftretendes Merkmal ist die beginnende Brustentwicklung.

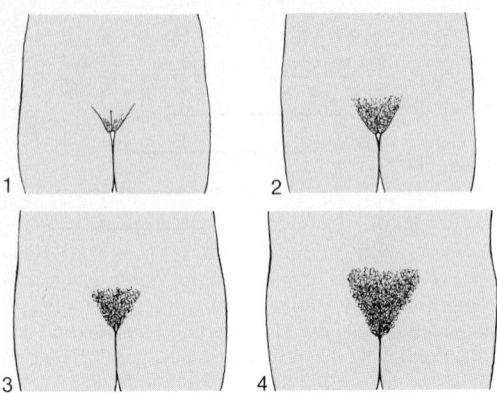

Abb. 2.**24** Stadien der Schambehaarung bei Mädchen.
P1: präpuberal (nicht abgebildet): keine Schambehaarung.
P2: spärliches Wachstum von langen, leicht pigmentierten, flaumigen Haaren, glatt oder schwach gekräuselt, hauptsächlich entlang der Labien.
P3: beträchtlich dunklere, kräftigere und stärker gekräuselte Haare. Behaarung geht über die Symphyse etwas hinaus.
P4: Behaarung entspricht dem Erwachsenentyp, die Ausdehnung ist aber noch beträchtlich kleiner. Noch keine Ausbreitung auf die Oberschenkel.
P5: in Dichte und Ausdehnung wie bei Erwachsenen, aber nach oben horizontal begrenzt (aus Tanner, J. M.: Wachstum und Reifung des Menschen. Thieme, Stuttgart 1962)

Brustentwicklung

Auch für die Brustentwicklung können fünf Stadien festgelegt werden (Abb. 2.**25**). Die beginnende Brustentwicklung ist eines der ersten Zeichen für den Pubertätseintritt, die volle Entwicklung der Brust das letzte. Der Beginn der Brustentwicklung liegt zwischen dem 10. und 11. Lebensjahr, allerdings ist die Streubreite sehr groß (9.−12. Lj.).

Die Brustentwicklung ist für Mädchen von großer *psychologischer Bedeutung*. Viele Mädchen beobachten sie sehr genau und machen sich zum Teil große Sorgen wegen möglicher Verzögerungen oder Anomalien. Manche Mädchen haben auch Angst, wegen des Wachstums der Brust verspottet zu werden. Häufig entstehen Beeinträchtigungen des Selbstwertgefühles durch die Befürchtung, die Brust entwickele sich nicht richtig, wozu Verzögerungen im Vergleich zu anderen Mädchen oder auch Asymmetrien der Brustentwicklung Anlaß geben. Dies geschieht um so mehr, je weniger den Mädchen der physiologische

Abb. 2.**25** Stadien der Brustentwicklung bei Mädchen.

B1: (präpuberal): kein palpabler Drüsenkörper, nur die Brustwarze ist prominent.

B2: (Brustknospe): leichte Vorwölbung der Drüse im Bereich des Warzenhofs, Vergrößerung des Areolendurchmessers im Vergleich zu B1.

B3: Brustdrüse und Areole weiter vergrößert. Drüsen jetzt größer als der Warzenhof. Diese ist jedoch ohne eigene Konturen.

B4: Knospenbrust. Areolen und Warzen heben sich gesondert von der übrigen Drüse ab.

B5: vollentwickelte Brust. Die Warzenvorhofwölbung hebt sich von der allgemeinen Brustkontur nicht ab (aus Tanner, J. M.: Wachstum und Reifung des Menschen. Thieme, Stuttgart 1962)

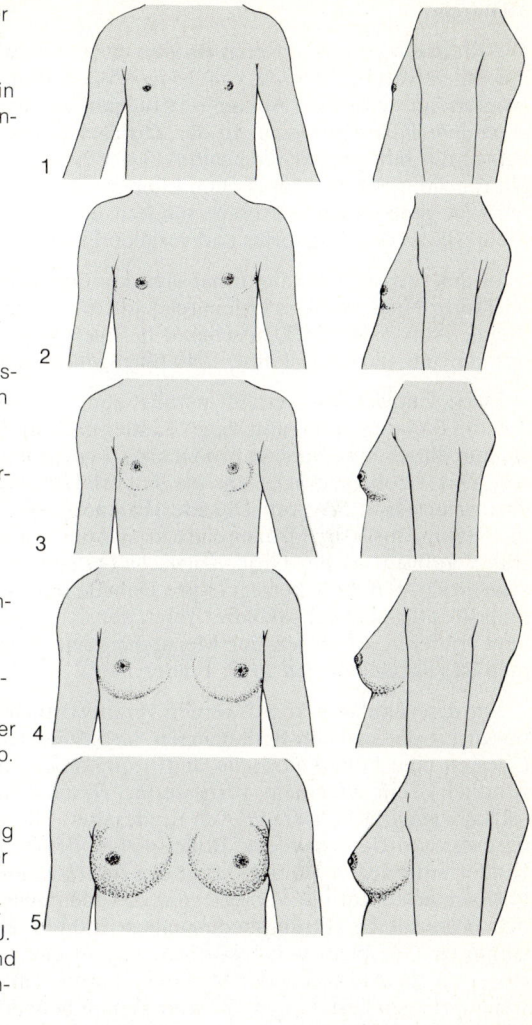

Entwicklungsablauf bekannt ist, an dessen Ende Asymmetrien oder ein unregelmäßiger Ablauf der Brustentwicklung meist wieder ausgeglichen sind. Auch ein ungewöhnlich starkes Wachstum der Brust kann zu psychischen Beeinträchtigungen führen. Dies tritt jedoch wesentlich seltener auf.

Menarche

Die Menarche tritt in unseren Breiten *etwa um das 13. Lebensjahr* auf mit einer Variationsbreite von $10^{1}/_{2}-15^{1}/_{2}$ Jahren (s. Abb. 2.**23**). Sie rangiert im zeitlichen Ablauf relativ spät, nämlich *rund zwei Jahre nach dem Pubertätsbeginn.* In der Züricher Studie von Prader (1975) betrug das mittlere Menarchealter $13{,}4 \pm 1{,}1$ Jahre. Dieser Zeitpunkt gilt für die meisten europäischen Länder. Das Menarchealter ist nicht nur von genetischen Faktoren, sondern u. a. von Rasse, Ernährung, Meereshöhe des Wohnortes und sozialen Faktoren abhängig (Tab. 23).

In den letzten 100 Jahren hat eine kontinuierliche Veränderung in Richtung eines früheren Menarcheeintritts stattgefunden (*säkularer Trend*, Abb. 2.**26**). In Deutschland beispielsweise betrug das Menarchealter um 1860 16,5 Jahre, 1940 hingegen rund 13,5 Jahre.

Diese Entwicklung verläuft parallel zur *Akzeleration*, die ebenfalls einem säkularen Trend unterliegt. Kinder im Vorschulalter wurden seit Beginn dieses Jahrhunderts pro Dekade 1 cm größer und 0,5 kg schwerer. Der Größenzuwachs um die Pubertät beträgt 2,5 cm, der Gewichtszuwachs 2,5 kg pro Dekade (Falkner 1972; Bakwin 1964). Da die Reifung insgesamt früher einsetzt und das Wachstum entsprechend früher aufhört, ist der Größenzuwachs bei den Erwachsenen nicht so ausgeprägt. Für diese beträgt er pro Dekade nur 1 cm. Es gibt Anhaltspunkte dafür, daß der säkulare Trend, der sich in der Akzeleration und dem früheren Auftreten der Menarche zeigt, zum Stillstand gekommen ist (Katchadourian 1977; Prader 1986).

Für den säkularen Trend werden verantwortlich gemacht: eine Verbesserung der sozialen Bedingungen, insbesondere bessere *Ernährung* (speziell eine höherkalorische und proteinreichere Ernährung in der Kindheit), ein allgemein verbesserter *Gesundheitsstatus* sowie eine stärkere generelle *Reizzufuhr* im Kindesalter. Hierbei dürfte insbesondere das *visuelle System* eine Rolle spielen, denn von Geburt an blinde Kinder unterliegen offenbar nicht der Akzeleration. Frisch u. Revelle (1970) machen für die Vorverlegung des Menarchetermins das infolge der besseren Ernährungsbedingungen frühere Erreichen eines bestimmten *Gewichtes* verantwortlich, das zu einer Grundumsatzänderung und zur Auslösung der Menarche führen soll. Entgegen früheren Behauptungen besteht kein direkter Zusammenhang zwischen Vorverlegung des Menarcheeintritts bzw. Akzeleration und psychischen Auffälligkeiten (Thomae 1973).

Psychische Belastungen können auftreten, wenn Mädchen nicht aufgeklärt sind und die Menarche als für sie unerwartetes und unbekanntes Ereignis auftritt. Belastend ist für viele Mädchen auch ein verzögerter

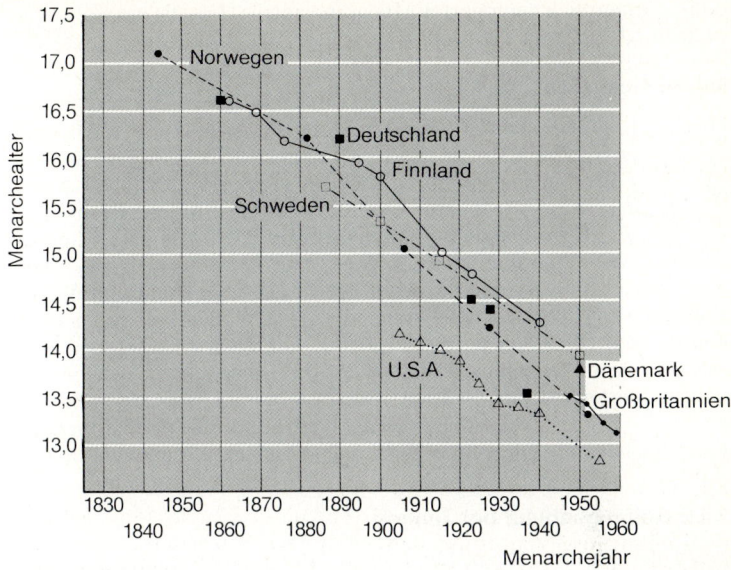

Abb. 2.26 Der säkulare Trend des Menarchealters zwischen 1830 und 1960 (aus Tanner, J. M.: Wachstum und Reifung des Menschen. Thieme, Stuttgart 1962)

Tabelle 2.3 Alter bei der Menarche in verschiedenen Populationen (aus Bierich, J. R.: Entwicklungsphysiologie und Auxologie: Wachstum und Reifung. In Remschmidt, H., M. H. Schmidt: Kinder- und Jugendpsychiatrie in Klinik und Praxis. Bd. I. Thieme, Stuttgart 1988; nach Marshall 1975)

Population	Jahr der Beobachtung	Menarchealter ($\bar{x} \pm$ S.E.)
Polen, Warschau	1965	$13,0 \pm 0,04$
Polen, ländlich	1967	$14,0 \pm 0,02$
Madras, Stadt	1962	$12,8 \pm 0,14$
Madras, Land	1962	$14,2 \pm 0,13$
Kerala, Stadt	1962	$13,2 \pm 0,17$
Kerala, Land	1962	$14,4 \pm 0,14$
Singapur, reich	1968	$12,4 \pm 0,09$
Singapur, arm	1968	$13,0 \pm 0,04$
Neuguinea, Kaipit, Küste	1967	$15,6 \pm 0,25$
Neuguinea, Bundi, Hochland	1967	$18,0 \pm 0,19$
Guatemala, Spanier, begütert	1963	$13,3 \pm 0,40$
Guatemala, Maya, Land	1963	$15,1 \pm 0,25$

oder vermeintlich verzögerter Menarcheeintritt. Für die sexuelle Identitätsentwicklung ist die Menarche von großer Bedeutung (s. Kap. 3).

Innere Genitalien

Die inneren Genitalien durchlaufen in der Pubertät einen Wachstumsschub, der zwischen dem 12. und 13. Lebensjahr beginnt und dem Typus der Fortpflanzungsorgane entspricht (vgl. Abb. 2.**8**). Der *Uterus* wird größer, seine Muskulatur verstärkt sich, das Endometrium bildet sich aus. Auch die *Vagina* nimmt an Größe zu, das Vaginalepithel verändert sich in charakteristischer Weise und kann als allererster Hinweis, noch vor den ersten Stadien der Brustentwicklung und der Pubesbehaarung, für den bevorstehenden Eintritt der Pubertät angesehen werden (Marshall u. Tanner 1974). Die *Ovarien* wachsen relativ wenig und sind auch hinsichtlich ihrer Struktur schon vor der Pubertät nahezu ausgereift. Die Ovarien enthalten bereits den Gesamtbestand an Ovula. Die Follikel sind jedoch noch unreif, bis die Ovulation in der Pubertät beginnt. Die ersten Zyklen sind meist noch anovulatorisch.

2.4.2 Reifungsablauf bei Jungen

Auch der Reifungsablauf bei Jungen erfolgt in gesetzmäßiger Weise und mit ähnlich großen Variationen wie bei den Mädchen (Abb. 2.**27**). Die Hodenvergrößerung eilt allen anderen Merkmalen der sexuellen Reifung voraus, und zwischen beginnender Penisvergrößerung (G3) und voller Penisentwicklung (G5) liegen etwa zwei Jahre. Gleichzeitig wird die Variabilität deutlich. Ein 13- bis 14jähriger Junge kann bereits alle sekundären Geschlechtsmerkmale aufweisen, sie können aber ebensogut noch gänzlich fehlen. Nach Prader (1975) liegt die obere Grenze des Normbereichs für die beginnende Pubertät (angezeigt durch den Beginn der Pubesbehaarung und Penisvergrößerung) zwischen 15 und 16 Jahren. Ausgeklammert sind allerdings rund 2,5% aller normalen Jungen, die sich im Sinne einer konstitutionellen Pubertas tarda verzögert entwickeln.

Äußere Genitalien und Pubesbehaarung

Für die Beurteilung von Pubertätsbeginn und Pubertätsablauf ist die *Hodengröße* von entscheidender Bedeutung. Auch die männlichen Genitalien entwickeln sich in fünf Stadien (Tab. 2.**4**). Die Hodengröße kann mit Hilfe eines Orchidometers beurteilt werden. Dabei wird eine vergleichende palpatorische Volumenschätzung des Hodens durchgeführt.

Auch die Entwicklung der *Pubesbehaarung* wird in fünf Stadien eingeteilt (Abb. 2.**28**).

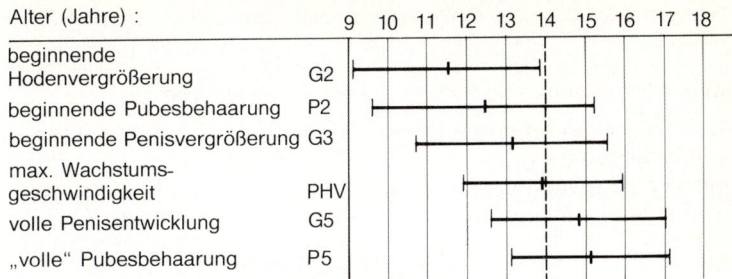

Abb. 2.**27** Die wichtigsten Stadien des Pubertätsverlaufs beim Jungen (Longitudinale Wachstumsstudie Zürich) (aus Prader, A.: Mschr. Kinderheilk. 123 [1975] 293)

Abb. 2.**28** Stadien der Schamhaarentwicklung bei Jungen.

P1: präpuberal (nicht abgebildet): keine Schambehaarung.

P2: spärliches Wachstum von flaumigen Haaren, vorwiegend an der Peniswurzel.

P3: beträchtlich dunklere, kräftigere und stärker gekräuselte Haare. Behaarung geht über die Symphyse etwas hinaus.

P4: Behaarung entspricht dem Erwachsenentyp, die Ausdehnung ist aber noch beträchtlich kleiner. Noch keine Ausbreitung auf die Oberschenkel.

P5: in Dichte und Ausdehnung wie beim Erwachsenen, aber nach oben horizontal begrenzt. Ausbreitung auf die Innenseite der Oberschenkel (aus Tanner, J. M.: Wachstum und Reifung des Menschen. Thieme, Stuttgart 1962)

Tabelle 2.**4** Stadien der Genitalentwicklung beim Jungen (nach Bierich 1988)

G1:	Präpubertäres Stadium: noch keine Hodenvergrößerung
G2:	Beginnende Hodenvergrößerung. Beginnende Rötung der Skrotalhaut
G3:	Weitere Vergrößerung der Hoden. Penis nimmt an Länge, geringer an Umfang zu
G4:	Weitere Vergrößerung von Testes und Skrotum. Dunklere Färbung der Skrotalhaut. Weitere Größenzunahme des Penis, Entwicklung der Glans
G5:	Adulte Form und Größe

Brustentwicklung

Auch bei Jungen ist eine Brustentwicklung zu beobachten. Diese äußert sich als geringfügiger Größenzuwachs der Brust. Rund 40% der 10- bis 16jährigen Jungen weisen eine merkliche Vergrößerung der Brust in der Pubertät auf, wobei das Maximum des Wachstums um das 14. Lebensjahr auftritt. Eine stärkere Ausprägung im Sinne einer Gynäkomastie findet sich insbesondere bei adipösen Jugendlichen.

Die Vergrößerung der männlichen Brust um die Pubertät hat vor allem psychologische Bedeutung. Von den Jugendlichen und ihren Eltern wird sie nicht selten ängstlich beobachtet und als Zeichen einer Feminisierung angesehen. Sie kann Anlaß für psychische Beeinträchtigungen im Sinne eines Thersites-Komplexes sein (s. Kap. 8). Viele Beunruhigungen bei Kindern und Eltern liegen darin begründet, daß ihnen die passagere Natur derartiger Veränderungen nicht bekannt ist.

Ejakulation

Die *erste Ejakulation* erfolgt in der Regel rund ein Jahr nach Beginn des Hodenwachstums (Stadium G2). Der Zeitpunkt des Auftretens variiert sehr stark. Rund 90% aller Jungen haben ihre erste Ejakulation zwischen 9 und 15 Jahren. Sie tritt nicht, wie vielfach angenommen, am häufigsten als nächtliche Pollution auf, sondern nur in rund 13% der Fälle, und in rund zwei Drittel durch Masturbation.

Wenngleich mit der Ejakulation der *Orgasmus* verbunden ist, so gilt nicht, daß vor Auftreten der ersten Ejakulation kein Orgasmus möglich ist. Er kann vielmehr viele Jahre vor der Pubertät, sogar bei relativ jungen Kindern, auftreten. Da mit der Ejakulation aber in der Regel der Orgasmus verbunden ist, lassen sich Zusammenhänge zwischen ihrem Eintritt und anderen Pubertätsmerkmalen herstellen. Danach ist eine Parallelität von männlicher Pubesbehaarung und Ejakulation festzustellen: bei voll entwickelter Pubesbehaarung im Alter von 16 bis 17 Jahren hatten nahezu 100% der Adoleszenten auch eine Ejakulation und damit einen Orgasmus erlebt.

Bei *weiblichen Jugendlichen* hingegen ergibt sich eine erhebliche Diskrepanz. Bei ihnen tritt die Pubertät früher ein und ist auch früher abgeschlossen. In der gleichen Altersphase haben jedoch nur rund 20% der Mädchen einen Orgasmus erlebt. Da diese Beobachtungen auf älteren Daten von Kinsey u. Mitarb. (1954, 1955) beruhen, läßt sich schwer sagen, ob dies heute noch gilt. Aufgrund einer stärkeren Liberalisierung des Sexualverhaltens ist anzunehmen, daß sich die Diskrepanz zwischen den Geschlechtern verringert hat.

Auch das Auftreten der Ejakulation hat *psychische Implikationen*. Schwierigkeiten können entstehen, wenn die Jungen nicht aufgeklärt und daher auf dieses Ereignis nicht vorbereitet sind. Da die erste Ejakulation oft durch Masturbation herbeigeführt wird und letztere häufig mit Schuldgefühlen verbunden ist, ergeben sich eine Reihe von Konfliktmomenten. Auch das Ausbleiben oder Nichteintreten der Ejakulation bei Vorhandensein sexueller Erlebnisse gibt vielfach Anlaß zur Beunruhigung. Andererseits wird die Ejakulation auch als positiv erlebt, weil mit ihr sexuelle Befriedigung verbunden ist und daher Spekulationen darüber wegfallen, ob man in der Lage ist, einen Orgasmus zu haben.

Andere Veränderungen

Mit dem Pubertätsablauf sind bei Jungen eine Reihe weiterer Veränderungen vergesellschaftet. Diese betreffen vor allem sekundäre Geschlechtsmerkmale wie Axillarbehaarung, Stimmbruch und Veränderungen der Haut.

Axillar- und Gesichtsbehaarung sind vor allem wegen ihrer psychosozialen Bedeutung wichtig. Sie treten rund zwei Jahre nach dem Beginn der Pubesbehaarung (Stadium P2) auf. Das Bartwachstum setzt zuerst auf der Oberlippe ein und greift dann auf die Wangen über. Die Körperbehaarung tritt gewöhnlich gleichzeitig mit der Axillarbehaarung auf. Auch das Bartwachstum, das als Zeichen der Männlichkeit angesehen wird, hat dann eine psychologische Bedeutung, wenn es im Vergleich zur Bezugsgruppe von Gleichaltrigen verspätet einsetzt.

Ursache des *Stimmbruchs* ist eine Vergrößerung des Kehlkopfes, der ebenfalls am puberalen Wachstumsschub teilhat. Auch bei Mädchen kommt es in geringerem Ausmaß zu solchen Veränderungen. Der Stimmbruch tritt in der Regel relativ spät innerhalb der Pubertätsveränderungen auf, vielfach ziemlich abrupt. Der Vorgang kann sich über einen längeren Zeitraum hinziehen, wobei sich erhebliche Schwankungen der Stimmlage ergeben können, die nicht selten Anlaß zu Hänseleien geben und so das psychische Wohlbefinden der Jungen beeinträchtigen.

2.5 Einflüsse auf Wachstum und Reifungsablauf

Die wichtigsten Einflüsse auf Wachstum und Reifungsablauf sollen im folgenden kurz zur Sprache kommen. Im Einzelfall ist allerdings schwer zu entscheiden, welche Faktoren jeweils verantwortlich sind.

2.5.1 Konstitutionelle und genetische Einflüsse

Wachstum und Reifungsablauf unterliegen ganz sicher einer genetischen Determination. Auch die zeitliche Sequenz der einzelnen Veränderungen wird genetisch gesteuert. Diese Tatsache macht man sich zunutze, wenn man etwa aus der Größe der Eltern die „Zielgröße" von Kindern vorauszusagen versucht (s. o.). Konstitutionell-genetische Faktoren sind auch für das Eintreten der Menarche sowie für den gesamten Ablauf der Pubertätsentwicklung verantwortlich. Im Zusammenhang damit muß auch die konstitutionelle Entwicklungsverzögerung erwähnt werden, welche die häufigste Ursache für eine Pubertas tarda ist (Bierich 1975). Konstitutionelle und genetische Einflüsse determinieren Muster und Ablauf der Reifung. Diese können jedoch ganz entscheidend von Umweltfaktoren verändert werden.

2.5.2 Ernährung

Auch der Einfluß der Ernährung auf Wachstum und Reifungsablauf ist erwiesen. Eine *mangelhafte Ernährung* verzögert den Pubertätsbeginn, was auch an einer Verspätung des Wachstumsschubes sichtbar wird. Nach Beobachtungen von Frisch u. Revelle (1969) erreichen Jungen in Ländern mit einer täglichen Nahrungsaufnahme von mehr als 2300 Kalorien pro Tag die maximale Wachstumsgeschwindigkeit um das 13. Lebensjahr, in Ländern mit einer geringeren Kalorienzufuhr pro Tag erreichen sie den Wachstumsgipfel um das 15. Lebensjahr. Für Mädchen ergeben sich entsprechende Zahlen von 12,3 bzw. 13,5 Jahren. Ersetzt man die unzureichende Nahrung durch eine adäquat zusammengesetzte und kalorienreiche vor oder während des puberalen Wachstumsschubes, so kommt es zu einem erheblichen Zuwachs an Körpergröße, Gewicht und Skelettwachstum, bis das Kind sein genetisch determiniertes Wachstumsmuster erreicht hat. Dadurch kann Wachstum und Entwicklung in erheblichem Maße nachgeholt werden.

An der Wachstumsbeschleunigung ist insbesondere das Skelett beteiligt, so daß sich auf diese Weise eine normale Beziehung zwischen Körpergröße und Skelettalter herstellen läßt (Prader u. Mitarb. 1963). Auch *Überernährung* bzw. Adipositas beschleunigen den puberalen Entwicklungsablauf.

2.5.3 Sozioökonomische Einflüsse

Sozioökonomische Einflüsse werden im allgemeinen summarisch als sogenannte Schichtzugehörigkeit erfaßt. Diese kann nach verschiedenen Gesichtspunkten bestimmt werden; meist werden der Beruf des Ernährers der Familie, Einkommen oder Wohnviertel als Schichtindikatoren verwendet. Nachgewiesen ist ein Zusammenhang zwischen Schichtzugehörigkeit und Körpergröße, Menarcheeintritt sowie der sexuellen Entwicklung.

Nach Untersuchungen von Tanner (1961) besteht zwischen Kindern von Angehörigen höherer sozialer Schichten und von ungelernten Arbeitern zum Zeitpunkt der Pubertät ein Unterschied von 5 cm in der Körpergröße. Tanner stellte auch fest, daß ganz allgemein Kinder, die mehrere Geschwister haben und aus mittleren bis niedrigen sozioökonomischen Verhältnissen stammen, kleiner sind, weniger wiegen und später den puberalen Wachstumsschub durchlaufen als ihre Altersgenossen aus kleinen und sozial bessergestellten Familien (Tanner 1966).

Zahlreiche Untersuchungen zeigen übereinstimmend, daß die Menarche bei Mädchen aus gehobenen sozialen Schichten einige Monate früher eintritt als bei solchen aus den unteren sozialen Gruppen. Diese Unterschiede gelten sogar für verschiedene Kulturkreise. Sie sind sowohl für europäische Länder und Afrika (Burrell u. Mitarb. 1961) bekannt als auch für den Fernen Osten (Tanner 1970). Die erste Ejakulation soll bei Jungen aus sozioökonomisch schlechtgestellten Verhältnissen später auftreten als bei solchen aus materiell günstigen sozialen Verhältnissen (Katchadourian 1977).

Es stellt sich die Frage, ob diese Zusammenhänge allein auf die günstigeren Ernährungsbedingungen in den sozial bessergestellten Schichten zurückzuführen sind oder ob noch andere Faktoren mitspielen. Tanner (1961) vertritt die Ansicht, daß eine gute Ernährung, die regelmäßige Einnahme von Mahlzeiten sowie ausreichend Schlaf und Bewegung hierfür verantwortlich sind. Möglicherweise haben auch noch andere Faktoren, die im Sinne einer generellen Anregung und Stimulierung wirksam sind, Einfluß auf den Reifungsablauf.

2.5.4 Klima und Jahreszeit

Die Annahme, wonach Kinder aus warmen Regionen früher reifen als solche, die unter kälteren *klimatischen* Bedingungen aufwachsen, läßt sich nicht aufrechterhalten. So zeigen z. B. Jungen aus Nigeria und aus England keine zeitliche Differenzen hinsichtlich des Reifungsablaufes in der Pubertät (Tanner 1962). Dagegen sind die *jahreszeitlichen* Bedingungen für Wachstum und Reifung bedeutsam. Das Größenwachstum ist im Frühjahr z. B. doppelt so rasch wie im Jahresdurchschnitt, während im Herbst eine stärkere Gewichtszunahme auftritt (Sinclair 1973). Dies gilt jedoch nicht nur für die Pubertät, sondern für alle Wachstumsperioden. Der Grund für diese Unterschiede ist noch nicht geklärt. Denkbar wäre eine stärkere Wirksamkeit hormoneller Faktoren, deren Produktion wiederum durch die besseren Ernährungsbedingungen und Lichteinflüsse im Frühjahr und Sommer angeregt wird.

2.6 Varianten und Störungen des Reifungsablaufes

2.6.1 Varianten und Störungen des Wachstums

Varianten des Wachstums

Varianten hinsichtlich der *Körpergröße* sind häufig (Bierich 1986). Unter der Bezeichnung *Hochwuchs* faßt man Adoleszenten zusammen, deren Körpergröße aus dem Durchschnittsbereich herausfällt. Man unterscheidet ferner *Großwuchs* und *Minderwuchs* (Mittelwert ± 1 Sigma bis Mittelwert ± 3 Sigma) und *Riesenwuchs* bzw. *Zwergwuchs*. Im letzteren Falle liegt die Körpergröße über oder unterhalb der 3-Sigma-Grenze. In der Praxis wird die Körpergröße anhand der Perzentilenkurve mit der Altersnorm verglichen, wobei sich die Varianten in der Regel innerhalb des Bereiches zwischen der 3. und der 97. Perzentilkurve bewegen und pathologische Abweichungen außerhalb davon.

Minderwuchs

Bei den meisten Formen des Minderwuchses kommt es auch zu Veränderungen der Körperproportionen. Sind diese ausgeprägt, so spricht man von einem disproportionierten Minderwuchs. Nach der *Ursache* lassen sich die Minderwuchsformen in folgende Gruppen einteilen:

1. konstitutioneller Minderwuchs,
2. alimentärer Minderwuchs,
3. hypoxämischer Minderwuchs,

4. Minderwuchs infolge von Störungen des Intermediärstoffwechsels,
5. neurohormonaler Minderwuchs,
6. dysplastischer Minderwuchs.

Die Abklärung dieser Minderwuchsformen gehört in das Gebiet der Pädiatrie, weshalb hier nicht näher auf sie eingegangen wird. Es ist aber wichtig zu wissen, daß mit Minderwuchs häufig *gravierende psychische Probleme* verbunden sind, daß bei einer Reihe von Minderwuchsformen auch intellektuelle Beeinträchtigungen vorliegen, und schließlich, daß damit eine Reihe von familiären Problemen verbunden sind, die eine Zusammenarbeit zwischen Pädiater und Kinderpsychiater hinsichtlich Behandlung und Beratung des Kindes und der Familie zweckmäßig erscheinen lassen.

Hochwuchs

Auch beim Hochwuchs unterscheidet man verschiedene Formen. Die wichtigsten sind:

1. der alimentäre Hochwuchs,
2. der neurohormonale Hochwuchs und
3. der Hochwuchs infolge genetisch bedingter Steigerung des Knochenwachstums (primordialer Hochwuchs).

Der alimentäre Hochwuchs ist nie sehr ausgeprägt, der neurohormonale Hochwuchs findet sich bei echter oder Pseudopubertas praecox, bei Überfunktion des Hypophysenvorderlappens, beim Klinefelter-Syndrom und gelegentlich bei der Hyperthyreose (Swoboda 1977).

Unterernährung und Übergewicht

Die wichtigste Form der Unterernährung während der Pubertät und Adoleszenz ist die *Anorexia nervosa*. Andere Formen der Unterernährung sind in unserem Kulturbereich vergleichsweise selten. Bei weiblichen Jugendlichen treten allerdings häufiger Mangelerscheinungen auf als bei männlichen, vermutlich als Folge entsprechender Diäten.

Unter den verschiedenen Formen der Fettleibigkeit ist die *habituelle Adipositas* am häufigsten. Die sogenannte Pubertätsfettsucht beginnt häufig schon ein oder zwei Jahre vor Pubertätseintritt und beruht wahrscheinlich auf einer Dysregulation im Zusammenspiel endokriner und psychischer Funktionen. Sie wird häufig mit der *Dystrophia adiposogenitalis* (Morbus Fröhlich) verwechselt, weil sie oft mit einem scheinbaren Hypogenitalismus vergesellschaftet ist. Dieser ist jedoch nicht echt, sondern nur vorgetäuscht, weil das Genitale meist weniger deutlich zu sehen ist und bei diesen Jungen häufig auch die Pubertät verspätet eintritt.

Weitere und *seltenere Formen der Fettleibigkeit* sind (Swoboda 1977): die hypothalamisch ausgelöste Fettleibigkeit, das Laurence-Moon-Bardet-Biedl-Syndrom (rezessive Erbkrankheit mit ausgeprägter Fettsucht, Oligophrenie, Hypogenitalismus, Retinitis pigmentosa und Polydaktylie), die Dystrophia adiposogenitalis (Fröhlichsche Erkrankung) mit Adipositas, Wachstumshemmung und Hypogonadismus, meist bedingt durch zerebrale Prozesse, sowie das Prader-Willi-Syndrom (Muskelhypotonie, Oligophrenie, Kleinwuchs, Hypogenitalismus, Strabismus und Diabetes mellitus in der Adoleszenz). Schließlich gibt es noch die hormonal ausgelöste Fettleibigkeit z. B. beim Cushing-Syndrom.

2.6.2 Varianten und Störungen der Sexualentwicklung

Varianten sind die verfrühte Pubarche (Auftreten der Schambehaarung) oder die verfrühte Thelarche (Brustentwicklung), die pathologisch keine Bedeutung haben. Ebenso gibt es konstitutionelle und familiäre Verzögerungen des Pubertätseintrittes, die ebenfalls nicht als krankhaft anzusehen sind. Als *Störungen* zu erwähnen sind die Pubertas praecox und Pubertas tarda.

Verfrühungen der sexuellen Entwicklung

Man muß die konstitutionelle sexuelle Reifungsverfrühung von der Pubertas praecox unterscheiden. Bei ersterer handelt es sich um eine meist familiäre Entwicklungsvariante. Letztere kann ebenfalls idiopathisch-konstitutionell vorkommen, ist aber oft durch eindeutige organische Erkrankungen (Enzephalitis, Hydrozephalus, Tumor oder Mißbildungen) bedingt.

Konstitutionelle sexuelle Reifungsverfrühung

Hierbei ist der Zeitplan der körperlichen und sexuellen Reifung vorverlegt. D. h., sowohl bei Jungen als auch bei Mädchen treten der pubertäre Wachstumsschub und alle typischen Zeichen der Pubertät früher ein. Diese körperliche Reifungsverfrühung hat psychische Konsequenzen.

Pubertas praecox

Definition: Vorzeitiges Auftreten der sekundären Geschlechtsmerkmale, sexueller Bedürfnisse und sexueller Verhaltensweisen. Zum Teil steht der Zeitpunkt in extremem Gegensatz zur alterstypischen Norm.

Klinisches Bild: Am stärksten ins Auge springend ist die Entwicklung der pubertären Merkmale weit vor der dafür vorgesehenen Zeit. Insofern sind jene Fälle von Pubertas praecox besonders auffällig, die sich im Kindesalter entwickeln. Im psychosexuellen Bereich sind die Kinder und Jugendlichen durch starke sexuelle Triebhaftigkeit und ihr Bestreben nach sexueller Zuwendung gekennzeichnet. Diese Verhaltensweisen sind vorwiegend bei Jungen, weniger bei Mädchen, zu beobachten. Im Hinblick auf ihre psychische Gesamtentwicklung fand Stutte (1951, 1960) anhand einer Analyse von über 650 Fällen: 36% waren im Hinblick auf die seelische Entwicklung ihrer Altersstufe voraus, 29% entsprachen ihrer Altersstufe, und 31% zeigten Retardierungs- bzw. Schwachsinnssymptome. Kinder mit geistigem Entwicklungsrückstand sind bei der Pubertas praecox eindeutig überrepräsentiert.

Die **Diagnose** wird nach dem klinischen Bild gestellt. Maßgebend ist die auffällige Diskrepanz zwischen Lebensalter und körperlicher bzw. sexueller Entwicklung. Hormonuntersuchungen ergänzen die klinische Diagnostik.

Eine echte Pubertas praecox liegt nur vor, wenn der gesamte puberale Reifungsablauf, gesteuert durch den Hypothalamus, verfrüht eintritt. Liegen nur einige Zeichen der Reifungsbeschleunigung vor, die durch endokrine Überproduktion ausgelöst sind, so spricht man von einer *Pseudopubertas praecox*. Alle Formen sind gekennzeichnet durch das verfrühte Auftreten der sekundären Geschlechtsmerkmale, Beschleunigung von Längen- und Knochenwachstum und dessen vorzeitige Beendigung.

Man unterscheidet drei *Formen der echten Pubertas praecox*:

1. durch Hamartome des Tuber cinereum im Hypothalamus, ausgelöst durch eine vermehrte Produktion von LH-RH,
2. durch verschiedene andere zerebrale Erkrankungen (z. B. Hydrozephalus, Pinealomen) und
3. als sogenannte idiopathische Pubertas praecox, die überwiegend Mädchen betrifft.

Außerdem existiert die oben erwähnte *konstitutionell bedingte frühe Geschlechtsentwicklung*, die allerdings nicht pathologisch, sondern als Normvariante aufzufassen ist.

Eine rechtzeitige Diagnostik und Behandlung dieser Störungen ist vor allem deshalb wichtig, weil bei diesen Kindern das Wachstum vorzeitig zum Abschluß kommt und somit ein z. T. erheblicher Minderwuchs resultiert. In der **Therapie** kommt es darauf an, die vorzeitige Sekretion der gonadotropen Hormone zu unterdrücken, was durch synthetische Gestagene oder Cyproteronacetat geschieht. Eine frühzeitige Therapie erhöht die Chance der Kinder, als Erwachsene eine annähernd normale Größe zu erreichen (Bierich 1975).

Verzögerungen der sexuellen Entwicklung

Die *Pubertas tarda* wird am häufigsten durch die sogenannte *konstitutionelle Entwicklungsverzögerung* hervorgerufen, die familiär auftritt und sich in einer Retardierung der Entwicklungsabläufe um 2−3 Jahre zeigt. Im Endergebnis erreichen die Kinder eine normale Größe und volle sexuelle Entwicklung, nur geschieht dies verzögert. Die konstitutionelle Entwicklungsverzögerung betrifft meist Jungen. Bei diesen ist der gesamte Pubertätsablauf bei Erhaltung der zeitlichen Sequenz um 2−3 Jahre verzögert. Die Störung ist in der Praxis von großer Bedeutung, da sie bis zu 2,5% aller Jungen betrifft. Abb. 2.**29** zeigt die Kennwerte einer Gruppe von Jungen mit konstitutioneller Entwicklungsverzögerung für Körpergröße, Skelettreifung, Hodenentwicklung und Schambehaarung. Sie liegen um rund drei Jahre unter der für die normale Entwicklung charakteristischen 45%-Linie. Legt man hingegen als zeitlichen Maßstab das Knochenalter zugrunde, so gruppieren sich die Entwicklungsparameter um die 45%-Linie. Daraus wird sichtbar, daß das Knochenalter ein recht guter Maßstab für das biologische Alter ist.

Bei diesen Kindern lassen sich keinerlei endokrinologische Auffälligkeiten nachweisen. Sie erreichen letztlich eine normale Körpergröße und volle sexuelle Reife (Bierich 1975).

Von großer Bedeutung sind die *psychischen Implikationen* dieser Störung. Zunächst ist das Bewußtsein, hinsichtlich einer Reihe von Merkmalen hinter der Altersgruppe zu rangieren, für die Jugendlichen selbst eine große Belastung, die sich in Minderwertigkeitsgefühlen, Identitätsstörungen und hypochondrischen Befürchtungen zeigen kann. Verstärkt werden diese nicht selten durch die soziale Reaktion auf die verzögerte Entwicklung, die sich im Kreise Gleichaltriger in Form von Hänseleien, Nichtbeachtung und Ausschluß von wichtigen altersspezifischen Aktivitäten und bei Erwachsenen als übertrieben zum Ausdruck gebrachte Sorge um die weitere Entwicklung äußern kann. Letzteres bezieht sich insbesondere auf die Eltern dieser Kinder, die z. T. allerdings selbst einen verzögerten Pubertätsablauf aufwiesen. Insofern kann man sie, nachdem die Diagnose gestellt ist, beruhigen. Eine Therapie erübrigt sich bei dieser Variante.

Im Zusammenhang mit einer verzögerten Sexualentwicklung ist noch der *hypophysäre Zwergwuchs* zu erwähnen, der mit sexueller Infantilität einhergeht, sowie bei Mädchen das *Turner-Syndrom*.

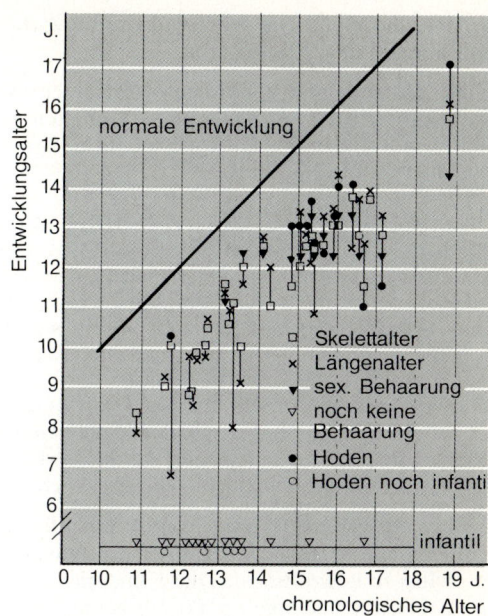

Abb. 2.**29** Entwicklungsdiagramm von Jungen mit konstitutioneller Entwicklungsverzögerung hinsichtlich Körpergröße, Skelettreifung, Hodenentwicklung und Schambehaarung (nach Bierich u. Mitarb. 1972)

2.7 Psychophysische Wechselbeziehungen in Pubertät und Adoleszenz

Zum Zusammenhang zwischen physiologischen Veränderungen und psychischen bzw. psychosozialen Verhaltensweisen ist bislang keine klare und eindeutig Antwort möglich. Spranger (1926) kleidet das Problem in folgende Frage:

„Wird mir die große seelische Veränderung, die beim Übergang aus dem Kindesalter in das Pubertätsalter vor sich geht, irgendwie psychologisch klarer dadurch, daß bestimmte Drüsen eine verstärkte Tätigkeit entfalten oder nicht entfalten? Diese Erklärung leistet ebensoviel wie die Behauptung, Sokrates sitze deshalb im Gefängnis, weil er seine Beinmuskeln bewegt habe und auf die Art hineingekommen sei."

Die Wissenschaft hat sich über die Beziehungen zwischen körperlichen und seelischen Vorgängen zu allen Zeiten Gedanken gemacht und eine Reihe von Theorien aufgestellt, die das Verhältnis in diesen beiden Bereichen zu erklären versucht. Die drei wichtigsten sind:

1. *Psychophysischer Parallelismus:* Nach dieser Ansicht laufen körperliche und seelische Vorgänge nebeneinander ab, ohne sich gegenseitig zu beeinflussen. Diese Theorie widerspricht der alltäglichen Erfahrung und spielt praktisch keine Rolle mehr.
2. *Identitätslehre:* Sie sieht Körper und Psyche als zwei Seiten ein und derselben Wirklichkeit. Man hat eine Reihe von Modellen zur Veranschaulichung dieser Lehre ersonnen. Die Identitätslehre ist sehr abstrakt und fordert eine Zusatzannahme über die Natur der „Wirklichkeit", die meist als Materie gedacht wird.
3. *Empirischer Dualismus:* Er betrachtet Seelisches und Körperliches als getrennt, bezieht aber auch ihre Wechselwirkung ein. Dieses Modell kommt der Realität am nächsten.

Im folgenden soll untersucht werden, wie sich diese Frage im Lichte der vorliegenden Forschungsergebnisse beantworten läßt. Empirische Daten aus zwei Bereichen können näher Aufschluß geben: solche, die im Rahmen der *normalen Entwicklung* psychophysische Zusammenhänge zum Gegenstand haben, und solche, die diesem Zusammenhang bei Entwicklungsvarianten und *pathologischen* Entwicklungsmustern auf die Spur zu kommen versuchen.

2.7.1 Normale Entwicklung

Untersuchungen zur normalen Entwicklung legen einen im großen und ganzen *parallelen Verlauf* von somatischen Reifungsabläufen und psychischen bzw. psychosozialen Entwicklungsvorgängen nahe. Im Zusammenhang mit den Veränderungen der endokrinen Drüsen und der

Geschlechtsorgane treten sexuelle Interessen und Bedürfnisse auf. Parallel zu den vielfältigen Wandlungen in der Pubertät kommt es zu einer kognitiven Umstrukturierung mit einer gesteigerten Fähigkeit zum abstrakten Denken, es entstehen besondere Gesellungsformen, die Jugendsubkultur und -bezugsgruppe werden immer wichtiger usw.

Dieser Ablauf könnte nahelegen, die psychologischen und psychosozialen *Veränderungen als direktes Resultat der körperlichen Reifungsabläufe* anzusehen. Damit im Einklang stünde eine gewisse Latenz zwischen dem Auftreten körperlicher und manchen psychischen Reifungsmerkmalen. Eine derartige Argumentation ist jedoch nicht stichhaltig, denn es gibt keine gesicherte Erklärung dafür, wie es z. B. durch einen Anstieg bestimmter Hormone zu bestimmten Gefühlen kommen kann. Dies gilt nicht nur für Pubertät und Adoleszenz, sondern generell für psychophysische Zusammenhänge. Einleuchtend wäre jedoch, daß die physiologischen Veränderungen den Grundstein für die vielfältigen psychischen und psychosozialen Wandlungen legen, ohne sie selbst zu verursachen. Dies entspricht dem allgemeinen Entwicklungsprinzip, wonach zuerst die Voraussetzungen für eine Funktion geschaffen werden und erst im zweiten Schritt die Funktion selbst etabliert wird. Während jedoch einleuchtend ist, daß Laufen und Klettern erst dann möglich sind, wenn der physiologische Reifungszustand des Nervensystems es erlaubt, ist im Bereich des subjektiven Erlebens (Gefühle, Stimmungen usw.) der Beweis schwieriger zu führen. Andererseits liegen zahlreiche Beobachtungen vor, wonach bei Ausbleiben der puberalen Veränderungen bzw. der hormonellen Umstimmung in der Pubertät z. B. sexuelle Empfindungen und Erlebnisse nicht oder nur sehr begrenzt auftreten. Daraus läßt sich schließen, daß die physiologischen Veränderungen *Voraussetzung* für die psychologischen und psychosozialen sind.

2.7.2 Varianten und Störungen

Zur Frage der psychophysischen Wechselbeziehungen kann die Untersuchung dreier Gruppen von Kindern weitere Einsichten vermitteln. Es sind dies erstens konstitutionell frühreifende Kinder, zweitens solche, die somatisch akzeleriert sind, und drittens Kinder, die Zeichen einer Pubertas praecox aufweisen. Die beiden zuerst genannten Gruppen sind als physiologische Varianten aufzufassen, die Pubertas praecox ist eine krankhafte Störung.

Konstitutionelle sexuelle Reifungsverfrühung

Bei diesen Jugendlichen ist der Zeitplan der körperlichen und sexuellen Reifung vorverlegt, d. h., sowohl bei Jungen als auch bei Mädchen treten der pubertäre Wachstumsschub und alle typischen Zeichen der Pubertät früher ein. Diese körperliche Reifungsverfrühung hat *psychische Konsequenzen*:

– Frühreifende haben eine leicht höhere Intelligenz als Spätreifende (Tanner 1966). Die Differenz ist zwar nicht groß, aber vorhanden. Sie geht nicht auf einen möglichen pubertären Wachstumsspurt der intellektuellen Fähigkeiten zurück, sondern war bereits vorher vorhanden. Es ist nicht bekannt, ob sich dieser „Intelligenzvorsprung" ins Erwachsenenalter fortsetzt.
– Frühreifende Jugendliche zeigen in Abhängigkeit von ihrer Körpergröße bessere Leistungen, d. h., die größeren Kinder leisten mehr als die kleineren.
– Kinder aus kleinen Familien weisen bessere Leistungen auf als solche aus großen Familien (Tanner 1970).
– Frühreifende Jungen sind auch in ihrer Persönlichkeit überlegen gegenüber spätreifenden (Graham u. Rutter 1977; Clausen 1975). Sie sind im Durchschnitt beliebter, ausgeglichener, selbstbewußter und weniger ängstlich. Demgegenüber zeigen Spätreifende weniger Selbstvertrauen, mehr Ängstlichkeit und eine geringere Durchsetzungsfähigkeit. Der Verlauf dieser Eigenschaften im Längsschnitt ist noch nicht bekannt. In einer der wenigen Längsschnittuntersuchungen zu dieser Frage (Jones 1965) ließ sich allerdings zeigen, daß einige dieser psychologischen Differenzen mit dem Älterwerden wieder verschwanden, während andere noch im Alter von 30 Jahren nachzuweisen waren. Es ist zu bemerken, daß dieser Befund eher für Jungen als für Mädchen gilt.

Die günstigere Persönlichkeitsentwicklung bei *Jungen* könnte dadurch bedingt sein, daß diese eher in den Besitz der in diesem Alter sehr wichtigen Körperkräfte und der sekundären Geschlechtsmerkmale kommen, die ihnen ein höheres Maß an positiver sozialer Einschätzung vermitteln als den spätreifenden. Hier wird eine intensive Wechselwirkung zwischen physiologischen Reifungsabläufen und psychosozialen Einflüssen sichtbar.

Bei *Mädchen* ist der Sachverhalt differenzierter: Frühreife Mädchen werden in frühen Klassen (sechste Klasse) eher abgelehnt, später jedoch gewinnen sie an Prestige (siebte bis neunte Klasse) (Faust 1977). Insgesamt scheinen die frühreifen Mädchen angepaßter zu sein, aber die Unterschiede sind weniger deutlich (Clausen 1975).

Solche Unterschiede werden eher psychologisch als biologisch erklärt. Dafür spricht, daß alle erwähnten Befunde bei Jungen eindeutiger sind als bei Mädchen. Bei Jungen wird der körperlichen Reifung seitens der Umgebung oft ein größerer bzw. positiverer Stellenwert zugeschrieben.

Akzeleration

Die Wechselwirkung von physiologischer Reifung und psychosozialen Einflüssen ergibt sich insbesondere aus den *Längsschnittuntersuchungen* von M. C. Jones (1957, 1965). Die Autorin setzte Kennwerte der körperlichen und psychischen Entwicklung miteinander in Beziehung und verfolgte den Lebensweg der Probanden bis etwa zum 30. Lebensjahr. Dabei wurde eine bessere soziale Anpassung der *akzelerierten Jungen* gegenüber den retardierten gefunden. Erstere waren auch als Erwachsene ausgeglichener, verantwortungsbewußter und den Leistungsanforderungen der Gesellschaft besser angepaßt. Die körperlich Retardierten hingegen waren im Jugendalter unruhig bis umtriebig, zeigten eine Fülle von Kompensationsmechanismen, waren als Erwachsene impulsiv bzw. zeigten einen situationsunangemessenen Drang nach Eigenständigkeit und Unabhängigkeit. Es liegen auch Daten vor, die einen Zusammenhang zwischen somatischer Akzeleration und Zugehörigkeit zu den oberen *sozialen Schichten* zeigen (Lehr 1969), was schwerlich auf genetische Einflüsse, sondern eher auf die besseren Förderungs- und Erziehungsbedingungen in diesen Schichten zurückzuführen ist. Thomae (1973) kommt nach einer eingehenden Analyse der Literatur zur körperlichen Akzeleration unter dem Blickwinkel der psychosozialen Reife zu dem Schluß, daß „die These einer positiven oder negativen Beeinflussung der psychischen Entwicklung durch die somatische Akzeleration" nicht aufrechtzuerhalten ist. Vielmehr besteht eher eine Abhängigkeit der somatischen Entwicklung von den sozialen Gegebenheiten. Diese wirken wiederum stimulierend oder retardierend auf den genetisch determinierten Reifungsablauf.

Pubertas praecox

Die Untersuchungen zum Zusammenhang zwischen Pubertas praecox und psychischen Verhaltensweisen ergeben ein sehr *heterogenes Bild*. Psychische Reifungsverfrühungen sind in der Regel nicht generell, sondern partiell; ein Großteil der Kinder mit Pubertas praecox zeigt keine psychische Frühreife, sondern eher eine Retardierung. Wenn eine Entwicklungsbeschleunigung sich überhaupt psychisch manifestiert, so kann sie nahezu jeden Bereich ergreifen, ist aber stets nur von episodischem Charakter (Stutte 1960).

2.7.3 Wechselwirkung verschiedener Faktoren

Die bislang angeführten Untersuchungen zeigen, daß die somatischen Reifungsabläufe in der Pubertät zwar *unabdingbare Voraussetzung* für die psychischen und psychosozialen sind, daß sie diese aber nicht ursächlich bedingen, sondern daß deren Zustandekommen im Sinne ei-

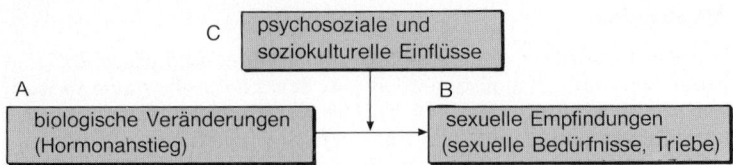

Abb. 2.**30** Beziehung zwischen für die Pubertät charakteristischen körperlichen Veränderungen, insbesondere Anstieg der Sexualhormone (A), sich entwickelnden sexuellen Bedürfnissen (B) und psychosozialen Vorgängen (C) (aus Remschmidt, H.: Z. Kinder- u. Jugendpsychiat. 3 [1975] 75)

ner *Wechselwirkung und* unter *starkem psychosozialen Einfluß* zu erklären ist.

Dies soll an der für die Adoleszenz entscheidenden **Sexualentwicklung** verdeutlicht werden. Abb. 2.**30** skizziert auf der einen Seite die für die Pubertät charakteristischen körperlichen Veränderungen, insbesondere den *Anstieg der Sexualhormone* (A), auf der anderen Seite die sich entwickelnden *sexuellen Bedürfnisse und Triebe* (B). Identität von A und B kann nach dem heutigen Stand der psychologischen Forschung nicht angenommen werden. Es ist auch kaum vorstellbar, daß der eine Vorgang (z. B. die sexuellen Empfindungen) ein Epiphänomen des anderen (A) ist. Die Beziehung zwischen beiden ist sicher viel komplizierter. Die biologischen Veränderungen schaffen die Voraussetzung dafür, daß entsprechendes Erleben und Verhalten überhaupt entstehen kann. Dies ist aber nur möglich, wenn *psychosoziale Vorgänge* (C) als Erlebnisse oder Auslöser zur Verfügung stehen, an denen es sich formen kann. Um in der biologischen Nomenklatur zu bleiben: Den psychosozialen und soziokulturellen Einflüssen (C) kommt gewissermaßen die Funktion eines Katalysators zu, der den Zusammenhang zwischen hormonellen Veränderungen und psychischen Erlebnissen vermittelt. Bei diesem Vorgang spielt das ZNS als Ort der Integration von nervösen Veränderungen und psychischen Vorgängen eine entscheidende Rolle. Die sich auf diese Weise entwickelnden sexuellen Triebe und Bedürfnisse können wiederum unter dem Einfluß psychosozialer und soziokultureller Faktoren (Sexualerziehung, Normen, individuelle psychische Reife, Vorbilder) *in unterschiedlicher Weise verhaltenswirksam* werden: als psychoaffektive, auf einen bestimmten Partner bezogene und vom Gefühl der Liebe und Zuneigung getragene Beziehung oder, weitgehend unabhängig davon, als psychophysiologischer, nicht auf einen Partner bezogener Sexualvollzug. Diese *Dichotomisierung sexueller Beziehungen* (auch als Polarität zwischen Eros und Sexus bekannt) ist in manchen Kulturen anzutreffen, in anderen nicht.

Dieses Modell kann auch *Störungen der Sexualentwicklung* verdeutlichen. Kommt es aus irgendwelchen Gründen zu einem Ausbleiben der hormonellen Veränderung (A), so entsteht weder ein Sexualtrieb noch das entsprechende Erlebnis sexueller Bedürfnisse. Fehlen die notwendigen psychosozialen bzw. soziokulturellen Faktoren oder sind sie Strafen und restriktiven Normen unterworfen (C), so kann es ebenfalls zu einem Ausbleiben oder einer Reduktion der sexuellen Bedürfnisse kommen. In diesem Sinne wirken auch entsprechende gesellschaftliche Normen und Erziehungstechniken. Bedeutsam für das Entstehen sexueller Gefühle und Bedürfnisse sind auch taktile Empfindungen sowie der Anblick primärer und sekundärer Geschlechtsmerkmale. Die Wirksamkeit dieser Faktoren hängt wiederum von gesellschaftlichen Normen ab.

Die hormonalen Wirkungen scheinen die Entwicklung des Sexualtriebes und der entsprechenden Emotionen in Gang zu bringen. Untersuchungen legen nahe, daß die *Koppelung zwischen Sexualhormonen und Sexualverhalten* bei Menschen *zu verschiedenen Zeitpunkten unterschiedlich* ist. Den Sexualhormonen kommt die entscheidende Funktion des Anstoßes der Sexualentwicklung zu, in deren weiterem Verlauf sich später eine *weitgehende Entkoppelung* zwischen hormoneller Basis und psychischem Erleben bzw. Verhalten entwickeln kann.

Das am Beispiel der Sexualentwicklung aufgezeigte Zusammenwirken biologischer, psychologischer und psychosozialer Faktoren läßt sich analog auf andere Bereiche übertragen, wobei allerdings wesentliche Zwischenglieder noch unbekannt sind. Die Frage, welcher Natur die vermittelnden Zwischenglieder sind, die den Hiatus zwischen einer chemischen Substanz und einer differenzierten psychischen Empfindung überbrücken, ist vorerst ungelöst.

2.8 Literatur

Bakwin, H.: The secular change in growth and development. Acta paediatrica 53 (1964) 79−89

Basser, L. S.: Hemiplegia of early onset and the faculty of speech with special reference to the effects of hemispherectomy. Brain 85 (1962) 427−460

Bayley, N., S. R. Pinneau: Tables for predicting adult height from skeletal age: revised for use with the Greulich-Pyle hand standards. Journal of Pediatrics 40 (1952) 423−441 (Eratum Korr. in 41 [1952] 371)

Beach, F. A.: Levels of plasma testosterone in human males at different ages. In Montagna, W., W. A. Sadler: Reproductive Behavior. Plenum, New York 1974

Bierich, J. R.: Physiologische und pathologische Aspekte der Adoleszenz. Zeitschrift für Kinder- und Jugendpsychiatrie 3 (1975) 300−311

Bierich, J. R.: Störungen des

Wachstums. In Gupta, D.: Endokrinologie der Kindheit und Adoleszenz. Thieme, Stuttgart 1986

Bierich, J. R.: Entwicklungsphysiologie und Auxologie: Wachstum und Reifung. In Remschmidt, H., M. H. Schmidt: Kinder- und Jugendpsychiatrie in Klinik und Praxis, Bd. I. Thieme, Stuttgart 1988

Bierich, J. R., B. Brodt, D. Gupta, D. Schönberg: Über die konstitutionelle Entwicklungsverzögerung. Monatsschrift für Kinderheilkunde 120 (1972) 334

Bleuler, M.: Endokrinologische Psychiatrie. In Gruhle, H. W., R. Jung, W. Mayer-Gross, M. Müller: Psychiatrie der Gegenwart, Bd. I/1A. Springer, Berlin 1964

Bremer, J.: Asexualization. A Follow-up Study of 244 Cases. Oslo Univ. Press, Oslo 1958

Burrell, R. J. W., M. J. R. Healy, J. M. Tanner: Age at menarche in South Africa Bantu schoolgirls living in the Transkei reserve. Human Biology 33 (1961) 250–261

Cheek, D. B.: Growth and Growth Retardation with Particular Reference to the Endocrine, Cardiac and Normal Child. Lea & Febiger, Philadelphia 1967

Clausen, J. A.: The social meaning of differential physical and sexual maturation. In Dragastin, S. E., G. H. Elder: Adolescence in the Life Cycle. Psychological Change and Social Context. Halsted, London 1975

Eeg-Olofsson, O.: The development of the electroencephalogram in normal adolescents from the age of 16 through 21 years.

Neuropädiatrie 3 (1971/72) 11–45

Falkner, F.: Physical growth. In Barnett, H. L., A. H. Einhorn: Pediatrics, 15th ed. Appleton, New York 1972

Faust, M. S.: Somatic development of adolescent girls. Monographs of the Society for Research in Child Development 42 (1977) 1–90

Frisch, R. E.: Critical weight at menarche, initiation of the adolescent growth spurt, and control of puberty. In Grumbach, M. M., G. D. Grave, F. E. Mayer: Control of the Onset of Puberty. Wiley, New York 1974

Frisch, R. E., R. Revelle: Variation in body weights and the age of the adolescent growth spurt among Latin American and Asian populations, in relation to calorie supplies. Human Biology 41 (1969) 185–212

Frisch, R. E., R. Revelle: Height and weight at menarche and a hypothesis of critical body weights and adolescent events. Science 169 (1970) 397–398

Graham, P., M. Rutter: Adolescent disorders. In Rutter, M., L. Hersov: Child Psychiatry. Modern Approaches. Blackwell, Oxford 1977

Greulich, W. W., S. I. Pyle: Radiographic Atlas of Skeletal Development of the Hand and Wrist, 2nd ed. Stanford Univ. Press, Stanford/Calif. and Oxford Univ. Press, London 1959

Grumbach, M. M., G. D. Grave, F. E. Mayer: Control of the Onset of Puberty. Wiley, New York 1974

Gupta, D.: Endokrinologie der Kindheit und Adoleszenz. Thieme, Stuttgart 1986

Hafez, E. S. E., T. N. Evans: Human Reproduction. Conception and Contraception. Harper & Row, Hagerstown/Md. 1973

Jones, H. E.: Motor Performance and Growth: A Development Study of Static Dynamometric Strength. Univ. California Press, Berkeley 1949

Jones, M. C.: The later careers of boys who were early or late maturing. Child Development 28 (1957) 113−128

Jones, M. C.: Psychological correlates of somatic development. Child Development 36 (1965) 899−911

Katchadourian, H.: The Biology of Adolescence. Freeman, San Francisco 1977

Keller, E., H. Unterberg, Th. Schumacher: Ovar (Fetalzeit bis Adoleszenz). In Gupta, D.: Endokrinologie der Kindheit und Adoleszenz. Thieme, Stuttgart 1986

Keller, W., A. Wiskott, K. Betke, W. Künzer: Lehrbuch der Kinderheilkunde, 4. Aufl. Thieme, Stuttgart 1977; 5. Aufl. 1984

Kinsey, A. C., W. B. Pomeroy, C. E. Martin: Das sexuelle Verhalten des Mannes. Fischer, Frankfurt 1955 (Orig.: Sexual Behavior in the Human Male. Saunders, Philadelphia 1948)

Kinsey, A. C., W. B. Pomeroy, C. E. Martin, P. H. Gebhard: Das sexuelle Verhalten der Frau. Fischer, Frankfurt 1954 (Orig.: Sexual Behavior in the Human Female. Saunders, Philadelphia 1953)

Lauritzen, Ch.: Gonadotropine in der Präpubertät und Pubertät. In: Endokrinologie der Entwicklung und Reifung. 16. Symposion der Deutschen Gesellschaft für Endokrinologie in Ulm vom 26.−28. Februar 1970. Springer, Heidelberg 1970

Lehr, U.: Die Jugend im gesellschaftlichen Wandel. Zeitschrift für Pädagogik 15 (1969) 199−208

Lenneberg, E. H.: Biologische Grundlagen der Sprache. Suhrkamp, Frankfurt 1972 (Orig.: Biological Foundations of Language. Wiley, New York 1967)

Marshall, W. A.: Growth and sexual maturation in normal puberty. Journal of Clinical Endocrinology and Metabolism 4 (1975) 3−25

Marshall, W. A., J. M. Tanner: Variations in the pattern of pubertal changes in girls. Archives of Disease in Childhood 44 (1969) 291−303

Marshall, W. A., J. M. Tanner: Variations in the pattern of pubertal changes in boys. Archives of Disease in Childhood 45 (1970) 13−23

Marshall, W. A., J. M. Tanner: Puberty. In Davis, J. A., J. Dobbing: Scientific Foundations of Pediatrics. Heinemann, London 1974

Martinius, J.: Reifungsvorgänge im Zentralnervensystem. In Remschmidt, H., M. Schmidt: Neuropsychologie des Kindesalters. Enke, Stuttgart 1981.

Motta, M., F. Fraschini, L. Martini: „Short" feedback mechanisms in the control of anterior pituitary function. In Ganong, W. F., L. Martini: Frontiers in Neuroendocrinology. Oxford Univ. Press, London 1969

Muus, R. E.: Grundlagen der Adoleszentenpsychologie. Hansisches Verlagskontor, Lübeck

1982 (Documenta paediatrica, Separata aus „Der Kinderarzt", Bd. 9)

Olweus, D., A. Mattsson, D. Schalling, H. Löw: Circulating testosterone levels and aggression in adolescent males: a causal analysis. Psychosomatic Medicine 50 (1988) 261−272

Prader, A.: Wachstum und körperliche Entwicklung in der Adoleszenz. Monatsschrift für Kinderheilkunde 123 (1975) 291−296

Prader, A.: Physiologisches, pathologisches und manipuliertes Körperwachstum. Monatsschrift für Kinderheilkunde 134 (1986) 292−301

Prader, A., H. Budliger: Körpermaße, Wachstumsgeschwindigkeit und Knochenalter gesunder Kinder in den ersten zwölf Jahren (Longitudinale Wachstumsstudie Zürich). Helvetica paediatrica acta, Suppl. 37 (1977)

Prader, A., J. M. Tanner, G. A. von Harnack: Catch-up growth following illness or starvation. Journal of Pediatrics 62 (1963) 646−659

Remschmidt, H.: Neuere Ergebnisse zur Psychologie und Psychiatrie der Adoleszenz. Zeitschrift für Kinder- und Jugendpsychiatrie 3 (1975) 67−101

Root, A. W.: Human Pituitary Growth Hormone. Thomas, Springfield/Ill. 1972

Root, A. W.: Endocrinology of puberty, 1: Normal sexual maturation. Journal of Pediatrics 883 (1973) 1−19

Scammon, R. E.: The measurement of the body in childhood. In Harris, J. A., C. M. Jackson, D. G. Paterson, R. E. Scammon: The Measurement of Man.

Univ. Minnesota Press, Minnesota 1930

Sinclair, D.: Human Growth after Birth. Oxford Univ. Press, London 1973

Smith, J. R.: The frequency growth of the human alpha rhythms during normal infancy and childhood. Journal of Psychology 11 (1941) 177−198

Spranger, E.: Psychologie des Jugendalters, 6. Aufl. Quelle & Meyer, Leipzig 1926

Stutte, H.: Pubertas praecox und psychische Reifeverhältnisse. Zeitschrift für Kinderppsychiatrie 17 (1950/51) 136−141

Stutte, H.: Kinderpsychiatrie und Jugendpsychiatrie. In Gruhle, H. W., R. Jung, W. Mayer-Gross, M. Müller: Psychiatrie der Gegenwart, Bd. II. Springer, Berlin 1960

Stutte, H.: Zur Psychopathologie hemisphärektomierter Kinder. Jahrbuch für Jugendpsychiattrie 4 (1965) 85−97

Swoboda, W.: Störungen des Wachstums und der Entwicklung. In Keller, W., A. Wiskott, K. Betke, W. Künzer: Lehrbuch der Kinderheilkunde. Thieme, Stuttgart 1977

Swoboda, W.: Entwicklung und Wachstum. In Betke, K., W. Künzer: Lehrbuch der Kinderheilkunde, 5. Aufl. Thieme, Stuttgart 1984

Tanner, J. M.: Education and Physical Growth. Univ. London Press, London 1961

Tanner, J. M.: Wachstum und Reifung des Menschen. Thieme, Stuttgart 1962 a (Orig.: Growth at Adolescence. Blackwell, Oxford 1955)

Tanner, J. M.: Growth at Adolescence. With a General Consideration of the Effects of Herediatry and Environmental Factors upon Growth and Maturation from Birth to Maturity, 2nd ed. Blackwell, Oxford 1962 b

Tanner, J. M.: Galtonian eugenics and the study of growth. The relation of body size, intelligence test score, and social circumstances in children and adults. Eugenic Review 58 (1966) 122−135

Tanner, J. M.: Growth and development at adolescence. In: Endokrinologie der Entwicklung und Reifung. 16. Symposion der Deutschen Gesellschaft für Endokrinologie in Ulm vom 26.−28. Februar 1970. Springer, Heidelberg 1970a

Tanner, J. M.: Physical growth. In Mussen, P. H.: Carmichael's Manual of Child Psychology, vol. I. Wiley, New York 1970b

Tanner, J. M.: Growing up. Scientific American 229 (1973) 34−43

Tanner, J. M.: Wachstum und Reifung der Kinder. In Gupta, D.: Endokrinologie der Kindheit und Adoleszenz. Thieme, Stuttgart 1986

Tanner, J. M., R. H. Whitehouse: Clinical longitudinal standards for height, weight, height velocity, weight velocity, and the stages of puberty. Archives of Disease in Childhood 51 (1976) 170−179

Tanner, J. M., H. Goldstein, R. H. Whitehouse: Standards for children's height at ages 2 to 9 years, allowing for height of parents. Archives of Disease in Childhood 45 (1970) 755−762

Tanner, J. M., R. H. Whitehouse, M. Takaishi: Standards from birth to maturity for height, weight, height velocity, and weight velocity: British children 1965, part I and II. Archives of Disease in Childhood 41 (1966) 454−471; 613−635

Thomae, H.: Das Problem der „sozialen Reife" von 14- bis 20jährigen. Eine kritische Literaturanalyse. Arbeitsgemeinschaft für Erziehungshilfe (AFET), Hannover 1973 (Wissenschaftliche Informationsschriften der AFET, H. 6)

Visser, H. K. A.: Some physiological and clinical aspects of puberty. Archives of Disease in Childhood 48 (1973) 169−182

van Wagenen, G., M. E. Simpson: Embryology of the Ovary and the Testis: Homo sapiens and Marcaca mulata. Yale Univ. Press, New Haven/Conn. 1965

Wehefritz, E.: Systematische Gewichtsuntersuchungen an Ovarien mit Berücksichtigung anderer Drüsen mit innerer Sekretion, sowie über Beziehungen zum Uterus. Zeitschrift für Konstitutionslehre 9 (1923) 161−171

Winter, J. S. D., C. Faiman: Pituitary-gonadal relations in male children and adolescents. Pediatric Research 6 (1972) 126−135

Winter, J. S., I. A. Hughes, F. I. Reyes, C. Faiman: Pituitary-gonadal relations in infancy; 2. Pattern of serum gonadal steroid concentrations in man from birth to two years of age. Journal of Clinical Endocrinology and Metabolism 42 (1976) 679−686

Yakovlev, P. I., A. R. Lecours: The myelogenetic cycles of regional maturation of the brain. In Minkowski, A.: Regional Development of the Brain in Early Life. Blackwell, Oxford 1967

3. Psychologische Aspekte der Adoleszenz

Gegenstand dieses Kapitels sind die psychologischen Aspekte der Adoleszenz: die Einstellung zum Körper und seinen Veränderungen, die kognitive und die Persönlichkeitsentwicklung, die sexuelle Entwicklung und geschlechtsspezifische Aspekte sowie die Ablösung von der Familie in dieser Phase.

3.1 Verarbeitung der körperlichen Veränderungen in der Adoleszenz

Mit den in Kap. 2 beschriebenen körperlichen Veränderungen gehen tiefgreifende psychische Wandlungen einher. Diese sind jedoch nicht ausschließlich auf die körperlichen Veränderungen zurückzuführen, sondern unterliegen in erheblichem Ausmaß psychosozialen Einflüssen.

3.1.1 Körperliche Veränderungen und soziale Reaktionen

Die Bedeutung des eigenen Körpers und seiner Veränderungen für den Adoleszenten wird durch folgende Gesichtspunkte deutlich:

1. Zunächst kommt es zu einer im Vergleich zum Kindesalter *stärkeren Hinwendung zum Körper* und seinen Funktionen. Dies ist nicht nur durch die physiologischen Veränderungen bedingt, sondern auch durch die soziale Rolle des Adoleszenten. Es wird erwartet, daß ein Jugendlicher dank seiner körperlichen Reife bestimmten Entwicklungsaufgaben gewachsen ist.
2. Gleichzeitig werden die Jugendlichen mit der Endgültigkeit der körperlichen Entwicklung konfrontiert. Diese wird in wenigen Jahren abgeschlossen sein, während vom Kindesalter aus die Zeitspanne bis zum Erwachsenenalter sehr lang erschien. Die *begrenzte Zeitperspektive* der Adoleszenten und ihr Bestreben, sich mit Gleichaltrigen zu vergleichen, führt zur verstärkten Beobachtung des eigenen Körpers und häufig zu Sorgen und Befürchtungen, die Entwicklung verlaufe nicht normal.
3. Damit steht im Zusammenhang, daß die Jugendlichen nur *unzureichende Vorstellungen von der Variabilität der körperlichen Entwicklung* haben, so daß auch geringfügige vermeintliche Normabweichungen Anlaß zu übertriebener Besorgnis geben. Wenn man be-

denkt, daß bei rund 16% der Jungen und Mädchen einer Altersgruppe eine zum Teil erhebliche Variabilität des Entwicklungsverlaufes festzustellen ist (innerhalb der normalen Spielbreite), so wird
diese Besorgnis verständlich.

4. Schließlich kann die Unkenntnis dieser Variabilität bei den Jugendlichen und deren Eltern oder Bezugspersonen dazu führen, daß
wirkliche oder vermeintliche Normabweichungen überbewertet werden. Dies gilt insbesondere für die körperliche Disproportionierung, die bei den meisten Jugendlichen ein relativ kurzes Über-
gangsstadium darstellt, und für die prognostische Einschätzung von
Jungen und Mädchen mit einer sogenannten konstitutionellen Spätreife.

Die Verarbeitung der somatischen Veränderungen und ihre Integration in das *Körperschema* (das Insgesamt der kognitiven Repräsen-
tationen vom eigenen Körper) ist eine der großen Aufgaben der Pubertät. Bei ihrer Lösung wirken innere Variablen (Affektivität, erhöhte erotische und sexuelle Ansprechbarkeit, Regulationen von Stimmungen, Triebe, psychische Verarbeitungsmechanismen, Kognitionen, innerpsychische Konflikte usw.) ebenso mit wie kontextuelle Variablen (gesellschaftlich definierte Interpretationen und Bewertungen
der körperlichen Veränderungen, Normen und Idealvorstellungen
über Aussehen und Verhalten, soziale Unterstützung usw.).

In der Adoleszenz ändert sich durch die Wahrnehmung und psychische Verarbeitung der verschiedenen Wandlungen im somatischen Bereich die Vorstellung vom eigenen Körper erheblich. Im Zusammenhang damit vollzieht auch die soziale Umwelt eine Einstellungsände-
rung zu dem aufgrund seiner körperlichen Veränderung geschlechts-
reifen Individuum.

Das *Gefühl der Identität als Person* setzt u. a. ein Gefühl der Stabilität und Konsistenz über die Zeit hinweg voraus. Die raschen Änderungen in der Pubertät müssen in ein neues stabiles Identitätsgefühl integriert werden.

Die Entwicklung bringt die Jugendlichen dazu, sich auf die physischen Aspekte des Selbst zu konzentrieren. Das Körperschema ist aber
nicht immer objektiv, manchmal sogar konträr zum Urteil der Umwelt.

Die Adoleszenten registrieren auch die *soziale Reaktion* auf ihre
körperlichen Veränderungen (z. B. Anerkennung, Bewunderung oder
Ablehnung, Spott oder Mißachtung) und integrieren diese in ihr
Selbstbild. Im inadäquaten, ungeschickten oder verletzenden Verhal-
ten erwachsener Bezugspersonen haben nicht wenige Pubertäts- und
Adoleszenzkrisen ihren Ursprung, die als Störungen der Sexualent-

wicklung, als Identitäts- und Autoritätskrisen an späterer Stelle beschrieben werden (s. Kap. 8).

Da das Körperwachstum bei normal reifenden Individuen mit der
sexuellen Reifung verbunden ist und bei Mädchen der Beginn der Pubertät rund zwei Jahre früher liegt als bei Jungen, ergeben sich häufig
Schwierigkeiten durch die Koedukation. Schulklassen setzen sich ja
nicht nach dem Reifegrad der Kinder zusammen, sondern nach dem
chronologischen Alter. Dadurch, daß die Mädchen hinsichtlich körperlicher und sexueller Reife überlegen sind, kommt es nicht selten zu
Spannungen mit den Jungen, die sich nicht in ihrer männlichen Rolle
akzeptiert fühlen.

3.1.2 Körperliche Veränderungen und Selbstwertgefühl

Aufgrund der großen Variabilität des Wachstums und des Bestrebens
der Jugendlichen, sich mit ihren Altersgenossen zu vergleichen, ergeben sich bei vielen zum Teil erhebliche *Beeinträchtigungen ihrer Selbsteinschätzung* und ihres Selbstwertgefühls. Dies um so mehr, als in der
Adoleszenz die physischen Merkmale sowohl für die Reaktion der
Umgebung als auch im Hinblick auf die Wirkung auf das andere Geschlecht von großer Bedeutung sind. Die intensive Beobachtung körperlicher Veränderungen in der Pubertät wird durch den generellen
körperlichen Wandel begünstigt, der für nicht wenige Jugendliche eine
Quelle der Beunruhigung darstellt; zum anderen hängt die Sexualentwicklung sehr eng mit der Ausbildung des Selbstwertgefühls und der
persönlichen Identität zusammen.

Der *Vergleich* mit anderen Jugendlichen ist an der Tagesordnung.
Derartige Vergleiche können, wenn die Spielbreite der Normalität
nicht erkannt wird, zu Beunruhigungen und dadurch zu akuten Konfliktsituationen führen, zu aggressivem oder depressivem Verhalten
oder aber zu chronifizierten neurotischen Fehlentwicklungen. Diese
Symptome lassen sich unter dem Begriff des Thersites-Komplexes zusammenfassen, worunter man psychopathologische Auffälligkeiten,
insbesondere Selbstwertverletzungen, aufgrund wirklicher oder ver-
meintlicher körperlicher Entstellungen versteht (s. u.).

In der Adoleszenz ist eine *ängstliche Beachtung normativer Vorstellungen* ubiquitär. Diese bezieht sich auf Körperwachstum, Größe, Gewicht, Körperproportionen, Haartracht, Gesicht, Verhalten und Bewegungen. Die Normvorstellungen sind jeweils kulturspezifisch. Adoleszenten sind sehr leicht geneigt, hinsichtlich ihrer Körperlichkeit eine
Abweichung von der Norm festzustellen, auch wenn sie sich völlig im
Normbereich bewegen. Diese Hypersensibilität kann aktuelle Kon-
fliktreaktionen provozieren oder auch zu chronischen psychischen Be-

einträchtigungen in Form von neurotischen Fehlentwicklungen führen. Ein sehr häufiger Anlaß für Beeinträchtigungen des Selbstwertgefühls ist die in der Adoleszenz weitverbreitete Acne vulgaris.

Die vermehrte Beobachtung der eigenen Körperlichkeit und der Vergleich mit anderen läßt die Jugendlichen häufig *vorhandene oder vermeintliche körperliche Mängel überbewerten* und kann zu *neurotischen Fehlentwicklungen* führen, wie sie Stutte (1957, 1962, 1974) unter der Bezeichnung Thersites-Komplex beschrieben hat (s. Kap. 8). Sie disponiert aber auch zu Derealisations- und Depersonalisationserlebnissen, die in der Adoleszenz einen Häufigkeitsgipfel erreichen und von schizophrenen Psychosen abgegrenzt werden müssen. Schließlich führt die intensive Selbstbeobachtung auf dieser Altersstufe nicht selten zu *narzißtischen Krisen* und zur sogenannten *Pubertätshypochondrie*, die auch im Rahmen depressiver Reaktionen zu finden ist. Auch bei der Anorexia nervosa spielen derartige Vorgänge eine Rolle, wenngleich mehr in Richtung einer „Gewichtsphobie".

Nach Offer (1984), der seit 1962 mehr als 20 000 Jugendliche in den USA, Australien, Israel und Irland mit seinem Selbstbildfragebogen untersuchte, sind allerdings die meisten Jugendlichen stolz über ihre körperliche Entwicklung, und die überwiegende Mehrheit hält sich für stark und gesund. Dabei äußern männliche Jugendliche mehr positive Gefühle hinsichtlich ihres Körperbildes und ihrer körperlichen Entwicklung. Weibliche Jugendliche sind verletzlicher, kommen sich öfter häßlich und unattraktiv vor oder schämen sich ihres Körpers (s. auch Seidenspinner u. Burger 1982).

3.1.3 Selbstwahrnehmung körperlicher Veränderungen

Rund die Hälfte aller Mädchen und ein Drittel aller Jungen äußern in der Adoleszenz Sorgen hinsichtlich Körpergröße, Figur und Gewicht. Diese Besorgnisse beziehen sich im wesentlichen auf Befürchtungen, zu klein zu bleiben, zu groß zu sein oder zu werden sowie auf die in der Adoleszenz häufige Disproportionierung.

In fast allen Bereichen gibt es *Unterschiede zwischen Jungen und Mädchen*. Während aufgrund der gesellschaftlichen Einschätzung männlichen Verhaltens körperliche Kraft, sportliche Betätigung und eine muskulöse Figur als Insignien der Männlichkeit angesehen werden und daher für Jungen sehr wichtig sind, sind sie wegen der andersartigen Geschlechtsrolle für Mädchen von geringerer oder sogar negativer Bedeutung. Diese richten ihr Augenmerk stärker auf Gesicht, Figur und Haut. Letztere ist allerdings infolge der in der Adoleszenz bei Jungen und Mädchen gleichermaßen häufig auftretenden Acne vulgaris bei beiden Geschlechtern wichtig.

Nicht geringe Befürchtungen beziehen sich auf die *Disproportionierung* des Körpers. Jungen wie Mädchen haben Sorgen, weil ihre Nase hervorsteht, Jungen, weil die Arme im Vergleich zu den Beinen zu lang wirken, die Backenknochen zu weit vortreten oder die Hüften zu breit wirken. Diese Disproportionierung, die durch eine unterschiedliche Wachstumsgeschwindigkeit verschiedener Körperteile während des puberalen Wachstumsschubs entsteht, gleicht sich gegen Ende dieser Phase in der Regel vollkommen aus. Dieser Hinweis kann manchmal Jugendlichen dazu verhelfen, aus Minderwertigkeitsgefühlen wieder herauszufinden. Allerdings ist es für die Adoleszenz typisch, daß derartige Befürchtungen aus Angst, man könne sich bei Erwachsenen lächerlich machen, nicht zugegeben werden.

Hinsichtlich der *primären Geschlechtsmerkmale* ergeben sich vor allem *bei Jungen häufig psychische Probleme*. Im Gegensatz zu den Mädchen spielt das Wachstum der Genitalien für die Jungen schon deshalb eine größere Rolle, weil diese außerhalb des Körpers liegen. Ferner wird die Größe der äußeren Genitalien häufig mit Männlichkeit und männlicher Potenz in Zusammenhang gebracht. Derartige Anschauungen werden nicht selten auch von den Eltern vertreten, die sich dann über ihren Jungen, der ein vermeintlich zu kleines Genitale hat, Sorgen machen. Die Größe der Genitalien wird sowohl genetisch als auch hormonell determiniert. Sie hat, von Extremvarianten abgesehen, keinerlei Bedeutung für die Funktionsfähigkeit der Sexualorgane. Dennoch machen sich Jugendliche hierüber zum Teil erhebliche Gedanken, sie stellen Vergleiche an und sind sich der Variabilität innerhalb des Normbereiches nicht bewußt.

Bei Mädchen spielen Unterschiede hinsichtlich der Genitalien keine Rolle, da die Geschlechtsorgane im Körperinneren liegen. Große Bedeutung kommt allerdings der *Menstruation* zu. Ängste und Befürchtungen treten auf, wenn die Mädchen auf dieses Ereignis nicht vorbereitet sind; beunruhigt sind sie aber auch, wenn die Menarche vermeintlich verzögert eintritt. Die Menarche wird allgemein als Symbol der sexuellen Reife aufgefaßt. Die meisten Mädchen erleben sie eher negativ oder bestenfalls neutral. Die Menarche ist von der psychologischen und sozialen Bedeutung her mit keinem Ereignis in der Pubertät der Jungen direkt vergleichbar. Dramatisch ist sie zum einen von ihrer physischen Seite her, zum anderen signalisiert sie erwachsene Sexualität, Weiblichkeit und Fruchtbarkeit und wird daher oft so ambivalent wie diese bzw. überwiegend negativ erlebt. Sie bringt vorwiegend negativ erlebte Konsequenzen wie Einschränkungen im Alltag sowie (Schwangerschafts-)Ängste mit sich.

Untersuchungen berichten meist über neutrale bis negative emotionale Reaktionen der Mädchen wie Überraschung, Verwirrung und

Verlegenheit, wobei die negative Reaktion mit einer Tabuisierung des Themas zusammenhängt.

Für beide Geschlechter sind die *sekundären Geschlechtsmerkmale* wichtig. Ihr zeitgerechtes Auftreten und ihre im Vergleich zu Gleichaltrigen typische Konfiguration gibt Jungen wie Mädchen das Gefühl, den Status als Mann oder Frau erreicht zu haben. Gleichzeitig besteht aber noch eine große Unsicherheit hinsichtlich der damit zusammenhängenden Rollen und Funktionen.

Zudem ist bei ähnlicher anfänglicher Verunsicherung die körperliche Veränderung des Mädchens eher mit Scham, die des Jungen eher mit Stolz verknüpft, da letztere durch die Wertschätzung männlicher Potenz positiv bewertet wird.

Ansätze für psychische Störungen ergeben sich aus einer tatsächlichen oder vermeintlichen Reifungsverzögerung, Gefährdungen aus einer frühen Reifung, die zu einer verfrühten Sexualisierung des Verhaltens führen kann. So haben Frühreifende z. B. eher sexuelle Erfahrungen als Spätreifende, was nicht unbedingt als Vorteil angesehen werden kann, da häufig die notwendige emotionale Reife fehlt. Außerdem ziehen sexuell frühreife Jungen und Mädchen die sexuellen Bedürfnisse ihrer Umwelt stärker auf sich, nicht unbedingt aktiv, und geraten eher vorzeitig in sexuelle Beziehungen oder werden von Erwachsenen sexuell verführt oder mißbraucht.

3.2 Kognitive Entwicklung

Von großer Bedeutung für das Verständnis vieler Verhaltensweisen Jugendlicher ist die kognitive Entwicklung in dieser Lebensphase.

Die umfassendsten Untersuchungen über die Entwicklung des Denkens vom Säuglingsalter bis zur Adoleszenz verdanken wir Piaget. Danach kann man *fünf Stadien der kognitiven Entwicklung* unterscheiden, die sich (allerdings mit großer Variabilität) bestimmten Altersstufen zuordnen lassen (Tab. 3.**1**).

Die Kenntnis dieser Abfolge ist für das Verständnis normaler und pathologischer Verhaltensweisen wie auch für pädagogische Maßnahmen von größter Bedeutung. Jede Stufe baut auf der vorherigen auf und führt sie zugleich weiter. Dabei spielen nach Piaget die Prozesse der Assimilation und Akkommodation eine große Rolle. Unter *Assimilation* versteht man die Einordnung äußerer Eindrücke und Gegebenheiten in subjektive Bezugssysteme, unter *Akkommodation* die Umbildung und Veränderung subjektiver Ordnungsschemata durch äußere Gegebenheiten. Nach Piaget ist die kognitive Entwicklung Ergebnis einer permanenten Wechselwirkung dieser beiden Prozesse,

Tabelle 3.**1** Schematische Darstellung der kognitiven Entwicklung nach Piaget (nach Piaget u. Inhelder 1973)

Alter	Entwicklungsstadium	Charakteristika
0−18 Monate	Sensomotorische Intelligenz	Entwicklung sensomotorischer Gegenstandsschemata, Bildung von Wahrnehmungskonstanten
Bis ca. 4 Jahre	Symbolisch-vorbegriffliche Intelligenz	Entwicklung der Vorstellungsfähigkeit: Nachahmung/symbolisches Spiel/Sprache, Bildung von Vorbegriffen, Egozentrismus
Bis ca. 7 Jahre	Stadium des intuitiv-anschaulichen Denkens	Entdeckung physikalischer Invarianzen: Zahl, Substanz, Masse, Volumen …, Entwicklung der logischen Invarianzen: Klassen, Relationen …
Bis ca. 11 Jahre	Stadium der konkreten Operationen	Entwicklung der Reversibilität durch Überwindung des Egozentrismus
Ab ca. 12 Jahre	Stadium der formalen Operationen	Operationen 2. Ordnung unabhängig von der konkreten Basis

wobei es zu einer kontinuierlichen Verbesserung der Denk- und Ordnungsstrukturen kommt.

Auf Einzelheiten der kognitiven Entwicklung in früheren Altersstufen kann hier nicht eingegangen werden. Vielmehr sollen die neuen *kognitiven Strukturen in der Adoleszenz* dargestellt werden. Diese sind in engem Zusammenhang mit der Entwicklung der allgemeinen Intelligenz zu sehen. Sie führen zu einer verstärkten und umfassenden Möglichkeit zur Introspektion und erweitern dadurch auch das Spektrum emotionaler Verhaltensweisen. Die Veränderungen im kognitiven Bereich sind eine wesentliche Grundlage für wichtige Entwicklungen der Persönlichkeit.

3.2.1 Neue kognitive Strukturen

Zwischen dem 11. und dem 15. Lebensjahr kommt es im kognitiven Bereich zu fundamentalen strukturellen Veränderungen. Diese sind gekennzeichnet durch den *Übergang von konkreten Operationen zum abstrakten und formalen Denken.* In ihnen findet eine Entwicklungslinie ihren Abschluß, die im Säuglingsalter mit den sensomotorischen Strukturen beginnt, im mittleren Kindesalter über die konkreten Operationen führt und in der Präadoleszenz im Übergang zum formalen Denken ausläuft. In der Frühphase der Adoleszenz läßt sich dieser Prozeß durch drei Vorgänge charakterisieren:

1. die Entwicklung der Kombinatorik,
2. die Entwicklung der Aussageoperationen und
3. das Auftreten des hypothetisch-deduktiven Denkens.

Alle Vorgänge führen über das konkrete Denken hinaus.

Kombinatorik

Als ersten Schritt im Hinblick auf die kognitive Umstrukturierung wird das Denken weniger gegenstandsbezogen und anschaulich. Während ein Kind in der Phase der konkreten Operationen Gegenstände nur nach Gleichheit oder Ähnlichkeit sortieren kann, sind jetzt *Klassifikationen nichtähnlicher Gegenstände* nach übergeordneten und frei gewählten Gesichtspunkten möglich. Gegenstände oder Klassen können beliebig kombiniert, nichtanschauliche Aussagen oder Ideen in vielfältiger Weise in Beziehung gesetzt werden. Das Denken macht nicht mehr bei der beobachteten und begrenzten Wirklichkeit halt, sondern bezieht sich auf eine beliebige Zahl möglicher *Kombinationen.* Bei der Kombination von Gegenständen z. B. wird nunmehr systematisch vorgegangen, alle möglichen Permutationen werden aufgefunden, auch ohne daß die Jugendlichen die dahinterstehende mathematische Gesetzmäßigkeit in eine Formel kleiden können. Das Prinzip wird aber herausgefunden und erkannt.

Aussageoperationen

Aussageoperationen enthalten Urteile, die unter den Gesichtspunkten ihres Zutreffens oder Nichtzutreffens (Wahrheit oder Unwahrheit) kombiniert werden. Sie stellen nicht nur eine neue Art dar, Tatsachen festzuhalten, sondern bilden ein *logisches System*, das viel reichhaltiger und variabler ist als die konkreten Operationen. Es läßt sich auf beliebige Sachverhalte unabhängig von den wirklichen Gegebenheiten anwenden und erlaubt den Jugendlichen erstmals, in systematischer Weise Hypothesen zu bilden und zu prüfen. Gleichzeitig stellt es eine Weiterentwicklung der konkreten Operationen dar. Abstrakte Begriffe wie Volumen, Gewicht, Stärke usw. können unabhängig von konkreten Gegebenheiten in die Denkoperationen einbezogen werden. Es ist eine *Reflexion über die gedanklichen Operationen* selbst möglich. Aufgrund dieser Fähigkeit werden auch Denkprozesse durchgeführt, deren Wirklichkeitsgehalt nicht mehr an der Realität überprüft werden muß, da die formalen Gesetze der Logik eingehalten sind. Damit gewinnt die *formale Logik* Eingang in das Denken.

Hypothetisch-deduktives Vorgehen

Die Möglichkeit, nach Regeln der Kombinatorik vorzugehen und die Gesetze der formalen Logik anzuwenden, führt dazu, daß die Jugendlichen *Hypothesen* bilden, *Ableitungen* aus ihnen folgern sowie deren Zutreffen experimentell *überprüfen* können. An einem *Beispiel* soll dies veranschaulicht werden:

Piaget u. Inhelder untersuchten, ab welchem Alters- und Entwicklungsstand der *Zusammenhang zwischen Pendellänge und Frequenz der Pendelbewegungen* erkannt wird. Gleichzeitig legten sie Wert auf die Vorgehensweise beim Entdecken dieses Zusammenhanges. Es zeigte sich, daß *Kinder* im Stadium der konkreten Operationen *unsystematisch* vorgingen und verschiedene Größen gleichzeitig variierten (z. B. Pendellänge, -gewicht, Schwingungsbreite). Dadurch war es für sie nicht möglich, den Zusammenhang aufzudecken. Sie machten für die Pendelfrequenz die Veränderung eines beliebigen Faktors verantwortlich. *Jugendliche* in der Präadoleszenz hingegen, die das Stadium der formalen Operationen erreicht haben, gehen *planmäßig* vor und variieren jeden Faktor systematisch unter Konstanthaltung der anderen. Es werden alle Kombinationen ausprobiert, bis die richtige Lösung gefunden ist.

Die Vorgehensweise gleicht der eines naturwissenschaftlichen Experimentators und läßt sich als *hypothetisch-deduktives Denken* charakterisieren.

   Die Konstruktion von Hypothesen hat Ähnlichkeiten mit der *Bildung von Idealvorstellungen*, die sich vielfach gar nicht überprüfen lassen oder mit den Gegebenheiten der Realität kollidieren können. Auf diese Weise lassen sich manche Konflikte der Adoleszenten zum Teil aus der Veränderung ihrer kognitiven Struktur ableiten (Elkind 1967).

Epikritische Beurteilung der kognitiven Theorie Piagets

Einwände gegen Piagets Theorie gehen im wesentlichen in folgende Richtungen:

1. *Methodisch:* Seine Versuche seien keine Experimente im strengen Sinne. Dies ist zwar richtig, andererseits sind sie stets auf die Prüfung einer Hypothese bezogen und so ausgeklügelt, daß dieser Ein-

wand in allgemeiner Form nicht stichhaltig ist. Fragen kann man sich allerdings, ob der in den Experimenten jeweils aufgefundene Mechanismus repräsentativ für alle Kinder oder den größten Teil der jeweiligen Altersgruppe ist.

2. *Inhaltlich:* Die kognitiven Strukturen im Sinne Piagets seien keine stabilen Mechanismen, die dann in dieser Form erhalten bleiben. Nach Aebli (1963) wird aber eine gestellte Aufgabe nicht durch die bloße Aktivierung eines fertigen Denksystems bewältigt. Vielmehr erfolgt ihre Lösung durch einen aktuellen, auf die jeweilige Aufgabe spezifisch gerichteten Prozeß, der stets eine aktuelle „Neuformierung" der kognitiven Strukturen erfordert. Zwar werden im Sinne des Analogieschlusses Vergleiche zu verwandten Situationen gezogen, es kann aber durchaus auch zur Bildung modifizierter oder gar neuer Operationen kommen.

3. *Interpretation* der Untersuchungen: Die neurophysiologische Basis werde überbewertet. Ausubel u. Ausubel (1966) betonen die Umweltreize und bringen die kognitiven Veränderungen eher mit einer Zunahme des Wortschatzes und mit einer vermehrten Fähigkeit, Umwelteinflüsse zu manipulieren und dadurch neue Erfahrungen zu machen, in Verbindung. Dieser Einwand ist nicht unbedingt stichhaltig, da Piaget gerade die Wechselwirkung zwischen Assimilation und Akkommodation in den Vordergrund stellt.

Ungeachtet dieser Einwände kann die kognitive Entwicklungstheorie von Piaget als empirisch wohlfundiert und praktisch anwendbar gelten. Die Ergebnisse von Piaget und seinen Mitarbeitern wurden im wesentlichen bestätigt, auch in anderen Kulturkreisen.

3.2.2 Entwicklung der allgemeinen Intelligenz

Kontinuierliche Veränderungen

Trotz der strukturellen Veränderungen im kognitiven Bereich kommt es bei den intellektuellen Funktionen nicht zu einem „Wachstumsschub". Vielmehr setzen sich die bereits auf früheren Altersstufen zu beobachtenden kontinuierlichen Veränderungen fort.

Nach den Ergebnissen verschiedener Untersuchungen scheinen die Adoleszenten etwa um das 20./21. Lebensjahr ihr maximales intellektuelles Niveau erreicht zu haben, welches von da an kontinuierlich abnimmt (Abb. 3.1). Diese Abnahme der in den Tests gemessenen Intelligenz ab dem 20./21. Lebensjahr entspricht jedoch nicht den wahren Gegebenheiten. Intellektuelle Höchstleistungen sind bis ins hohe Alter möglich. Die Abnahme der Intelligenz ist ein Kunstprodukt wissenschaftlicher Methodik und hängt damit zusammen, daß die Intelligenz

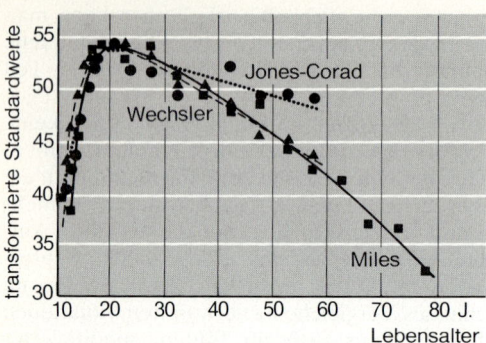

Abb. 3.**1** „Abbau" der testpsychologisch gemessenen Intelligenz mit dem Lebensalter (aus Thomae, H., H. Feger: Einführung in die Psychologie, Bd. VII. Akademische Verlagsanstalt, Frankfurt u. Huber, Bern 1969)

anhand von Aufgaben gemessen wird, die vorwiegend an Schulleistungen orientiert sind. Mit zunehmendem Lebensalter wandelt sich aber auch die Struktur der Intelligenz, und es müßten jenseits der Adoleszenz Aufgaben entwickelt werden, die der jeweiligen Intelligenzstruktur angemessen sind.

Konstanz und Variabilität

Längsschnittuntersuchungen an größeren Stichproben zeigen, daß die testpsychologisch gemessene Intelligenz erheblichen Schwankungen unterliegt. Dabei ist der *Prognosewert einer Intelligenzmessung* um so sicherer, je näher die Altersstufe liegt, für die die Prognose zutreffen soll. Im Vorschulalter gemessene Intelligenzquotienten haben hinsichtlich der später gemessenen Intelligenz einen geringen prognostischen Wert. Ferner existieren erhebliche *interindividuelle Unterschiede*.

Generell geben die Ergebnisse bisheriger Untersuchungen dazu Anlaß, mit prognostischen Aussagen hinsichtlich der Intelligenz vorsichtig zu sein, besonders wenn die Vorhersage sich auf einen längeren Zeitraum erstreckt. Als Faustregel kann festgehalten werden, daß eine Vorhersage der Intelligenz, die auf einem Testergebnis im 6. Lebensjahr beruht, hinsichtlich der Intelligenz im 18. Lebensjahr für rund ein Drittel so untersuchter Kinder eine Streubreite von 20 oder mehr IQ-Punkten aufweisen würde.

Einflüsse auf die Intelligenzentwicklung

Von Bedeutung für die intellektuelle Entwicklung sind die Ernährungsbedingungen in der frühen Kindheit, die Eltern-Kind-Beziehung, sozioökonomische Faktoren (Schichtzugehörigkeit), motivationale Faktoren, stimulierende Einflüsse zu Hause und in der Schule sowie Persönlichkeit und Selbstkonzept. Alle diese Faktoren können in erheblichem Ausmaß die genetisch vorgegebene Basis intellektueller Leistungsfähigkeit verändern.

3.2.3 Introspektionsfähigkeit

Eine wesentliche Fähigkeit, die in der Adoleszenz hinzugewonnen wird, ist die der Introspektion. Die beschriebenen kognitiven Umstrukturierungen sind die Voraussetzung dafür, indem sie ermöglichen, daß *das eigene Denken, Fühlen und Handeln zum Gegenstand gedanklicher Betrachtungen gemacht* wird. Hierfür ist eine Subjekt-Objekt-Spaltung nötig, die einem Kind noch nicht möglich ist. Die Jugendlichen betrachten und registrieren recht bewußt ihre Reaktionen, aber auch die Reaktionen anderer auf ihr Verhalten. Da gleichzeitig eine Fülle körperlicher Veränderungen abläuft, wird in diesem Zusammenhang Aussehen, Gestalt und Eindruck auf andere Menschen besonders wichtig. Die Fähigkeit, sich selbst vom Standpunkt anderer zu betrachten, konfrontiert allerdings auch mit Insuffizienzen und Mängeln der eigenen Person, die vom Selbstbild oft erheblich divergieren. *Ideales Selbst und reales Selbst* geraten in Widerstreit. Nicht zuletzt aus solchen Gründen wird für behinderte Jugendliche ihr Handicap in der Adoleszenz besonders deutlich. Es wird bewußter realisiert, konfrontiert mit Möglichkeiten, die den Betreffenden durch die Behinderung vorenthalten bleiben, und ist nicht selten Anlaß für depressive Verstimmungen (Elkind 1967).

Ein weiterer wichtiger Aspekt der Introspektion ist die *Fähigkeit, zwischen Denken und Sprechen bzw. Denken und Handeln Gegensätze herzustellen.* Das Denken nutzt die neuen Möglichkeiten zur *Konstruktion von Idealen*, ohne sie immer auszusprechen oder die realen Verhältnisse zu beachten. Man kann etwas denken und etwas anderes aussprechen, man kann sich Verhältnisse ausdenken und sie mit der Realität vergleichen. Man kann ideale Familien, Gesetze und staatliche Einrichtungen gedanklich konzipieren, sie mit der ungünstigeren Realität vergleichen und sie durchzusetzen versuchen. Ein nicht geringer Teil der Angriffe und der *Rebellion gegenüber der Erwachsenenwelt* und der Gesellschaft resultiert auch aus dieser neuen Fähigkeit, ideale Situationen und Gegebenheiten zu konstruieren. Da die Erwachsenen als Repräsentanten der herrschenden Verhältnisse in vieler Hinsicht weit hinter den idealen Konzeptionen zurückbleiben, sagt man ihnen nach, sie hätten resigniert, sich mit dem Ist-Zustand abgefunden und seien unfähig, Zukunft und Fortschritt aktiv zu verfolgen. Wenngleich derartige Gedanken vielfach ihre Berechtigung haben, so sind sie doch oft zu pauschal.

Die Konstruktion von Idealen bezieht sich nicht nur auf abstrakte Gebilde, sondern auch auf konkrete Personen, die *Vorbildcharakter* bekommen. Da kaum eine Person den idealen Anforderungen gerecht werden kann, erfolgt meist nach relativ kurzer Zeit ein enttäuschter Rückzug.

Die Konfrontation von Idealvorstellung und Realität ist bei denjenigen Adoleszenten besonders ausdauernd und intensiv, die im Laufe ihrer Ausbildung wenig mit den praktischen Erfordernissen des beruflichen Lebens in Berührung kommen. Dies gilt besonders für die *akademische Jugend*. Im Zuge der Konfrontation mit der Arbeitswelt sehen die Adoleszenten die Begrenztheit der Arbeitsrealität wie auch der eigenen Fähigkeiten und Möglichkeiten und bekommen mehr Verständnis für beides. Dabei geht durchaus ein Stück Idealismus als Preis für die Anpassung verloren.

3.2.4 Verknüpfung von kognitiven Funktionen und Affektivität

Die dargestellten kognitiven Umschichtungen sind wesentliche Voraussetzungen auch für affektive Veränderungen. Die affektiven Vorgänge in der Adoleszenz lassen sich keineswegs erschöpfend unter dem Gesichtspunkt von Triebtheorien oder instinktiven Mechanismen erfassen. Auch die psychoanalytische These, wonach die emotionale Entwicklung in der Adoleszenz sich als Neuauflage früherer Veränderungen begreifen läßt (z. B. als Erneuerung des Ödipus-Komplexes), ist nicht belegt. Vielmehr wirken psychosoziale Vorgänge sowie kognitive und biologische Veränderungen eng zusammen, wobei biologische und kognitive Strukturveränderungen den Boden für die emotionalen vorbereiten.

In diesem Zusammenhang kommt der Entwicklung von und der Ausrichtung an moralischen Werten eine große Bedeutung zu. Diese sind in ihrer allgemeinen Form abstrakt. Sie sind für Kinder als Maßstab und Richtschnur weder denkbar noch wirksam. Die *moralische Entwicklung erhält mit dem formalen Denken eine neue Dimension*, die darin besteht, daß überindividuelle Werte und Ideale Bedeutung und Aktualität gewinnen. Piaget u. Weil (1951) haben in einer Untersuchung über die Entwicklung der Vaterlandsidee gezeigt, daß Kinder erst nach dem 12./13. Lebensjahr mit dieser Wertvorstellung etwas anfangen konnten. Gleiches gilt für Werte wie soziale Gerechtigkeit, Liebe, Aufrichtigkeit, Freiheit usw. Durch die Verknüpfung dieser im emotionalen Bereich verankerten Werte mit Idealvorstellungen und gedanklichen Konstruktionen und ihre Ausrichtung auf die Zukunft werden emotionale Kräfte freigesetzt, die zu einem Motor für individuelle und gesellschaftliche Veränderungen werden können.

3.3 Emotionale und Persönlichkeitsentwicklung

Mit Allport (1959) können wir *Persönlichkeit* definieren als „dynamische Ordnung derjenigen psychophysischen Systeme im Individuum, die seine einzigartige Anpassung an die Umwelt bestimmen". Dynamische Ordnung drückt aus, daß es sich nicht um ein starres Ordnungsprinzip handelt, sondern um ein solches, das der Entwicklung und Wandlung fähig ist. Psychophysische Systeme ist eine umfassende Bezeichnung für die Eigenschaften, Gewohnheiten und Verhaltensweisen eines Menschen, und einzigartige Anpassung besagt, daß sich ein Mensch von anderen in der Art seiner Anpassung an die Umweltbedingungen unterscheidet, also jeweils einmalig und einzigartig ist.

Der Schwerpunkt des Persönlichkeitsbegriffes liegt auf solchen Abläufen, die wir subjektiv als Kräfte erleben. Das sind die Phänomene, die in der modernen Psychologie unter dem Begriff *Motivation* vereinigt werden, also Bedürfnisse, Triebe und Antriebe, Interessen und Willenserlebnisse. Auch in diesem Bereich kommt es in der Adoleszenz zu einer Reihe von Veränderungen.

3.3.1 Allgemeine Charakteristika der Persönlichkeitsentwicklung in der Adoleszenz

Kontinuität der Persönlichkeitsentwicklung

Trotz vielfältiger und manchmal abrupter Veränderungen in der Adoleszenzphase läßt sich die Persönlichkeitsentwicklung eher unter dem Gesichtspunkt der Kontinuität als der Diskontinuität beschreiben. Längsschnittstudien untermauern diese Betrachtungsweise und legen nahe, vom Sturm-und-Drang-Modell der Adoleszenz Abstand zu nehmen.

Kontinuität findet sich in der Persönlichkeitsentwicklung in zweifacher Weise: Einerseits sind die *Reifungsabläufe stetig* und keineswegs sprunghaft, und auch die emotionalen Veränderungen lassen sich nicht mit dem Längenwachstumsschub oder dem rasanten Tempo der hormonellen Umstellungen vergleichen; zum anderen ergibt sich eine Kontinuität hinsichtlich bedeutsamer Persönlichkeitseigenschaften und -merkmale. Anders als bei den intellektuellen Funktionen deuten Ergebnisse aus Längsschnittstudien darauf hin, daß die *wesentlichen Persönlichkeitseigenschaften* und vor allem das, was die Einzigartigkeit einer Persönlichkeit ausmacht, *relativ konstant* bleiben. Dies gilt sowohl für den normalpsychologischen Bereich (Kagan u. Moss 1962; Escalona u. Heider 1959; Thomas u. Chess 1980) als auch für den Bereich auffälligen Sozialverhaltens (Robins 1966).

Einflüsse auf die Persönlichkeitsentwicklung

Die Einflüsse auf die Persönlichkeitsentwicklung sind sehr vielfältig. Wichtig sind sowohl die genetischen und konstitutionellen Grundlagen als auch die biologischen Wandlungsprozesse in der Adoleszenz. Diese Einflüsse determinieren jedoch nicht die Persönlichkeitsstruktur. Auch läßt sich der Reifungsprozeß nicht als ein autonom ablaufendes Geschehen auffassen. Vielmehr hängt es in entscheidendem Maße von den Umwelteinflüssen ab, ob die Entwicklungsmöglichkeiten in die Realität umgesetzt werden. Derartige Faktoren wirken schon sehr früh auf die Persönlichkeitsbildung ein. So ist z. B. ein frühzeitiger Körperkontakt zwischen Mutter und Kind für eine gesunde emotionale Entwicklung unentbehrlich (Montagu 1984). Auch die *Beziehung der Eltern* untereinander ist im Sinne des Modell-Lernens und der Identifikation von Bedeutung für die Persönlichkeitsentwicklung.

Die *Geschwindigkeit des Reifungsablaufes*, welche wiederum von konstitutionellen und situativen Gegebenheiten abhängt, greift ebenfalls in die Persönlichkeitsentwicklung ein. So bestehen deutliche Differenzen zwischen früh- und spätreifenden Adoleszenten (s. Kap. 2).

Auch die soziale Situation und die Bezugsgruppe spielen eine Rolle. Die *Bezugsgruppe* ist wichtig im Hinblick auf die Ausbildung stabiler emotionaler und sozialer Gemeinsamkeiten, die mit Familienmitgliedern in der Adoleszenz nur erschwert zustandekommen; die *soziale Situation* ist von Bedeutung für die Auseinandersetzung mit Interessen und Werthaltungen.

3.3.2 Grundbedürfnisse und typische emotionale Reaktionsweisen in der Adoleszenz

Grundbedürfnisse

Unter *Bedürfnis* versteht man in der Motivationspsychologie einen Mangel, der aus einer Diskrepanz zwischen aktueller Bedarfslage und nicht gegebenen Befriedigungsmöglichkeiten resultiert. Viele Bedürfnisse entstehen in der Adoleszenz zum ersten Mal oder in verwandelter Form. Voraussetzungen hierfür sind die bereits beschriebenen biologischen und kognitiven Veränderungen. So kann das Bedürfnis nach sexueller Befriedigung erst entstehen, wenn die biologischen Grundlagen hierfür geschaffen sind, das Bedürfnis nach Selbstverwirklichung und Anerkennung als Erwachsener erst, wenn die entsprechenden kognitiven, motivationalen und wirtschaftlichen Voraussetzungen gegeben sind.

Abb. 3.**2** Modell der
Bedürfnishierarchie
nach Maslow (aus
Oerter, R. u. Mitarb.:
Entwicklungspsycho-
logie, 2. Aufl. Psycho-
logie Verlags-Union,
München 1987)

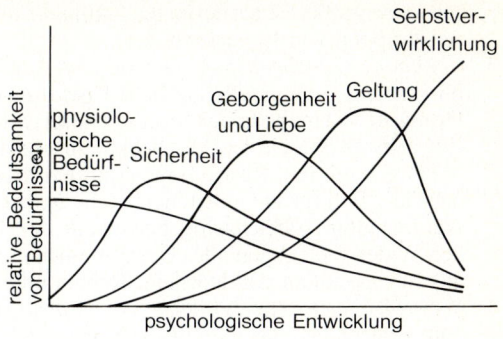

Maslow (1954) hat eine *hierarchische Klassifikation von Bedürfnissen* aufgestellt, in welcher die jeweils „höheren" Bedürfnisse sowohl situationsbezogen als auch entwicklungspsychologisch erst dann auftauchen, wenn die in der Rangordnung tieferstehenden befriedigt sind. Diese Rangreihe umfaßt:

1. physiologische Bedürfnisse,
2. Sicherheitsbedürfnisse,
3. Besitz- und Liebesbedürfnisse,
4. Statusbedürfnisse oder Bedürfnisse nach Achtung und
5. Bedürfnisse nach Selbstverwirklichung und Eigenentwicklung (Abb. 3.**2**).

Wenngleich auch andere Kategorisierungen möglich sind, so erlaubt dieses Modell doch relativ gut, eine große Anzahl von Bedürfnissen in der Adoleszenz einzuordnen. In Anlehnung an dieses Konzept beschreiben Garrison u. Garrison (1975) die Ausprägung der Bedürfnisse in der Adoleszenz:

1. *Physiologische Bedürfnisse:* Unter ihnen hervorzuheben sind das Bedürfnis nach körperlicher und sexueller Betätigung sowie das Bedürfnis, hinsichtlich der eigenen Körperlichkeit anerkannt zu werden. Diese entstehen aufgrund der biologischen Voraussetzungen und unter der Auslösewirkung von Umwelteinflüssen.
2. *Sicherheitsbedürfnis:* Die zahlreichen und für die Jugendlichen hinsichtlich ihrer Konsequenzen nur schwer überschaubaren biologischen und psychologischen Veränderungen akzentuieren den Wunsch nach Sicherheit. Diese wird nicht innerhalb der Familie, sondern eher in der *Gruppe Gleichaltriger* gesucht, deren Einfluß

zeitweise größer ist als derjenige familiärer und außerfamiliärer Bezugsgruppen von Erwachsenen.

3. *Unabhängigkeitsbedürfnis:* Die für die Adoleszenz typischen Reifungsabläufe und gesellschaftliche Erwartungen lösen einen starken Drang nach Unabhängigkeit aus. Dieser wird verstärkt durch den Zuwachs an kognitiven Möglichkeiten und führt zu Auseinandersetzungen mit den Restriktionen und Erwartungen der Eltern. Vor diesem Hintergrund entstehen viele *intrafamiliäre Konflikte* mit Adoleszenten. Gleichzeitig begünstigt der Unabhängigkeitsdrang den Widerstand gegen alles Herkömmliche und die Autorität sowie das Infragestellen von Normen, Regeln und Gewohnheiten.

4. *Bedürfnis nach Zugehörigkeit (Liebesbedürftigkeit):* Die Abkehr vom Elternhaus, das Gefühl, nicht verstanden zu werden, der Unabhängigkeitsdrang sowie die neuen kognitiven Möglichkeiten führen vielfach zu einer starken Isolierung der Adoleszenten, was wiederum ein Bedürfnis nach Liebe und Zuneigung mobilisiert. Dieses wird durch die sexuelle Reifung und die im Gefolge entstehenden Bedürfnisse nach sexueller Betätigung, aber auch nach Zärtlichkeit und verständnisvollem Gedankenaustausch, begünstigt. Das Gefühl der Einsamkeit und des Nichtverstandenwerdens ist in unserem Kulturkreis in der Adoleszenz weit verbreitet, auch wenn es nicht bei allen Adoleszenten auftritt und im transkulturellen Vergleich keineswegs als gesetzmäßig für die Adoleszenz gelten kann.

5. *Leistungsbedürfnis (Leistungsmotivation):* Die Leistungsmotivation hat verschiedene Wurzeln: Wunsch nach Erprobung der neuen kognitiven Fähigkeiten, Erlangung von Achtung und Wertschätzung durch Leistung, Versuch, das andere Geschlecht durch Leistung zu beeindrucken usw. Es gibt Anhaltspunkte dafür, daß die Leistungsmotivation wesentlich auf Erfahrungen in der frühen Kindheit beruht. Danach ist sie in der Adoleszenz bei denjenigen Kindern hoch, die in der frühen Kindheit und zum Zeitpunkt der Einschulung systematisch an Leistung gewöhnt wurden, deren Kontrolle aber in späteren Stadien der Schulzeit (8.–10. Lebensjahr) sehr gelockert wurde, so daß die eigene Leistungsmotivation an die Stelle der Außenkontrolle trat. Die Leistungsmotivation kann gerade in der Adoleszenz durch die Bezugsgruppe der Gleichaltrigen entscheidend gemindert werden.

6. *Bedürfnis nach Selbstverwirklichung und Ich-Entwicklung:* Die Motivation zur Entwicklung der eigenen Persönlichkeit findet man in der Adoleszenz in allen Kulturen. Sie ist oft verknüpft mit der Leistungsmotivation und korrespondiert mit dem *Bedürfnis, anerkannt und akzeptiert zu werden.* In unserem Kulturkreis hat dieses Bedürfnis einen starken kognitiven Akzent. Selbstverwirklichung und Ich-Entwicklung bedeuten, die eigenen Fähigkeiten zu realisieren und sie fortlaufend weiterzuentwickeln. Diese Motivation korre-

liert in hohem Maße mit der Entwicklung eines günstigen Selbst-konzeptes.

Die erwähnten Bedürfnisse und Motivationen sind nicht für die ge-samte Zeitspanne der Adoleszenz gleichermaßen bedeutsam. Wäh-rend in der *Frühadoleszenz* eine relativ starke Orientierung an der Gruppe der Gleichaltrigen erfolgt, die sich z. T. als starker Konformi-tätsdruck äußert, wird dieser Einfluß in der *späten Adoleszenz* geringer zugunsten eines stärkeren Strebens nach Selbstverwirklichung und In-dividualität.

Die Ausprägung der erwähnten Bedürfnisse zeigt außerdem *ge-schlechtsspezifische Unterschiede*: Mädchen haben ein höheres Sicher-heitsbedürfnis, was bereits in der Kindheit festzustellen ist, sie sind we-niger gruppenorientiert als Jungen und zeigen einen höheren Angstpe-gel. Jungen haben ein geringeres Sicherheitsbedürfnis, sind stärker lei-stungsorientiert und eher geneigt, dem Reglement straff organisierter Gruppen zu folgen. Diese Geschlechterdifferenzen hängen allerdings auch mit den Geschlechtsrollen zusammen und unterliegen daher so-ziokulturellen Einflüssen und insofern auch epochalen Wandlungen.

Beispielsweise erweisen sich Mädchen und Frauen in vorliegenden Untersuchungen in allen untersuchten Altersstufen fast ausnahmslos als *ängstlicher* als das männliche Geschlecht (Befunde im Vorschulalter sind selten, da meistens Fragebögen verwendet werden): Bei Prüfun-gen der emotionalen Stabilität finden sich etwa ab dem Alter von 13 Jahren die ungünstigeren Ergebnisse für Mädchen, und Frauen haben schlechtere Leistungen in Teilen von Intelligenztests, die mit Ängst-lichkeit in Beziehung stehen. Es gibt jedoch Gründe, diese höhere Ängstlichkeit des weiblichen Geschlechts zu relativieren (Merz 1979): zum einen auf der Grundlage von Alltagserfahrungen, zum anderen entsprechen Befunde an manchen Tieren und über die angstreduzie-rende Wirkung des Östrogens nicht dieser Annahme. Außerdem kann ein hoher Angstwert in einem Fragebogen auf größere Offenheit zu-rückzuführen sein, also auf die größere Bereitschaft, Angst zuzugeben. Unabhängig von der tatsächlichen Angst kann schon die Auffassung, ängstlicher zu sein, sich auf das Selbstwertgefühl und auf Leistungen auswirken. Mädchen beurteilen sich schon in den höheren Grund-schulklassen schlechter und erwarten in Leistungssituationen eher Mißerfolge oder neigen dazu, Erfolg zu vermeiden. Bei Schwarzen in den USA z. B. sind aber Frauen schulisch und beruflich erfolgreicher und zeigen eine höhere Leistungsmotivation. Man kann vermuten, daß widersprüchliche Erwartungen und Anforderungen an das weibliche Geschlecht bei der Leistungsmotivation, aber auch in bezug auf Angst eine Rolle spielen: Leistung und Erfolg gelten vielfach als unweiblich, bringen daher besonders ab der Pubertät die Mädchen in einen Konflikt, bei den Jungen beliebt oder aber eine gute Schülerin zu sein, ein Konflikt, der für das männliche Geschlecht in dieser Form nicht besteht und sich als „Furcht vor Erfolg" äußern kann.

Typische Reaktionsweisen

Die interindividuelle Variabilität des emotionalen Verhaltens ist auch in der Adoleszenz sehr groß. Drei typische Reaktionsmuster sollen herausgegriffen werden:

1. *Emotionale Instabilität:* Wie im kognitiven Bereich, so zeigt sich auch in der emotionalen Sphäre noch eine erhebliche Unsicherheit hinsichtlich des Verhaltens. Die neuen Gefühle werden zwar wahrgenommen, haben aber noch keine adäquaten Ausdrucksformen oder Bezugspunkte gefunden. Die Motivationssituation ist gekennzeichnet durch Selbständigkeitsdrang und Eigenwertstreben auf der einen Seite und die Konfrontation mit Reglementierung und Erwartung auf der anderen Seite. Dieser Widerspruch hinterläßt die Adoleszenten in einem Konflikt, der zu sehr variablen, impulsiven und schwer vorhersehbaren Emotionen führen kann.

2. *Angriff oder Rückzug:* Die beschriebene Situation kann sowohl Angriffsverhalten als auch Rückzugstendenzen begünstigen. Ersteres zeigt sich vielfach in der Infragestellung der gültigen Ordnungen und dem Zuwiderhandeln gegenüber Gesetzen und Regeln im sozialen Umgang. Rückzugsverhalten kann oppositionellen Charakter haben, wenn die Intention verfolgt wird, mit der Erwachsenenwelt nichts mehr zu tun zu haben. Es kann sich aber auch um ein resigniertes Zurückziehen handeln, aus dem Gefühl heraus, nicht verstanden zu werden. Solche Empfindungen sind in unserem Kulturkreis weit verbreitet.

3. *Idealismus:* Die Veränderungen im gedanklichen Bereich begünstigen den Entwurf idealer Vorstellungen. Idealistische Vorstellungen, die manchmal auch ideologischen Charakter haben, sind kennzeichnend für die Adoleszenz. Diese Haltung wurde vielfach auch für den sogenannten Generationenkonflikt verantwortlich gemacht.

3.3.3 Moralische Entwicklung, Werthaltungen und Einstellungen

Werthaltungen und Einstellungen

Begriff und Konzept

Einstellungen und Haltungen lassen sich nach Allport (1959) definieren als

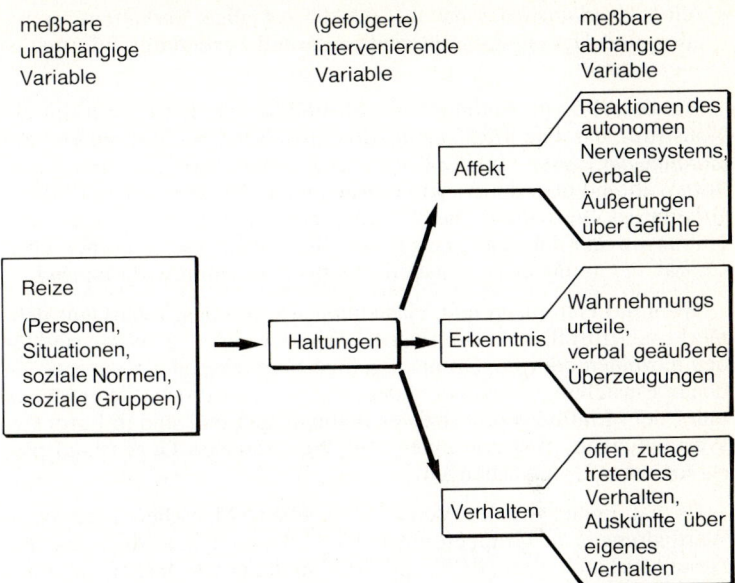

Abb. 3.**3** Komponenten von Haltungen bzw. Einstellungen (nach Hovland u. Rosenberg 1960)

„seelisch-geistiger und neurologischer Zustand der Bereitschaft, der aus der Erfahrung erwachsen ist und einen steuernden oder dynamischen Einfluß auf die individuellen Reaktionen gegenüber allen Objekten und Situationen ausübt, mit denen er in Zusammenhang steht" (zit. nach Hartley u. Hartley 1955).

Nach dieser Definition sind Haltungen erlernte Verhaltenstendenzen mit hoher sozialer Bedeutung (Oerter 1970).

Bei Haltungen bzw. Einstellungen kann man nach Oerter (1969) drei *Komponenten* unterscheiden (Abb. 3.**3**):

– eine *kognitive* Komponente, die alle Prozesse umfaßt, die mit Urteilen, Begründen, Meinen und Glauben gegenüber dem betreffenden Objekt zu tun haben,
– eine *affektive* Komponente, die alle mit Werthaltungen verbundenen Emotionen einschließlich ihrer vegetativen Äußerungen umfaßt, und

- eine *Handlungs*komponente, die die jeweilige Verhaltensdisposition und Handlungsbereitschaft aufgrund bestimmter Informationen umfaßt.

Bei dem Begriff Haltung bzw. Einstellung handelt es sich um ein Konstrukt, das eine *Mediator*funktion *zwischen Umweltreizen und Reaktionen der Person* (auf der Ebene des Erlebens oder Verhaltens) ausübt. Während man die Auslöser (Reize) und die Reaktionen (Affekt, Erkenntnis, Verhalten) messen oder beschreiben kann, lassen sich Haltungen nur indirekt erschließen. Sie haben also hypothetischen Charakter, wenngleich sie außerordentlich verhaltenswirksam sind.

Während Haltungen und Einstellungen (attitudes) relativ gut definiert sind, trifft dies für den Begriff „**Wert**" weniger zu. Werte sind für den einzelnen oder für Gruppen gültige Maßstäbe oder Konzepte, an denen Einstellungen und Handlungen gemessen werden. Sie entstehen unter dem Einfluß psychosozialer Bedingungen und sind in Form von Werthaltungen, Wertkonzepten und Wertsystemen Gegenstand psychologischer Untersuchungen.

Es hat immer wieder Versuche gegeben, Menschen nach ihren Werthaltungen in Gruppen einzuteilen. Bekannt geworden sind die Sprangerschen Typen (1928) und die Einteilung von Jaspers in seiner „Psychologie der Weltanschauungen" (1919).

Spranger (1926) unterscheidet Wert, Werterleben und Wertverwirklichung, wobei sich *Werterleben* auf den Einfluß des Wertkonzeptes auf die kognitiven Vorgänge bezieht, *Wertverwirklichung* auf die Steuerung des Verhaltens durch das Wertkonzept.

Entwicklung von Werthaltungen

Die Entstehung von Haltungen und Einstellungen wird in der Regel über Lernprozesse erklärt. Inwieweit sie vorwiegend umweltdeterminiert oder genetisch-konstitutionell geprägt sind, ist strittig. Während sozialpsychologische Forschungen den Umwelteinfluß in den Vordergrund stellen, machen andere Autoren die *konstitutionellen Einflüsse bzw. instinktives Verhalten* für die Entwicklung von Werthaltungen verantwortlich oder mitverantwortlich. Exponenten dieser Theorien sind Eysenck und Lorenz. Eysenck (Eysenck u. Rachman 1968) sieht in den Persönlichkeitsmerkmalen Introversion und Extraversion, die mit hoher bzw. geringer Konditionierbarkeit verknüpft sind, eine Ursache für individuelle Unterschiede hinsichtlich verschiedener Persönlichkeitsvariablen, u. a. auch für Werthaltungen. Lorenz (1963) folgert aus Parallelen zwischen tierischen Verhaltensweisen und dem moralischen Verhalten des Menschen auf eine instinktive Grundlage.

Eine Reihe von *Lerntheorien* stellen die Prozesse der Nachahmung und Identifikation in den Vordergrund. Nach lerntheoretischen Untersuchungen übernehmen Kinder nicht nur Verhaltensweisen und Gewohnheiten, sondern auch Wertvorstellungen und Überzeugungen.

In *formaler* Hinsicht ist die Entwicklung von Werthaltungen *in der Adoleszenz* dadurch gekennzeichnet, daß diese komplexer werden, ihre Personifizierung aufgegeben wird, eine zunehmende Liberalisierung eintritt und die persönliche Autonomie wächst (s. u.). *Inhaltlich* kommt es gemäß diesen allgemeinen Prinzipien zu eher kontinuierlichen Wandlungen.

Empirische Untersuchungen haben folgendes gezeigt:

– Kulturspezifische Wertvorstellungen werden bereits im Kindesalter übernommen.
– Von der Kindheit bis zur Adoleszenz tritt eine Umschichtung der Wertvorstellungen ein. Während im Kindesalter der Einfluß der Erziehung und vielfach religiöse Überzeugungen einen hohen Stellenwert einnehmen, gewinnen in der Adoleszenz abstrakte Wertbegriffe sowie die in der Gruppe der Gleichaltrigen herrschenden Werthaltungen an Gewicht.
– Eine Reihe von sozialen Werten (Helfen, Opferbereitschaft) verlieren in der Adoleszenz zumindest vorübergehend an Bedeutung.
– Erhebliche Aktualität gewinnen die „Wertbereiche der Geltung und des Ansehens, des Ökonomischen, des Theoretischen, der Hygiene und der äußeren Erscheinung" (Oerter 1969).

Feldman (1972) wies in bezug auf *Konformität und Wertübernahme* vom Ende der Kindheit bis zur mittleren Adoleszenz einen *dreiphasigen Verlauf* nach. Eine Befragung mittels eines standardisierten Fragebogens an 538 Jungen und Mädchen im Alter von 9–16 Jahren ergab, daß sich die Entwicklung der Wertorientierung in drei Phasen abspielt: einer ersten Phase der relativ hohen Übereinstimmung mit den elterlichen Wertvorstellungen um das 10. Lebensjahr folgt eine zweite (11.–14. Lebensjahr), in der ein relativ geringer Konsens besteht, welcher in einer dritten Phase (um das 16. Lebensjahr) wieder einen hohen Wert erreicht.

Die geschilderte Entwicklung von Werthaltungen und Einstellungen ließ die *interindividuellen Unterschiede* außer acht. Theorien hierzu gehen von konstitutionell-genetischen und Persönlichkeitseinflüssen und von sozioökonomischen Faktoren aus.

Moralische Entwicklung

Begriff und allgemeine Gesetzmäßigkeiten der moralischen Entwicklung

Piaget (1954) hat anhand von Experimenten gezeigt, daß sich das kindliche Konzept von **Moral** und Unrechtsbewußtsein von einer vorwiegend *heteronomen* Fixierung um das 8. Lebensjahr in Richtung auf eine Internalisierung moralischer Prinzipien (*Autonomie*) um die Pubertät entwickelt.

Kohlberg (1964) konnte dies im Prinzip bestätigen, wenn er auch fand, daß diese Entwicklung von kulturellen Einflüssen, von Sozialisationsbedingungen, vom Erziehungsstil und vor allem von der Situation abhängig ist. So ist es möglich, daß sich dasselbe Kind je nach Situation einmal im Sinne der heteronomen Bestimmung und ein anderes Mal im Sinne autonom gewordener internalisierter und akzeptierter Normen verhält.

Kohlberg (1969) unterscheidet *sechs Stufen der moralischen Entwicklung* (Tab. 3.**2**). Als Kriterium für die moralische Reife legt er Entscheidungen in simulierten Konfliktsituationen sowie die Begründung für diese Entscheidungen zugrunde. In der Adoleszenz erfolgt eine Ablösung des moralischen Verhaltens von Stufe vier und ein Übergang zu den Stufen fünf und sechs. Diese Stufen sind nach Kohlberg auch in verschiedenen Kulturen aufzufinden. Ihre Abfolge wurde von Turiel (1966) bestätigt.

Peck u. Havighurst (1960) unterscheiden fünf Typen bzw. Stufen der moralischen Entwicklung und bringen diese sowohl mit Verhaltensweisen in bestimmten Situationen als auch mit Persönlichkeitseigenschaften in Verbindung. In aufsteigender Sequenz vollzieht sich danach die kindliche Entwicklung vom amoralischen Verhaltenstyp über egozentrisches, konformes, irrational-normgesteuertes zum rational-altruistischen Verhaltensmuster, das die reifste Form moralischen Verhaltens darstellt.

Es besteht ein deutlicher Einfluß der psychoanalytischen Lehre auf alle diese Untersuchungen.

Der Haupt*einwand* gegen diese Theorien bezieht sich darauf, daß die Ergebnisse methodenspezifisch seien. So wird z. B. eingewandt, daß Kinder, wenn sie zwischen einer moralisch reiferen Haltung Gleichaltriger und einer moralisch unreiferen von Erwachsenen auszuwählen hatten, häufig das Verhalten Erwachsener höher bewerteten. Maccoby (1964) kommt nach einer kritischen Sichtung der Literatur zu dem Ergebnis, daß die von Piaget, Kohlberg und anderen aufgefunde-

Tabelle 3.**2** Stufen der moralischen Entwicklung nach Kohlberg 1969 (aus Remschmidt, H.: Prognose der Dissozialität heute. In Martinius, J.: Jugendpsychiatrie. Aktuelle Themen in Diagnostik und Therapie. MMV Medizin Verlag, München 1987)

I. Prämoralisches Stadium (präkonventionelles Stadium)
   1. Stufe: Orientierung an Gehorsam und Strafe
   2. Stufe: Naive egoistische Orientierung
      (Richtig ist, was die eigenen Befürfnisse befriedigt)

II. Stadium der konventionellen Rollenkonformität
   3. Stufe: „Good-boy-Orientierung", man tut, was erwartet wird (Rollenerwartung)
   4. Stufe: Autoritätsorientierung

III. Stadium selbst akzeptierter moralischer Prinzipien
   (Definition moralischer Werte unabhängig von Rollen und Autorität)
   5. Stufe: „Vertragsartige gesetzliche Orientierung"
   6. Stufe: Prinzipien-Orientierung mit dem Anspruch auf Universalität
      („Idee der Gerechtigkeit")

nen Stufen der moralischen Entwicklung empirisch nicht begründet sind. Vielmehr vollziehe sich die moralische Entwicklung wie auch die Entwicklung in anderen Bereichen kontinuierlich und geprägt von sozialen Einflüssen.

Im Zusammenhang mit der moralischen Entwicklung wird dem **Gewissen** große Bedeutung beigemessen. Es läßt sich definieren als die Repräsentanz erworbener Moralvorstellungen und ist ebenfalls in hohem Maße von den herrschenden kulturellen Wertvorstellungen, die im wesentlichen durch die Eltern verkörpert werden, abhängig. Nach Ausubel (1968) sind für die *Entwicklung des Gewissens* drei Bedingungen erforderlich:

– die Internalisierung moralischer Wertvorstellungen,
– die Internalisierung eines Gefühls der Verpflichtung, sich nach ihnen zu richten, und
– die Fähigkeit, eine Diskrepanz zwischen dem eigenen Verhalten und den eigenen Wertvorstellungen zu erkennen.

Offenbar ist diese Art von Gewissensbildung charakteristisch für Jugendliche in industrialisierten Ländern, während bei Adoleszenten in „primitiveren" Kulturen derartige Gesetzmäßigkeiten nicht gelten (Leighton u. Kluckhohn 1947). Ähnliches gilt für die in unserem Kulturkreis mit dem Gewissen eng verknüpften *Schuldgefühle*. Diese werden hinsichtlich ihrer Genese praktisch ausschließlich auf bestimmte Entwicklungen in der Eltern-Kind-Beziehung zurückgeführt, was für andersartige Kulturen nicht zutreffen soll.

Moralische Entwicklung in der Adoleszenz

Ungeachtet der unterschiedlichen Vorstellungen und Untersuchungs-ergebnisse zur moralischen Entwicklung lassen sich folgende Gemein-samkeiten in der Phase der Adoleszenz herausstellen:

1. *Umschichtung der Wertvorstellungen:* Die Wertvorstellungen wer-den immer stärker personenunabhängig. Damit ist eine *Ablösung von den Bezugspersonen* verbunden. Die Eltern treten als Vorbild immer mehr zurück, die Wertvorstellungen an sich gewinnen stär-kere Bedeutung. In Verbindung damit vollzieht sich ein Fortschritt der Ich-Reifung.

2. *Liberalisierung der Wertvorstellungen:* Mit der Ablösung von perso-nifizierten Vorbildern und der fortschreitenden kognitiven Ent-wicklung verlieren zum einen die Wertvorstellungen ihre konkrete Bezogenheit, erhalten ein (abstrakteres) Bedeutungs- und Gültig-keitsumfeld, und es werden Abstufungen vorgenommen. Zum an-deren erlauben die kognitiven Veränderungen die Entwicklung ei-nes Systems von Werthierarchien, in das Entscheidungsprozesse und Verhaltensweisen eingeordnet werden. Gleichzeitig verliert der „moralische Absolutismus" im Sinne Piagets seine Wirksam-keit.

3. *Verlagerung der Vorbildfunktion von den Eltern auf die Bezugs-gruppe* (s. auch Kap. 4): Die „Entwertung" der Eltern als morali-sches Vorbild und die zunehmende Bejahung abstrakter Wertvor-stellungen bedeutet nicht eine generelle Abwendung von Personen und Gruppen, die moralische Prinzipien verkörpern. Vielmehr wird die zuvor den Eltern zugedachte Loyalität in zunehmendem Maße auf die Gruppe Gleichaltriger (Bezugsgruppe) übertragen. Dies führt zu einer gewissen Ernüchterung hinsichtlich der akzep-tierten Wertvorstellungen, da zur Gruppe nicht die gleiche enge emotionale Beziehung besteht. Andererseits entsteht in der An-fangsphase der Adoleszenz ein hoher *Konformitätsdruck* hinsicht-lich der akzeptierten Werte, der sich gegen Ende der Adoleszenz-phase allmählich verringert. Im Zusammenhang mit dem Einfluß der Bezugsgruppe kommt es nicht zu einer grundsätzlichen Wand-lung der Wertvorstellungen, sondern die im Elternhaus übernom-menen bleiben in groben Zügen erhalten, bleiben jedoch weniger an die Personen der Eltern gebunden. Die *Gruppenbildung* in der Adoleszenz erfolgt *schichtspezifisch*, so daß die im Laufe der kind-lichen Entwicklung erworbenen Wertsysteme auch in der „peer group" der Adoleszenten weitgehend erhalten bleiben.

4. *Angleichung an die Wertvorstellungen des jeweiligen Kulturkreises:* Nach einer Phase der Beunruhigung, Auseinandersetzung und Re-volte wird im Laufe der Spätadoleszenz ein Großteil der kulturspe-zifischen Wertvorstellungen übernommen und akzeptiert.

5. *Prinzip der Wechselseitigkeit moralischer Verpflichtungen:* Mit zunehmender Reifung und mit dem Aufgeben der Egozentrizität tritt
   die Wechselseitigkeit moralischer Verpflichtungen in den Vordergrund (Piaget 1954). Das Herausfinden aus der Egozentrizität impliziert folgende Vorgänge bzw. Fähigkeiten:
   – die Fähigkeit, sich selbst nach gleichen Gesichtspunkten zu kri-
     tisieren wie andere,
   – allgemeine Prinzipien zur Grundlage moralischer Verhaltens-
     weisen zu machen und sich selbst sowie andere daran zu messen
     und
   – Bedürfnisse und Interessen anderer in gleicher Weise wahrzu-
     nehmen wie die eigenen.

3.3.4 Ich-Entwicklung und Identitätsfindung

Begriff und Konzept

Unter **Ich** verstehen wir ein organisiertes System von Haltungen, Einstellungen und Motiven, das den Kernbereich der Persönlichkeit re-
präsentiert und ihr Einmaligkeit, Gleichheit und Unverwechselbarkeit
verleiht. Dieses System unterliegt wie alles im psychischen Bereich einer Entwicklung. Es erreicht in der Adoleszenz mit der Festlegung von
Werten, Zielen, Idealen und beruflichen und persönlichen Plänen ein
für das weitere Leben entscheidendes Stadium.

Nach *psychoanalytischer Auffassung* versteht man unter Ich die In-
stanz des psychischen Apparates, die zwischen Individuum und Realität sowie zwischen Es und Über-Ich vermittelt. Sie ist verantwortlich
für die intrapsychische Verarbeitung und Regulation aller Außenwahr-
nehmungen und damit für die Organisation der persönlichen Erfahrung.

Verwandte Begriffe sind das **Selbst** als Inbegriff der individuellen
Wahrnehmungen und Erinnerungen und das *Selbstkonzept* (Selbstbild) als Abstraktion aller wesentlichen Kennzeichen des Selbst in der
eigenen Sicht und in der Sicht der anderen.

Identität umschreibt das persönliche Bewußtsein der Gleichheit, der
zeitlichen Kontinuität und der damit verbundenen Wahrnehmung, daß
andere diese anerkennen. Identität verkörpert einen Zustand, **Identifikation** bezeichnet den Vorgang der Identitätsbildung. Letztere ist stets
an andere Menschen gebunden, die vorübergehend oder dauerhaft als
„Vorbild" dienen können. Identitätsbildung umfaßt also immer die
Teilhabe an Gemeinschaften und kulturellen Gegebenheiten.

Man kann eine Gruppenidentität von einer individuellen Identität unterscheiden. Unter *Gruppenidentität* versteht man die „Wesensmerkmale einer Gruppe, die konstant bleiben, obwohl die Gruppenmitglieder variieren" (De Levita 1971). Eine Gruppenidentität in diesem Sinne haben Staaten, politische Parteien, Vereine usw. Die *individuelle Identität* bezieht sich auf den einzelnen und charakterisiert ebenfalls das, was trotz Wandel und Entwicklung konstant bleibt. Innerhalb der individuellen Identität kann man nach Erikson (1971) die *personale Identität* und die *Ich-Identität* unterscheiden. Während die personale Identität weitgehend mit der eingangs gegebenen Definition von Identität übereinstimmt, umfaßt Ich-Identität einen engeren, aber sehr zentralen Bereich, der für die Konstanthaltung der Person verantwortlich ist.

Es ist zunächst schwer zu verstehen, wie ein Bereich der Person trotz fundamentaler Veränderungen gleichbleiben kann. Das Ich verändert sich, aber jede Veränderung setzt voraus, daß es Teile gibt, die gleichbleiben. Das Ich assimiliert alle möglichen Einflüsse und verändert sich dadurch. Sein Kernbereich bleibt als Ich-Identität konstant. Die Bedeutung dieser Konstruktion wird am ehesten im psychopathologischen Bereich sichtbar, in dem die Ich-Identität aufgegeben oder verändert werden kann, beispielsweise dergestalt, daß ein Jugendlicher eine gespaltene Ich-Identität besitzt oder um die Aufrechterhaltung seiner Ich-Identität kämpfen muß.

Erikson (1971) und De Levita (1971) unterscheiden drei *Formen der Identität:*

1. *Zugeschriebene Identität:* Sie wird bestimmt durch Bedingungen, die der einzelne nicht selbst wählen kann. Die Zugehörigkeit zu einer bestimmten Rasse, einer Bevölkerungsgruppe, einer sozialen Schicht, einer Altersklasse, zum männlichen oder weiblichen Geschlecht führt dazu, daß wesentliche Elemente einer Identitätsbildung festgelegt sind. Gegen sie kann sich das Individuum kaum zur Wehr setzen.

2. *Erworbene Identität:* Sie umfaßt die Elemente der Identitätsbildung, die man kraft eigener Bemühungen und Anstrengungen erlangt hat. Zu ihr gehören z. B. mit beruflichen Rollen verknüpfte Eigenschaften (Titel, Amtsbezeichnungen), aber auch frei gewählte Beziehungen und Mitgliedschaften. Nach Erikson liegt der erworbenen Identität als identitätsbildende Kraft die „Meisterung" zugrunde, die er der phallischen Phase zuordnet und in die Komponenten Lokomotion, Sprache und Phantasie aufgliedert.

3. *Übernommene Identität:* Darunter faßt man die Repräsentation jener *Rollen* zusammen, die im Laufe der Entwicklung aus unterschiedlichen Bedingungskonstellationen assimiliert werden. Viel-

fach werden sie von einem Vorbild übernommen. Sie werden nicht selten auch durch Erwartungen seitens der Umwelt bestimmt. Beispiele sind die Rolle des Helfers, des Büßers, des Überlegenen, des Unterdrückten.

Identität ist jedoch nicht im wesentlichen ein Rollenproblem oder gar mit der Rollenübernahme umfassend zu erklären. Rollen beeinflussen zwar die Identitätsbildung erheblich, die Kernbestandteile des Identitätsbegriffes (persönliche Konstanz und Kontinuität) lassen sich aber nicht auf die Rollenübernahme zurückführen.

Ich-Entwicklung und Identitätsfindung in der Adoleszenz

Die Entwicklung von Identifikationsverhalten und Identität ist ein kontinuierlicher Prozeß, der im frühen Kindesalter beginnt und zeitlebens nicht ganz abgeschlossen wird. Dennoch wird in der Adoleszenz eine gewisse Konsolidierung erreicht. Es vollzieht sich die Entwicklung der Geschlechtsrollen, die Übernahme anderer Rollen des Erwachsenenalters, die Entwicklung eines ausgeglichenen Verhältnisses zwischen Abhängigkeit und Unabhängigkeit und die Übernahme umschriebener Verhaltensweisen. Die Identifikation ereignet sich stets innerhalb sozialer Beziehungen. Darin nehmen die Eltern und elternähnlichen Bezugspersonen einen herausragenden Platz ein. Wichtig sind auch weitere Erwachsene mit Vorbildcharakter, soziale Bedingungen, konstitutionelle und Persönlichkeitseigenschaften usw.

Ich-Entwicklung und Identitätsfindung sind zusammenhängende und sich ergänzende Vorgänge.

Ich-Entwicklung

Nach Ausubel u. Kirk (1977) läßt sich die Ich-Entwicklung in der Adoleszenz unter zwei Gesichtspunkten betrachten: unter dem der Ziele der *Ich-Reifung* und unter dem der Ziele des *Ich-Status*. Erstere stellen eine kontinuierliche Fortentwicklung der Reifungsabläufe des Kindesalters dar (z. B. Erlangung größerer Unabhängigkeit und größerer Frustrationstoleranz), letztere umfassen diejenigen Statuseigenschaften, die dem Kindesalter noch vorenthalten sind, in der Adoleszenz erstmalig auftreten und zum Erwachsenenalter hinführen. Beispiele hierfür sind sexuelle und berufliche Statuseigenschaften.

Es hat sich immer mehr die Betrachtungsweise durchgesetzt, Reifungs- und Entwicklungsprozesse an den Aufgaben zu messen, an deren erfolgreicher Bewältigung sie sichtbar werden. Als *„Entwicklungsaufgaben"* haben sie Eingang in die Entwicklungspsychologie gefunden (s. u.). In Anlehnung an Ausubel u. Kirk (1977) kann man auch *Aufgaben der Ich-Entwicklung in der Adoleszenz* unterscheiden, wobei

Tabelle 3.**3** Aufgaben der Ich-Entwicklung in der Adoleszenz (nach Ausubel u. Kirk 1977)

A. Erlangung größerer Unabhängigkeit des Wollens
   1. Unabhängigere Zeitplanung und Entscheidungsfähigkeit
   2. Assimilation neuer Wertvorstellungen aufgrund der Werte an sich, unabhängig von den Vorstellungen der Eltern oder anderer Bezugspersonen
   3. größeres Zutrauen zu extrafamiliären Gruppen und Einflüssen
   4. Verfolgung realistischerer Rollen und Ziele
   5. Zunahme der Frustrationstoleranz
   6. zunehmende Aufgabe der Fremdbestimmung

B. Veränderung der Zielstruktur auf der Grundlage von Wertvorstellungen
   1. Bedürfnis nach selbsterworbener Identität
   2. erhöhte Ich-Ansprüche
   3. verstärkte Selbstbewertung

C. Ersatz hedonistischer Motivation durch weitreichendere Statusziele

D. Entstehung zunehmender Handlungsfähigkeit

E. Übernahme moralischer Verantwortlichkeit auf gesellschaftlicher Basis

---

zwischen Ich-Reifung und Ich-Status nicht differenziert wird (Tab. 3.**3**).

Diesen Aufgaben müssen sich die Jugendlichen stellen. Dabei machen sie Gebrauch von den Reifungs- und Entwicklungsfortschritten, die ihnen im somatischen, kognitiven und emotionalen Bereich zugewachsen sind. Gleichzeitig stellen die Entwicklungsaufgaben Leitlinien dar, an denen sich Fähigkeiten und Möglichkeiten herausbilden.

Identitätsfindung

Die Suche nach persönlicher Identität ist eine zentrale Aufgabe der Adoleszenz (s. auch Kap. 6). Die körperliche und psychische Beunruhigung, die gesellschaftlichen Erwartungen und die Entwicklungsaufgaben der Adoleszenz stellen den Jugendlichen vor Probleme, die nicht einfach zu lösen sind. Wenn derartig vielfältige Aufgaben von einer Persönlichkeit gefordert werden, die sich in mannigfachen biologischen Wandlungen befindet, wird das Finden einer eigenen Mitte als Übereinstimmung zwischen Selbsterleben, Fremderleben und Anpassung an soziale Normen ungemein erschwert. Die Entwicklungsphase der Adoleszenz ist jedoch selbstverständlich keine Krankheit, sondern eine *biologische und „normative" Krise* (Erikson 1965), die neben der Labilisierung und Beunruhigung auch wesentliche Aufbaukräfte bereitstellt. Im Zentrum der Suche nach Identität stehen die Fragen: „Wie bin ich? Wie möchte ich sein? Für wen hält man mich?" Sie können nicht beantwortet werden ohne Orientierung an Vorbildern im familiären und außerfamiliären Bereich, die allerdings gerade in dieser Altersphase fragwürdig geworden sind. Deshalb führt die Suche nach einer Antwort zu einer Reihe von Konflikten (Erikson 1965, 1971).

Nach Erikson durchlebt ein Mensch im Laufe seiner Identitätsentwicklung eine Reihe *kritischer Phasen*. In der *Adoleszenz* ist die *Identitätsbildung* das zentrale Problem und die *Identitätsdiffusion*, also die Auflösung und Gefährdung der Identitätsbildung, ein wesentlicher Krisenfaktor. Die Identitätsbildung hat Vorläufer, deren Durchlaufen für die Entwicklung einer gesunden Identität, aber auch für das Verständnis von Identitätsstörungen Voraussetzung ist.

Das aus der Psychoanalyse entwickelte Identitätskonzept von Erikson ist zwar in vieler Hinsicht nicht empirisch überprüft, es erlaubt aber einen guten Zugang zu den psychischen Problemen der Adoleszenz. Wichtige *Konflikte in der Adoleszenz* sind:

- *Identitätsdiffusion:* eine vorübergehende oder dauernde Unfähigkeit des Ichs zur Bildung einer Identität. Diese Jugendlichen können sich auf Werte, Ziele und Ideale nicht festlegen und sind angesichts der Konfrontation mit den Entwicklungsaufgaben der Adoleszenz nicht in der Lage, eine psychosoziale Selbstdefinition zu vollziehen. Sie weichen den adäquaten und alterstypischen Anforderungen aus und regredieren auf frühere Entwicklungsstufen, die ihnen eine gewisse Legitimation für ihr Verhalten geben.
- *Zeitdiffusion:* eine Störung des Zeiterlebens, die sich in zwei Richtungen äußern kann. Zum einen kann das Gefühl entstehen, sich in maximaler Zeitbedrängnis zu befinden, zum anderen kann es zu einem ambivalenten Gefühl hinsichtlich der Zeitauffassung kommen: die Betreffenden fühlen sich gleichzeitig sehr jung und uralt. Nicht selten sind mit den hier beschriebenen Zeitdiffusionen Todesbefürchtungen bzw. Todeswünsche verbunden.
- *Arbeitlähmung:* eine Störung der natürlichen Leistungsbereitschaft, die meist mit einer Identitätsdiffusion vergesellschaftet ist. Die Adoleszenten sind entweder unfähig, sich auf notwendige und altersadäquate Aufgaben zu konzentrieren, oder sie beschäftigen sich in exzessiver Weise mit einseitigen und wegen der Vernachlässigung sämtlicher anderer Bereiche für ihre weitere Entwicklung nicht förderlichen Dingen. Vorläufer dieser Störung finden sich vielfach bereits im Schulalter. Da vor der Entwicklung der Arbeitsidentität die ödipalen Konflikte liegen, fallen die Jugendlichen häufig im Rahmen der Arbeitslähmung in ödipale Eifersucht und Geschwisterneid zurück. Im Verlauf dieser Störung gewinnen infan-

tile Ziele und Phantasien wieder Aktualität, und es kommt zu einer Neuauflage des Ödipuskonfliktes.

- *Negative Identität:* Diese äußert sich zunächst in der Ablehnung aller Eigenschaften und Rollen, die normalerweise identitätsfördernd sind (familiäre Rollen und Gewohnheiten, Berufs- und Geschlechtsrollen, Nationalität usw.). Es kommt vielfach zu einer ausgesprochenen Verachtung dieser Werte. Eine subtilere Form ist die Wahl einer negativen Identität, d. h. die Festlegung auf Vorbilder, Rollen oder Eigenschaften, die den Betreffenden im Laufe ihrer Entwicklung als unerwünscht, gefährlich oder bedrohlich geschildert wurden. Erikson führt das Beispiel einer Mutter an, deren Bruder Alkoholiker war und die in ihrem Sohn stets Züge sah, die auf eine Wiederholung des gleichen Schicksals deuteten. Gleichzeitig warnte sie ihn vor diesen Gefahren. Diese negative Identität kann für den Sohn als „Ausweg" gefährlich werden.

Die skizzierten Konfliktmöglichkeiten können im Extremfall zu psychischen Erkrankungen führen, sind jedoch normalerweise Durchgangsstadien der Entwicklung in der Adoleszenz.

3.3.5 Selbstkonzept

Selbstkonzept wird definiert als „Theorie über sich selbst" oder „Einstellung gegenüber der eigenen Person" (Neubauer 1976). Dabei handelt es sich um eine dynamische psychologische Größe, die von Änderungen der sozialen Umwelt und den sozialen Beziehungen beeinflußt wird. In unserer Darstellung soll zwischen Identität und Selbstkonzept differenziert werden, da das Selbstkonzept eher Veränderungen unterworfen ist als z. B. die Ich-Identität.

Man unterscheidet zwei Formen des Selbstkonzeptes, das reale und das ideale. Das *reale Selbstkonzept (Ich-Real)* umschreibt die Auffassung einer Person von sich selbst. Die Bezeichnung real bedeutet dabei nicht, daß diese Konzeption auch „realistisch" sein muß. Entscheidend ist der eigene Blickwinkel und die eigene Einschätzung. Das *ideale Selbstkonzept (Ich-Ideal)* umfaßt die Selbsteinschätzung einer Person nach Maßgabe ihrer Wünsche („So, wie ich sein möchte").

Reales und ideales Selbstkonzept können mehr oder weniger stark divergieren. *Divergenzen* können zu einer erheblichen Konfliktquelle werden, weil eine hohe Erwartungshaltung mit einer davon weit entfernten psychischen Konstellation konfrontiert wird. Da in der Adoleszenz das Selbstkonzept eine wichtige Entwicklungsphase durchläuft, die naturgemäß nicht kontinuierlich, sondern in Schwankungen verläuft, sind Dissonanzen zwischen realem und idealem Selbstkonzept häufig und im Rahmen von Adoleszentenkrisen besonders auffällig.

Das Selbstkonzept entwickelt sich unter dem Einfluß primärer Sozialisationserfahrungen in der Familie; mit zunehmendem Lebensalter werden außerfamiliäre Einflüsse bedeutungsvoll. Es ist Ergebnis einer Interaktion biologischer, psychologischer und psychosozialer Einflüsse im Verlaufe der Entwicklung. Es ist Grundlage für das *Selbstwertgefühl* (Gefühl des eigenen Wertes), das wiederum für das gesamte Verhalten eines Menschen und seine von ihm selbst erlebte Stellung in der Gemeinschaft von größter Bedeutung ist. Man kann die Aufrechterhaltung des Selbstwertgefühles nach dem *Modell eines Regelkreises* beschreiben. In verschiedenen Stadien der Entwicklung erreicht das Selbstgefühl einen bestimmten Sollwert, der durch unterschiedliche Störgrößen beeinträchtigt werden kann. Das Individuum kann sich verschiedener Mechanismen bedienen, um den Zustand des Gleichgewichtes wiederherzustellen, z. B. Rationalisierung, Aggression und Ersatzbefriedigung (Rohracher).

Viele Untersuchungen beschäftigen sich mit der *Entwicklung und Qualität des Selbstkonzeptes von Adoleszenten*. Gemessen wird es meist mit Hilfe eigens dafür konzipierter Fragebögen. Meist werden Gruppen von Adoleszenten mit ungünstigen Sozialisationsbedingungen solchen mit günstigeren gegenübergestellt. So ließ sich zeigen, daß das Selbstkonzept *schlechter Schüler* deutlich ungünstiger ist als das von guten. Auch *delinquente* Jugendliche (Marshall 1973) sowie Jugendliche, die Maßnahmen der öffentlichen Jugendhilfe ausgesetzt waren, haben ein negatives Selbstkonzept (Remschmidt 1979). In neueren Studien ist der Zusammenhang von Schulleistung und Selbstkonzept weniger deutlich (Fend 1984). Jugendliche können anscheinend den subjektiven Stellenwert des Schulerfolgs reduzieren und Möglichkeiten kompensatorischer Selbstwertstützung im Peer-Milieu finden.

Allerdings ist nur in Längsschnittuntersuchungen zu entscheiden, ob das Selbstkonzept bereits *vor* Eintritt der ungünstigen Entwicklungsbedingungen negativ war. Es kann jedoch festgehalten werden, daß ein ungünstiges Selbstkonzept (wenig Zutrauen zu sich selbst, Versagensängste, geringes Selbstwertgefühl), wenn es einmal entstanden ist, auch weiterhin für den Betreffenden zu negativen Verhaltensweisen führt. Nachgewiesen sind folgende Wirkungen eines ungünstigen Selbstkonzepts:

1. Es führt zu geringer Selbstachtung und als Folge häufig zu sozialem Rückzug, Aggressivität und Delinquenz.
2. Es begünstigt konforme Reaktionen in belastenden Situationen. Die betreffenden Adoleszenten unterliegen leicht dem Gruppendruck und neigen damit auch zu delinquentem Verhalten, das in Gruppen begangen wird.

3. Es kann sogar die Wahrnehmung tiefgreifend verändern. Adoleszenten mit einem negativen Selbstkonzept können z. B. selbsterbrachte gute und angemessene Leistungen kaum akzeptieren, weil sie solche nicht für möglich halten.

Mit zunehmender Reifung erfolgt eine *realistischere Einschätzung* der eigenen Person, wobei eine immer *stärkere Unabhängigkeit* von der Beurteilung durch Eltern und Lehrer eintritt. Es gibt sowohl Parallelen zum chronologischen Alter als auch zum (davon weitgehend unabhängigen) Reifungsablauf. Während zwischen Einstellung zur sexuellen Reifung sowie Emanzipation und chronologischem Alter ein klarer Zusammenhang besteht, ergibt sich bei spätpubertierenden Jungen eine signifikante Beziehung zwischen negativem Selbstbild (Gefühl, abgelehnt zu werden, negative Einstellung zu den Eltern, gefühlte Abhängigkeit) und dem verzögerten Reifungsablauf, nicht aber mit dem chronologischen Alter (Mussen u. Jones 1957) (s. auch Kap. 2).

3.4 Sexualität und Partnerschaft

Die biologischen Merkmale und Äußerungsformen der sexuellen Reifung sowie die psychische Verarbeitung dieser Veränderungen wurden bereits besprochen. In diesem Kapitel stehen die psychologischen und psychosozialen Aspekte im Vordergrund.

3.4.1 Sexualreife und Geschlechtsrolle

Hinsichtlich der *Sexualreife* müssen in der Adoleszenz konvergieren:

– der biologische Vorgang der Entwicklung zur Sexualreife (s. Kap. 2) und
– der psychosoziale Vorgang der Übernahme der Geschlechtsrolle durch das Individuum bzw. die Anerkennung dieser Übernahme durch die Gesellschaft.

Beide Vorgänge laufen jedoch nicht synchron ab, sondern sind zeitlich mehr oder weniger gegeneinander verschoben. Die Verschiebung resultiert in unserem Kulturkreis aus der Tatsache, daß ein Jugendlicher auch nach Eintritt der biologischen Sexualreife noch nicht in der Lage ist, die damit verbundenen gesellschaftlichen Funktionen (z. B. berufliche Selbständigkeit, Vaterschaft, Mutterschaft, Unabhängigkeit vom Elternhaus) wahrzunehmen.

Bei der Sexualentwicklung der Adoleszenten spielen neben genetischen Faktoren das *Geschlechtsrollen*verhalten der Eltern sowie erste eigene Erfahrungen mit Sexualpartnern eine entscheidende Rolle. In bezug auf die biologische und soziale Geschlechtsrolle sind *verschiedene Entwicklungen möglich*:

1. *Identifikation*, was zur Heterosexualität führt.
2. *Ablehnung*, was zu Homosexualität, Bisexualität, Transsexualität oder sexueller Delinquenz führen kann.
3. *Ambivalenz*, was ebenfalls zu bisexuellem Verhalten oder verschiedenen Störungen im Sexualverhalten führen kann.

Für die spätere sexuelle Entwicklung sind die ersten sexuellen Erfahrungen nicht ohne Bedeutung. Sexuelles Verhalten umfaßt nicht nur „triebhafte Funktionslust", sondern ebenso die sozialen Rahmenbedingungen. Ungünstige und traumatisierende erste sexuelle Erfahrungen, die bis in die früheste Kindheit zurückgehen können, führen häufig zu einer Abwehr gegenüber der Sexualität und können zu Störungen auf diesem Felde disponieren.

Geschlechtsrollenverhalten, Einstellung zur Sexualität und erste sexuelle Verhaltensweisen sind wichtige Faktoren für die *Entwicklung eines angemessenen heterosexuellen Verhaltens*. Im Hinblick auf Gelingen oder Mißlingen einer sexuellen Anpassung lassen sich (nach Ausubel 1968) folgende Faktoren unterscheiden:

– Geschlechtsrollen der Eltern, Familieneinstellungen und die Qualität der Eltern-Kind-Beziehungen. Negativ können sich auswirken: eine unglückliche Jugend, Geringschätzung der Sexualität, zu enge Eltern-Kind-Beziehung, Verhinderung von Kontakten mit Gleichaltrigen sowie von ersten Beziehungen zum anderen Geschlecht.
– Persönlichkeitsmerkmale, die sich negativ auswirken können: übermäßige Introversion, asketisches Verhalten (Pubertätsaskese), zu starke Intellektualisierung und übermäßige Identifikation mit einem Elternteil.
– Nachteilig können sein: physische Mängel, Isolierung von der Gruppe wegen mangelhafter sozialer Fähigkeiten oder aufgrund der Zugehörigkeit zu einer verachteten Minorität.

3.4.2 Sexuelle Entwicklung bis zur Pubertät

Zwar werden im allgemeinen erst während der Pubertät Sexualität und sexuelles Verhalten zu dominierenden Interessen bzw. Problemen; sexuelle Empfindungen und sexuelles Verhalten existieren jedoch bereits im Säuglingsalter.

Es ist das Verdienst u. a. von Sigmund Freud, hierauf hingewiesen zu haben. Freud und seine Nachfolger haben die sexuelle Entwicklung in Phasen eingeteilt und nicht nur Störungen des Sexualverhaltens und der Sexualentwicklung, sondern praktisch alle psychiatrischen Erkrankungen letztlich auf Störungen der sexuellen Entwicklung zurückgeführt. Wenngleich Freud einzelne Stufen der sexuellen Entwicklung und gewisse Charakteristika dieser Phasen richtig erkannt hat, so läßt sich seine Phaseneinteilung in der ursprünglich konzipierten Form (s. Kap. 6) empirisch nicht belegen. Zum Beispiel hat sich gezeigt, daß in der von Freud postulierten Latenzzeit entgegen dessen Auffassung sexuelle Interessen bestehen, die Latenzzeit in dieser Form demzufolge nicht existiert.

Bereits im *Säuglingsalter* sind Lust- und Unlustgefühle deutlich voneinander zu differenzieren. Lustempfindungen scheinen sich z. B. beim Saugakt, nach der Nahrungsaufnahme, beim Baden und bei engem Körperkontakt mit der Mutter abzuzeichnen. Es ist allerdings die Frage, ob alle diese Lustempfindungen als sexuell getönt angesehen werden können.

Der im Säuglingsalter begonnene enge Kontakt zu einer festen Beziehungsperson (meist die Mutter) setzt sich im *Kleinkindalter* fort. Gleichzeitig nehmen die Kinder auch zu personifizierten Gegenständen oder Lieblingstieren entsprechende Kontakte auf. Mehr als bereits im Säuglingsalter entdecken die Kinder ihre Körper. Sie haben Interesse an den Ausscheidungsfunktionen und spielen an ihrem Genitale. Diese sexuellen Spielereien, die im Vorschulalter manchmal den Charakter von „Doktorspielen" annehmen, können in einzelnen Fällen dazu führen, daß intensive sexuelle Lustempfindungen auftreten, so daß daraus die Selbstbefriedigung erwächst, die bei manchen Kindern in diesem Alter bereits exzessive Formen annehmen kann.

Die sexuellen Empfindungen werden im *Schulalter* differenzierter, und das sexuelle Wissen nimmt zu. In den ersten Schuljahren ist das sexuelle Interesse bei den meisten Kindern relativ gering. Mit $10-12$ Jahren (Präpubertät) kommen homosexuelle Spielereien bei Jungen relativ häufig vor ($20-30\%$), bei Mädchen ist das entsprechende Verhalten sehr selten. Diese sexuellen Spielereien unter Jungen haben mit homosexuellem Verhalten nichts zu tun. Es ist aber nicht auszuschließen, daß sie, vor allem, wenn sie sich fixieren und wenn später heterosexuelle Gelegenheiten fehlen, die Entwicklung in Richtung Homosexualität beeinflussen. Im allgemeinen sind dies jedoch harmlose Durchgangsphasen.

Alle diese Verhaltensweisen müssen in ihrem sozialen Kontext gesehen werden. So richten z. B. Jungen in der *Präpubertät* ihre Phantasien bereits stark auf das andere Geschlecht, und die in diesem Alter bereits häufige Onanie der überwiegenden Mehrzahl der Jungen geht mit sexuellen Phantasien bezogen auf das weibliche Geschlecht einher. Schoof-Tams u. Mitarb. (1976) stellten fest, daß rund zwei Drittel der 11jährigen Jungen sich bereits einmal verliebt hatten und die Hälfte Erfahrungen im Küssen hatte. Im Alter von 16 Jahren trafen diese beiden Erfahrungen bereits auf alle Jungen zu.

Während Kinder im Alter von 7 oder 8 Jahren mit Gleichaltrigen des anderen Geschlechts regelmäßig spielen, verliert sich dies um die Präpubertät. In dieser Phase wird für Kontakte und Spiele das eigene Geschlecht bevorzugt, was wahrscheinlich der eigenen Rollenfindung dient. Erst in der Pubertät und danach wird das Bestreben dominant, mit dem anderen Geschlecht zusammenzusein.

3.4.3 Sexuelle Interessen und Sexualverhalten in der Adoleszenz

In der Adoleszenz nehmen bei beiden Geschlechtern die sexuellen Interessen und Aktivitäten zu. Entsprechend der Reifeentwicklung beginnen Jungen später mit sexuellen Kontakten als Mädchen. Im Alter von 18−19 Jahren sind jedoch kaum mehr Unterschiede zwischen den Geschlechtern im Hinblick auf sexuelle Erfahrungen festzustellen.

Seit den 60er Jahren hat sich international das Sexualverhalten deutlich gewandelt. Dies betrifft das Alter, in dem der Geschlechtsverkehr erstmals erlebt wird, die Häufigkeit sexueller Aktivitäten, ihre Bewertung sowie die Partnermobilität. Die wesentlichen Tendenzen sind (Pagenstecher 1988):

- Sexualität wird zunehmend lustvoll, konfliktfrei und weniger verkrampft erlebt. Die Einstellung zu Selbstbefriedigung und Homosexualität ist toleranter geworden; sexuelle Beziehungen werden früher aufgenommen und sind nur selten mit Angst und Schuldgefühlen verbunden; vor- bzw. nichteheliche sexuelle Beziehungen gelten als selbstverständlich.
- Jugendsexualität orientiert sich an Liebe, Treue und Partnerschaft. Voreheliche sexuelle Beziehungen gelten nicht mehr als Heiratsversprechen bzw. -verpflichtung. Die Jugendlichen legen Wert auf die Dauerhaftigkeit und Verläßlichkeit ihrer Beziehungen. Es ergeben sich stabile Partnerschaftsbindungen, die jeweils von neuen abgelöst werden.
- Die Geschlechter, die sozialen Schichten sowie Stadt- und Landjugendliche gleichen sich in ihrem Verhalten zunehmend an. Beide Geschlechter lassen sich sexuell früher und häufiger aufeinander ein und wechseln häufiger den Sexualpartner.

Dennoch haben viele Jugendliche Hemmungen, über Sexualität zu sprechen. Schuldgefühle und das Gefühl der Unerwünschtheit des Verhaltens scheinen besonders die sexuelle Selbstbefriedigung zu betreffen, die zwar verbreitet ist, aber subjektiv nicht akzeptiert wird. Außerdem gibt es nach wie vor geschlechtsspezifische Verhaltensvorschriften bzw. Interessen in bezug auf Sexualität.

3.4.4 Geschlechterunterschiede und Sexualverhalten

Zusammen mit Veränderungen im Verhältnis der Geschlechter und der Rolle der Frau in unserer Gesellschaft ändert sich auch die Einstellung zur Sexualität. Galt Sexualität – zumindest die weibliche – lange Zeit nur als legitim im Rahmen einer Ehe und im Hinblick auf die Zeugung von Kindern, wird sie mittlerweile eher als wesentliches Element einer Liebesbeziehung gesehen. Neben der allgemeinen Verfügbarkeit von Verhütungsmitteln hat hierzu wesentlich die größere wirtschaftliche und rechtliche Unabhängigkeit vieler Frauen beigetragen.

Während im beruflichen Bereich sich Frauen eher „männliche" Verhaltensmuster aneignen, orientieren sich im Bereich Sexualität seit längerem Männer zunehmend an „weiblichen" Mustern (Metz-Göckel u. Müller 1986): Sie akzeptieren eher Gefühle der Schwäche und erleben Sexualität weniger als isolierten Trieb, als selbstverständlichen Teil ihrer Persönlichkeit und in die emotionale Beziehung integriert.

Dieser tendenziell unterschiedliche Stellenwert der Sexualität besteht auch bei Jugendlichen: Wunsch nach Liebe, Zärtlichkeit, Anerkennung und Geborgenheit bei Mädchen vs. Wunsch nach unmittelbar sexueller Erfahrung bei Jungen (Hornstein 1982). Jungen neigen mehr zu häufigeren sexuellen Beziehungen, Mädchen eher zu einer längerfristigen Beziehung zu einem Partner. Mädchen kommt es eher darauf an, daß die Sexualität in der Gesamtbeziehung gut integriert ist und sie mit dem Freund über alles sprechen können. Besonders für männliche Jugendliche können sexuelle (tatsächliche oder fiktive) Aktivitäten zu einem Mittel werden, Pluspunkte im Wettbewerb mit Gleichaltrigen zu sammeln.

3.4.5 Empfängnisverhütung und Schwangerschaft

Fast jedes vierte Mädchen hat Angst vor einer ungewollten *Schwangerschaft*. Bei Mädchen unter 20 Jahren tritt eine ungewollte Schwangerschaft doppelt so häufig ein wie bei älteren Frauen. Die Schwangerschaften bei Jugendlichen nehmen seit Beginn der 50er Jahre ständig zu. Zwar sind nicht alle diese Schwangerschaften ungeplant, überwiegend besteht jedoch eine mangelnde Bereitschaft zu konsequenter Kontrazeption. Es gibt Hinweise darauf, daß die Fruchtbarkeit für sozial deprivierte Mädchen eine der wenigen Möglichkeiten ist, ihr Selbstwertgefühl zu stärken. Die sozialen Gefahren sind vor allem verringerte schulische und berufliche Chancen und auch die Verringerung der Heiratschancen. Oft werden sie völlig abhängig von den Eltern oder von öffentlichen Institutionen. Die Beziehung zum Kindesvater ist meist schon vor der Geburt des Kindes zerbrochen, und Ehen von Teenagern werden zu 60% innerhalb weniger Jahre durch Scheidung beendet.

Auch die Zahl der *Schwangerschaftsunterbrechungen* ist bei jungen Mädchen relativ gesehen wesentlich höher als bei erwachsenen Frauen. Die medizinischen Folgen lassen sich zwar bei sachgerechter Durchführung gering halten, die psychische Belastung (Schuldgefühle usw.) kann jedoch groß sein.

Im Vergleich zu früheren Jahrzehnten werden sexuelle Kontakte früher aufgenommen, die Bereitschaft zu einer sicheren Verhütung ist jedoch verhältnismäßig gering. Ca. 70% aller Mädchen wenden bei ihrem ersten sexuellen Erlebnis keinerlei Verhütungsmethoden an. Je jünger sie sind, um so weniger sorgfältig verhüten sie. Eine geringfügige Änderung in bezug auf die Anwendung von Verhütungsmitteln bei Jugendlichen scheint allerdings als Folge der AIDS-Gefahr und der damit einhergehenden Aufklärungskampagnen zu erfolgen.

Die Zurückhaltung Jugendlicher gegenüber Empfängnisverhütung geht u. a. auf folgende Faktoren zurück:

– Es gibt bis heute noch *keine problemlose Verhütungsmethode*. Bei allen Methoden ist zwischen dem Risiko einer Schwangerschaft und gesundheitlichen Risiken eines der beiden Partner abzuwägen, abgesehen von der jeweils unterschiedlichen Beeinträchtigung der Spontaneität. Dies kann zu einer fatalistischen Einstellung führen bis hin zu der Entscheidung, einen Schwangerschaftsabbruch in Kauf zu nehmen. Das gesundheitliche Risiko liegt überwiegend beim weiblichen Partner, der meist auch die alleinige Verantwortung für Empfängnisverhütung zu tragen hat.
– Differenziertes *Wissen über Empfängnisverhütungsmethoden* und ihre Vor- und Nachteile ist bei Adoleszenten beiderlei Geschlechts *unzureichend*.
– Die Beeinträchtigung der *Spontaneität* bei vielen Methoden stört Jugendliche in besonderem Maße. Bereits die Notwendigkeit von Planung und Vorbereitung widerspricht dem Wunsch nach spontaner Sexualität. Das „erste Mal" soll unbelastet von „technischen" Aspekten sein.
– Ein weiterer Faktor dürfte das (sexuelle) *Selbstbewußtsein* beider Partner und *besonders des Mädchens* sein, denn der Gebrauch von Verhütungsmitteln nimmt mit dem Alter und der sexuellen Erfahrung zu (Seidenspinner u. Burger 1982; Morrison 1985). Mit zunehmendem Alter des Mädchens ist der Wunsch des männlichen Partners weniger ausschlaggebend für das Ob, Wann und Wie sexueller Beziehungen. Mädchen gehen auch heute noch sexuelle Beziehungen ein, um den Partner nicht zu verlieren. Sie sind in diesem Alter besonders stark verunsichert in bezug auf ihre Geschlechtsrolle. Eine aktive, selbstbewußte Auseinandersetzung mit dem Thema Verhütung und Sexualität stünde im Widerspruch zu der von der

traditionellen weiblichen Rolle geforderten Passivität bzw. sexuellem Desinteresse.

3.4.6 Gesundheitliche Risiken

Hierzu zählt neben den Geschlechtskrankheiten gegenwärtig vor allem die AIDS-Gefahr. Ein Teil der Adoleszenten ist durch eine nicht erfolgte oder mangelhafte Aufklärung unzureichend auf mögliche Gefahren vorbereitet. Daher sollte im Rahmen der Gesundheitserziehung spätestens in der Präadoleszenz eine eingehende Aufklärung über Ansteckungsgefahr und Gefährlichkeit dieser Erkrankungen erfolgen. Dabei kommt es darauf an, den Jugendlichen die Gefahren und die notwendigen Vorsichtsmaßnahmen zu erklären, ohne daß sie zugleich die Sexualität als solche ablehnen.

3.4.7 Sexualerziehung

Auch nach einem entsprechenden Unterricht bleibt das Wissen über die Vor- und Nachteile von Verhütungsmethoden oft unzureichend. Die Schüler sind befangen und unsicher in der Wortwahl und vermissen die Behandlung ihrer jeweils spezifischen Fragen, die sie aber im Unterricht selbst nicht stellen. Die Unterrichtssituation mit eventuellem Leistungsdruck ist ihrer Aufgeschlossenheit abträglich. Außerdem vermissen Jugendliche oft das Gespräch über die gefühlsmäßigen Aspekte der Sexualität.

3.5 Geschlechtsspezifische Entwicklung und Erwerb der Geschlechtsrollen in der Adoleszenz

3.5.1 Entwicklung des Geschlechtsrollenverhaltens

Die Adoleszenz ist eine wichtige Phase für den Erwerb einer männlichen bzw. weiblichen Identität. Wenngleich die hormonellen Veränderungen in der Pubertät das Rollenverhalten vorbereiten, so ist Geschlechtsrollenverhalten keineswegs nur die Folge der markanten hormonellen Veränderungen in der Pubertät. Vielmehr spielen Erziehungseinflüsse und das in der jeweiligen Gesellschaft akzeptierte Bild der weiblichen oder männlichen Geschlechtsrolle entscheidend mit. Jungen und Mädchen werden praktisch von Geburt an im herkömmlichen Schema ihrer Geschlechtsrolle erzogen. Mit dieser Rolle sind Erwartungshaltungen verknüpft, die im Rahmen der Erziehung von der jeweiligen Umgebung gewissermaßen automatisch vermittelt werden.

Hinsichtlich der Entwicklung des Geschlechtsrollenverhaltens spielen biologische, psychologische und psychosoziale Einflüsse eng ineinander. Körperliche und hormonelle Reifung liefern die Grundlagen, psychosoziale Umstände bilden Vorbilder und Bedingungen der sexuellen Reifung, kognitive und emotionale Entwicklung sind Schrittmacher und stellen Verarbeitungsmechanismen zur Verfügung. Geschlechtsrollenverhalten entwickelt sich von frühester Kindheit an, wobei Eltern und andere Bezugspersonen als wichtige Modelle dienen. *In der Adoleszenz* kommt jedoch hinzu (Ausubel 1974):

- eine größere Wahrnehmungsempfindlichkeit für soziale Situationen und interpersonale Beziehungen und
- die größere Bedeutung der sozialen Geschlechtsrolle.

Geschlechtsrollenverhalten in der Adoleszenz ist durch folgende Vorgänge gekennzeichnet:

- *Zunehmendes Interesse am anderen Geschlecht:* Während 8- bis 10jährige noch überwiegend gleichgeschlechtliche Partner zum Spielen und für Unternehmungen wählen, dominiert bei 13- bis 14jährigen bei weitem das andere Geschlecht. Diese Vorliebe ist bei Jungen und Mädchen gleich ausgeprägt.
- Zunehmende Praktizierung von *Verhaltensweisen, die* direkt oder indirekt *mit der Geschlechtsrolle assoziiert sind.* Direkt mit ihr verknüpft sind verschiedene Formen der psychosexuellen Betätigung, indirekt sekundäre Rollenattribute, wie Wettkampf und Kräftemessen bei Jungen, Interesse für Kleidung und Haushaltsdinge bei Mädchen.
- *Frühzeitigere, dauerhafte und stärker personifizierte Übernahme der Geschlechtsrolle durch Mädchen.* Dies wird damit in Zusammenhang gebracht, daß in der Regel eine stärkere Kontinuität des mütterlichen Einflusses gegeben ist als die des väterlichen bei Jungen. Jungen haben infolge der stärkeren Abwesenheit des Vaters in unserem Kulturkreis weniger Gelegenheit zu einer dauerhaften und personifizierten Identifikation mit ihm. Nach Lynn (1959) identifizieren sie sich daher stärker mit dem allgemeinen kulturellen Stereotyp der Männlichkeit und weniger mit der Verkörperung männlichen Verhaltens durch ihren Vater. Dies steht mit dem Ergebnis einiger Studien in Einklang, wonach die Mutter-Tochter-Ähnlichkeit im Identifikationsverhalten größer ist als die zwischen Vater und Sohn.

Einfluß auf die Übernahme der Geschlechtsrolle hat auch die *soziale Schicht und die familiäre Situation.* Erstere insofern, als Jugendliche aus den niedrigeren sozialen Schichten früher gezwungen sind, ein entsprechendes Verhalten zu übernehmen. Die familiäre Situation wiederum ist durch die Vorbildwirkung der Eltern und die Einflüsse seitens der Geschwister bedeutsam. Eindeutigkeit und Konsistenz des elterlichen Verhaltens prägen entscheidend die Übernahme der Geschlechtsrolle. Dabei ist das Alter zwischen drei und fünf Jahren besonders wichtig. Geschwister sind insofern von Bedeutung, als sie eine stärkere Polarisierung der Rollen oder aber eine Neutralisierung bewirken können. So ist die Übernahme männlicher Rollenmuster bei Jungen, die nur Brüder haben, ausgeprägter als bei solchen, die Brüder und Schwestern haben.

Die Bedeutung der sozialen Einflüsse hinsichtlich der Übernahme der Geschlechtsrolle wird auch durch eine *transkulturelle Betrachtung* verdeutlicht. Sowohl das Sexualverhalten als auch das Rollenverhalten ist in unterschiedlichen Kulturen außerordentlich variabel. Es gibt Völker, in denen die bei uns gültigen Kennzeichen für Männlichkeit und Weiblichkeit dem jeweils anderen Geschlecht zugeschrieben werden. In anderen Kulturen haben sich die Unterschiede der Geschlechterrollen weitgehend verwischt, wie dies zeitweise in China und der UdSSR der Fall war. Dies zeigt die Berechtigung der These, daß bei einheitlichen biologischen Gegebenheiten durch soziokulturelle Einflüsse erhebliche Unterschiede im sexuellen Verhalten und den damit verbundenen Rollenkonfigurationen auftreten.

3.5.2 Besonderheiten der weiblichen Adoleszenz

Die *Definition von Jugend* und auch die des „psychosozialen Moratoriums" orientiert sich vorwiegend an der typischen (berufszentrierten) Biographie des männlichen Individuums: als Zeit der Vorbereitung auf einen qualifizierten Beruf, der dann die Gründung einer eigenen Familie ermöglicht. Eine annähernd vergleichbare Situation gibt es in der weiblichen Entwicklung kaum. Traditionell wurde die Erforschung der *spezifischen weiblichen Situation* vernachlässigt bzw. als Variante oder in manchen Aspekten als Gegenbild der männlichen Entwicklung betrachtet.

Diese formale Gleichbehandlung übergeht die geschlechtsspezifischen Unterschiede in den Lebensverhältnissen (s. auch Bilden u. Diezinger 1988). So finden sich in allen Kulturen Unterschiede der Geschlechterrollen, die über das hinausgehen, was von den unterschiedlichen Funktionen bei der Fortpflanzung her notwendig ist. Ihr Inhalt entspricht im wesentlichen unserem Geschlechterstereotyp. Männer haben meistens mehr Macht, ihnen wird mehr Achtung entgegengebracht, ihr sexuelles Verhalten wird als aktiver angesehen und weniger reglementiert. Der wichtigste materielle Aspekt der weiblichen Rolle ist die Zuständigkeit für Haushalt und Familie. Die Ausprägung dieser Aufgabe unterscheidet sich deutlich nach sozialer Schicht, zum anderen wird dieser Aspekt von der Gesellschaft durch Geschlechtsrollen betont, verstärkt und ergänzt (Merz 1979).

In den letzten Jahrzehnten wurde zwar die zentrale *Bedeutung von Familie und Hausarbeit für die weibliche Biographie relativiert.* Erwerbsarbeit wurde zumindest phasenweise selbstverständlicher Bestandteil des weiblichen Lebenslaufs, während – auch aufgrund der geringeren Kinderzahl – die „Familienphase" kürzer wurde. Auch wenn Mädchen mittlerweile den Beruf selbstverständlich in ihr Leben einplanen, haben sie auf dem Ausbildungsstellen- und Arbeitsmarkt die geringeren Chancen. Außerdem bringt die doppelte Orientierung auf Beruf und Familie die Notwendigkeit mit sich, im Alltag und in der Lebensplanung eine Balance zwischen beidem herzustellen. Dies beinhaltet auch psychologisch ein Hin- und Herwechseln zwischen tendenziell widersprüchlichen Orientierungen mit den damit verbundenen inneren und äußeren Konflikten: der Betonung von Emotionalität, Hilfsbereitschaft, Einfühlungsvermögen usw. gegenüber der Betonung von Leistung, Konkurrenz usw. Auf Möglichkeiten, mit solchen Konflikten umzugehen, werden Mädchen nur unzureichend vorbereitet.

3.6 Familie und Ablösungsprozeß

3.6.1 Die Rolle der Familie in der Adoleszenz

Zu den Entwicklungsaufgaben der Jugendlichen in unserer Gesellschaft gehört es, emotional und materiell von den Eltern zunehmend unabhängiger zu werden (eigener Beruf, eigener Hausstand, evtl. eigene Familie). Der Schritt in die materielle Unabhängigkeit verzögert sich jedoch für die Mehrzahl der Adoleszenten immer mehr, da die schulische und berufliche Ausbildung länger dauert und viele deshalb oder wegen ihrer Arbeitslosigkeit länger vom Einkommen der Eltern leben müssen. Trotzdem verläuft der Ablösungsprozeß in der Familie im allgemeinen weitgehend konfliktlos.

Er gestaltet sich jedoch *nicht für alle Adoleszenten in gleicher Weise*:

– Er setzt bei Mädchen früher ein als bei Jungen, ist allerdings nicht so weitgehend wie bei letzteren. Die Ablösung der Mädchen von ihren Müttern scheint ein spezifisches Problem darzustellen, das aber noch kaum erforscht ist (Burger u. Seidenspinner 1988; Schütze 1988).

– Bei Adoleszenten der unteren sozialen Schichten erfolgt er früher und rascher als bei solchen der höheren Schichten (Kreutz 1964). Bei Arbeiterjugendlichen hängen die psychosoziale und die ökono-

mische Verselbständigung eng zusammen, in den oberen Sozial-
schichten erfolgt die materielle Verselbständigung zumeist erst sehr
viel später, während die psychosoziale Entwicklung davon weitgehend abgekoppelt ist.
– Er ist besonders problematisch bei Adoleszenten, die aufgrund ihrer schulischen und beruflichen Ausbildung einer anderen Bil-
dungs- und Berufsschicht angehören als ihre Eltern.

Mit verlängerten Schulzeiten und einem späteren Berufsbeginn aufgrund von Arbeitslosigkeit vor und nach der Berufsausbildung sowie
mit schulischen Überbrückungsmaßnahmen verlängert sich die Verweildauer vor allem der unter 20jährigen im Elternhaus. Gleichzeitig
bleiben sie länger von ihren Eltern finanziell abhängig. Die Ablösungsprozesse können dadurch verzögert oder sogar unmöglich gemacht
werden. Eltern gewähren vielfach Selbständigkeit erst in dem Maße, in
dem die Jugendlichen ökonomisch unabhängig werden.

Die *Beziehung zur Familie* wandelt sich in der Adoleszenz in folgenden Aspekten:

1. Die Reifung der kognitiven und emotionalen Funktionen kann dazu
   führen, daß die Adoleszenten von ihren neuen Fähigkeiten in Form
   von *Kritik*, Infragestellung und Alternativäußerungen im Hinblick
   auf Werte, Einstellungen und Verhaltensweisen regen Gebrauch
   machen. Dadurch entsteht häufig ein Gegensatz zu den Eltern, besonders wenn ein restriktiver und intoleranter Erziehungsstil in der
   Familie praktiziert wird.
2. Gleichaltrige und Gruppen Gleichaltriger übernehmen weitgehend
   die Stelle der Eltern im Sozialisationsprozeß. Diese *„Entwertung"
   der Eltern* muß von diesen wie von den Jugendlichen selbst verar-
   beitet werden.
3. Die Verlagerung der Sozialisationsinstanz aus der Familie auf die
   Gruppe Gleichaltriger hat zur Folge, daß personale *emotionale Bindungen zu den Eltern reduziert* und durch Beziehungen zu vielen
   (Gruppen) ersetzt werden, die weniger die Person als Ganzes prägen, sondern eher bestimmte Verhaltensweisen. Unter ihnen spielen diejenigen Verhaltensweisen und Eigenschaften eine besondere
   Rolle, die sich auf Aussehen und äußere Wirkung beziehen (z. B.
   Kleidung, Haartracht). Durch den für die erste Phase der Adoleszenz typischen Konformitätsdruck gewinnen sie eine große Bedeutung und führen oft zu heftigen Auseinandersetzungen in der Familie. Diese werden sowohl mit den Eltern geführt als auch häufig mit
   Geschwistern.
4. *Die Ablösung vom Elternhaus bezieht sich nicht auf alle Haltungen*,
   Einstellungen oder Verhaltensweisen. Die These einer universellen
   Protesthaltung im Zusammenhang mit dem Prozeß der Ablösung

läßt sich nicht aufrechterhalten. Es kommt nicht einmal bei der Hälfte der Jugendlichen zu derartigen Auseinandersetzungen (Rutter u. Mitarb. 1976) (s. u.), und die Eltern treten keineswegs generell als Bezugspunkte für die Orientierung und Identifikation in den Hintergrund, sondern nur in bestimmten Bereichen (Douvan u. Adelson 1966).

5. Trotz der Verringerung des familiären Einflusses in der Adoleszenz *bleibt die Familie die wesentlichste Bezugsgruppe* für die Adoleszenten. Zwar ist der Ablösungsprozeß eine mit der Verselbständigung notwendigerweise verknüpfte Erscheinung; die Trennung von der Familie ist meist jedoch nur vorübergehend bzw. partiell und wird nach der Erlangung von Selbständigkeit und Autonomie durch die Adoleszenten wieder aufgehoben.

Psychoanalyse und Interaktionstheorie sehen den Ablösungsprozeß wie folgt:

1. Die *Psychoanalyse* betont die Rolle des Kindes, das die Eltern bzw. deren Verhaltensweisen verinnerlicht (Introjektion), so daß der Ablösungsprozeß, der ein partielles Aufgeben der Identifikation mit sich bringt, eine schmerzliche Aufgabe wird.
2. Die *Interaktionstheorie* betont die Rolle der Eltern, die durch ihre Vorstellungen und ihre Einschätzung des Kindes den Ablösungsprozeß tiefgreifend beeinflussen.
3. Eine *Verknüpfung beider Ansätze* deckt komplementäre bzw. divergierende Haltungen auf zwischen den Eltern und den sich aus ihrer Einflußsphäre lösenden Kindern. Diese Betrachtungsweise erlaubt sowohl seitens der Eltern als auch seitens der Kinder, charakteristische Mechanismen im Zusammenhang mit der Ablösung zu unterscheiden.

In vollem Umfang verstehbar wird der Ablösungsprozeß erst, wenn die *Familie als System* betrachtet wird. Diese Betrachtungsweise impliziert, daß die Veränderung eines Systemteils das ganze System verändert. Der Ablösungsprozeß wird ausgelöst durch die Entwicklung des Adoleszenten, die ein starkes Streben nach Selbständigkeit und Autonomie einschließt. Diese Veränderungen rufen bei den Eltern Reaktionen hervor wie verstärktes Kontrollbedürfnis, Trauer über den Rückzug der Jugendlichen, Verlustängste oder auch Gelassenheit und Verständnis. Dies beeinflußt wiederum das Verhalten der Jugendlichen und umgekehrt. Der Prozeß der Auseinandersetzung konsolidiert sich gegen Ende der Adoleszenzphase, wobei *verschiedene „Lösungen" möglich* sind. Es kann zum Wiederaufbau einer stabilen und tragfähigen Bindung zu den Eltern kommen, es kann sich eine längere oder dauerhafte Trennung ergeben oder aber eine ambivalente Bindung bei prolongiertem Ablösungsprozeß.

Der Ablösungsprozeß läßt sich in verschiedene *Teilprozesse bzw. Dimensionen* aufgliedern. In Anlehnung an Neidhardt (1970) unterscheiden wir vier Bereiche gemeinsamer Beziehungsstrukturen zwischen Eltern und Jugendlichen:

- die *interaktionelle* Ebene des gemeinsamen Umgangs und der Kommunikation,
- die *normative* Ebene der elterlichen Kontrolle über die Jugendlichen,
- die *emotionale* Ebene gefühlsmäßiger Bindung und Solidarität und
- die *ökonomische* Ebene wirtschaftlicher Abhängigkeit bzw. Unabhängigkeit.

3.6.2 Der Ablösungsprozeß aus der Sicht der Eltern

Für die Eltern zeichnet sich die beginnende Ablösung zunächst auf der *interaktionellen Ebene* ab. Mit dem zunehmenden Gewicht der Bezugsgruppe verändern sich die Kontakte zu den Eltern zwangsläufig. Am besten läßt sich dies am Freizeitverhalten veranschaulichen. Die Adoleszenten verbringen häufiger den Abend außer Hause, fahren seltener mit den Eltern in Urlaub, gehen später schlafen, beurteilen zu Hause verbrachte Abende negativer (Rosenmayr 1963). Dieser Rückzug aus der Familie stellt nicht geringe Anforderungen an die Eltern. Sie erleben ihn vielfach als generelle Abwendung vom Elternhaus, was sich auf der *normativen Ebene* in einem verstärkten Kontrollbedürfnis der Eltern äußern kann, das eine Fülle von Konflikten heraufbeschwört. Durch die Verlagerung von Beziehungsstrukturen aus dem Elternhaus heraus entsteht naturgemäß eine geringere Kontrollmöglichkeit. Divergierende Anschauungen über Normen und Werte können aber gerade das Kontrollbedürfnis der Eltern verstärken. Gleichzeitig nimmt bei den Jugendlichen die Bereitschaft ab, zu gehorchen und sich den Anweisungen der Eltern zu fügen. Dies hängt auch damit zusammen, daß die Eltern „im Bewußtsein der Jugendlichen mehr und mehr den exklusiven und höchst illusionären Charakter verlieren, den sie in früheren Jahren bei ihren Kindern in der Regel besaßen" (Neidhardt 1970). Damit ist gleichzeitig eine *Verlagerung und Veränderung der Vorbildfunktion* verbunden. Diese wird einerseits zunehmend im außerfamiliären Bereich gesucht, zum anderen ist sie weniger personifiziert bzw. bezieht sich vielfach auf imaginäre Personen, die nur einzelne Züge mit realen Personen gemeinsam haben. Innerhalb der Familie sinkt vor allem der Einfluß des Vaters als Vorbild, besonders bei Jugendlichen der unteren sozialen Schicht (Neidhardt 1970). Als relativ stabil erweisen sich die *emotionalen Bindungen*. Auch bei einer Abwendung von der Familie bleiben meistens besonders zur Mutter tiefergehende emotionale Bindungen erhalten. Auf der *ökonomischen*

Ebene entstehen Probleme dadurch, daß die Jugendlichen ein starkes Unabhängigkeitsbedürfnis haben, aber wirtschaftlich von ihren Eltern abhängig sind. Dieser Umstand wird von den Eltern häufig dahingehend genutzt, daß sie versuchen, ihre Kontroll- und Reglementierungsfunktionen auf dem Weg über die wirtschaftliche Abhängigkeit weiter auszuüben, wodurch dieser Bereich vielfach zu einer ständigen Konfliktquelle wird.

Drei Gruppen *elterlicher Vorstellungen und Erwartungen* sind nach Stierlin (1975) für Verlauf und Ausgang des Ablösungsprozesses bedeutsam, nämlich im Hinblick auf:

1. die Fähigkeit des Kindes, *Autonomie* zu entwickeln („Das Kind wird entweder als stark, als fähig, auf eigenen Füßen zu stehen, wahrgenommen oder als krank, schwach, infantil, für immer abhängig" [Stierlin 1975])
2. seine Fähigkeit, *neue Objektbeziehungen* einzugehen (entweder betrachten die Eltern ihr Kind als erfolgreich im Finden von Freunden und Partnern oder als erfolglos)
3. die *Loyalität* der Jugendlichen gegenüber ihren Eltern. Hier geht es darum, ob und in welcher Weise die Kinder im Verlaufe des Ablösungsprozesses den Kontakt zu den Eltern aufrechterhalten bzw. ihnen Wertschätzung entgegenbringen.

Je nach Ausprägung dieser Erwartungen kann die Haltung der Eltern für den Adoleszenten *trennungsfördernd oder trennungsverhindernd* sein. So werden Eltern, die ihr Kind im Sinne der ersten Gruppe von Erwartungen als sehr unselbständig und abhängig ansehen, ihm auch geringe Fähigkeiten hinsichtlich des Eingehens neuer Objektbeziehungen zuschreiben, was einen trennungsverhindernden Einfluß auf das Kind haben muß. Hier kann der Ablösungsprozeß sich lange und schleppend hinziehen und sehr stark konfliktbesetzt sein. Ferner wird davon ausgegangen, daß sich die eigene Entwicklung der Eltern im Verlaufe ihres Ablösungsprozesses reproduziert und eigene Probleme z. B. mit der Beziehung zu ihren eigenen Eltern in die Haltung gegenüber den Kindern eingehen.

Für die Art der Konflikte bzw. des Ablösungsprozesses spielt auch eine Rolle, daß Jugendlichen heute im allgemeinen ein größerer Freiraum zugestanden wird, daß sie finanziell besser gestellt sind als ihre Elterngeneration und bessere Ausbildungsmöglichkeiten haben usw.

Auch wenn in der Adoleszenz oft Konflikte bestehen, beziehen sie sich keineswegs auf alle Jugendlichen und Familien und dürfen nicht überbewertet werden. Bei der Befragung einer repräsentativen Stichprobe aus der Isle-of-Wight-Studie (Rutter u. Mitarb. 1976) gab rund ein Sechstel der Eltern an, nennenswerten Streit mit ihren Kindern zu haben. Rund 12 bzw. 7% äußerten (in bezug auf Jungen bzw. Mädchen), daß sich die Kinder häufig der Familie entzogen. Etwa ein Viertel der Eltern von Jungen, dagegen nur 9% der Eltern von Mädchen gaben an, daß zwischen ihnen und ihren Kindern Verständnisschwierigkeiten bestanden, die jedoch bei dem überwiegenden Teil schon vor der Adoleszenz vorhanden gewesen waren.

3.6.3 Der Ablösungsprozeß aus der Sicht der Adoleszenten

Tiefenpsychologie und Interaktionstheorie sehen den Ablösungsprozeß von den Aufgaben her, die der Jugendliche in der Adoleszenz zu leisten hat. In diesem Sinne unterscheidet Stierlin (1980) drei Prozesse, die er als *„Versöhnungsvorgänge"* bezeichnet:

1. die *integrative Versöhnung*, die Differenzierung und Integration der Triebe, Gefühle und Motivationen sowie die Entwicklung der Abwehrmechanismen und der Identität umfaßt;
2. die *adaptative Versöhnung*, deren Aufgabe es ist, Polaritäten und Widersprüche zu integrieren und in die eigene Person aufzunehmen, wovon die wichtigsten Tun und Erleiden, Wollen und Entsagen, Selbstrealisierung und Selbstbegrenzung sind;
3. die *reparative Versöhnung*, die sich auf die Bewältigung der Trennung von den Eltern bezieht und den daran anschließenden Wiederaufbau einer Beziehung zu ihnen. Sie umfaßt einen schmerzhaften Trauerprozeß, der die Befreiung von den Eltern als inneren Objekten begleitet.

Auch aus der Sicht der Adoleszenten steht der Streit mit den Eltern keineswegs im Mittelpunkt der Eltern-Kind-Beziehung. In der Studie von Rutter u. Mitarb. (1976) ergab die Befragung einer repräsentativen Gruppe von 14jährigen Adoleszenten, daß es bei rund einem Drittel der Mädchen und Jungen Auseinandersetzungen, Kritik und Unstimmigkeiten mit den Eltern gab, jedoch nur wenige die Eltern wirklich ablehnt. Kritik und Auseinandersetzungen beziehen sich nicht auf alle Ebenen, sondern sind im wesentlichen beschränkt auf Kleidung, Haartracht und abendlichen Ausgang. Ein Vergleich gesunder Adoleszenten mit solchen, die an psychiatrischen Störungen leiden, zeigt allerdings, daß bei der letzteren Gruppe Streit, Auseinandersetzungen und Kommunikationsstörungen in hochsignifikanter Weise überwiegen. Streit mit den Eltern ist ein wichtiges Glied in der Kette belastender Faktoren im Jugendalter. Sie können zusammen mit Schwierigkeiten in Schule und Freizeit zu Drogenkonsum und Jugenddelinquenz, zu Streßsymptomen und Selbstwertproblemen führen (Engel u. Hurrelmann 1989).

3.6.4 Familienzusammenhalt und Konflikte zwischen Eltern und Adoleszenten

Der Ablösungsprozeß scheint seit geraumer Zeit bei der Mehrzahl der Jugendlichen im Binnenraum der Familie einigermaßen problemlos zu verlaufen; dem entspricht, daß Jugendliche das Verhältnis zu ihren Eltern überwiegend positiv beurteilen (z. B. Allerbeck u. Hoag 1985; Engel u. Hurrelmann 1989). Die meisten Jugendlichen haben eine tragfähige Beziehung zu ihren Eltern und teilen mit ihnen die wesentlichsten Wertvorstellungen (Douvan u. Adelson 1966; Offer 1969). Ausgesprochene Konflikte zwischen Adoleszenten und ihren Eltern sind keineswegs bei der überwiegenden Mehrzahl der Jugendlichen zu finden (Weiner 1971).

In der Shell-Studie (Jugendwerk der Deutschen Shell 1985) äußern die meisten Eltern, daß sie Jugendliche als gleichberechtigte Gesprächspartner sehen und Jugendliche auch Erziehungsgrundsätze der Eltern kritisieren können.

Seit Jahren zeigt sich immer wieder, daß der Konflikt zwischen den Generationen sich weniger auf der familialen als auf der gesellschaftlichen Ebene abspielt und daß Kritik an den Erwachsenen allgemein ungleich schärfer artikuliert wird als an den eigenen Eltern. Allerbeck (1979) zeigte in einer 5 Länder vergleichenden Untersuchung, daß zwischen Protest in der Familie und politischem Protest kein Zusammenhang besteht.

Jugendliche bleiben aufgrund der langen schulischen Ausbildungswege verhältnismäßig lange von den Eltern finanziell abhängig. Viele Jugendliche orientieren sich zwar in wesentlichen Bereichen des Alltagslebens mit steigendem Alter zunehmend an gleichaltrigen Bezugspersonen, jedoch bleiben die Eltern in wichtigen Fragen zentrale Bezugspersonen.

Von zentraler Bedeutung für den Zusammenhalt der Familie ist die Notwendigkeit, dem Jugendlichen die bestmöglichen schulischen und beruflichen Chancen zu geben. Im Jugendalter fallen wichtige Entscheidungen für den beruflichen und sozialen Status als Erwachsener. Das betrifft besonders die schulische Bildung, die in unserer Gesellschaft wesentlich über die später erreichbaren sozialen Positionen entscheidet. Es gibt also sowohl die Chance sozialen Aufstiegs als auch das Risiko des Abstiegs. Das Risiko, an den Leistungserwartungen zu scheitern, ist für den Jugendlichen und für seine Herkunftsfamilie sehr kostspielig, denn der soziale Abstieg des Nachwuchses kann den Abstieg der Familie nach sich ziehen. Schon aus diesem Grund drängen die Eltern auf gute Schulleistungen ihrer Kinder. Aber auch verletzte Aufstiegserwartungen können Konflikte hervorrufen. Auch die Arbeitslosigkeit von Vater oder Mutter kann zu einem gereizten Klima führen.

Eine weitere Tendenz ist ein früherer Beginn der Verselbständigung, was sich in verstärkten eigenen Sozialkontakten und informellen Gruppierungen von Jugendlichen ausdrückt. Die Möglichkeit der Ablösung ist jedoch durch die längere materielle Abhängigkeit von den Eltern eingeschränkt. In der Regel wird mit dem eigenständigen Wohnen die Beziehung zur Herkunftsfamilie auf eine neue Basis gestellt. Mit dem Wegfall der Kontrolle und der sich durch das Zusammenleben ergebenden Konflikte entspannt sich das Verhältnis zwischen Eltern und Jugendlichen.

In Zeiten der Arbeitslosigkeit und des Mangels an Ausbildungsplätzen ist der Eintritt vieler Jugendlicher in die Arbeitswelt und ihre Ablösung von den Eltern erschwert. Wenn Konflikte bestehen, entspannt sich das Verhältnis nach einer erfolgreichen Berufseinmündung in der Regel deutlich. Die Kinder werden zunehmend als gleichberechtigt akzeptiert.

Belastungen zwischen Eltern und Kindern werden heute weniger durch den Generationskonflikt ausgelöst als durch veränderte ökonomische Gegebenheiten und technologische Entwicklungen, denen Eltern wie Jugendliche unsicher und ratlos gegenüberstehen.

Zusammenhalt der Familie

Der enge und solidarische Familienzusammenhalt zeigt sich u. a. in folgenden Tendenzen.

– Die Jugendlichen können sich großenteils auf *elterliche Unterstützung* verlassen (Shell-Studie 1981, Bd. I). Die Eltern setzen sich z. B. dafür ein, ihren Kindern einen Ausbildungs- oder Arbeitsplatz zu beschaffen.
– Die längere *Verweildauer im Elternhaus*: 1983 wohnten 80% der befragten 16- bis 18jährigen bei ihren Eltern, 1962 waren es 72%. (Bei den 21- bis 25jährigen ist die Tendenz umgekehrt: 36 vs. 75%.) Dagegen, daß diese längere Verweildauer in erster Linie Folge der langen Ausbildungszeiten und von daher rein materielle Notwendigkeit ist, spricht, daß zwischen 25 und 40% der Jugendlichen, die noch im elterlichen Haushalt wohnen, erwerbstätig sind und einen eigenen Haushalt finanzieren könnten, dagegen haben 40% derer, die ohne Familie wohnen, wenig Geld zur Verfügung, und 15% werden von den Eltern unterstützt (Jugendwerk der Deutschen Shell 1981, Bd. I). So lange wie möglich zu Hause wohnen wollen die 12- bis 16jährigen zu 23% auf jeden Fall, vielleicht zu 51%, eher nicht zu 20% und auf keinen Fall nur 7% (Engel u. Hurrelmann 1989).

- Sowohl in der Ehe als auch in der Eltern-Kind-Beziehung entwik-
keln sich mehr *partnerschaftliche Umgangsformen*. In den 60er Jahren erfolgte darüber hinaus eine radikale Infragestellung der alten
Erziehungsmethoden. So akzeptiert kaum einer heute noch körperliche Züchtigung, auch wenn sie – allerdings in geringerem Ausmaß
– noch vorkommt. Die Eltern sind bemüht, Verständnis für ihre
Kinder zu zeigen, ihnen eher als Freunde denn als Autoritätsperso-
nen zu begegnen, Entscheidungen gemeinsam zu treffen, Kompro-
misse zu schließen und sich in vieler Hinsicht den Jugendlichen anzupassen (Allerbeck u. Hoag 1985; Jugendwerk der Deutschen
Shell 1981).
- Für die meisten Jugendlichen sind die Eltern, vorwiegend die Mutter, die wichtigsten *Vertrauenspersonen* (Schütze 1988). Auch in
der Untersuchung von Engel u. Hurrelmann (1989) wurde in bezug
auf Problemsituationen („ganz persönliches Problem" und Unkon-
zentriertheit in der Schule) ganz überwiegend die Mutter als Ansprechpartner angegeben, danach je nach Situation in unterschiedlicher Reihenfolge Vater, Freundin und Freund.
- Auf eine große Übereinstimmung mit den Eltern weist auch hin,
daß zwischen zwei Drittel und drei Viertel der Befragten später
Kinder haben wollen und davon nicht mehr als ein Fünftel ihre Kinder anders erziehen würde, als sie selbst erzogen wurden (Engel u.
Hurrelmann 1989).

Gründe für diesen Familienzusammenhalt dürften u. a. sein:

- *Sozial-strukturelle Veränderungen:* Die hohe und andauernde Arbeitslosigkeit seit Ende der 70er Jahre betrifft sowohl die ältere als
auch die jüngere Generation und wird von beiden Generationen
(45- bis 54jährige und 15- bis 24jährige) mit Abstand als Haupt-
problem gesehen (Jugendwerk der Deutschen Shell 1981, Bd. V).
Hier zeigen sich Parallelen zur Nachkriegszeit, in welcher die „Berufsnot der Jugend" (Schelsky 1952) zu einem solidarischen Familienzusammenhalt führte.
- *Innerfamilialer Strukturwandel:* Der zweite Weltkrieg und die
Nachkriegszeit bedeutete einen zeitweisen Zusammenbruch der
bürgerlichen Familienstruktur. Der Mann verlor seine Position als
alleiniger Ernährer der Familie, die Frau erreichte eine neue Selbständigkeit und gewann an innerfamiliärer Autorität.
- Der *Bildungsvorsprung vieler Jugendlichen* gegenüber ihren Eltern:
Immer mehr Jugendliche haben eine qualifiziertere Ausbildung als
ihre Eltern, z. B. in bezug auf Technologien und deren Gefahren.
Dies verschafft ihnen einen gewissen Respekt (Schütze 1988).
- Außerdem spielt die allgemeine *kulturelle Wertschätzung von
Jugendlichkeit* eine Rolle, die sich in Kleidung, Konsumgewohn-
heiten usw. ausdrückt.

Aufgrund dieses *neuen Erziehungsklimas* kann man vermuten, daß die längere Verweildauer im Elternhaus sich auch dem Umstand verdankt, daß die Jugendlichen ihre Wünsche nach Autonomie nicht mehr erst nach Verlassen des Elternhauses realisieren können, sondern daß dies weitgehend im Zusammenleben mit den Eltern möglich ist. Dem entspricht auch, daß neuere Adoleszenzkonzeptionen davon ausgehen, daß ein Individuum zu sein und gleichzeitig eine gute Beziehung zu seinen Eltern zu haben kein Gegensatz ist (Youniss 1983). Die Annahme, Autonomie entwickle sich gleichsam außerhalb oder gegen die Familie, trage der Realität nicht Rechnung. Insgesamt scheinen die Konflikte mit mehr „Rationalität" ausgetragen zu werden.

3.6.4.2 Konflikte in der Familie

Familiäre Konflikte beziehen sich eher auf umschriebene Bereiche. So empfinden rund 80% der Jugendlichen den Erziehungsstil ihrer Eltern als zu restriktiv (Douvan u. Adelson 1966), rund die Hälfte der Adoleszenten in einer größeren Befragung (Meissner 1965) fand ihre Eltern altmodisch, und nur ein kleiner Teil zeigte ausgesprochen auflehnendes und ablehnendes Verhalten gegenüber den Eltern.

Offer (1969) zeigte in einer Längsschnittuntersuchung, daß emotionale Beunruhigung sporadisch den Beginn der Adoleszenz charakterisiert, jedoch neurotisches Verhalten und Protest sowie Rebellion keineswegs die Regel sind. Zwischen Eltern und Kindern kommt es zwar immer wieder zu Spannungen, es überwiegen jedoch die Gemeinsamkeiten. Sexuelle Probleme stehen keineswegs im Vordergrund. Hingegen sind aggressive Tendenzen häufiger Anlaß für Auseinandersetzungen mit den Eltern. Die Mehrzahl kommt gut mit ihren Eltern aus, die Wertvorstellungen divergieren keineswegs stark, und die meisten Unstimmigkeiten beziehen sich nur auf Teilbereiche (Kleidung, Haartracht usw.) (Meissner 1965; Offer 1969).

Konflikthäufigkeit: Eltern und Jugendliche erfahren das Zusammenleben zwar als spannungsreich, aber daraus muß man nicht auf ein erhöhtes Konfliktpotential schließen. Vielmehr werden in dem Maße, in dem Jugendliche Einfluß auf Entscheidungen in der Familie nehmen, Konflikte offener ausgetragen. Gelegentliche oder häufige Konflikte mit dem Vater haben knapp ein Sechstel der Jungen und ein Fünftel der Mädchen. Auch das Verhältnis zur Mutter ist für Mädchen etwas schwieriger als für die Jungen. Insgesamt berichten knapp ein Fünftel (18%) der Jugendlichen über Streit mit dem Vater, 13% über Streit mit der Mutter (Engel u. Hurrelmann 1989).

Typische bzw. wichtigste *Konfliktinhalte* ergeben sich in folgenden Bereichen (Engel u. Hurrelmann 1989):

– Jugendliche wollen sich vor allem mit Gleichaltrigen zusammentun, eigene Interessen entwickeln und wenig von den Eltern kontrolliert werden.

– Im Vergleich zur Jugendzeit der heutigen Elterngeneration in den fünfziger Jahren hat die Bedeutung von Frisur, Kleidung und Unordnung als Streitgegenstand zugenommen. Für die heutige Jugend sind Frisur- und Kleidungsstile im Zusammenhang mit der jeweiligen Subkultur z. T. eine „Botschaft" an die Erwachsenengesellschaft.

– Streitanlässe aus dem erotisch-sexuellen Bereich führen im Vergleich zur früheren Jugendgeneration bereits im Alter zwischen 13 und 15 zu Auseinandersetzungen.

– Außerdem belasten schulische Probleme die Adoleszenz, da die Schulzeit wesentlich länger geworden ist.

– An der Spitze der Konfliktanlässe stehen Ordentlichkeit, Mithilfe im Haushalt und Schulleistungen, weniger wichtig sind Ausgehen, Kleidung und Rauchen. Bei den Schulleistungen sind die Jungen etwas stärker betroffen, beim Rauchen gibt es keine Unterschiede, bei allen anderen Anlässen haben vor allem die Mädchen größere Probleme.

Konfliktgründe: Für Konflikte mit den Eltern werden u. a. verantwortlich gemacht (Garrison u. Garrison 1975; Schiamberg 1969) (s. auch Kap. 4):

1. unterschiedliche Erfahrungen von Eltern und Kindern, die sich vor allem auf die Entwicklungsspanne der Adoleszenz beziehen (Eltern hatten, als sie in diesem Alter waren, vielfach ganz andere Erfahrungen);
2. der Mangel an klar definierten Schritten in der Entwicklung vom Zustand der kindlichen Abhängigkeit zur Unabhängigkeit des Erwachsenen;
3. Fehlen klar definierter Regeln, die den Rückzug elterlicher Autorität in der Phase des Übergangs vom Kindesalter zur Adoleszenz strukturieren;
4. Unterschiede zwischen Eltern und Jugendlichen auf der psychologischen und sozialen Ebene. Psychologisch manifestieren sie sich als Diskrepanz zwischen Einstellungen und Vorstellungen der Jugend und den Erfahrungen der Erwachsenen, soziologisch äußern sie sich in einem Spannungsverhältnis zwischen kontrollierender Elternrolle und autonomen Bedürfnissen der Jugendlichen;
5. Belastungen und Spannungen, die durch den sozialen und kulturellen Wandel entstehen.

Ein Großteil der Konflikte ist also aus dem Spannungsfeld zwischen Autonomiebedürfnis der Jugendlichen und Verantwortungsbewußtsein der Eltern zu verstehen. Ersteres wird aus entwicklungspsychologischen Gründen (Zuwachs an neuen Fähigkeiten, die erprobt sein wollen) von den Adoleszenten übermäßig betont, letzteres vielfach aus übertriebener Besorgnis oder als Abwehr eigener nicht gestatteter Bedürfnisse überzeichnet.

Weglaufen: Nach Angaben der Polizeistatistik verlassen rund 4−6% aller Jugendlichen einmal jährlich unerlaubt ihr Elternhaus. Die Konflikte, die zum Weglaufen führen, liegen vorwiegend im Elternhaus. Häufige Motive sind: zu starke Einengung, Angst vor Strafe, Streitigkeiten und Disharmonie in der elterlichen Familie, Alkoholabhängigkeit oder psychische Erkrankung eines Elternteils. Im Falle ausgedehnter Krisensituationen genügen oft geringfügige Anlässe, um die Situation des Weglaufens herbeizuführen. Bei vielen Adoleszenten ist das Weglaufen im Zusammenhang mit Individuations- oder Reifungskrisen zu sehen und als vorübergehendes Phänomen aufzufassen. Der überwiegende Teil der Jugendlichen kehrt von selbst ins Elternhaus zurück, ein anderer Teil wird von der Polizei aufgegriffen. Jugendliche Wegläufer haben nicht primär eine Neigung zu delinquentem Verhalten, sind aber aufgrund der Umstände häufig dazu gezwungen, ihren Lebensunterhalt durch Diebstähle zu bestreiten. Insofern ergeben sich häufig Kollisionen mit der Polizei.

Geschlechterunterschiede in der Eltern-Kind-Beziehung

Besondere Probleme der *Mädchen* in der Beziehung zu ihren Eltern sind (s. auch Deutscher Bundestag 1984):

– Sie werden meistens stärker in die Verantwortung für Haushalt und Familie (Betreuung der jüngeren Geschwister) einbezogen und haben dadurch weniger freie Zeit als Jungen. Dies gilt noch mehr für Mädchen in bäuerlichen Betrieben. Dieser Bereich ist ein wesentlicher Inhalt der Konflikte mit den Müttern. Obwohl die Probleme der Doppelbelastung von Frauen durch Haus- und Familienarbeit bekannt sind, gibt es auch heute noch kaum eine partnerschaftliche Arbeitsteilung bei den Eltern und kaum eine Einbeziehung der Söhne in die Hausarbeit (Seidenspinner u. Burger 1982). Diese Einseitigkeit des Familienlebens spiegelt sich auch in der Beziehung der Eltern zu den Töchtern wider. Die Mutter ist die Hauptansprechpartnerin, mit ihr gibt es aber auch die meisten Konflikte, und zwar vor allem um die Hausarbeit. Mütter wollen ihre Töchter zu guten Hausfrauen erziehen und erwarten außerdem eine Entlastung im Haushalt. Die Töchter sehen, wie wenig die Hausarbeit von den männlichen Familienmitgliedern anerkannt wird und wie selten diese sich selbst daran beteiligen, und widersetzen sich den Anforderungen der Mütter, wollen aber später selbst eine gute

Hausfrau und Mutter sein. Erst in ihrer eigenen – künftigen – Familie wollen sie die Hausfrauenrolle übernehmen.
– Trotz der Liberalisierung von Erziehungsvorstellungen, insbesondere in bezug auf Sexualität, gibt es nach wie vor die entsprechenden Streitanlässe; auch die strengere Kontrolle der Töchter, insbesondere bezüglich Jungenfreundschaften und abendlichem Ausgehen, im Vergleich zu Söhnen ist geblieben.
– Vor allem die arbeitslosen Mädchen werden stärker kontrolliert. Besondere Probleme entstehen, wenn auch Eltern oder Geschwister arbeitslos sind.

Nur eine Minderheit der 15- bis 19jährigen Mädchen (17%) kann sich vorbehaltlos mit ihren Müttern identifizieren (Burger u. Seidenspinner 1988). Die Distanzierung (27%) richtet sich auf die Opferrolle der Mütter und die unbefriedigende partnerschaftliche Beziehung der Eltern. Bei den meisten überwiegt ein ambivalentes Verhältnis zur Mutter und der Wunsch, selbst Familie und Berufsorientierung zu verbinden. Die Erfahrung mit eigener Sexualität gibt bei Mädchen den wesentlichen Impuls für die Ablösung von den Eltern.

3.7 Entwicklungsaufgaben und Rollenprobleme

In der neueren Entwicklungspsychologie werden Entwicklungen auf allen Altersstufen als Bewältigung von **Entwicklungsaufgaben** angesehen (s. auch Kap. 6). Diese Konzeption hat die Phasen- und Stufenlehren abgelöst. Die Betrachtungsweise ist jedoch nicht neu. Bereits Spranger (1926) hat diesen Aspekt ausführlich berücksichtigt.

Havighurst (1948, 1972) definierte acht solcher *Entwicklungsaufgaben für das Jugendalter* (zit. nach Oerter u. Mitarb. 1987):

1. Akzeptieren der eigenen körperlichen Erscheinung und effektive Nutzung des Körpers: Sich des eigenen Körpers bewußt werden. Lernen, den Körper in Sport und Freizeit, aber auch in der Arbeit und bei der Bewältigung der täglichen Aufgaben sinnvoll zu nutzen.
2. Erwerb der männlichen bzw. weiblichen Rolle: Der Jugendliche muß seine individuelle Lösung für das geschlechtsgebundene Verhalten und für die Ausgestaltung der Geschlechtsrolle finden.
3. Erwerb neuer und reiferer Beziehungen zu Altersgenossen beiderlei Geschlechts: Hierbei gewinnt die Gruppe der Gleichaltrigen an Bedeutung.
4. Gewinnung emotionaler Unabhängigkeit von den Eltern und anderen Erwachsenen: Für die Eltern ist gerade diese Entwicklungsaufgabe schwer einsehbar und oft schmerzlich. Obwohl sie ihre Kinder gerne zu tüchtigen Erwachsenen erziehen wollen, möchten sie die

familiäre Struktur mit den wechselseitigen Abhängigkeiten möglichst lange aufrecht erhalten.

5. Vorbereitung auf die berufliche Karriere: Lernen im Jugendalter zielt direkt (bei berufstätigen Jugendlichen) oder indirekt (in weiterführenden Schulen) auf die Übernahme einer beruflichen Tätigkeit ab.

6. Vorbereitung auf Heirat und Familienleben: Sie bezieht sich auf den Erwerb von Kenntnissen und sozialen Fertigkeiten für die bei Partnerschaft und Familie anfallenden Aufgaben. Die Verlängerung der Lernzeit bis häufig weit in das dritte Lebensjahrzehnt macht im Zusammenhang mit dem säkularen Wandel allerdings auch neue Lösungen notwendig.

7. Gewinnung eines sozial verantwortungsvollen Verhaltens: Bei dieser Aufgabe geht es darum, sich für das Gemeinwohl zu engagieren und sich mit der politischen und gesellschaftlichen Verantwortung des Bürgers auseinanderzusetzen.

8. Aufbau eines Wertsystems und eines ethischen Bewußtseins als Richtschnur für eigenes Verhalten: Die Auseinandersetzung mit Wertgeltungen in der umgebenden Kultur soll in diesem Lebensabschnitt zum Aufbau einer eigenständigen „internalisierten" Struktur von Werten als Orientierung für das Handeln führen.

Die Entwicklungsaufgaben werden ähnlich auch von anderen Autoren formuliert. Manche (z. B. Garrison u. Garrison 1975) unterscheiden Entwicklungsaufgaben der frühen und der späten Adoleszenz, wobei der Übergang von der Früh- zur Spätadoleszenz als graduell und nicht qualitativ angesehen wird. Auch in der Sicht der Jugendlichen selbst gibt es deutliche Unterschiede in der subjektiven Bedeutung von Entwicklungsaufgaben in Abhängigkeit von Alter und Geschlecht (Dreher u. Dreher 1985).

Die Entwicklungsaufgaben stehen in engem Zusammenhang mit der **Rollenübernahme** (s. auch Kap. 6). Das Hineinwachsen in soziale Rollen ist ein in der Adoleszenz überaus wichtiger Vorgang. Als *Rolle* definieren wir eine in sich zusammenhängende Folge von Verhaltensweisen (Verhaltenssequenz), die auf die Verhaltenssequenzen anderer Personen abgestimmt ist (Hofstätter 1957). Die Rolle läßt sich durch drei Momente charakterisieren:

– Sie ist strukturiert, d. h., sie läßt sich von anderen Rollen abgrenzen.

– Sie ist auf die Rollen anderer Personen abgestimmt und auf sie angewiesen.

– Sie ist unabhängig vom jeweiligen Rollenträger, d. h., sie kann von anderen übernommen werden, ohne ihre Struktur zu ändern.

Die *Übernahme einer Rolle* hängt u. a. davon ab, ob sie gesellschaftlich anerkannt ist, ob sie den individuellen Erwartungen und Fähigkeiten entgegenkommt, ob der Betreffende bereits Vorerfahrungen hat, die ihm die Übernahme erleichtern usw. Rollen, die in der Gesellschaft angesehen sind, individuellen Bedürfnissen entgegenkommen und z. T. bereits eingeübt sind, werden am leichtesten übernommen. *Rollenkonflikte* entstehen, wenn ein Individuum widersprüchliche Rollen vereinbaren soll. Solche Konflikte sind gerade in der Adoleszenz überaus häufig. Sie können u. U. zu krankhaften Verhaltensweisen führen oder auch dazu, daß die angestrebte und nicht erreichte Rolle oppositionelles Verhalten auslöst. Viele Jugendliche sehen sich in dieser Phase außerstande, eine eindeutig definierte Rolle zu übernehmen. Sie fühlen sich nicht mehr als Kind, aber auch noch nicht als Erwachsener und wissen vielfach nicht, was die Umgebung von ihnen erwartet. Im Zusammenhang mit der Identifikationsproblematik und der Identität sind wir bereits auf die Rollenübernahme eingegangen.

3.8 Bewältigungsstrategien (Coping)

3.8.1 Allgemeine Gesichtspunkte

Zur Bewältigung der Entwicklungsaufgaben sind Kompetenzen erforderlich, die z. T. auf Fähigkeiten und Erfahrungen aufbauen, die bereits in der Kindheit erworben wurden, zum anderen Teil sich aber in der Adoleszenz neu entwickeln. Man könnte sagen, die Entwicklungsreize provozieren neue Möglichkeiten der Auseinandersetzung und der Bewältigung. Unter *„Coping"* verstehen wir einen „Prozeß der konstruktiven Anpassung" (Olbrich 1984), der den Betreffenden in die Lage versetzt, mit den Anforderungen sich so auseinanderzusetzen, daß die Schwierigkeiten bewältigt werden und das Gefühl entsteht, den Dingen gewachsen zu sein, was wiederum zu einem positiven Selbstwertgefühl führt. Vorbilder für diese Betrachtungsweise von Entwicklungsprozessen und ihrer Bewältigung finden sich in der Aufklärung, in der Pädagogik Rousseaus, der idealistischen Philosophie und in der Romantik (Hornstein 1966).

Eine Reihe von *psychopathologischen Symptomen* können als insuffiziente Bewältigungsstrategien aufgefaßt werden. Denn auch psychisch kranke und behinderte Adoleszenten machen von den ihnen neu zugewachsenen Fähigkeiten Gebrauch. Dementsprechend zeigen sich Bewältigungsstrategien bei verschiedenen Erkrankungen und Behinderungen, nur führen sie häufig nicht zu einer konstruktiven Auseinandersetzung mit den jeweiligen Problemen, sondern zu einer Fehlanpassung.

Coping-Verhalten ist notwendig, wenn man vor *neuen Anforderungen* steht, die mit den eingeübten und habitualisierten Verhaltensweisen nicht bewältigt werden können. Die Lösung eines solchen Problems erfordert die Entwicklung neuer Verhaltensweisen in Form von konstruktiven Einfällen, die Weiterentwicklung vorhandener Fähigkeiten oder die Entdeckung neuer Möglichkeiten der eigenen Person. All dies setzt entsprechende kognitive Fähigkeiten voraus (Lazarus 1966, 1980).

Der *Coping-Prozeß* läuft wie folgt ab:

– Zunächst kommt es zu einer *„primären Abschätzung" der Situation*. Diese besteht in einem kognitiven Prozeß, der auch affektive Bewertungskomponenten umfaßt.

– In einem zweiten Bewertungsschritt werden die *eigenen Möglichkeiten einschließlich der Hilfestellungen durch die Umgebung zur Bewältigung der jeweiligen Aufgabe abgeschätzt*. Es handelt sich also um eine Art „Hochrechnung" (Olbrich 1985) bezüglich des Situationsausganges unter Berücksichtigung der eigenen Möglichkeiten und der in der Umgebung bereitliegenden Hilfemöglichkeiten. In dieser zweiten Abschätzung zeigen sich bereits oft neu entwickelte Bewältigungsstrategien.

– Schließlich kann es aufgrund von Fehlschlägen in der Bewältigung oder auch aufgrund neuer Informationen zu einer *dritten Abschätzung des Problems* kommen. Diese kann eine Neubewertung der Situation und neue Verhaltensalternativen einschließen.

Am Ende steht im günstigen Fall der gelungene Ausgang, d. h. die Bewältigung der Situation. Die angeführten Einschätzungen müssen nicht streng hintereinander ablaufen. Sie können ineinander übergehen oder im Sinne einer Wechselwirkung sich gegenseitig beeinflussen.

Bewältigungsstrategien sind nicht rein kognitiv, es müssen auch ihre emotionalen Komponenten berücksichtigt werden. In der Coping-Literatur werden jedoch die kognitiven Prozesse in den Vordergrund gestellt, wahrscheinlich, weil sie leichter zu erfassen und zu beschreiben sind.

3.8.2 Grundprinzipien von Bewältigungsstrategien

Ausgehend von der kognitiv orientierten Entwicklungspsychologie Piagets (s. o.) können Bewältigungsstrategien unter dem Aspekt der Assimilation und Akkommodation betrachtet werden. Unter *Assimilation* versteht man die Aufnahme und Integration von Erfahrungen über die Umwelt in Relation zu den jeweils ausgebildeten Strukturen des Individuums. Assimilation kristallisiert stets an vorhandenen Erfahrungen, Reaktionsweisen und Verhaltensprogramme an. *Akkommodation* umschreibt die Veränderung, Erweiterung und Differenzierung angesichts von Merkmalen und Vorgängen in der Umwelt. Der eigentliche Motor der Entwicklung wird in Auslenkungen des normalerweise bestehenden Gleichgewichts zwischen Akkommodation und Assimilation gesehen. Neue Anforderungen, Probleme, Krisen führen zu einer Veränderung des Äquilibriums zwischen beiden Prozessen. In diesem Sinne lassen sich auch Bewältigungsstrategien verstehen. Je nach kognitiver (und emotionaler) Entwicklungsstufe geraten die Prozesse der Assimilation und Akkommodation in ein *Disäquilibrium*, welches durch den Einsatz entsprechender Bewältigungsstrategien wieder ausgeglichen wird. Nachdem die Jugendlichen das *Stadium der formalen Denkoperationen* erreicht haben, sind sie in besonderer Weise in der Lage, kognitive Bewältigungsstrategien zu entwickeln. Denn sie verfügen zum ersten Mal über die Fähigkeit, von Konkretem zu abstrahieren, Hypothesen über ihr Verhalten und das Verhalten anderer zu bilden und diese zu testen, eine Metaperspektive einzunehmen (d. h., über sich selbst und über andere nachzudenken) und mögliche eigene oder auch fremde Handlungen hinsichtlich ihrer Konsequenzen probeweise gedanklich vorwegzunehmen.

Eine weitere Möglichkeit, Coping-Strategien unter übergeordneten Gesichtspunkten zu betrachten, geht vom *Zusammenhang zwischen Coping und Entwicklung* aus (Olbrich 1984). Dieser Betrachtung liegt die Annahme zugrunde, daß Jugendliche angesichts neuer Anforderungen einen „Glauben" oder ein *„Wissen"* um ihr eigenes *Verhaltenspotential* haben. Im Coping-Prozeß versagen die herkömmlichen und eingeübten Verhaltensweisen, so daß, um den Adaptationsprozeß zu vollziehen, neue Verhaltensweisen entwickelt werden müssen. Hierfür sind im Prinzip drei Möglichkeiten gegeben:

– *Verfestigungen* bewährter Verhaltensweisen, die angesichts neuartiger Anforderungen stabilisiert werden;
– *Weiterentwicklungen*, die durch das Nichtgenügen gewohnheitsmäßiger Verhaltensprogramme in der jeweiligen Anforderungssituation ausgelöst werden und
– *Verflüssigung* von Verhaltensprogrammen, die besonders bei neuartigen und belastenden Anforderungen auftreten dürften. Im Hinblick auf die Verflüssigung muß eine Auflösung und Neustrukturierung entsprechender Verhaltensprogramme gefordert werden.

Diese relativ abstrakten und wenig untersuchten Vorgänge dürften auch für die *Psychopathologie des Jugendalters* von größter Bedeutung sein. Viele Erkrankungen können aufgefaßt werden als Unfähigkeit, in belastenden Situationen Coping-Mechanismen zu entwickeln. Diese Betrachtungsweise trifft sich mit der Weiterentwicklung der Kinder-

und Jugendpsychiatrie, die sich zunehmend mit den *protektiven Faktoren* im Hinblick auf psychische Erkrankungen beschäftigt und nicht mehr überwiegend mit den krankmachenden. Erfolgreiche Bewältigungsstrategien gehören zu den protektiven Faktoren eines Individuums und können in erheblichem Ausmaß dazu beitragen, daß psychiatrische Erkrankungen verhindert werden (s. Kap. 7).

3.8.3 Daseinstechniken

Besondere *Formen der Bewältigungsstrategien* wurden von Thomae (1951, 1968) als *Daseinstechniken* beschrieben (s. auch Kap. 6). Dies sind diejenigen Mittel und Methoden, die eine Person anwendet, um einen angestrebten Zustand zu erreichen. Es handelt sich nicht um rein kognitive Prozesse, sondern auch um unbewußte Vorgänge, kurzum um alles, was sich für den einzelnen bewährt hat und in der Folge als relativ stabile Strategie zur Problemlösung eingesetzt wird.

Thomae ging davon aus, daß man Bewältigungsstrategien am besten anhand von Biographien, Beobachtungen und Explorationen erkunden könne. Er entwickelte ein Klassifikationssystem, das die Ordnung entsprechender Themen und Techniken des Daseins erlaubt. Diese Vorgehensweise geht davon aus, daß Querschnittserhebungen oder experimentell geprüfte Problemlösungen nicht den für eine Person typischen Lösungsansatz verkörpern. Vielmehr müsse man diese im Rahmen des *individuellen Lebenslaufes* studieren. Man komme dann zu thematischen Strukturen, die für einen Menschen typisch seien. Künftige Problemlösungen werden durch die jeweils für eine Person typische Thematik und Technik prospektiv mitbestimmt. Die Untersuchungen Thomaes haben ergeben, daß die meisten Menschen eine oder mehrere vorherrschende Daseinstechniken einsetzen, um ihre Alltags- und Entwicklungsprobleme zu lösen.

Thomae (1953) unterscheidet folgende Daseinstechniken:

1. *Leistungstechniken:* Sie werden eingesetzt, um ein Problem auf der sachlichen Ebene durch eine nachweisbare Leistung zu lösen.
2. *Anpassungstechniken:* Ihr Charakteristikum ist die Veränderung des eigenen Erlebens oder Verhaltens mit dem Ziel, eine Übereinstimmung mit den Umweltanforderungen herbeizuführen. Da Anpassung im wesentlichen aus der Modifikation eigenen Verhaltens besteht, erfordert sie weniger Aufwand als Leistungstechniken. Das Individuum kann auf bereits eingeübtes und praktiziertes Verhalten zurückgreifen, das je nach Anforderungen und Bedingungen modifiziert wird.
3. *Defensive Techniken:* Sie beziehen sich als vorläufige Reaktionsform auf die Abwehr oder den Aufschub einer drängenden Pro-

blemsituation, die zunächst nicht bewältigt werden kann. Es handelt sich dabei aber nicht um eine pathologische Daseinstechnik, sondern um ein Vorgehen, das normalpsychologisch verständlich und angemessen ist.

4. *Evasive oder exgressive Techniken:* Sie umschreiben ein zeitweiliges Verlassen des Konflikt- oder Spannungsfeldes.

5. *Aggressive Daseinstechniken:* Diese sind auf die Schädigung anderer ausgerichtet, wobei das aggressive Verhalten verschiedene Formen annehmen kann: Unterdrückung und Unterwerfung anderer, direkte Aggression, um andere in die Flucht zu schlagen usw.

3.8.4 Bewältigung und Abwehr

Haan (1963) untersuchte Coping-Verhalten von Jugendlichen *aus neoanalytischer Sicht* (s. auch Kap. 6). Die Autorin stellt *Bewältigungsmechanismen* (Coping-Strategien) und *Abwehrmechanismen* einander gegenüber. In neoanalytischer Konzeption wird generell den Ich-Prozessen ein hoher Stellenwert eingeräumt. Darin zeigt sich übrigens eine Parallele zur kognitiven Psychologie und Verhaltenstherapie, die den kognitiven Prozessen im Rahmen des Coping-Verhaltens die größte Bedeutung beimißt.

Ich-Prozesse und kognitive Strukturen können als weitgehend identisch angesehen werden. Aus dieser Sicht sind Coping-Strategien und Abwehrmechanismen zwar verwandt, sie unterscheiden sich aber in mannigfacher Hinsicht (Haan 1977, in der Übersetzung von Olbrich 1984):

„Coping impliziert Absicht, Wahl und flexiblen Wechsel, es ist der intersubjektiven Realität und Logik verpflichtet, es erlaubt und fordert den angemessenen Ausdruck von Affekten; Abwehr ist zwanghaft, ausschließend, sie ist starr und verzerrt die intersubjektive Realität und Logik. Sie erlaubt nur indirekt den Ausdruck von Affekten und wird von der Erwartung getragen, daß Angst behoben werden könne, ohne das Problem direkt anzugehen."

Nach Haan (1977) handelt es sich bei den Coping-Strategien und den Abwehrmechanismen um *die gleichen grundlegenden Ich-Prozesse*, die auf einem Kontinuum angesiedelt sind, dessen einer Pol eine konstruktive Seite der Auseinandersetzung (Coping) verkörpert, während der andere Pol die rigide Seite der Abwehrmechanismen darstellt. Tab. 3.4 stellt Ich-Prozesse heraus, die je nach Struktur und Entwicklung des Individuums entweder als Coping-Strategien oder als Abwehrmechanismen eingesetzt werden können.

Es wird angenommen, daß eine Person, soweit sie nicht psychisch

Tabelle 3.**4** Ich-Prozesse, die als Coping-Strategien oder als Abwehrmechanismen eingesetzt werden können (aus Olbrich, E.: Konstruktive Auseinandersetzung im Jugendalter: Entwicklung, Förderung und Verhaltenseffekte. In Oerter, R.: Lebensbewältigung im Jugendalter. Edition Psychologie/VCH, Weinheim 1985; nach Haan 1977)

Generischer Ich-Prozeß	Coping	Abwehr
	Kognitive Funktionen	
Kognitive Unterscheidung	Objektivität	Isolierung
Kognitive Trennung	Intellektualität	Intellektualisierung
Mittel-Ziel-Verknüpfung	Logische Analyse	Rationalisierung
	Reflexiv-intrazeptive Funktionen	
Reaktionsaufschub	Ambiguitätstoleranz	Zweifel
Einfühlungsvermögen	Empathie	Projektion
Zeitverschiebung	Regression im Dienste des Ich	Regression im Dienste des Es
	Aufmerksamkeitszentrierende Funktionen	
Selektive Aufmerksamkeit	Konzentration	Verleugnung
	Affektive Impulsregulierungen	
Bedürfnisverschiebung	Sublimierung	Verschiebung
Bedürfniswandlung	Substitution	Reaktionsbildung
Bedürfnishemmung	Unterdrückung	Verdrängung

krank ist oder unter schwerwiegenden Problemen leidet, zunächst die „gesunden" Ich-Prozesse in Form von Coping-Strategien einsetzt und erst dann, wenn eine Problemsituation ihre Möglichkeiten übersteigt, auf Abwehrmechanismen zurückgreift. Der Coping-Vorgang beginnt mit der Wahrnehmung der zu bewältigenden Situation. Diese löst bei der jeweiligen Person die vorhandenen und verfügbaren Verhaltensmöglichkeiten aus, so daß eine konstruktive Lösung der Problemsituation möglich ist. Im Falle krankhafter Veränderungen (vgl. Reinhard 1988) kann bereits die Wahrnehmung der Situation beeinträchtigt sein. Es liegen möglicherweise keine angemessenen Verhaltensprogramme aufgrund früherer Erfahrungen und kognitiver Strategien vor, so daß den Individuen nichts anderes übrigbleibt, als die Situation „abzuwehren". In einer derartigen Studie werden auch Abwehrmechanismen eingesetzt, die zur neurotischen Symptombildung führen.

In diesem Modell des Coping-Verhaltens konvergieren psychoanalytische Gedankengänge und Erkenntnisse der kognitiven Psychologie. In die Psychopathologie der Adoleszenz haben diese Gesichtspunkte bislang noch kaum Eingang gefunden. Eine Ausnahme bildet die Studie von Reinhard (1988).

3.8.5 Tagebuchschreiben als Beispiel einer Problembewältigungsstrategie

Das Tagebuchschreiben ist eine für die Adoleszenz typische Form, sich mit den phasenspezifischen Problemen konstruktiv auseinanderzusetzen. Mit dem in den letzten Jahren neu entstandenen Interesse an kognitiven Prozessen hat die subjektive Darstellung des eigenen Erlebens und Verhaltens wieder einen größeren Stellenwert gewonnen. Tagebuchaufzeichnungen sind in besonderer Weise geeignet, die subjektiv empfundenen Probleme der Adoleszenten genauer kennenzulernen. Von der Untersuchung von Tagebüchern wurde in der Entwicklungspsychologie der zwanziger und dreißiger Jahre reger Gebrauch gemacht. Bekannt wurden insbesondere die von Charlotte Bühler herausgegebenen Tagebücher von Jungen und Mädchen. Über 100 derartige Tagebücher waren die Grundlage für das Buch „Das Seelenleben des Jugendlichen" (Bühler 1922). Bühler hat sich in verschiedener Hinsicht mit Tagebuchaufzeichnungen beschäftigt und wertvolle Erkenntnisse aus ihnen ableiten können (Bühler 1925, 1927, 1932, 1934). Mit Tagebuchaufzeichnungen in der Adoleszenz haben sich auch später zahlreiche Autoren beschäftigt (Abegg 1954; Küppers 1964; Hoffmann 1930). Nachdem subjektive Aufzeichnungen wie das Tagebuch unter dem Einfluß der experimentellen Psychologie ihren Stellenwert weitgehend verloren hatten, wurden sie in letzter Zeit als wertvolle Quelle für das Verstehen des subjektiven Erlebens wiederentdeckt (Seiffge-Krenke 1985; Soff 1989).

Erhebungen in den dreißiger Jahren hatten ergeben, daß unter Oberschülern rund 22% ein Tagebuch und etwa 40% ab und zu ein Reisetagebuch führten (Hoffmann 1930). Küppers stellte in mehreren Untersuchungen im Zeitraum von 1955–1963 fest, daß unter 2 192 befragten Studentinnen und Studenten 38% der weiblichen und 21% der männlichen zeitweise ein Tagebuch geschrieben haben. Seiffge-Krenke (1985) fand bei 241 12- bis 17jährigen Schülerinnen und Schülern der Klassenstufen 6–10, daß 63% der weiblichen und 12% der männlichen Jugendlichen schon einmal Tagebuch geführt hatten.

Jungen schrieben eher in der frühen Adoleszenz Tagebuch und zeigten ein geringeres Interesse an der dadurch gegebenen Möglichkeit zur Selbstreflexion. Sie begannen damit im Durchschnitt zwei Jahre vor den Mädchen, nannten mehr externe Gründe (Erinnerungshilfe,

Langeweile) und betonten stärker den Informationsgehalt des Tagebuches als die weiblichen Jugendlichen. Das Tagebuchschreiben hatte für sie hauptsächlich die Funktion, den Tagesablauf zu dokumentieren und zu strukturieren. Die *Mädchen*, die später mit dem Tagebuchschreiben begannen, dieses aber über längere Zeit führten, sahen im Tagebuch eher einen „vertrauten Bundesgenossen zur Lösung ihrer alltäglichen Probleme" (Seiffge-Krenke 1985). *Inhaltlich* befaßten sich männliche Jugendliche in ihrem Tagebuch häufiger mit sich selbst und mit Personen, zu denen sie in einem Leistungs- und Rivalitätsverhältnis standen. Mädchen beschäftigten sich stärker mit emotionalen und Partnerschaftsproblemen und wählten häufiger eine persönliche Anrede als Jungen. Sie bemühten sich auch stärker, ihr Tagebuch geheimzuhalten.

Bei den jugendlichen Tagebuchschreibern handelte es sich nicht um besonders narzißtische oder sozial zurückgezogene Jugendliche; vielmehr ist bei ihnen die Fähigkeit, sich in andere Personen einzufühlen und eigene Probleme zu reflektieren, besonders gut ausgebildet.

Nach den zu dieser Thematik existierenden Untersuchungen hat das Tagebuch in der Adoleszenz verschiedene *Funktionen* (Küppers 1964; Seiffge-Krenke 1985):

- *Erinnerungshilfe:* Dieser Aspekt findet sich in allen Tagebüchern. Möglicherweise kommt darin das Bestreben zum Ausdruck, in einer Phase rascher Veränderungen die Kontinuität des Lebens und der Erfahrung festzuhalten.
- *Katharsis:* Mit dem Niederschreiben ihrer Erfahrungen, Probleme und Gefühle entsteht für viele Jugendliche eine gewisse Entlastung vom akuten Problemdruck.
- *Partnerersatz:* In vielen Tagebüchern finden sich Hinweise, daß das Tagebuch Freund oder Freundin ersetzt, zugleich aber auch idealisiert.
- *Selbstklärung:* In jedem Tagebuch kommt das Bedürfnis zum Ausdruck, sich über sich selbst und die eigenen Probleme klarzuwerden. Durch das Niederschreiben ist man gezwungen, seine Probleme klar und in der subjektiven Sicht zu formulieren. Sie werden damit nachlesbar und können kontinuierlicher reflektiert werden.
- *Selbsterziehung:* In vielen Tagebüchern kommt das Bedürfnis zum Ausdruck, sich selbst zu erziehen. Besonders bei männlichen Jugendlichen enthalten Tagebücher oft Strukturierungs- und Zeitpläne für den Tages- und Wochenablauf. Auch sind häufig Maximen für das eigene Verhalten zu finden.
- *Kreative Komponenten:* Für eine kleinere Zahl von Jugendlichen hat das Tagebuch auch die Funktion, ihre kreativen Fähigkeiten sprachlich zum Ausdruck zu bringen. Dies zeigt sich häufig darin,

daß an die Sprache auch ein literarischer Anspruch gestellt wird. Gefühle, Ereignisse und Probleme werden in einer eher kunstvollen Sprache, die z. T. mit Wortneuschöpfungen oder ungewöhnlichen Ausdrücken durchsetzt ist, beschrieben. Häufig enthalten derartige Tagebuchaufzeichnungen Gedichte oder in aphoristischer Form ausgedrückte Verhaltensmaximen. Dieser Gesichtspunkt ist besonders für sprachlich begabte Jugendliche von großer Bedeutung.

Tagebuchaufzeichnungen spielen also auch heute noch eine wichtige Rolle als Mittel der Problemlösung in der Adoleszenz und sind für die typischen und spezifischen Problemlagen der Adoleszenten eine angemessene und wichtige Form der Selbstdarstellung.

3.8.6 Förderung von Coping-Strategien

Wenn die Entwicklung erfolgreicher Bewältigungsstrategien von so großer Bedeutung für die Lösung der Entwicklungsaufgaben in der Adoleszenz ist, ergibt sich die Frage, ob es Möglichkeiten gibt, diese Strategien zu fördern bzw. Hilfestellungen für die konstruktive Auseinandersetzung mit wichtigen Lebensproblemen zu geben.

Roskies u. Lazarus (1980) kamen zu einem positiven Ergebnis. Sie gingen vom Ansatz der *kognitiven Verhaltenstherapie* aus, die nach den gleichen Prinzipien vorgeht, die auch für das Coping-Verhalten gelten. Meichenbaum (1977) hat die Prinzipien der kognitiven Verhaltenstherapie zusammengestellt, deren Wirksamkeit nachgewiesen ist. Mit Olbrich (1985) kann man annehmen, daß sie ebenso für die Entwicklung von Coping-Strategien in der Adoleszenz wirksam sind. Er vertritt die Meinung, daß die folgenden Grundsätze Meichenbaums (1977) als *Hilfestellung für die Entwicklung wirksamer Coping-Strategien* im Kontext von Beratung und Therapie im Jugendalter angewandt werden können:

1. Wichtig ist die Information über die Rolle von Kognitionen bei der Entstehung von (Entwicklungs-)Problemen. So können selbstabwertende Gedanken, die unkritische Übernahme stereotyper Haltungen, das Abwerten von Strategien oder auch andere „negative Kognitionen" Anpassungsprobleme mit sich bringen.
2. Das selbständige Überwachen negativer und maladaptativer Aussagen über sich selbst und das eigene Verhalten kann Quellen der Ineffektivität eigener Bewältigung aufzeigen.
3. Grundlegende Strategien der Problemlösung (Problemdefinition, Antizipation von Konsequenzen, Bewerten der Rückmeldungen usw.) sollten vermittelt werden. Diese Strategien weisen Ähnlichkeiten mit der „primary, secondary and tertiary appraisal" von Lazarus auf (s. o.).

4. Verhaltensmodelle sollten genutzt und Aussagen eingeübt werden, welche die eigene Effektivität prüfen und bestätigen; Aufmerksamkeitszentrierung und positive Selbstbewertung sollten verstärkt werden.
5. Ein einfaches Training spezifischer Bewältigungsstrategien ist oft hilfreich.
6. Stufenweises Schwererwerden der Aufgabenstellungen erleichtert das Erreichen immer höher gesteckter Ziele.

Diese Gesichtspunkte aus der kognitiven Verhaltenstherapie dürften für die Entwicklung von Bewältigungsstrategien gesunder wie psychisch kranker Jugendlicher von Bedeutung sein. Sie werden auch therapeutisch genutzt.

3.9 Literatur

Abegg, W.: Aus Tagebüchern und Briefen junger Menschen. Reinhardt, München 1954

Aebli, H.: Über die geistige Entwicklung des Kindes. Klett, Stuttgart 1963

Allerbeck, K.: Beziehungen zwischen Jugendlichen und Eltern (-generation). In Pross, H.: Familie – wohin? Leistungen, Leistungsdefizite und Leistungswandlungen der Familien in hochindustrialisierten Gesellschaften. Rowohlt, Reinbek 1979

Allerbeck, K., W. Hoag: Jugend ohne Zukunft? Einstellungen, Umwelt, Lebensperspektiven. Piper, München 1985

Allport, G. W.: Persönlichkeit. Struktur, Entwicklung und Erfassung der menschlichen Eigenart, 2. Aufl. Hain, Meisenheim 1959 (Orig.: Personality. A Psychological IInterpretation. Holt, New York 1937)

Ausubel, D. P.: Das Jugendalter: Fakten – Probleme – Theorie, 6. Aufl. Juventa, München 1979 (Orig.: Theory and Problems of Adolescent Development,

Grune & Stratton, New York 1954)

Ausubel, D. P., P. Ausubel: Cognitive development in adolescence. Review of Educational Research 36 (1966) 403–413

Ausubel, D. P., D. Kirk: Ego Psychology and Mental Disorder: A Developmental Approach to Psychopathology. Grune & Stratton, New York 1977

Bilden, H., A. Diezinger: Historische Konstitution und besondere Gestalt weiblicher Jugend – Mädchen im Blick der Jugendforschung. In Krüger, H.-H.: Handbuch der Jugendforschung. Leske & Budrich, Leverkusen 1988

Bühler, Ch.: Das Seelenleben des Jugendlichen. Versuch einer Analyse und Theorie der psychischen Pubertät. Fischer, Jena 1922; 6. Aufl. Fischer, Stuttgart 1967

Bühler, Ch.: Zwei Knabentagebücher, mit einer Einleitung über die Bedeutung des Tagebuchs in der Jugendpsychologie. Fischer, Jena 1925 (Quellen und Studien zur Jugendkunde, H. 3)

Bühler, Ch.: Zwei Mädchentagebücher, 2. Aufl. Fischer, Jena
1927 (Quellen und Studien zur
Jugendkunde, H. 1)

Bühler, Ch.: Jugendtagebuch und
Lebenslauf. Zwei Mädchentagebücher mit einer Einleitung. Fischer, Jena 1932 (Quellen und
Studien zur Jugendkunde, H. 9)

Bühler, Ch.: Drei Generationen im
Jugendtagebuch. Fischer, Jena
1934 (Quellen und Studien zur
Jugendkunde, H. 11)

Burger, A., G. Seidenspinner:
Töchter und Mütter. Ablösung
als Konflikt und Chance. Leske
& Budrich, Leverkusen 1988

Deutscher Bundestag (Hrsg.): Verbesserung der Chancengleichheit
von Mädchen in der Bundesrepublik Deutschland – Sechster
Jugendbericht. Bonn 1984 (Bundestags-Drucksache   10/1007,
15. 2. 1984)

Deutscher Bundestag (Hrsg.):
Jugendhilfe und Familie – die
Entwicklung familienunterstützender Leistungen der Jugendhilfe und ihre Perspektiven –
Siebter Jugendbericht. Bonn
1986 (Bundestags-Drucksache
10/6730, 10. 12. 1986)

Deutscher Bundestag (Hrsg.): Bericht über Bestrebungen und
Leistungen der Jugendhilfe –
Achter Jugendbericht. Bonn
1990 (Bundestags-Drucksache
11/6576, 6. 3. 1990)

Doering, G., S. Baur, P. Frank, G.
Freundl, U. Sottong: Ergebnisse
einer repräsentativen Umfrage
zum Familienplanungsverhalten
in der Bundesrepublik Deutschland 1985. Geburtshilfe und
Frauenheilkunde   4   (1986)
892–897

Douvan, E., J. Adelson: The Adolescent Experience. Wiley,
New York 1966

Dreher, E., M. Dreher: Wahrnehmung und Bewältigung von Entwicklungsaufgaben im Jugendalter. Fragen, Ergebnisse und Hypothesen zum Konzept einer
Entwicklungs- und Pädagogischen Psychologie des Jugendalters. In Oerter, R.: Lebensbewältigung im Jugendalter. Edition Psychologie/VCH, Weinheim 1985

Elkind, D.: Cognitive structure and
adolescent experience. Adolescence 2 (1967) 427–434

Engel, U., K. Hurrelmann: Psy-
chosoziale Belastung im Jugend-
alter. Empirische Befunde zum
Einfluß von Familie, Schule und
Gleichaltrigengruppe. de Gruy-
ter, Berlin 1989 (Prävention und
Intervention im Kindes- und
Jugendalter, Bd. VI)

Erikson, E. H.: Identifikation und
Identität. In von Friedeburg, L.:
Jugend in der modernen Gesell-
schaft. Kiepenheuer & Witsch,
Köln 1965

Erikson, E. H.: Identität und Lebenszyklus: drei Aufsätze. Suhrkamp, Frankfurt 1971 (Orig.:
Identity and the Life Cycle. Int.
Univ. Press, New York 1959)

Escalona, S. K., G. Heider: Predic-
tion and Outcome: A Study in
Child Development. Basic
Books, New York 1959

Ewert, O. M.: Entwicklungspsychologie des Jugendalters. Kohlhammer, Stuttgart 1983

Eysenck, H. J., S. Rachman: Neurosen – Ursachen und Heilme-
thoden. Deutscher Verlag der
Wissenschaften, Berlin 1968

Feldman, R. A.: Normative integration, alienation and confor-

mity in adolescent groups. Adolescence 7 (1972) 327–341

Fend, H.: Selbstbezogene Kognitionen und institutionelle Bewertungsprozesse im Bildungswesen: Verschonen schulische Bewertungsprozesse den „Kern der Persönlichkeit"? Zeitschrift für Sozialisationsforschung und Erziehungssoziologie 4 (1984) 251–270

Garrison, K. C., K. C. Garrison jr.: Psychology of Adolescence, 7th ed. Prentice-Hall, Englewood Cliffs/N. J. 1975

Haan, N.: Proposed model of ego functioning. Coping and defense mechanisms in relationship to IQ change. Psychological Monographs 77 (8, Whole No. 571) (1963) 1–23

Haan, N.: Coping and Defending. Process of Self-environment Organization. Academic Press, New York 1977 (Personality and Psychopathology, vol. XVI)

Hartley, E. L., R. E. Hartley: Die Grundlagen der Sozialpsychologie. Rembrandt, Berlin 1955; 2. Aufl. 1969 (Orig.: Fundamentals of Social Psychology. Knopf, New York 11952)

Havighurst, R. J.: Developmental Tasks and Education. McKay, New York 1948; 3rd ed. 1972

Hoffmann, W.: Die Reifezeit. Quelle & Meyer, Leipzig 1930

Hofstätter, P. R.: Psychologie. Fischer, Frankfurt 1957 (Fischerlexikon, Bd. VI)

Hornstein, W.: Jugend in ihrer Zeit. Geschichte und Lebensformen des jungen Menschen in der europäischen Welt. Schröder, Hamburg 1966 (Das moderne Sachbuch, Bd. XLVI)

Hornstein, W.: Unsere Jugend.

Über Liebe, Arbeit, Politik. Beltz, Weinheim 1982

Hovland, C. I., M. J. Rosenberg: Attitude Organization and Change. Yale Univ. Press, New Haven 1960

Jaspers, K.: Psychologie der Weltanschauungen, 6. Aufl. Springer, Berlin 1971

Jugendwerk der Deutschen Shell (Hrsg.): Jugend 81. Lebensentwürfe, Alltagskulturen, Zukunftsbilder. Studie im Auftrag des Jugendwerks der Deutschen Shell, durchgeführt von Psydata, Institut für Marktanalysen, Sozial- und Medienforschung, Bde. I–III. Jugendwerk der Deutschen Shell, Hamburg 1981; 2. Aufl.: Leske & Budrich, Opladen 1982

Jugendwerk der Deutschen Shell (Hrsg.): Jugendliche und Erwachsene ,85: Generationen im Vergleich, Bde. I–V. Leske & Budrich, Leverkusen 1985

Kagan, J., H. A. Moss: Birth to Maturity. A Study of Psychological Development. Wiley, New York 1962

Kohlberg, L.: The development of children's orientation toward a moral order, I: Sequence in the development of moral thought. Vita humana 6 (1963) 11–33

Kohlberg, L.: The development of moral character and ideology. In Hoffmann, M. L., L. W. Hoffman: Review of Child Development Research, vol. I. Russel Sage, New York 1964

Kohlberg, L.: Stage and sequence: The cognitive-development approach to socialization. In Goslin, D. A.: Handbook of Socialization Theory and Research. McNally, Chicago 1969 (dtsch.:

Kohlberg, L.: Zur kognitiven Entwicklung des Kindes. Suhrkamp, Frankfurt 1974)

Kreutz, H.: Jugend. Gruppenbildung und Objektwahl, 2 Bde. Phil. Diss., Wien 1964

Küppers, W.: Mädchentagebücher der Nachkriegszeit. Ein kritischer Beitrag zum sogenannten Wandel der Jugend. Klett, Stuttgart 1964

Lazarus, R. S.: Psychological Stress and Coping Process. McGraw-Hill, New York 1966

Lazarus, R. S.: The stress and coping paradigms. In Bond, A., J. E. Rosen: Competence and Coping during Adulthood. Univ. Press New England, Boston 1980

Leighton, D., C. Kluckhohn: Children of the People: The Navaho Individual and His Development. Harvard Univ. Press, Cambridge/Mass. 1947

De Levita, D. J.: Der Begriff der Identität. Suhrkamp, Frankfurt 1971

Lorenz, K.: Das sogenannte Böse: Zur Naturgeschichte der Aggression. Borotha-Schoeler, Wien 1963

Lynn, D. B.: A note on sex differences in the development of masculine and feminine identification. Psychological Review 66 (1959) 126−135

Maccoby, E. E.: Developmental psychology. Annual Review of Psychology 15 (1964) 203−250

Marshall, T. E.: An investigation of the delinquency self-concept of Reckless and Dinitz. British Journal of Criminology 13 (1973) 227−236

Maslow, A. H.: Motivation and Personality. Harper & Row, New York 1954

Meichenbaum, D.: Kognitive Verhaltensmodifikation. Urban & Schwarzenberg, München 1979 (Orig.: Cognitive Behavior Modification. An Integrative Approach. Plenum, New York 1977)

Meissner, W. W.: Parental interaction of the adolescent boy. Journal of Genetic Psychology 107 (1965) 225−233

Merz, F.: Geschlechterunterschiede und ihre Entwicklung. Ergebnisse und Theorien der Psychologie. Hogrefe, Göttingen 1979 (Lehrbuch der differentiellen Psychologie, Bd. III)

Metz-Göckel, S., U. Müller: Der Mann. Eine Brigitte-Studie. Beltz, Weinheim 1986

Montagu, A.: Körperkontakt. Die Bedeutung der Haut für die Entwicklung des Menschen, 4. Aufl. Klett-Cotta, Stuttgart 1984 (Orig.: Touching. The Human Significance of the Skin. Columbia Univ. Press, New York 1971)

Morrison, D. M.: Adolescent contraceptive behavior: a review. Psychological Bulletin 98 (1985) 538−568

Mussen, P. H., M. C. Jones: Self-conceptions, motivations, and interpersonal attitudes of late and early maturing boys. Child Development 28 (1957) 243−256

Neidhardt, F.: Die junge Generation. Jugend und Gesellschaft in der Bundesrepublik, 3. Aufl. Leske, Opladen 1970. (Beiträge zur Sozialkunde, Reihe B, H. 6)

Neubauer, W. F.: Selbstkonzept und Identität im Kindes- und Jugendalter. Reinhardt, München 1976 (Erziehung und Psychologie, Nr. 73)

Oerter, R.: Moderne Entwicklungspsychologie, 4. Aufl. Auer, Donauwörth 1969

Oerter, R.: Struktur und Wandlung von Werthaltungen. Oldenbourg, München 1970

Oerter, R. u. Mitarb.: Entwicklungspsychologie, 2. Aufl. Psychologie Verlags-Union, München 1987

Offer, D.: The Psychological World of the Teenager: A Study of Normal Adolescent Boys. Basic Books, New York 1969

Offer, D.: Das Selbstbild normaler Jugendlicher. In Olbrich, E., E. Todt: Probleme des Jugendalters. Neuere Sichtweisen. Springer, Berlin 1984

Olbrich, E.: Jugendalter – Zeit der Krise oder der produktiven Anpassung? In Olbrich, E., E. Todt: Probleme des Jugendalters. Springer, Berlin 1984

Olbrich, E.: Konstruktive Auseinandersetzung im Jugendalter: Entwicklung, Förderung und Verhaltenseffekte. In Oerter, R.: Lebensbewältigung im Jugendalter. Edition Psychologie/VCH, Weinheim 1985 (Ergebnisse der Pädagogischen Psychologie, Bd. III)

Pagenstecher, L.: Jugend und Sexualität. In Krüger, H.-H.: Handbuch der Jugendforschung. Leske & Budrich, Leverkusen 1988

Peck, P. F., R. J. Havighurst: The Psychology of Character Development. Wiley, New York 1960

Piaget, J.: Das moralische Urteil beim Kinde. Rascher, Zürich 1954 (Orig.: Le jugement moral chez l'enfant. Alcan, Paris 1932 [Bibliothèque de psychologie de l'enfant et de pédagogie])

Piaget, J.: Gesammelte Werke. Studienausgabe in 10 Bänden. Klett, Stuttgart 1975

Piaget, J., B. Inhelder: Die Entwicklung der elementaren Strukturen, Teil 1 u. 2. Schwann, Düsseldorf 1973

Piaget, J., A. M. Weil: Le developement, chez l'enfant, de l'idée de patrie et des relations avec l'étranger. Bulletin international des sciences sociales 3 (1951) 605–621

Reinhard, H. G.: Entwicklung und psychische Störung im Jugendalter. Formen der Daseinsbewältigung psychisch gestörter Jugendlicher. Thieme, Stuttgart 1988

Remschmidt, H.: Jugendhilfemaßnahmen in der Retrospektive Betroffener. In Müller-Küppers, M., F. Specht: Recht – Behörde – Kind: Probleme und Konflikte der Kinder- und Jugendpsychiatrie. Huber, Bern 1979

Remschmidt, H.: Prognose der Dissozialität heute. In Martinius, J.: Jugendpsychiatrie. Aktuelle Themen in Diagnostik und Therapie. MMV Medizin Verlag, München 1987

Remschmidt, H.: Die Entwicklung und ihre Varianten in der Adoleszenz. In Kisker, K. P., H. Lauter, J.-E. Meyer, C. Müller, E. Strömgen: Psychiatrie der Gegenwart, 3. Aufl., Bd. VII: Kinder- und Jugendpsychiatrie. Springer, Berlin 1988

Robins, L. N.: Deviant Children Grown Up. A Sociological and Psychiatric Study of Sociopathic Personality. Williams & Wilkins, Baltimore 1966

Rohracher, H.: Einführung in die Psychologie, 12. Aufl. Urban & Schwarzenberg, München 1984

Rosenmayr, L.: Familienbeziehungen und Freizeitgewohnheiten jugendlicher Arbeiter. Eine Untersuchung von 800 Lehrlingen in Wien und Niederösterreich. Verlag Geschichte und Politik, Wien 1963

Roskies, E., R. S. Lazarus: Coping theory and the teaching of coping skills. In Davidson, P. O., S. M. Davidson: Behavioral Medicine. Brunner/Mazel, New York 1980

Rutter, M., P. Graham, O. F. D. Chadwick, W. Yule: Adolescent turmoil: fact or fiction? Journal of Child Psychology and Psychiatry 17 (1976) 35−56

Schelsky, H.: Arbeitslosigkeit und Berufsnot der Jugend, 2 Bde. Bund-Verlag, Köln 1952

Schiamberg, L.: Some socio-cultural factors in adolescent-parent conflict: a cross-cultural comparison of selected cultures. Adolescence 15 (1969) 333−360

Schoof-Tams, K., J. Schlaegel, L. Walcak: Differentiation of sexual morality between 11 and 16 years. Archives of Sexual Behavior 5 (1976) 239−248

Schurz, A. R.: Gynäkologie der Adoleszentinnen. In Müller, H.: Adoleszentenmedizin. Urban & Schwarzenberg, München 1987

Schütze, Y.: Jugend und Familie. In Krüger, H.-H.: Handbuch der Jugendforschung. Leske & Budrich, Leverkusen 1988

Seidenspinner, G., A. Burger: Mädchen 82. Eine repräsentative Untersuchung über die Lebenssituation und das Lebensgefühl 15- bis 19jähriger Mädchen in der Bundesrepublik, durchgeführt vom Deutschen Jugendinstitut München im Auftrag der Zeitschrift Brigitte. Brigitte/Deutsches Jugendinstitut, Hamburg 1982 (DJI Forschungsbericht)

Seiffge-Krenke, I.: Die Funktion des Tagebuchs bei der Bewältigung alterstypischer Probleme in der Adoleszenz. In Oerter, R.: Lebensbewältigung im Jugendalter. Edition Psychologie, Weinheim 1985 (Ergebnisse der pädagogischen Psychologie, Bd. III))

Soff, M.: Jugend im Tagebuch. Juventa, München 1989

Spranger, E.: Psychologie des Jugendalters, 6. Aufl. Quelle & Meyer, Leipzig 1926

Spranger, E.: Typologie des Seelenlebens. Niemeyer, Halle 1928

Stierlin, H.: Von der Psychoanalyse zur Familientherapie: Theorie/Klinik, 2. Aufl. Klett-Cotta, Stuttgart 1980

Stutte, H.: Körperliche Selbstwertkonflikte als Verbrechensursache bei Jugendlichen. Monatsschrift für Kriminologie und Strafrechtsreform 40 (1957) 71−85

Stutte, H.: Der Thersiteskomplex, ein phasenspezifischer Konfliktfaktor der Adoleszenz. Criança portuguesa 21 (1962/63) 451−460

Stutte, H.: Neurotische Dissozialität auf dem Boden eines Thersiteskomplexes. Praxis der Kinderpsychologie und Kinderpsychiatrie 23 (1974) 161−166

Stutte, H., H. Remschmidt: Urteile Jugendlicher über Jugendhilfemaßnahmen. Arbeitsgemeinschaft für Erziehungshilfe (AFET), Hannover 1978 (Wissenschaftliche Informormationsschriften der AFET, H. 8)

Thomae, H.: Persönlichkeit. Bouvier, Bonn 1951

Thomae, H.: Über Daseinstechniken sozial auffälliger Jugendlicher. Psychologische Forschung 24 (1953) 11–33

Thomae, H.: Das Individuum und seine Welt. Hogrefe, Göttingen 1968

Thomae, H., H. Feger: Einführung in die Psychologie, Bd. VII (Hauptströmungen der neueren Psychologie). Akademische Verlagsanstalt, Frankfurt u. Huber, Bern 1969

Thomas, A., S. Chess: Temperament und Entwicklung: über die Entstehung des Individuellen. Enke, Stuttgart 1980 (Klinische Psychologie und Psychopathologie, Bd. XIII) (Orig.: Temperament and Development. Brunner/Mazel, New York 1977)

Turiel, E.: An experimental test of the sequentiality of developmental stages in the child's moral judgements. Journal of Personality and Social Psychology 3 (1966) 611–618

Weiner, I. B.: The generation-gap: fact and fancy. Adolescence 6 (1971) 156–166

Youniss, J.: Social construction of adolescence by adolescents and parents. In Grotevant, H. D., C. R. Cooper: Adolescent Development in the Family. San Francisco 1983 (New Directions for Child Development, no. 22)

4. Psychosoziale Aspekte der Adoleszenz

4.1 Gesellschaftliche Stellung der Adoleszenten

4.1.1 Kulturelle Rahmenbedingungen

Unsere Gesellschaft ist gekennzeichnet durch einen hohen Komplexitätsgrad und eine Vielfalt von Wertvorstellungen, Einstellungen und Normen. Die für das Erwachsenenalter charakteristischen Aufgaben und Funktionen können erst nach einer sehr langen Ausbildungsphase in vollem Umfange wahrgenommen werden.

In vorindustriellen Gesellschaften haben die Adoleszenten nach einem relativ raschen Übergang in den Erwachsenenstatus Anteil an allen gesellschaftlichen Prozessen. In den industrialisierten Ländern dagegen befinden sie sich in einer immer länger werdenden Wartephase zwischen Kindheitsstatus und Erwachsensein. Diese psychologische und psychosoziale Adoleszenzphase verlängert sich zunehmend, während die biologischen Fakten im großen und ganzen gleichgeblieben sind. Die Verlängerung ergibt sich zum einen aus einer Ausweitung des Ausbildungssystems infolge komplexer Arbeitsvorgänge; zum anderen haben sich die Familienstrukturen fortschreitend liberalisiert. So verfügen die Adoleszenten über die biologischen Voraussetzungen zur Erwachsenenreife, werden jedoch im psychologischen und psychosozialen Bereich in einen „Wartestand" versetzt, der ihnen nicht erlaubt, aktiv und verantwortlich an den gesellschaftlichen Prozessen teilzunehmen. Dieses *psychosoziale Moratorium"* ist ein wichtiger „Schonraum", auf der anderen Seite eine Konfliktquelle, nicht zuletzt deshalb, weil die notwendigen Identifikationsprozesse verzögert ablaufen und nicht an die Übernahme von Verantwortung gekoppelt sind. Diese Situation begünstigt sowohl den Rückzug aus gesellschaftlichen Beziehungen als auch ideologische und radikale Auseinandersetzungen.

Vielfalt und Unschärfe gesellschaftlicher Wertvorstellungen und Normen verunsichern die Jugendlichen hinsichtlich ihres Identifikationsverhaltens. Der rasche gesellschaftliche Wandel führt zu Diskrepanzen zwischen Wertvorstellungen der Eltern und der Jugendlichen. Darüber hinaus verlangen die neugewonnenen Fähigkeiten Anwendung und Bestätigung, was infolge der gesellschaftlich gesetzten Schranken vielfach nicht möglich ist. Dies begünstigt in unserem Kulturkreis oppositionelles und rebellisches Verhalten, insbesondere bei denjenigen, bei denen die „experimentelle Durchgangsphase" besonders lange anhält (Gymnasiasten und akademische Jugend).

Veränderungen der familiären Situation (Reduktion der Familie auf die sogenannte Kernfamilie), zunehmende Urbanisierung und immer komplizierter werdende Ausbildungsprozesse führen ferner dazu, daß traditionelle Bindungen und Wertvorstellungen an Verbindlichkeit verlieren und diejenigen einer variablen, vielfältigen und sich sehr rasch ändernden jugendlichen Subkultur an ihre Stelle treten.

In den Entwicklungsaufgaben, die in der Adoleszenz zu bewältigen sind, fließen gesellschaftliche Notwendigkeit und individuelle Bedürfnisse zusammen. An ihnen läßt sich erkennen, wie komplex und differenziert der Anpassungs- und Integrationsprozeß in der Adoleszenz ist.

4.1.2 Entwicklungshindernisse

In jeder Gesellschaft gibt es auch Hindernisse für eine störungsfreie Entwicklung. In unserem Kulturkreis sind dies u. a. folgende:

1. *Sozioökonomische Mängel:* Zu ihnen gehören (auch in der westlichen Welt immer noch): mangelhafte Ernährung, inadäquate Wohnbedingungen, Armut, rassische Diskriminierung und eine Reihe ähnlicher Einflüsse, die nachgewiesenermaßen die Entwicklung sowohl im Kindesalter als auch in der Adoleszenz negativ beeinflussen.

2. *Verletzung des Selbstwertgefühls der Adoleszenten durch Erwachsene:* Die Adoleszenz als Phase der Identitätsentwicklung und Selbstbestimmung ist besonders vulnerabel gegenüber allen Verhaltensweisen Erwachsener, die dazu geeignet sind, Eigenständigkeit und Selbstwertgefühl zu verletzen. Da gerade in der Adoleszenz die Unzulänglichkeiten der Erwachsenenwelt besonders scharf gesehen werden, entstehen häufig Konflikte, die derartige Reaktionen bei Erwachsenen provozieren. Selbstwertverletzungen werden auch erleichtert durch die Einstellung von Erwachsenen, daß die Adoleszenz „lediglich eine Übergangsphase" ist, die man nicht ernst nehmen muß.

3. *Verlängerte ökonomische Abhängigkeit:* Die mit zunehmender Technisierung erforderliche Verlängerung der Berufsausbildung steht im Gegensatz zu dem Bestreben der Adoleszenten, möglichst bald produktive und verantwortliche Rollen in der Gesellschaft zu übernehmen. Diese Diskrepanz wird vielfach durch Gesetzgebungsmaßnahmen verstärkt, die immer jüngeren Altersstufen immer mehr Rechte zubilligen, welche im täglichen Leben aber nicht wahrgenommen werden können (Remschmidt 1978).

4. *Verringerung des Experimentierraumes für die Jugend:* Urbanisation und zunehmende Bevölkerungsdichte verringern die Möglichkeiten zum Experimentieren. Die daraus resultierenden Restriktionen werden selten anerkannt und vielfach als sinnlos empfunden. Da das Autonomiestreben in der Adoleszenz besonders ausgeprägt ist, müssen derartige Restriktionen, auch wenn sie oft notwendig sind, als Bevormundung, Einengung und Beschneidung von Möglichkeiten empfunden werden. In diesem Zusammenhang spielt auch der Generationenkonflikt eine Rolle, da in manchen Bereichen die Einstellungen von Eltern und Kindern in der Adoleszenz auseinandergehen. Wie bereits mehrfach erwähnt, hat es sich zwar gezeigt, daß sich diese Diskrepanzen eher auf „oberflächliche" Bereiche beziehen, aber gerade diese werden zum Brennpunkt für Konflikte.

5. *Bedingungen, die die Egozentrizität fördern:* Konopka (1973) hat darauf hingewiesen, daß eine zunehmende Egozentrizität der Adoleszenten als Folge eines Verlustes persönlicher Beziehungen und des Ausschlusses von der Verantwortung angesehen werden kann. Der Mangel an echter Kompetenz im interpersonalen Bereich führe in zunehmendem Maße zu einer Tendenz in Richtung eines kurzsichtigen Individualismus. Dies wird dadurch begünstigt, daß sich die traditionellen Bindungen in der Familie und über die Familie hinaus verringert haben.

6. *Verwirrende Einstellung der Gesellschaft zur Sexualität:* Nach Konopka (1973) ist die Einstellung der Gesellschaft zur Sexualität (auch nach einer Liberalisierung) für Jugendliche verwirrend und nicht eindeutig. Es fehlen klare Prinzipien und vor allem eine angemessene Sexualerziehung und Aufklärung. Dies führt dazu, daß viele Jugendliche sexuelle Experimente eingehen, ohne sich gegen die Möglichkeit einer Schwangerschaft oder von Geschlechtskrankheiten abzusichern.

7. *Verhinderung adäquater Teilnahme der Jugendlichen an den gesellschaftlichen Prozessen:* Ein Großteil der angeführten Gesichtspunkte läßt sich unter dieser Formulierung zusammenfassen. Weder im Bereich der Ausbildung, der Schule, in Jugendorganisationen noch in verschiedenen gesellschaftlichen Gruppierungen ist es gelungen, Adoleszenten schrittweise zur Verantwortlichkeit hinzuführen. Besonders gravierend macht sich dies im Bereich der Jugenddelinquenz bemerkbar. Der Jugendstrafvollzug schneidet Adoleszenten vielfach von Möglichkeiten der Weiterentwicklung ab, so daß sie nach ihrer Entlassung höhere Barrieren bei dem Versuch ihrer Wiedereingliederung zu überwinden haben, was dann auch häufig mißlingt.

4.1.3 Betrachtungsweisen zur gesellschaftlichen Stellung der Adoleszenten

Die gesellschaftliche Stellung der Adoleszenten läßt sich jeweils nur im Hinblick auf einzelne oder Gruppen bestimmen. So entspricht z. B. die vielfach behauptete pauschale Gleichsetzung von Adoleszenz mit *Rebellion und Widerstand* nicht den Tatsachen. Ähnliches gilt für die Charakterisierung der Adoleszenten als *Generation* bzw. den Generationenkonflikt. Eine Generation ist die Gesamtheit der etwa Gleichaltrigen in einer bestimmten Gesellschaft zu einem gegebenen Zeitpunkt, die gleichartige Werte vertreten bzw. ähnliches Verhalten zeigen. Dabei müssen diese etwa Gleichaltrigen durch sie ziemlich ausnahmslos betreffende Ereignisse zu einer Generation geprägt werden. Dennoch hat sich vielfach diese Bezeichnung eingebürgert, z. B. in Form der „skeptischen Generation" (Schelsky 1957) oder der „jungen Generation" (Neidhardt 1970).

Gemessen an den üblichen Schichtindikatoren wie Beruf des Vaters, Einkommen und Wohngegend gehören Adoleszenten ganz unterschiedlichen Schichten an. Die Sozialisation und gesellschaftliche Stellung des Adoleszenten ist in hohem Maße von seiner Zugehörigkeit zu einer bestimmten sozialen Schicht abhängig. So verlassen Adoleszenten der unteren sozialen Schichten überwiegend früher die Schule, beginnen entsprechend früher mit einer Berufsausbildung und werden so zu einem Zeitpunkt in die gesellschaftlichen Prozesse einbezogen, zu dem Angehörige der mittleren und oberen sozialen Schichten als Gymnasiasten oder Studenten noch nicht aktive Verantwortung tragen. Die Chance für einen Adoleszenten aus der Mittel- oder Oberschicht, eine Sozialisation in der Schicht seiner Eltern zu durchlaufen, ist um ein Vielfaches höher als die Chance für einen Angehörigen der Unterschicht, aus der Schicht seiner Eltern aufzusteigen.

4.2 Bezugsgruppe Gleichaltriger und Subkultur

Bereits in der Frühadoleszenz gewinnt die Bezugsgruppe Gleichaltriger eine große Bedeutung. Sie ist oft verknüpft mit einer Reihe umschriebener Verhaltensweisen, die sich von denen der Erwachsenen unterscheiden und vielfach als Merkmale der Subkultur bezeichnet werden.

4.2.1 Bezugsgruppe Gleichaltriger

Wenngleich in der Frühadoleszenz eine zunehmende Ablösung der Eltern durch die Bezugsgruppe eintritt, so ist die Art, wie sich dies vollzieht, keineswegs unabhängig vom *Einfluß der Eltern*. So sind z. B.

Kinder von Eltern, die gegenüber freundschaftlichen Beziehungen mit Gleichaltrigen aufgeschlossen sind, eher bezugsgruppenorientiert. Im Hinblick auf die Orientierung an der Bezugsgruppe besteht zunächst eine hohe *Konformität*; in der Spätadoleszenz lockert sich diese Haltung.

4.2.2 Subkultur

Unter Subkultur versteht man eine Eigenkultur kleinerer Gruppen, die gruppenspezifische Besonderheiten aufweist. Subkulturen haben in der Regel eigene Normen, Sitten und Gewohnheiten, die nicht selten zu der sie umgebenden Kultur im Gegensatz stehen.

In den westlichen Zivilisationen wird die Entstehung jugendlicher Subkulturen vor allem damit in Verbindung gebracht, daß die Phase der Adoleszenz eine erhebliche zeitliche Ausdehnung erfahren hat und durch den raschen gesellschaftlichen Wandel die Distanz zwischen der „Jugendlichen-Generation" und den Erwachsenen ständig wächst.

Vielfach findet sich in der Adoleszenz ein Abweichen von den Vorstellungen der Erwachsenenwelt. Es werden besondere Umgangsformen gepflegt, man unterscheidet sich in Kleidung und Haartracht, Ansichten und Vorstellungen von den Erwachsenen. Allerdings sind diese Äußerungen und Verhaltensweisen keineswegs dauerhaft und beziehen sich nur auf einen Teil der Adoleszenten. Die Teilhabe an einer Subkultur ist für manche Jugendliche eine wichtige Übergangsphase zum Erwachsenenstatus.

Die Subkulturen sind stark an äußerlichen Merkmalen orientiert, und die Einstellungen und Wertungen entsprechen meistens denen der Erwachsenen. Auch prägen neben dem Einfluß Gleichaltriger die Massenmedien entscheidend das Verhalten der Adoleszenten, deren Inhalte wiederum zum großen Teil von Erwachsenen bestimmt werden.

Es gibt verschiedene jugendkulturelle „Antworten" auf die heutigen Lebenssituationen (Baacke u. Ferchhoff 1988), wobei die Orientierung an tradionellen Lebensmustern überwiegt:

– sozialer Rückzug (Drogen, religiöses Sektierertum, Selbsterfahrung, Meditation, narzißtisch gefärbte Innerlichkeit);
– Entfaltung und Kultivierung alternativer, vor allem sozialer und kreativer Kompetenzen (Engagement für Frieden, Umwelt, alternative Betriebe usw.);
– Zynismus: an Mode und Kultur orientierte Strömungen, Ästhetik der sich vom bürgerlichen Lebensalltag zynisch distanzierenden „Großstadtkids", die sich über ihr Erscheinungsbild, Musik usw. definieren und sich vor allem für sich selbst interessieren;

- aggressive körperliche Auseinandersetzung (Rocker, Fußballfans usw.);
- traditionelle Lebensmuster (Vereine, Hobbygruppen usw.).

Cliquen und Banden

Manche Autoren sehen in der Cliquen- und Bandenbildung ein wesentliches Durchgangsstadium der Identitätsbildung im Jugendalter, wobei meist das Sturm-und-Drang-Modell der Adoleszenz zugrunde gelegt wird. Eine andere These geht dahin, daß Cliquen, Gruppen und Banden dem seiner Gesellschaft entfremdeten Jugendlichen Identität, Orientierung und soziale Heimat vermitteln, wobei zwischen sozial integrierten und delinquenten Gruppen nur graduelle Unterschiede bestehen. Im Zusammenhang mit der Bandenbildung ist auch das Rockertum und der jugendliche Vandalismus zu sehen.

Cliquen sind vorübergehende Gruppierungen meist gleichen Geschlechts und mit ähnlichem Sozialstatus, die in der Präadoleszenz gebildet werden und sich eine gemeinsame Zielvorstellung geben. Diese kann der Phantasiewelt, aber auch der Realität entnommen sein. Im allgemeinen sind Cliquen durch folgende Momente gekennzeichnet:

- Es existieren einheitliche Normen, auf deren Einhaltung streng geachtet wird.
- Sie sind hierarchisch gegliedert und werden von einem Anführer geleitet.
- Vielfach bestehen Aufnahmeriten bzw. Bewährungsproben.
- Die Gruppennormen sind innerhalb einer Clique relativ konstant, können zwischen verschiedenen Cliquen aber erheblich divergieren. Ihre Kontinuität wird durch die jeweils älteren Mitglieder gewahrt.
- Cliquen in der Mittel- und Spätadoleszenz beziehen das andere Geschlecht vielfach ein, solche in der Frühadoleszenz in der Regel nicht.
- Cliquen von Mädchen sind weniger häufig und weniger stabil als solche von Jungen. Dies wird mit dem früheren Reifungsablauf und der früheren Partnerorientierung der Mädchen in Verbindung gebracht.

Banden weisen im wesentlichen die gleichen Kennzeichen auf wie Cliquen. Sie unterscheiden sich von Cliquen dadurch, daß ihre Zielvorstellung kriminelle Aktivität oder zumindest *abweichendes Verhalten* ist. Sie sind in der Regel straffer organisiert und praktizieren empfindliche Sanktionen, wenn ihre Mitglieder nicht loyal gegenüber dem Führer bzw. den Normen und Regeln sind. In den letzten Jahren überwiegen zufällige, diffuse Gesellungsformen, die im Hinblick auf delinquente Handlungen aktuell zusammentreten. Banden wurden vielfach als typische und gefährliche Ausdrucksformen der jugendlichen Subkultur angesehen. Bei kriminellen Banden handelt es sich in der Regel um Angehörige der unteren sozialen Schichten. In den letzten Jahren ergab sich in unseren Breiten eine Verlagerung zu den oberen Schichten und eine Verquickung von politischen und kriminellen Motiven.

Ideologien und sogenannte Jugendreligionen

Die Anziehungskraft von Ideologien und sogenannten Jugendreligionen erklärt sich u. a. durch folgende Aspekte (Erikson 1971):

- Sie bieten eine vereinfachte Zukunftsperspektive.
- Sie ermöglichen, sich einer gewissen Uniformität des Auftretens und Handelns anzuschließen, die der Befangenheit und Selbstbeobachtung entgegenwirkt.
- Durch kollektives Handeln werden Hemmungen und persönliche Schuldgefühle gemildert.
- Sie erlauben die Unterordnung unter Führer, die als „große Brüder" nicht der Ambivalenz der Eltern-Kind-Beziehung unterliegen.
- Sie bieten eine scheinbare Harmonie der inneren Welt von guten und bösen Kräften mit der äußeren Welt und ihren realen Zielen und Gefahren.

Diese Gesichtspunkte, vielfach auch das Gefühl, bei den eingeführten Religionen keine adäquate Hilfe zu finden, erklären den Zulauf dieser Gemeinschaften. Sie sprechen vor allem Menschen an, die vereinsamt sind, Angst vor Gegenwart und Zukunft haben oder unter besonderen Belastungen stehen. Die sogenannten neuen Jugendreligionen versprechen ein sinnerfülltes, vom Glauben getragenes Leben in der Gemeinschaft Gleichgesinnter. Sie bieten eine „Führergestalt" (Guru, Messias, Prophet, Philosoph), die oft gottähnliche Züge trägt und anscheinend ein Rezept zur Rettung des einzelnen und der Welt besitzt, einen Absolutheitsanspruch ihrer Lehrer und der Lehre, ein Zusammenfassen in Gruppen mit intensivem Gruppenerlebnis, ein Elitebewußtsein, eine „Rolle" und Aufstiegschancen innerhalb der Hierarchie (z. B. als „Lehrer", Präsident oder „Center-Leiter"), eine heile Welt, Naherwartung des Heils bzw. Selbsterlösungsvorstellungen (Löffelmann 1979). Sie machen bei der „Bekehrung" und in Übungen von „bewußtseinserweiternden" Methoden Gebrauch, die von jeher in religiösen Kulturen gepflegt wurden: Meditation, Trance und Ekstase. Ziel ist jeweils ein „Umschaltungs- und Umorientierungsprozeß", der z. B. durch Drogeneinnahme oder bestimmte körperliche Übungen (Hyperventilation, Hypoxie, lang anhaltende rhythmische Körperbewegungen) erleichtert werden kann.

Die meisten Gruppen haben ein intensives Gruppenleben, allerdings auch einen Gruppenzwang. Die neu gewonnenen Mitglieder geben vielfach Familie, Studium oder Lehrverhältnis auf, bringen ihr gesamtes Privatvermögen als Spende mit und brechen sämtliche Kontakte zu früheren Bezugspersonen ab. Bei einigen Gruppen verlieren sie ihre bisherige Identität und erhalten einen neuen Namen. Die wichtigsten *Folgen* der Zugehörigkeit zu einer solchen Gruppe sind (Löffelmann 1979): süchtige Abhängigkeit von der Gruppe bzw. deren Führer; gravierender Verlust an Selbständigkeit; Unfähigkeit zu emotionalen Bindungen an Nichtmitglieder; Verachtung aller Nichtmitglieder als „Unwissende"; Mißtrauen gegen rationales, wissenschaftliches Denken; Zerbrechen der familiären Bindungen, wenn die Familie sich nicht loyal zu der neuen Idee verhält; Realitätsferne durch einseitiges Denken im Schatten des „Meisters".

4.3 Schule und Ausbildung

Neben dem Elternhaus ist die Schule die wichtigste Sozialisationsinstanz. Sie beeinflußt den Alltag und die jugendliche Biographie sehr stark. Die Herausbildung einer Jugendphase ist eng mit der Entstehung des allgemeinen Schulsystems verbunden.

Unser Schulsystem umfaßt eine große Zahl unterschiedlicher Schultypen, deren verwirrende Vielfalt durch die Kulturhoheit der Bundesländer noch gesteigert wird. Abb. 4.**1** zeigt die Grundzüge des bundesrepublikanischen Bildungssystems.

Die Eltern und die Jugendlichen selbst sehen heute fast ausnahmslos (unabhängig von der Nationalität und dem Geschlecht der Kinder) die zentrale Bedeutung der schulischen und beruflichen Ausbildung. Dem entspricht eine seit den sechziger Jahren stark gestiegene Bildungsbeteiligung und höhere Verweildauer im Bildungswesen.

Seit den 60er Jahren erfolgt aufgrund der Verlängerung der Pflichtschulzeit, der Ausweitung qualifizierter Schulabschlüsse usw. eine deutliche Ausdehnung des Schulbesuchs. Die Verlängerung der Ausbildungszeit wird einerseits als Möglichkeit der Entfaltung und Verselbständigung sowie jugendlicher Freiräume angesehen, andererseits als Verlust wichtiger Erfahrungen. Dieser Ausdehnung der Schulzeit entsprechen Verschiebungen in der Verteilung auf die Schulformen: Besuchten 1960/61 67% aller Schüler die damalige Volksschule und 29% weiterführende Schulen, hat sich dieses Verhältnis Anfang der 80er Jahre nahezu umgekehrt. Parallel dazu reduziert sich die Bedeutung von Arbeit und Erwerbstätigkeit für Jugendliche. Sie schließen etwa zwei Jahre später eine erste Berufsausbildung ab als Jugendliche der 50er Jahre.

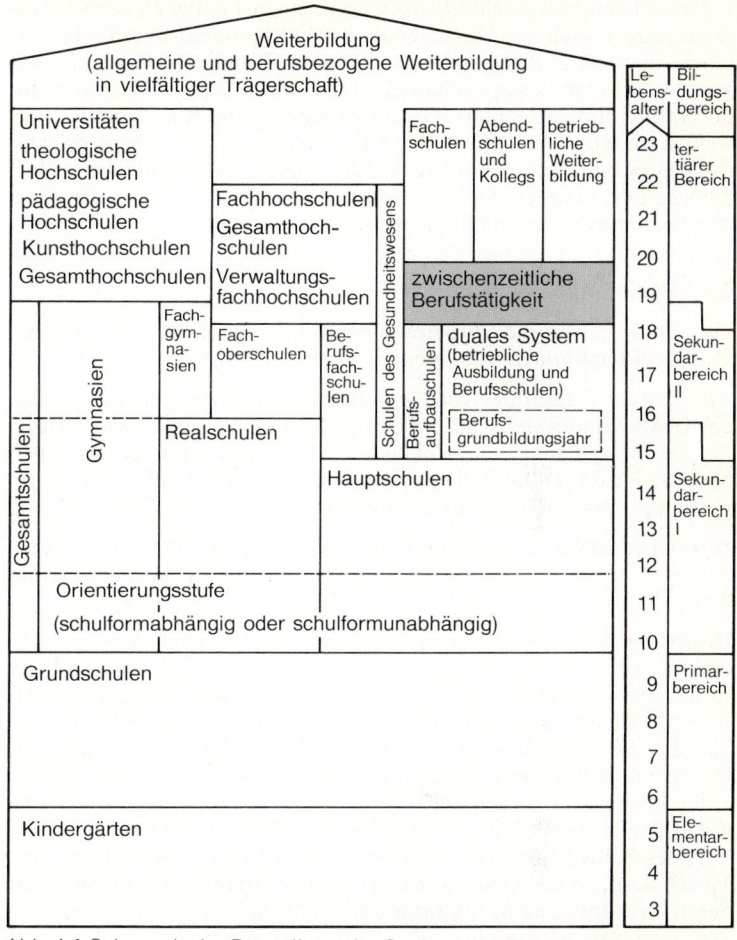

Abb. 4.1 Schematische Darstellung der Struktur des Bildungssystems in der Bundesrepublik Deutschland 1985. In den einzelnen Bundesländern bestehen Abweichungen. Die Zurechnung des Lebensalters zu den Bildungseinrichtungen gilt für den jeweils frühestmöglichen typischen Eintritt und bei ununterbrochenem Gang durch das Bildungssystem. Die Größe der Rechtecke ist nicht proportional zu den Besuchszahlen. * = Rund 30% der Hauptschüler besuchten 1985 auch ein 10. Schuljahr an der Hauptschule. ** = Die Orientierungsstufe wurde 1985 von rund 73% der Schüler des 5. und 6. Schuljahrgangs besucht (aus Bundesminister für Bildung und Wissenschaft: Grund- und Strukturdaten 1986/87. Bonn 1986)

Die schicht- und geschlechtsspezifische Benachteiligung ist zwar verringert, aber nach wie vor vorhanden. Mädchen besuchen die Hauptschule deutlich weniger und weiterführende Schulen häufiger als Jungen. Sie erzielen bessere schulische Leistungen und verlassen seltener die Schule ohne Abschluß. Geschlechtsspezifische Kurs- und Fächerwahlen führen allerdings oft in unterbezahlte oder von Arbeitslosigkeit besonders betroffene Berufsbereiche, wobei subtile und nur schwer faßbare Diskriminierungen der Mädchen in den Lehrer-Schüler- und den Peer-Interaktionen eine Rolle zu spielen scheinen.

4.3.1 Funktionen der Schule

Die Schule hat für die Vorbereitung auf das Erwachsenenalter mindestens drei Funktionen, die in enger Verbindung stehen:

Ausbildung: Vermittlung von Kenntnissen und Werten, die hinsichtlich des Fortbestandes der Kultur wesentlich sind und eine Voraussetzung für die Bewältigung von Rollen und Aufgaben eines erwachsenen Menschen sind. Diese Ziele geraten mit dem der individuellen Förderung der Schüler manchmal in Konflikt.

Persönlichkeitsbildung: Vermittlung von Wertvorstellungen und Förderung von Identifikationsverhalten (z. B. über die Vorbildfunktion von Lehrern).

Förderung angemessenen Sozialverhaltens: Im Rahmen der Entwicklungsaufgaben der Adoleszenz ist die Schule von Bedeutung für die Rollenentwicklung, für die Erlangung einer gewissen Unabhängigkeit vom Elternhaus sowie für die Vermittlung von Werten und Überzeugungen, die als Richtschnur für das eigene Verhalten dienen können. Die Schule kann Einstellungen und Werthaltungen des Elternhauses unterstützen oder abschwächen. Dabei spielt der Leistungsaspekt eine große Rolle. Außerdem leistet die Schule einen Beitrag zur Entwicklung des Selbstbildes. Dazu tragen Identifikationen mit Lehrern und Mitschülern, Auseinandersetzungen mit Wertvorstellungen und mit deren Verkörperung in Literatur und Kunst bei.

4.3.2 Soziale Plazierung und Schule

Die Schule soll auch eine *Selektion* und soziale Plazierung vornehmen. Der schulische Ausbildungsgang ist für die Zukunft des Kindes entscheidend, zumal gute Schulbildung und hohe gesellschaftliche Stellung eng miteinander korrelieren. Schulleistungen sind nicht allein eine Folge der Begabung, sondern ebenso abhängig von der sozialen Herkunft und der Motivation der Eltern. Mit diesen Faktoren korrelieren wiederum die ökonomischen Voraussetzungen für den Besuch einer derartigen Schule, zum Teil der Lernerfolg der Jugendlichen sowie das Interesse am Besuch weiterführender Schulen.

4.3.3 Leistungsverhalten und Lernorientierung

Leistungsverhalten und Lernorientierung erfahren im Laufe des Überganges vom Kindheitsstatus zur Adoleszenz vielfältige Wandlungen. Soziale Kennwerte der Familie, Persönlichkeitsfaktoren sowie die Eltern-Kind-Beziehung beeinflussen Leistungsverhalten und Lernmotivation stark.

4.3.4 Konflikte in der Schule

Schulische Konflikte konzentrieren sich um die Bereiche Leistung, Anpassung, Autorität und Autonomie. Aufgrund von Leistungsanforderungen ergeben sich Konflikte sowohl mit den Lehrern als auch mit Gleichaltrigen. Gegenüber den Lehrern kann es zur Protesthaltung, Leistungsverweigerung und zum Rückzug aus der Leistungssituation kommen. Dieses Verhalten tritt auch bei gut begabten und kritischen Adoleszenten auf, deren betonte Leistungsansprüche angesichts ungünstiger Zukunftsperspektiven fragwürdig geworden sind. Gegenüber den Gleichaltrigen kann es zu Rivalitätskonflikten kommen. Dies beeinflußt die psychosoziale Anpassung und die Aufrechterhaltung einer Klassengemeinschaft. Autoritäts- und Autonomiekonflikte konzentrieren sich auf Interaktion und freiheitlichen Spielraum gegenüber Weisungen und Auflagen der Schule. Adoleszenten wollen Begründungen für Regeln und Weisungen und fühlen sich leicht bevormundet und eingeengt.

4.3.5 Schule als pathogener Faktor

Konflikte in der Schule können zu behandlungsbedürftigen Störungsmustern wie z. B. der Schulphobie (meist begründet in einer Trennungsangst vom Elternhaus), der Schulangst (Angst vor Blamage und Kränkung in der Schule) und dem Schuleschwänzen führen. Schulschwierigkeiten gehören heute zu den häufigsten Beratungsanlässen durch den Kinder- und Jugendpsychiater. Eine Reihe von schulischen Einflußgrößen können zur Entstehung psychischer Auffälligkeiten beitragen. Die Identifikation solcher Einflüsse setzt voraus, daß das Beziehungsgeflecht zwischen Schüler, Schule und Elternhaus gesehen und analysiert wird.

1. **Schüler:** Bestimmte Voraussetzungen seitens des Schülers können zu psychischen Auffälligkeiten führen, wenn negative Entwicklungen nicht rechtzeitig erkannt und abgefangen werden. Hierzu gehö-

ren mangelhafte *intellektuelle Voraussetzungen*, insbesondere *Teilleistungsstörungen* oder umschriebene Hirnfunktionsstörungen, die mit einer normalen Intelligenz einhergehen können, sich aber in umschriebenen Funktionsausfällen (z. B. optische und akustische Differenzierungsschwäche, Lese-Rechtschreib-Schwäche, Rechenschwäche) manifestieren. Da unser Schul- und Bildungssystem nahezu ausschließlich auf sprachlich-auditive Fähigkeiten Wert legt, sind Kinder mit umschriebenen Ausfällen, z. B. im auditiven Bereich, besonders beeinträchtigt. In der Adoleszenz können derartige Störungsmuster, wenn sie nicht rechtzeitig erkannt und behandelt wurden, sehr gravierend werden: Die Jugendlichen verlieren leicht den Anschluß an die Anforderungen der Erwachsenenwelt (bestimmte Berufe bleiben ihnen vorenthalten), zum anderen ist in der Regel durch die Chronizität der Störung eine sekundäre Neurotisierung entstanden, die zu einer Vielzahl psychischer Auffälligkeiten bis hin zur Delinquenz führen kann. Auch Jugendliche mit *Persönlichkeitsvarianten*, die vielfach erst in der Adoleszenz deutlich werden, stoßen in der Schule auf geringes Verständnis. Gleiches gilt für Jugendliche mit geringer *Lernmotivation*, wie auch immer diese entstanden sein mag. Auch die soziale *Schichtzugehörigkeit* kann ein Ausgangspunkt für seelische Fehlentwicklungen sein. Die höhere Schule ist auch heute noch in ihren Wertvorstellungen und Anforderungen eine typische Mittelschichtsinstitution.

2. **Elternhaus:** Seitens des Elternhauses kann in erster Linie die Eltern-Kind-Beziehung pathogen wirken. Kinder aus psychisch belasteten Familien (Broken-home-Situationen, psychische Erkrankungen eines Elternteils, Disharmonie in der Familie) neigen in erhöhtem Ausmaß zu psychischen Störungen. In der Adoleszenz haben derartige Einflüsse in der Regel schon länger eingewirkt, so daß es bereits zu Fehlprägungen gekommen ist. Auch die wirtschaftliche Situation, der Bildungsstand der Eltern und der Sozialstatus der Familie haben Einfluß auf die Manifestation psychischer Störungen.

3. **Schule:** Die *Persönlichkeit des Lehrers* kann hin und wieder von pathogenem Einfluß sein, fällt aber nicht allzusehr ins Gewicht. Bedeutsamer sind die *Lernziele*. Häufiger Wechsel von Lernzielen sowie von Didaktik und Methodik führt nicht nur bei Schülern, sondern auch bei Lehrern zu Problemen. Diese müssen sich zum Teil sehr rasch auf neue Lerninhalte und Methoden umstellen, was sie oft überfordert. Die Betrachtung der Schule als Experimentierfeld, die Einführung neuer und vielfach nicht erprobter Lehrmethoden und der oft überzogene Anspruch auf Wissenschaftlichkeit setzen die Schüler immer häufiger und rascher sehr heterogenen Anforderungen aus, was zu psychischen Störungen führen kann. Schließlich führt der Wandel in der *Organisationsform der Schulen* – die Auflö-

sung des Klassenverbandes, die Zusammenfassung in Mittelpunkt-
und Zentralschulen, der Übergang zum Fachlehrerprinzip usw. – zu
einer Entpersönlichung des schulischen Betriebes, verhindert stabile Gruppenbeziehungen, begünstigt Anonymität und Vereinze-
lung und reduziert gerade in der Adoleszenz die Möglichkeit zur
Entwicklung einer personalen und Gruppenidentität im schulischen
Raum.

Die skizzierten Einflußgrößen dürfen jedoch nicht isoliert gesehen
werden. Entscheidender ist ihre *Wechselwirkung*. In diesem Sinne
macht die Schule z. B. krank, wenn sie auf Kinder und Jugendliche mit
umschriebenen Teilleistungsstörungen nicht individuell eingeht, sondern sie mit dem gleichen Maßstab mißt wie andere Kinder. Sie kann
krank machen, wenn nichterprobte Lehrmethoden übereilt an die
Stelle bewährter Unterrichtsmethoden gesetzt werden, sie kann psychische Krankheit verstärken, wenn Kinder bereits psychisch krank in
die Schule kommen (Hentig 1976), und sie kann pathogen wirken,
wenn individuelle und familiäre Voraussetzungen der Schüler nicht berücksichtigt werden.

4.3.6 Schulversagen und vorzeitiger Schulabgang

Rund 40% aller ambulanten Patientenvorstellungen in der Kinder-
und Jugendpsychiatrie und in der Erziehungsberatung erfolgen im Zusammenhang mit schulischen Leistungsproblemen. Vorzeitiger Schulabgang bzw. Schulversagen sind insofern ernsthafte Probleme, als für
diese Jugendlichen eine Integration in die Gesellschaft sehr erschwert
ist.

Ursachen vorzeitigen Schulabgangs

Folgende Ursachen wurden in verschiedenen empirischen Untersuchungen als wesentlich herausgestellt:

*Ungenügende intellektuelle Voraussetzungen und mangelnde Motiva-
tion*: Rund 40% der vorzeitigen Schulabgänger weisen Intelligenzquotienten im Bereich der Minderbegabung auf. Andererseits zeigen etwa
6% der vorzeitigen Schulabgänger Intelligenzquotienten im oberen In-
telligenzbereich. Im übrigen gibt es Zusammenhänge zwischen Intelligenzquotient und familiären Bedingungen, wobei sowohl genetische
als auch Umweltfaktoren determinierend sind. Nicht zu unterschätzen
sind Leistungsversagen und Schulabgang, die auf umschriebene Mängel der intellektuellen Ausstattung (Teilleistungsschwächen) zurückzuführen sind, die vielfach nicht erkannt werden. So gibt es z. B. vorzeitige Ausschulungen bei Adoleszenten mit Lese-Rechtschreib-Schwäche, und zwar sowohl aufgrund ihrer Ausfälle in diesem Bereich als

auch wegen der sekundären Folgen (neurotische Fehlentwicklung und Dissozialität). Mangelnde Motivation kann sowohl eine Folge intellektueller Minderbegabung und umschriebener Leistungsausfälle als auch ungenügender Förderung sein.

Psychosoziale Auffälligkeiten und Anpassungsstörungen: Bei dem Großteil der vorzeitigen Schulabgänger finden sich Auffälligkeiten der Persönlichkeit und des psychosozialen Verhaltens. Ausgangspunkt sind häufig Persönlichkeitsstörungen, Neigungen zu Verstimmungen, leichte zerebrale Beeinträchtigungen sowie ungünstige häusliche und familiäre Einflüsse. Unter diesen Bedingungen kommt es zu Störverhalten, das Sanktionen seitens der Schule auslöst und im Gefolge zu einer negativen Einstellung bzw. Ablehnung der Schule und des geforderten Leistungsverhaltens führt, was sich in einer oppositionellen Haltung gegenüber den Lehrern oder in Resignation zeigt.

Ungünstige häusliche Bedingungen: Die meisten Jugendlichen, die vorzeitig die Schule verlassen, stammen aus den unteren sozialen Schichten. Maßgeblich sind einmal die geringere Wertschätzung der Schulbildung, zum anderen generell ungleiche Chancen und eine geringere Unterstützung seitens der Familie.

Ungünstige Einstellungen und Wertvorstellungen: Eine negative Einstellung zur Schule und eine größere Wertschätzung einer früh einsetzenden Verdienstmöglichkeit begünstigen ebenfalls den vorzeitigen Schulabgang. Auch hier besteht ein Zusammenhang mit der Einstellung im Elternhaus. Da diese Haltungen in den unteren sozialen Schichten eher negativ sind und von den Kindern übernommen werden, ist die Schwelle für den vorzeitigen Schulabgang niedriger. Es gibt häufig Konflikte mit Lehrern, deren eigentliche Ursache eine Kombination von negativer Einstellung, illusionärem Selbständigkeitswunsch, Bestreben, frühzeitig Geld zu verdienen und mangelnder Motivation ist. Auch seitens der Lehrer gibt es negative Haltungen und Vorurteile bis zur ausgesprochenen Stigmatisierung der betreffenden Schüler.

Folgen vorzeitigen Schulabgangs

Auswirkungen auf das Selbstbild: Schulisches Leistungsversagen und vorzeitiger Schulabgang sind in aller Regel verknüpft mit der Entwicklung eines negativen Selbstbildes. Dieses ist gekennzeichnet durch Insuffizienzgefühle, häufig depressive Verstimmung, Versagensangst, Angst vor neuen Bewährungssituationen, geringes Zutrauen zu den eigenen Fähigkeiten, Ablehnung von Personen und Institutionen, die mit Leistungsanforderungen assoziiert sind, und nicht selten durch suizidales Verhalten. Manche kompensieren diese Wirkungen über eine

Verlagerung von Aktivitäten auf andere Bereiche, die Selbstbestätigung und Erfolg garantieren. Aus dieser Haltung können sowohl Kriminalität als auch Rückzug in bestimmte Formen der jugendlichen Subkultur resultieren.

Auswirkungen auf das Verhalten: Häufige Auswirkungen sind Weglaufen, inkonstantes Arbeitsverhalten (Gelegenheitsarbeiten) und der Anschluß an Außenseitergruppen. Das Abgleiten in die Alkohol- und Drogenabhängigkeit und/oder in die Delinquenz sind häufig damit assoziiert.

4.4 Berufswahl und Berufstätigkeit

Der Übergang von der Schule in den Beruf bedeutet für Jugendliche und auch für ihre Familien eine deutliche Veränderung ihrer Lebenssituation und vielfältige neue Belastungen und Anforderungen.

Die Eltern greifen kaum mehr direktiv in die Berufsvorstellungen ihrer Kinder ein, sind jedoch wichtigste Ansprechpartner und Leitbilder in der Phase der Berufsfindung. Nach wie vor besteht ein enger Zusammenhang zwischen dem Herkunftsmilieu der Jugendlichen und ihren eigenen Ausbildungswegen. Viele Eltern gewähren eine Verselbständigung der Jugendlichen nur in dem Maße, in dem sie sich in einer Berufsausbildung bzw. der Arbeitswelt bewähren. Arbeitslose Mädchen werden nicht selten von Plänen zur Berufstätigkeit durch Mitarbeit im elterlichen Haushalt abgebracht und damit auf traditionelle Rollenmuster festgelegt.

Berufswahl und Berufstätigkeit sind auch unter dem Gesichtspunkt der Bewältigung von Entwicklungsaufgaben zu sehen. Dazu gehört ein zunehmendes Verständnis für den Beruf, der Aufbau von Bewältigungsstrategien und die Einordnung des Berufs in das bisherige Leben. Je mehr Zeit Arbeit und Beruf im Leben einnehmen, um so mehr definiert sich die Identität durch die berufliche Tätigkeit. Viele berufstätige Jugendliche messen der Freizeit die gleiche Bedeutung wie dem Beruf bei, und in bezug auf das spätere Leben räumen viele der Familie die Hauptbedeutung ein (Oerter 1985). Die Identitätsentwicklung eines großen Teils dieser Jugendlichen verläuft nicht so sehr über Familie und Freizeit und die Peer-Gruppe, sondern über Arbeit und Beruf. Die Marginalposition, in der sich andere Jugendliche befinden, existiert für die meisten berufstätigen Jugendlichen nicht, da sie sich durch die Teilnahme am Arbeitsprozeß und der damit verbundenen Verantwortung als Mitglied der Erwachsenengesellschaft fühlen.

Überwiegend kompensieren die Jugendlichen die entfremdete Arbeitssituation, indem sie im Beruf identitätssteigernde Handlungsmöglichkeiten entdecken. In bezug auf die Freizeit steht das Geld noch im

Hintergrund, vermutlich wegen des geringen Einkommens. Allerdings sind sie, je weiter die Ausbildung voranschreitet, um so weniger mit ihr zufrieden (Oerter u. Mitarb. 1987).

Die Jugendlichen tendieren dazu, die Möglichkeiten des Berufs zu überschätzen, indem sie die Möglichkeit der Selbstverwirklichung und den Spaß an der Arbeit hervorheben (spannende, abwechslungsreiche Tätigkeit usw.). Die Hervorhebung der Selbstverwirklichung kann als typisch für das Jugendalter angesehen werden.

Die *Konflikte am Arbeitsplatz* sind meist *Integrations- und Anpassungskonflikte.* Die berufstätige Jugend verläßt zu einem relativ frühen Zeitpunkt die Schule und ist auf die Arbeitswelt unzureichend vorbereitet, die sie vor festumschriebene Anforderungen stellt. Dies steht im Widerspruch zu dem sonst den Jugendlichen zugestandenen Experimentier- und Erkundungsspielraum, der bei denen, die weiterführende Schulen besuchen oder studieren, weitaus größer ist. Die Möglichkeiten, Konflikte am Arbeitsplatz auszutragen, sind sehr gering. Daher verlagert sich das Konfliktpotential vielfach in den Freizeitbereich. Die Auseinandersetzungen am Arbeitsplatz sind im wesentlichen auf der Ebene Autorität versus Autonomie zu sehen.

4.5 Freizeitverhalten

Für das Freizeitverhalten von Adoleszenten ergibt sich ein recht heterogenes Bild, das durch folgende Tendenzen gekennzeichnet ist:

- Ein Drittel bis knapp die Hälfte der Jugendlichen gehören einem Verein oder einer anderen interessenbezogenen Gruppierung an, deren Aktivitäten die Freizeit wesentlich bestimmen. Nach dem 14.–16. Lebensjahr reduziert sich das Interesse an derartigen Aktivitäten.
- Mit zunehmender Annäherung an das 18. Lebensjahr überwiegen Freizeitaktivitäten, die stärker auf die Begegnung mit dem anderen Geschlecht ausgerichtet sind (private Treffen in Cliquen, Diskothekenbesuche, gemeinsame [oft „motorisierte"] Ausflüge). Dabei bleiben die Jugendlichen recht konstant in ihrer Bezugsgruppe (jeweilige soziale Schicht, Schulumkreis).
- Der Medienkonsum (insbesondere Fernsehen, Kino und Videofilme) spielt eine nicht unerhebliche Rolle in der Freizeitgestaltung, und zwar durch alle Schichten. Dabei werden nicht selten auch Videofilme mit Gewaltdarstellungen „konsumiert".
- Wiewohl sich die Geschlechterunterschiede auch im Freizeitverhalten immer mehr verwischen, sind sie noch existent im Sinne einer gewissen Einschränkung und Benachteiligung der Mädchen.

4.6 Psychosoziale Reife

Entwicklung und Reifung sind eng aufeinander bezogene Vorgänge. Während *Reifung* einen Prozeß umschreibt, meint man mit *Reife* den Abschluß eines Entwicklungsabschnittes. *Psychosoziale Reife* attestiert man Adoleszenten, die die Entwicklungsaufgaben weitgehend bewältigt haben und verantwortliche und pflichtbewußte junge Menschen geworden sind, die an den Prozessen des gesellschaftlichen Lebens Anteil haben. Nach Thomae (1973) kann man zwei Betrachtungsweisen hinsichtlich des psychosozialen Reifebegriffes unterscheiden:

1. psychosoziale Reife als Übereinstimmung zwischen seelischer Entwicklung und sozialer Norm und
2. psychosoziale Reife als Entwicklungsabschluß.

4.6.1 Psychosoziale Reife als Übereinstimmung zwischen seelischer Entwicklung und sozialer Norm

Reifebegriffe dieser Art finden wir in der Schulreife, der Berufsreife, der Verantwortungsreife und der Delikthaftung. Hinsichtlich der *Schulreife* gibt es relativ sichere Bestimmungsmethoden. Die *Berufsreife* läßt sich in allgemeiner Form schwer feststellen, leichter wird die Entscheidung jeweils hinsichtlich eines bestimmten Berufes. Die Bestimmung der *Verantwortungsreife* gemäß § 3 JGG setzt die Prüfung der Frage voraus, ob der Betreffende fähig war, das Unrecht seiner Tat einzusehen und entsprechend dieser Einsicht zu handeln. Während das erste Bestimmungsstück sich einigermaßen gut prüfen läßt, ist die Objektivierung des zweiten (Selbststeuerung, Handlung entsprechend einer Einsicht) nur schwer zu leisten. In diesem Sinne läßt sich am Beispiel der Verantwortungsreife demonstrieren, „daß sowohl mit der Zunahme der Komplexität der Anforderungen als auch mit der Zunahme des Alters die Feststellung des jeweils gemeinten Grades von ‚Reife' als Übereinstimmung zwischen seelischer Entwicklung und sozialer Norm sich als immer schwieriger erweist" (Thomae 1973). Auch bei der *Delikthaftung* gemäß § 828 BGB ist zu prüfen, inwiefern eine individuelle Verhaltensstruktur mit einer sozial definierten Norm übereinstimmt.

4.6.2 Psychosoziale Reife als Entwicklungsabschluß

Während bei allen bisher angeführten Varianten des Reifebegriffes stets die Frage der Übereinstimmung zwischen individueller Entwicklung und sozialer Norm im Sinne eines dynamischen Gleichgewichts geprüft werden muß, wird bei anderen Auffassungen von Reife ab einer gewissen Altersstufe eine angemessene psychosoziale Reife vorausgesetzt. Beispiele für diese Auffassung sind Volljährigkeit und Ehemündigkeit sowie die soziale Reife im Sinne des § 105 JGG.

Volljährigkeit und Ehemündigkeit sind durch das Gesetz zur Neuregelung des Volljährigkeitsalters vom 1.1.1975 einheitlich auf das 18. Lebensjahr festgesetzt. Bei dieser Maßnahme handelt es sich um ein rein normatives Vorgehen, das ab einer bestimmten Altersstufe das Vorhandensein der erforderlichen Reife für alle Funktionen eines Erwachsenen voraussetzt.

Die *psychosoziale Reife* im Sinne des § 105 JGG geht einerseits davon aus, daß für die Mehrzahl der Volljährigen ein Reifezustand erreicht ist, der die Behandlung nach dem Erwachsenenstrafrecht rechtfertigt. Andererseits wird ein dynamischer Gesichtspunkt eingeführt, der einen Vergleich des Täters mit der „sittlichen und geistigen Entwicklung" eines Jugendlichen erfordert. Trotz einer relativ statischen Ausgangslage wird hier auch auf die Prüfung einer Übereinstimmung zwischen dem Entwicklungsstand des jungen Volljährigen und dem eines Jugendlichen abgehoben. Auf die Hilfskonstruktionen, die entwickelt wurden, um diesen unscharfen Vergleich tragfähiger zu machen, soll hier nicht eingegangen werden. Dahinter standen letztlich pädagogische oder anthropologische Gesichtspunkte, die darauf hinausliefen, möglichst viele junge Menschen den stärker pädagogisch orientierten Möglichkeiten des Jugendgerichtsgesetzes zuzuführen.

Die Feststellung einer den Funktionen des Erwachsenenalters entsprechenden psychosozialen Reife ist außerordentlich schwierig. Sie wird um so schwieriger, je globaler sie erfolgen soll. Sie läßt sich am ehesten für umschriebene Sachverhalte und Aufgaben präzisieren. Andererseits wird sowohl in der Gesetzgebung als auch in der Pädagogik, Psychologie und Jugendpsychiatrie vom Begriff der psychosozialen Reife ausgegangen. Thomae (1973) weist darauf hin, daß die Voraussetzungen zur Erlangung der vollen psychosozialen Reife sich an außerordentlich hohen Maßstäben orientieren und von relativ einheitlichen zeitlichen Gegebenheiten ausgehen. In Wirklichkeit aber erreichen verschiedene junge Menschen die einzelnen Stufen sozialer Reife zu recht unterschiedlichen Zeitpunkten. Dies hat vor allem im Bereich der Psychopathologie große Bedeutung, wenn es um die Feststellung von Reifungsverzögerungen oder um bleibende Unreife geht (Corboz 1967).

4.7 Psychosoziale Konflikte in der Adoleszenz

Die Adoleszenz ist eine Phase besonderer Konflikthäufung, die vielfach zu abweichendem Verhalten führt, welches aber in der Mehrzahl der Fälle zur Anpassung und Einordnung in die Erwachsenenwelt zurückfindet. Hervorstechendste Konfliktfelder sind Elternhaus, Bezugsgruppe sowie Institutionen wie Schule und Arbeitsplatz. Allge-

mein gilt für die psychosozialen Konflikte der Adoleszenten folgendes
(in Anlehnung an Kaiser 1977):

– Die Adoleszenz erstreckt sich über eine immer längere Zeitspanne
   und führt infolge der Vorenthaltung von Pflichten und Rechten der
   Erwachsenen zu einem steigenden Konfliktpotential. Psychosoziale
   Konflikte sind in der Adoleszenz so verbreitet, daß man sie als normal bezeichnen kann.
– Konflikthafte Auseinandersetzungen finden vor allem im sozialen
   Nahfeld der Jugendlichen statt.
– Der Ursprung der Konflikte im sozialen Nahraum macht den Gedanken einleuchtend, Lösungsstrategien ebenfalls im privaten
   Raum zu suchen. Dies liegt auch insofern nahe, als Familie, Schule
   und Gemeinde als Einrichtungen im sozialen Nahfeld Konflikte im
   allgemeinen folgenärmer lösen können als Institutionen der sozialen Kontrolle (Jugendhilfe, Institutionen, Gericht usw.).
– Diese Instanzen der sozialen Kontrolle müssen aber dann bemüht
   werden, wenn Normenverstöße im sozialen Nahraum die Rechte
   einzelner erheblich beeinträchtigen. Durch die Verlagerung der
   Konflikte und der Lösungsversuche in anonyme und dem einzelnen
   fernstehende Institutionen sowie durch die Maßnahmen als solche
   werden vielfach Stigmatisierungsprozesse eingeleitet, die einer ef-
   fektiven Integration und Resozialisierung nicht förderlich sind.

4.7.1 Auseinandersetzung mit der Autorität in Familie und Ge-sellschaft

Das Hineinwachsen des Jugendlichen in die Gesellschaft geht häufig
mit einer Auseinandersetzung mit Autorität, Tradition und gesellschaftlichen Normen einher. Diese spielt sich bei Adoleszenten der
mittleren und oberen sozialen Schichten vorwiegend in Familie und
Schule, bei den Adoleszenten der unteren sozialen Schichten vorwiegend im beruflichen Bereich ab (Lehre, Arbeitsstelle). Zur Erklärung
der in unserem Kulturkreis geläufigen Auflehnung gegen Autorität,
Tradition und Normen werden verschiedene *Thesen* herangezogen:

– Die zum Teil erhebliche zeitliche *Diskrepanz* zwischen biologischer
   Sexualreife und *sozialer Unreife* konfrontiert die Adoleszenten mit
   dem Widerspruch zwischen ihren Fähigkeiten und den ihnen offen-
   stehenden Möglichkeiten.
– Die zu bewältigenden Entwicklungsaufgaben sind nahezu alle auf
   Selbständigkeit, Eigenständigkeit und *Unabhängigkeit* ausgerichtet. Dies führt dazu, daß die bis dahin praktizierten Identifikationen abgelöst werden müssen durch neue, die aber noch nicht gefunden und entwickelt sind.
– Der in unserer Gesellschaft zu beobachtende *Verlust an Tradition*

(Mitscherlich 1965) vergrößert das existentielle Vakuum der Jugendlichen: Entweder kommt es aus dem Erleben der Absurdität des Daseins zu einer *Ablehnung jeglicher Autorität* und Ordnung. Oder es wird die derzeitige Ordnung als verlogen, nicht tragfähig und von Grund auf schlecht abgelehnt und eine *neue, ideale Ordnung postuliert*, die nur durch Zerstörung der derzeit gültigen erreicht werden kann. In „primitiven" Gesellschaften werden solche Vorgänge durch *Initiationsriten* und andere kulturgebundene Maßnahmen verhindert, die sowohl eine systematische Vorbereitung auf den Erwachsenenstatus darstellen als auch seine volle Anerkennung in feierlicher Form öffentlich dokumentieren.

– Eine weitere These erklärt die Auflehnung der Jugendlichen durch die *soziale Position einer Minorität*, deren abweichendes Verhalten gesellschaftliche Sanktionen provoziert, die wiederum mit aggressiven Impulsen beantwortet werden.

Generationenkonflikte werden im allgemeinen auf zwei Wurzeln zurückgeführt: den raschen gesellschaftlichen Wandel, der bei der Jugend zur Assimilation von Wertvorstellungen und Verhaltensweisen führt, die mit denen der Erwachsenen inkompatibel sind, und das starre Festhalten der Erwachsenengeneration an kulturell tradierten Wertvorstellungen und Erziehungsidealen. Die Verallgemeinerung der These vom Generationenkonflikt dürfte u. a. dadurch entstanden sein, daß oft Adoleszenten aus klinischen Stichproben oder aus Beratungsstellen zum Maßstab genommen wurden.

Die in unserem Kulturkreis häufig zu beobachtende Protesthaltung kann sich äußern als universeller Protest, als familiärer Protest, als Vaterprotest oder als Weglaufen (Remschmidt 1975). Die zuerst genannten Möglichkeiten beinhalten eine Auseinandersetzung mit Autorität, Ordnung und Normengefüge, die letzte umschreibt den Rückzug durch Flucht. *Autoritätskonflikte* zeigen sich im offenen oder versteckten Widerstand gegen die gültige Ordnung. Sie gehen nicht selten mit Reifungsanomalien oder Asynchronien einher und sind typische Ausdrucksformen der Reifungsabläufe in der Adoleszenz. In ihnen können sich Ansätze für psychopathologische Auffälligkeiten zeigen, z. B. im Rahmen von sogenannten Adoleszentenkrisen. Autoritätskonflikte ergeben sich meist aus der Wechselwirkung zwischen den jeweiligen gesellschaftlichen Rahmenbedingungen und adoleszenztypischen Konfliktneigungen.

Entfremdung (alienation) bezeichnet den Beziehungsverlust zu Personen, Werten, gesellschaftlichen und technologischen Prozessen sowie den Verlust jeglichen Einflusses auf diese. In dem Gefühl der Entfremdung äußert sich Ohnmacht, das Empfinden, manipuliert zu werden, einer anonymen Masse anzugehören und lediglich eine Nummer im gesellschaftlichen Getriebe zu sein. Tiefgreifendere Auseinandersetzungen mit den Eltern als Ausdruck einer Entfremdung sind bei Jugendlichen mit psychiatrischen Auffälligkeiten rund 4- bis 5mal so häufig wie bei gesunden (Rutter u. Mitarb. 1976). Ein Teil der Studenten ist im Unterschied zur berufstätigen Jugend desillusioniert, hyperkritisch, mißtrauisch und skeptisch hinsichtlich der Zukunft. Möglicherweise kommt dies dadurch zustande, daß letztere direkte Bezüge zum Arbeitsprozeß haben und Verantwortung tragen. In jugendlichen Protestbewegungen werden in erster Linie jene gesellschaftlichen Felder und Prozesse abgelehnt, in denen die Entfremdung erlebt wird (technologischer Fortschritt, mechanisierte Arbeitsvorgänge, überkommene Wertvorstellungen). Zum anderen werden Alternativen zum Vorgang der Entfremdung gesucht. Dies äußert sich in einer Hinwendung zu emotionalen Erlebnissen, in der Bildung von Gruppen und Gesellungsformen, in denen Introspektion und Sinneserfahrung gepflegt werden, für einen kleinen Teil der Adoleszenten in radikalen Gruppen, die einen gesellschaftlichen Umsturz herbeiführen wollen und auch Delikte nicht scheuen.

4.7.2 Konflikte mit Gleichaltrigen

Häufige Konflikte mit Gleichaltrigen sind Rivalitäts- und Partnerschaftskonflikte.

Rivalitätskonflikte kommen sowohl bei männlichen als auch bei weiblichen Adoleszenten vor. Bei beiden Geschlechtern konzentrieren sie sich in der *Frühadoleszenz* vorwiegend auf gleichgeschlechtliche „Partner". Bei *Jungen* geht es häufig um die Führerrolle in Gruppen, um Leistungsvergleiche im physischen und intellektuellen Bereich, um Freundschaft und Zuneigung bzw. Außenseiterpositionen. Bei *Mädchen* erstrecken sich Rivalitätskonflikte auch in der Frühadoleszenz nur in geringerem Umfang auf den Leistungsbereich. Aufgrund des im Vergleich zu Jungen früheren Reifungsablaufes tritt hier das andere Geschlecht auch zu einem früheren Zeitpunkt in den Vordergrund. Rivalitätskonflikte erstrecken sich dann vorwiegend auf einen Wettbewerb um die Gunst und Zuneigung älterer Jungen.

Partnerschaftskonflikte treten erst in der *Spätadoleszenz* in Erscheinung. Bei heterosexuellen Freundschaften können sich gerade in diesem „Einübungsstadium" partnerschaftlichen Verhaltens zahlreiche Konflikte abzeichnen. Sie zentrieren sich am häufigsten um die Bereiche Familiengründung, voreheliche Geschlechtsbeziehungen, Treue gegenüber dem Partner, gemeinsame Zukunftsperspektive, Normvorstellungen und Auseinandersetzungen mit dem Elternhaus.

4.7.3 Konflikte mit Institutionen

Aufgrund des starken Autonomiestrebens, der Ablösungstendenzen vom Elternhaus und der Suche nach Selbsterkenntnis und Selbstbestimmung stehen die meisten Adoleszenten Institutionen mit einer ausgeprägten Mißtrauenshaltung gegenüber. Konflikte mit Institutionen beziehen sich im wesentlichen auf Schule, Arbeitsplatz, Jugendhilfe sowie die Instanzen der strafrechtlichen Ahndung (Polizei, Gericht, Bewährungshilfe, Strafvollzug).

Im folgenden wird nur auf Konflikte im Zusammenhang mit abweichendem Verhalten (Dissozialität und Delinquenz) eingegangen (s. auch Kap. 8).

Konflikte im Zusammenhang mit abweichendem Verhalten: Da alle Institutionen unserer Gesellschaft rechtlich organisiert sind, „folgt aus dem Spannungsverhältnis der Jugendlichen zu den Institutionen gleichzeitig der Konflikt mit dem Recht" (Kaiser 1977). Polizei und Instanzen der Strafverfolgung verkörpern die rechtliche Seite in besonderer Weise und stehen daher im Brennpunkt der Konfliktmöglichkeiten. Die Ubiquität derartiger Konflikte hat dazu veranlaßt, konflikttheoretische Ansätze in Rechtsreformen einzubeziehen und ein „Jugendkonfliktrecht" anstelle des bisherigen Jugendstrafrechts zu fordern (Peters 1966).

Konflikte im Zusammenhang mit dissozialem Verhalten (im Vorfeld der strafrechtlichen Verfolgung): Eine Reihe von Verhaltensweisen in der Adoleszenz kann zu Kollisionen mit der Polizei führen, obwohl sie primär nicht einen Strafrechtstatbestand ausmachen. Hierzu gehören Jugendarbeitslosigkeit, Weglaufen, Jugendalkoholismus und Drogenmißbrauch, Schulvandalismus und suizidales Verhalten. Ein Teil dieser Phänomene und Verhaltensweisen resultiert nicht aus Konflikten mit Institutionen, sondern aus Persönlichkeitsfaktoren, Erziehungseinflüssen oder sozialen Bedingungen. Ihre Folgen führen aber zu konflikthaften Kollisionen mit den Institutionen.

Jugendalkoholismus und Drogenmißbrauch sind meist Ausdruck eines sehr komplexen Bedingungsgefüges. Zu Konflikten mit Institutionen der Rechtspflege führen sie im Rahmen von Drogendelinquenz und Prädelinquenz (Remschmidt 1972), in der Resozialisierung und im Strafvollzug (Kreuzer 1975).

Unter *Vandalismus* werden verschiedene Formen der Gewaltanwendung gegen Sachen zusammengefaßt (gemeinschaftliche Sachbeschädigung, u. U. auch Brandstiftung). Kennzeichen dieser Aggressionshandlungen ist ihre Ziel- und Zwecklosigkeit, ihr ansteckender Charakter und der in ihnen zum Ausdruck kommende Auffälligkeitsgrad im Sinne öffentlicher Beachtung. In vandalistischem Verhalten kommt ein vielschichtiges Konfliktpotential zum Ausdruck, das sich explosionsartig, vielfach unvorhergesehen, entlädt. An derartigen Delikten sind häufig auch Adoleszenten beteiligt, die ansonsten keinerlei Neigung zu delinquentem Verhalten zeigen.

Konflikte im Zusammenhang mit strafrechtlicher Verfolgung (Delinquenz): Diese Konflikte entstehen besonders dort, wo das ohnehin hohe Konfliktpotential der Adoleszenz durch das Zusammentreffen verschiedener konfliktfördernder Bedingungen verschärft wird. Vielfach treffen häusliche Probleme, ungünstige Erziehungsmethoden, Arbeitslosigkeit, Lehrstellenwechsel, Verwahrlosung, soziale Fehlanpassung, Alkohol- und Drogenmißbrauch zusammen. Unter dem Einfluß von Gruppenbildungen mit einschlägiger Erfahrung kommt es häufig zu delinquenten Verhaltensweisen. Ungünstige Erfahrungen im Verlaufe des Sozialisationsprozesses schlagen sich auch im Selbstbild der Betreffenden nieder, so daß sich ein Mechanismus der Stigmatisierung und der sich selbst erfüllenden Prophezeiung entwickelt. Oft sind mit dem delinquenten Verhalten Jugendlicher auch Persönlichkeitsauffälligkeiten verquickt. Sie neigen vielfach zur Schuldzuschreibung an andere, weisen Vertrauensbrüche im sozialen Nahraum auf und zeigen (aus welchen Gründen auch immer) eine verminderte Bereitschaft zum Einhalten von Regeln des Zusammenlebens (Kaiser 1977). Durch die Verhängung von Jugendstrafen wird, selbst unter pädagogischen Bedingungen, die Resozialisierung häufig nicht erreicht. Vorstrafenbelastung sowie ungünstige familiäre Bedingungen, Konflikte im Leistungs- und Freizeitbereich verringern die Chancen, wieder eine gesellschaftliche Integration zu erreichen.

Konflikte mit Einrichtungen der Jugendhilfe: Einrichtungen der Jugendhilfe verkörpern, wie die Instanzen der Strafverfolgung, die rechtliche Seite, wobei allerdings der pädagogische Gedanke im Vordergrund steht. Pädagogische Maßnahmen, besonders wenn sie unter Zwang eingeleitet werden, rufen verständlicherweise den Widerstand der Jugendlichen hervor und werden meist als Bevormundung empfunden.

4.8 Literatur

Baacke, D., W. Ferchhoff: Jugend, Kultur und Freizeit. In Krüger, H.-H.: Handbuch der Jugendforschung. Leske & Budrich, Leverkusen 1988

Brammer, L. M.: The student rebel in the university. Journal of Higher Education 38 (1967) 257–262

Bundesminister für Bildung und Wissenschaft (Hrsg.): Grund- und Strukturdaten. Ausg. 1984/85. Bad Honnef 1984

Corboz, R. J.: Spätreife und bleibende Unreife: Eine Untersuchung über den psychischen Infantilismus anhand von 80 Katamnesen. Springer, Berlin 1967 (Monographien aus dem Gesamtgebiete der Neurologie und Psychiatrie, H. 117)

Deutscher Bundestag (Hrsg.): Verbesserung der Chancengleichheit von Mädchen in der Bundesrepublik Deutschland – Sechster Jugendbericht. Bonn 1984 (Bundestags-Drucksache 10/1007, 15. 2. 1984)

Deutscher Bundestag (Hrsg.): Jugendhilfe und Familie – die Entwicklung familienunterstützender Leistungen der Jugendhilfe und ihre Perspektiven – Siebter Jugendbericht. Bonn 1986 (Bundestags-Drucksache 10/6730, 10. 12. 1986)

Deutscher Bundestag (Hrsg.): Bericht über Bestrebungen und Leistungen der Jugendhilfe – Achter Jugendbericht. Bonn 1990 (Bundestags-Drucksache 11/6576, 6. 3. 1990)

Engel, U., K. Hurrelmann: Psychosoziale Belastung im Jugendalter. Empirische Befunde zum Einfluß von Familie, Schule und Gleichaltrigengruppe. de Gruyter, Berlin 1989 (Prävention und Intervention im Kindes- und Jugendalter, Bd. VI)

Erikson, E. H.: Identität und Lebenszyklus: Drei Aufsätze. Suhrkamp, Frankfurt 1971 (Orig.: Identity and the Life Cycle. Int. Univ. Press, New York 1959)

Garrison, K. C., K. C. Garrison jr.: Psychology of Adolescence. 7th ed. Prentice-Hall, Englewood Cliffs/N. J. 1975

Helsper, W.: Jugend und Schule. In Krüger, H.-H.: Handbuch der Jugendforschung. Leske & Budrich, Leverkusen 1988

von Hentig, H.: Psychische Gesundheit und Schule. Aus der Sicht eines Pädagogen. In Nissen, G., F. Specht: Psychische Gesundheit und Schule. Luchterhand, Neuwied 1976

Kaiser, G.: Konflikte der Jugendlichen mit Institutionen. Recht der Jugend und des Bildungswesens 25 (1977) 404–420

Konopka, G.: Requirements for healthy development of adolescent youth. Adolescence 8 (1973) 291–316

Kreuzer, A.: Drogen und Delinquenz: Eine empirisch-jugendkriminologische Untersuchung der Erscheinungsformen und Zusammenhänge. Akademische Verlagsgesellschaft, Wiesbaden 1975

Löffelmann, H.: Neue Sekten. Probleme und Aufgaben für den Jugendschutz. In Müller-Küppers, M., F. Specht: Neue Jugendreligionen. Vandenhoeck & Ruprecht, Göttingen 1979

Mitscherlich, A.: Pubertät und Tradition. In von Friedeburg, L.: Jugend in der modernen Gesellschaft. Kiepenheuer & Witsch, Köln 1965

Müller-Küppers, M.: Psychische Gesundheit und Schule. Aus kinder- und jugendpsychiatrischer Sicht. In Nissen, G., F. Specht: Psychische Gesundheit und Schule. Luchterhand, Neuwied 1976

Neidhardt, F.: Die junge Generation. Jugend und Gesellschaft in der Bundesrepublik, 3. Aufl. Leske, Opladen 1970 (Beiträge zur Sozialkunde, Reihe B, Bd. VI)

Oerter, R.: Die Anpassung von Jugendlichen an die Struktur von Arbeit und Beruf. In Oerter, R.: Lebensbewältigung im Jugendalter. Beltz, Weinheim 1985.

Oerter, R., L. Montada u. Mitarb.: Entwicklungspsychologie, 2. Aufl. Psychologie Verlags-Union, München 1987

Peters, K.: Die Grundlagen der Behandlung junger Rechtsbrecher. Monatsschrift für Kriminnologie und Strafrechtsreform 49 (1966) 49−62

Remschmidt, H.: Delinquenz und Prädelinquenz drogenabhängiger Jugendlicher. Recht der Jugend und des Bildungswesens 20 (1972) 357−362

Remschmidt, H.: Psychologie und Psychopathologie der Adoleszenz. Monatsschrift für Kinderheilkunde 123 (1975) 316−323

Remschmidt, H.: Junge Volljährige im Kriminalrecht − aus jugendpsychiatrisch-psychologischer Sicht −. Monatsschrift für Kriminologie und Strafrechtsreform 61 (1978) 79−94

Rutter, M., P. Graham, O. F. D. Chadwick, W. Yule: Adolescent turmoil: fact or fiction? Journal of Child Psychology and Psychiatry 17 (1976) 35−56

Schelsky, H.: Die skeptische Generation: eine Soziologie der deutschen Jugend. Diederichs, Düsseldorf 1957

Tenbruck, F. H.: Jugend. Gesellschaftliche Lagen und gesellschaftliches Versagen. In Remschmidt, H.: Jugend und Gesellschaft. Realitätsbewältigung, Krisen und Auswege. Wissenschaftliche Verlagsgesellschaft, Stuttgart u. Umwelt und Medizin Verlagsges., Frankfurt 1986

Thomae, H.: Das Problem der „sozialen Reife" von 14- bis 20jährigen. Arbeitsgemeinschaft für Erziehungshilfe (AFET), Hannover 1973 (Wissenschaftliche Informationsschriften der AFET, H. 6)

5. Transkulturelle Aspekte der Adoleszenz

Spätestens seit den anthropologischen Untersuchungen von Margaret Mead (1928) und Boris Malinowski (1929) ist bekannt, daß die Adoleszenz bei einheitlichen biologischen Gegebenheiten in verschiedenen Kulturen sehr unterschiedlich verläuft. Dies führt zu der Schlußfolgerung, daß soziokulturelle Faktoren von großer Bedeutung für den Weg zum Erwachsensein sind. Im folgenden sollen zu dieser Thematik die wichtigsten Gesichtspunkte herausgestellt werden.

Nachdem in Kap. 3 und 4 vorwiegend auf die Verhältnisse in den westlichen industrialisierten Ländern eingegangen wurde, soll nun im Kontrast dazu die Adoleszenz bei den Naturvölkern betrachtet werden.

5.1 Adoleszenz bei Naturvölkern

5.1.1 Allgemeine Gesichtspunkte

Wenngleich die Adoleszenz bei verschiedenen Naturvölkern nicht in uniformer Weise abläuft, lassen sich doch einige Gemeinsamkeiten herausstellen:

– Kindheits- und Erwachsenenstatus sind in der Regel klar getrennt und genau definiert.
– Der Übergang vom Kindesalter zum Erwachsenenstatus erfolgt meist abrupt und wird durch die sogenannten Initiationsriten sowohl für die Adoleszenten als auch für die anderen Mitglieder der Gesellschaft äußerlich dokumentiert. Dies wird allerdings dadurch relativiert, daß bei einer Reihe von Naturvölkern die Initiationsriten beim weiblichen Geschlecht fehlen, in manchen Naturvölkern existieren sie überhaupt nicht. Ferner werden auch noch nach diesen „Übergangsriten" wichtige Entwicklungsschritte vollzogen (Rosenmayr 1976).
– Die Rollen der Erwachsenen sind klar umschrieben und nicht sehr vielschichtig. Dies bedeutet, daß man sich relativ gut auf sie einstellen und vorbereiten kann.
– „Es existiert *kein Lebensbild der Jugendlichkeit*, das von der Gesellschaft besonders beachtet und dem ein besonderer Wert zugemessen würde" (Rosenmayr 1976).

- Die Institution der Ehe ist bei den meisten Naturvölkern vorhanden. Voreheliche Sexualbeziehungen sind jedoch im allgemeinen erlaubt. Einer Zusammenstellung von Murdock (1967) zufolge, die sich auf eine Analyse von 250 „Primitivgesellschaften" stützt, ist dies bei 70% derselben der Fall.
- Eine stürmische, mit Konflikten, Rebellion und aggressivem Verhalten einhergehende Adoleszenzphase ist bei den meisten Naturvölkern unbekannt (Mead 1928). Aus dieser Beobachtung wurde zunächst der Schluß gezogen, daß die westlichen Zivilisationen aufgrund ihrer speziellen Struktur eine derartige Adoleszenzphase heraufbeschwören. Schlegel (1973) hat jedoch anhand ethnologischer Untersuchungen dargelegt, daß nicht die westlichen Gesellschaftsformen als solche dafür verantwortlich sind, sondern daß Adoleszentenkrisen überall dort auftreten, wo erheblicher sozialer und psychologischer Druck auf junge Menschen ausgeübt wird und verschiedene Möglichkeiten der Weiterentwicklung bzw. Konfliktlösung gegeben sind. Bei den von ihr untersuchten Mädchen des Hopi-Stammes verläuft die Adoleszentenkrise stumm, weil es nur einen Weg der Sozialisation gibt, der in geordneten Bahnen beschritten wird (s. u.).
- Die Gesellschaftssysteme der Naturvölker sind, verglichen mit denen westlicher Zivilisationen, relativ einfach strukturiert. Sie gehören zu den sogenannten postfigurativen, also auf Tradition und Achtung der Ahnen ausgerichteten Kulturen (Mead 1974). In diesen Kulturen hat die Tradition eine große Bedeutung, der gesellschaftliche Wandel erfolgt langsam, fast unmerklich, die Vergangenheit der Erwachsenen wird zur Zukunft der neuen Generation. Es entfallen wesentliche Konfliktmomente, da die Wertvorstellungen von Erwachsenen und Adoleszenten in nahezu selbstverständlicher Weise geteilt werden.

Nach diesen allgemeinen Gesichtspunkten, die für die Adoleszenz bei den meisten Naturvölkern typisch sind und die zu den Entwicklungsprozessen in der Adoleszenz in den westlichen Kulturstaaten in vielfältigen Gegensätzen stehen, sollen nun *drei Bereiche der Adoleszenzentwicklung* bei Naturvölkern herausgegriffen werden: die Initiationsriten, Sexualität und Status und die unterschiedliche Sozialisation von Jungen und Mädchen.

5.1.2 Initiationsriten

Unter *Initiationsriten* versteht man feierliche Zeremonien, die mit der Aufnahme eines neuen Mitgliedes in eine exklusive Gemeinschaft verbunden sind. In vielen Naturvölkern markieren sie die Aufnahme eines Kindes bzw. Jugendlichen in den Erwachsenenstatus. Sie sind vielfach mit körperlichen Verletzungen (Beschneidung, Tätowierung) vergesellschaftet und haben häufig den Charakter von Mutproben. Manchmal nehmen sie durchaus gefährliche Formen an.

Auch in westlichen und östlichen Kulturstaaten existieren Phänomene, die den Initiationsriten der Naturvölker z. T. vergleichbar sind. So sind Mutproben als Aufnahmerituale in bestimmten Jugendgruppen auch heute noch üblich, die Aufnahme in verschiedene exklusive Gruppen erfolgt in ritualisierter Form. Auch bei manchen religiösen Feiern (z. B. der Konfirmation) lassen sich Aspekte finden, die Ausdruck der Aufnahme eines Mitgliedes in eine Gruppe von höherem sozialen Status sind.

Bei Naturvölkern verkörpern die Initiationsriten für alle Mitglieder der Gesellschaft in öffentlicher Form die Aufnahme eines jungen Menschen in die Erwachsenenwelt. Die *Form der Initiationsriten* bei verschiedenen Naturvölkern ist unterschiedlich. Einmal variiert das Alter, in dem sie ausgeführt werden; auch Dauer, Öffentlichkeitsgrad und Einbeziehung beider Geschlechter oder nur eines Geschlechts variieren.

Ferner existieren Unterschiede im Hinblick auf die *Ein- oder Zweizeitigkeit* der Initiationsriten. Es gibt Kulturen, bei denen ein abrupter Übergang vom Kindheitsstatus in den Erwachsenenstatus erfolgt, und andere, in denen zunächst ein Wechsel von der Kindheit zur Jugendzeit und ein weiterer von der Jugendzeit zum Erwachsenenalter erfolgt, wobei in beiden Fällen Initiationsriten den Übergang markieren. Ein Beispiel für einen zweizeitigen Übergang, der bei den nordamerikanischen *Hopi-Indianern* üblich ist, ist im folgenden wiedergegeben (Neidhardt 1970):

„Der Wechsel von Kindheit zur Jugend vollzog sich bei den Hopi anläßlich eines großen Stammesfestes. Die Kinder wurden mit Peitschen geschlagen, sie erhielten einen neuen Namen, wurden in den Ahnenkult eingeweiht und bekamen Pateneltern, welche sie in die Stammesriten einführten. Sie wurden in den folgenden Jahren mehr und mehr mit ökonomischen Aufgaben betraut, erhielten aber noch keine Mitgliedschaft in einer der vier ‚Geheimen Gesellschaften', welche insbesondere das kulturelle Leben des Stammes bestimmten. Diese Mitgliedschaft wurde dem männlichen Hopi erst Jahre später, im Alter von 15 bis 20 Jahren, verliehen."

In Form dieser zweiten Initiation erfolgte ein plötzlicher Übergang vom Jugendlichen zum Mann, mit allen Verantwortlichkeiten und Privilegien voller Männlichkeit. Die Erwachseneninitiation der Mädchen erfolgte mit der Hochzeit, in Form eines sehr aufwendigen und sehr formalisierten Zeremoniells.

Gleichgültig, in welcher Form die Initiationsriten durchgeführt wurden, sie dokumentierten für alle Mitglieder der Gesellschaft den neu erworbenen Status und die Tatsache des Überganges. Durch die damit häufig verbundene Mutprobe war nach deren erfolgreichem Bestehen für den nunmehr jungen Erwachsenen auch eine persönliche Bestätigung verbunden, die einen selbstbewußten Einstieg in die Aufgaben eines Erwachsenen ermöglichte.

Es gibt jedoch auch *Naturvölker, bei denen Initiationsriten nicht vorkommen*. Ein Beispiel hierfür sind die auf einer Insel nördlich von Neuguinea lebenden Manus (Mead 1930). Die Jugendlichen dieses Stammes können sich weitgehend von den Aufgaben der Erwachsenen absetzen und verbringen eine relativ sorglose Kindheit ohne spezielle Vorbereitung auf die Erwachsenenrolle. Diese wird aber in folgender Form nachgeholt: Nach der von Verwandten bestimmten Eheschließung wird der junge Mann der Aufsicht seines Onkels unterstellt. Er wohnt mit seiner Frau im Hause des Onkels, der bestimmt, was er zu tun hat. Mit der Übernahme von Aufgaben und Verantwortung durch die Ehe wird die angenehme Jugendzeit beendet.

5.1.3 Sexualität und Status

Wie bereits erwähnt, ist die Institution der Ehe bei den meisten Naturvölkern vorhanden. Bei nahezu allen sind aber auch voreheliche Beziehungen verbreitet und vielfach institutionalisiert. Die Muria in Indien haben eine Institution, die sie Gotul nennen, in der Jugendliche frei den Geschlechtsverkehr ausüben können, wobei Partnerwechsel die Regel ist. Eine Paarbildung erfolgt nur kurzfristig. Es gibt dort angeblich keinerlei Partnerrivalität, keine Schuldgefühle, keine Homosexualität, keinen Exhibitionismus und keine Gewalttätigkeit. Nach Ansicht mancher Autoren (z. B. Elwin 1959) wird eine derartige Einrichtung als ideale Lösung für die Sexualprobleme der Jugendlichen angesehen. Nach Garfield (1967) wird durch den legalisierten Wechsel der Sexualpartner erreicht, daß nicht zu frühzeitig eine individuelle Partnerschaftsbindung mit den obligaten soziokulturellen Folgen einer Ehe entsteht. Gleichzeitig werde im Gotul eine klare Abgrenzung zwischen Jugendsexualität und Erwachsenensexualität ereicht. Sexualität werde dort um der Sexualität willen gepflegt. Eine Pubertätskrise existiere dort deshalb nicht, weil man nicht Genitalreife mit der sozialen Reife gleichsetze. Die Kluft zwischen beiden werde durch diese Form frei praktizierter Sexualität überbrückt. Nach Garfields Ansicht versucht man in unserem Kulturkreis, das Erwachsenenideal der Partnerschaftsbindung auf Jugendliche zu übertragen, was weder deren Bedürfnis noch deren Reife angemessen sei. Hingegen läßt sich mit Rosenmayr (1976) fragen, wie man partnerschaftliche Bindungen üben solle, wenn in der Adoleszenz Promiskuität geübt werde, und woher sich andererseits die Legitimität für eine strenge Gebundenheit und Partnerschaftlichkeit der Sexualität im Erwachsenenalter ableiten lasse.

Diese Form freizügiger Sexualität findet sich allerdings selten. Es läßt sich auch für viele Naturvölker nachweisen, daß Sexualität nicht lediglich unter dem Aspekt des psychophysiologischen Vollzuges, sondern durchaus als psychoaffektiver und partnerschaftlich bezogener Akt gesehen wird. So findet man kaum Formen sexueller Promiskuität (Murdock 1967), und bei der überwiegenden Mehrzahl der Naturvölker wird Ehebruch abgelehnt. Bei nahezu allen findet sich auch das Inzesttabu.

5.1.4 Geschlechterunterschiede

Auch bei den meisten Naturvölkern sind die Sozialisationsprozesse in der Adoleszenz bei Jungen und Mädchen unterschiedlich. So beziehen sich die meisten Initiationsriten nur auf die männliche Jugend, während *bei der weiblichen Jugend vielfach eine kontinuierliche Vorbereitung* auf die Aufgaben im Haus und in der Familie erfolgt. Aber auch diese ist *keineswegs immer konfliktfrei.* Während Margaret Mead (1928) bei den Mädchen auf *Samoa* keinerlei Anzeichen für Verstimmungen, Angstreaktionen und Generationenkonflikte fand, stellte Alice Schlegel (1973) für die Mädchen der *Hopi-Indianer* fest, daß diese in der Adoleszenz durchaus eine Krise durchlaufen. Diese ist im wesentlichen durch zwei Komponenten gekennzeichnet: durch erhebliche Restriktionen, die den Mädchen – nach einer Etappe großer Freiheit – von ihrer Mutter auferlegt werden, und durch die Notwendigkeit, einen Ehemann zu finden. Die Restriktionen erklären sich aus dem für die Adoleszenz vorgesehenen Ziel, die Geschlechtsrolle einer Frau und Mutter voll auszufüllen. Mit der Pubertät werden die Mädchen vorwiegend zu Hause gehalten, müssen an allen häuslichen Tätigkeiten teilnehmen, haben fast nur mit Familienmitgliedern Kontakt, während die Jungen die meiste Zeit außerhalb des Hauses verbringen. Die Mädchen haben erhebliche Befürchtungen, Enttäuschungen mit einem Liebhaber zu erleben. Dies läßt sich nach Schlegel (1973) dadurch erklären, daß die Beziehung der Hopi-Mädchen zu ihrem Vater durch eine relative Vaterferne gekennzeichnet ist. Zwar dient der Vater als Modell für den zukünftigen Partner, er ist freundlich und gütig, hat aber kaum Kontakt zu den Mädchen.

Dieses Beispiel mag stellvertretend für andere zeigen, daß Geschlechterunterschiede in der Adoleszenz sich durchaus nicht auf das Fehlen von Initiationsriten bei den Mädchen beschränken, sondern daß es auch erhebliche Unterschiede im Sozialisationsprozeß zwischen

Jungen und Mädchen gibt, die genereller Natur sind und mit den künftigen *Rollenerwartungen* zusammenhängen.

Insgesamt läßt sich allerdings die Adoleszenz bei Naturvölkern dadurch kennzeichnen, daß ein höheres Maß an Sicherheit hinsichtlich des künftigen Verhaltens bei den Jugendlichen vorhanden ist, der gesellschaftliche Wandel nur sehr langsam erfolgt und demzufolge eine Übernahme der Erwachsenenfunktionen mit weniger Schwierigkeiten und Konflikten verbunden ist.

5.2 Adoleszenz in Entwicklungsländern und ausländische Jugendliche im Gastland

Durch die Migrationsbewegungen, die in Europa, aber auch in anderen Teilen der Welt, in den letzten Jahrzehnten stattgefunden haben, sind zwei neue Jugendprobleme entstanden: Die Veränderung der Situation der Adoleszenten in den Entwicklungsländern und die zum Teil schwierige Situation ausländischer Jugendlicher im Gastland.

5.2.1 Adoleszenz in den Entwicklungsländern

In den meisten Entwicklungsländern ist in den letzten Jahren eine neue Situation für die Adoleszenten entstanden. Sie ist dadurch gekennzeichnet, daß mit dem Wechsel größerer Bevölkerungsgruppen in andere Länder und deren Rückkehr *neue Maßstäbe und Werthaltungen* eingeführt werden. Gleichzeitig vollzieht sich ein rascherer *technologischer Fortschritt*. Dieser führt dazu, daß viele Entwicklungsländer Anschluß an Vorteile, aber auch an Probleme der industrialisierten Staaten finden. Da in vielen Entwicklungsländern (mit großen regionalen Unterschieden) der Übergang von einer vorwiegend postfigurativen Kultur in die moderne Zivilisation überaus rasch erfolgt, werden auch die Adoleszenten dieser Länder mit Entwicklungen konfrontiert, die für die Generation ihrer Eltern noch unvorstellbar waren. Dabei werden nicht nur Fortschritte und Erkenntnisse übernommen, sondern auch Ideologien und politische Konzepte, die vielfach dem eigenen Land nicht angemessen sind. Aus dieser Entwicklung erklärt sich auch, daß viele Jugendliche zu Schrittmachern politischer Umsturzbewegungen werden, ohne deren Hintergründe restlos zu durchschauen. Die entwicklungspsychologisch erklärbare Neigung Jugendlicher zur Übernahme von Ideologien ist dabei ein nicht unerheblicher Faktor.

5.2.2 Ausländische Jugendliche im Gastland

Eine besondere Situation entsteht in den stark industrialisierten Ländern für die Kinder ausländischer Arbeitnehmer, die in das Stadium der Adoleszenz gelangen. In der Bundesrepublik Deutschland ist dies angesichts der geringen Chancen, die die jugendlichen Ausländer aufgrund ihrer häufig unzureichenden schulischen Ausbildung haben, ein gravierendes Problem. Während in allen Immigrationsländern die Einwanderer der ersten Generation gut angepaßt sind und aufgrund ihrer Zielorientierung und der daraus resultierenden Normtreue kaum Delikte begehen, gilt dies nicht für die zweite Generation, für die eine weitaus ungünstigere Kriminalitätsprognose besteht (Kreuzer 1978). So haben Untersuchungen an Kindern der ersten Gastarbeitergeneration gezeigt, daß sie nicht häufiger an psychopathologischen Auffälligkeiten leiden (Poustka 1984; Steinhausen u. Remschmidt 1982) und auch nicht häufiger kriminell werden als deutsche Kinder. Nach den Erfahrungen in anderen Einwanderungsländern (z. B. England) ist dies in der zweiten Generation jedoch anders. Diese Generation teilt vielfach nicht die Ziele ihrer Eltern, ist bezüglich ihrer Chancen in sozialer, schulischer und beruflicher Hinsicht den einheimischen Kindern unterlegen, ist vielfältigen Diskriminierungen ausgesetzt, lebt in einer Status- und Identifikationsunsicherheit im Gastland und ist vielfach durch Resignation und Enttäuschung gekennzeichnet. Es ist abzusehen, daß diese Jugendlichen zu einem ernsten Problem für unsere Gesellschaft werden. Daher ist mit allem Nachdruck zu fordern, daß ihnen bessere Möglichkeiten zur Berufsausbildung, zur geregelten Arbeit und zur Integration in unsere Gesellschaft geboten werden. Sollte dies nicht gelingen, so ist gerade bei diesen Jugendlichen mit Störungen vielfältiger Art (vor allem mit psychischen Auffälligkeiten und Delinquenz) zu rechnen.

Besonderes Augenmerk ist auch auf die Integration der Kinder von ethnischen Minderheiten, Asylanten und von Aussiedlern zu legen, eine relativ neue Problematik, für die noch keine angemessenen Lösungswege in Sicht sind.

5.3 Transkulturelle Gemeinsamkeiten und Unterschiede

Die bisherigen Ausführungen dürften gezeigt haben, daß eine Betrachtung der Adoleszenz unter dem Aspekt kultureller Besonderheiten zahlreiche Unterschiede zu Tage fördert. Bemerkenswert ist, daß diese Differenzen bei einheitlichen biologischen Gegebenheiten auftreten. Die biologischen Veränderungen in Pubertät und Adoleszenz entsprechen sich in allen Teilen der Welt, wenn sie auch hinsichtlich ihres zeitlichen Ablaufes Unterschiede aufweisen.

Es kann festgehalten werden, daß *in den Kulturen der Naturvölker relativ klare und eindeutige Verhältnisse* herrschen. Kindheits- und Erwachsenenstatus sind hinreichend definiert, der Übergang vom Kindesalter in den Erwachsenenstatus erfolgt vielfach plötzlich und ist mit bestimmten Riten verbunden, die Gesellschaften selbst weisen einen geringeren Komplexitätsgrad auf als die Kulturen der westlichen Welt. Gesellschaftliche Wertvorstellungen und Normen sind einheitlich und gut definiert und geben dem einzelnen die Möglichkeit, sein Verhalten nach bewährten Vorbildern auszurichten. Gleichzeitig erfolgt der gesellschaftliche Wandel langsam, dementsprechend werden traditionelle Normen lange aufrechterhalten und exakt befolgt.

Die Industrieländer zeigen vielfach genau entgegengesetzte Eigenschaften. Zwischen Kindheit und Erwachsenenalter schiebt sich die immer länger werdende Phase der Adoleszenz. Aufgrund von Industrialisierung, technologischem Fortschritt und allgemeiner Komplexität gesellschaftlicher Prozesse werden die Ausbildungszeiten immer länger, so daß Unselbständigkeit, ökonomische Abhängigkeit und die Vorenthaltung von Funktionen und Verantwortung zu erheblichen Hindernissen für eine störungsfreie Entwicklung in der Adoleszenz werden. Die den Jugendlichen zugewachsenen kognitiven und emotionalen Fähigkeiten können nicht angemessen angewandt werden, aufgrund der Pluralität gesellschaftlicher Vorstellungen und Normen entsteht eine Identifikationsunsicherheit, die vielfach durch die Entwicklung jugendlicher Subkulturen kompensiert wird. Letztere erfassen allerdings nicht die gesamte Jugend, sondern nur bestimmte Gruppen.

Die Betonung dieser kulturellen Aspekte sollte allerdings keineswegs dazu führen, die individuellen intrapsychischen Vorgänge lediglich als Epiphänomene der gesellschaftlichen aufzufassen. Es läßt sich vielmehr zeigen, daß die individuellen psychologischen Voraussetzungen in vielfältiger Weise mit den sozialen und kulturellen Bedingungen in Wechselwirkung stehen. Dieser Zusammenhang läßt sich recht gut am Beispiel konflikthafter Elternbeziehungen in verschiedenen Kultursystemen aufzeigen. Anhand *traditionsgeleiteter Kulturen* soll untersucht werden, *ob es* im Vergleich zu westlichen Kulturen auch *in transkultureller Perspektive Generationenkonflikte gibt* (Schiamberg 1969). Einschränkend ist darauf hinzuweisen, daß die beiden im folgenden geschilderten Kulturen in zunehmendem Maße dem Prozeß der Technisierung unterliegen, so daß ihre Verhältnisse sich weitgehend denen der Industriestaaten angleichen.

5.3.1 Indien

Die indische Gesellschaft ist stark traditionsgebunden. Sie legte von jeher großen Wert auf die Qualität interpersonaler Beziehungen und beachtete in geringerem Maße materielle Bedingungen. Dies konnte sie gewährleisten durch die institutionalisierte Großfamilie, die sowohl in materieller Hinsicht (alle tragen zum Verdienst der Großfamilie bei) als auch für die Sozialisation des einzelnen große Bedeutung hatte.

Aufgrund des geringen sozialen Wandels, der streng beachteten religiösen Anschauungen, die auf die Achtung der Älteren besonderen Wert legen, der familiären Einbindung aller Altersstufen und des auf diese Weise garantierten konstanten Wertesystems gibt es praktisch keine Konflikte zwischen Eltern und ihren adoleszenten Kindern. Der *konfliktfreie Übergang vom Kindesalter ins Erwachsenenalter* wird gewährleistet durch die Institution des „Asrama". Man unterscheidet *drei Asramas*, was vier *Alters- oder Entwicklungsstufen* entspricht. Die *erste* beginnt mit dem 8. Lebensjahr. Hier wird das Kind in verschiedene gesellschaftlich wichtige Fertigkeiten eingeführt (kulturelle Techniken, Waffenbenutzung, Berufsausbildung). Die *zweite* Stufe wird in der Adoleszenz (meist im Alter von 20 Jahren) erreicht. In diesem Alter heiraten männliche Adoleszenten, gründen eine Familie und etablieren sich im gelernten Beruf. Dieses Stadium hält so lange an, bis der eigene Sohn die gleiche Stufe erreicht hat. Dann wird das *dritte* Asrama angetreten. In ihm entledigt sich der Familienvater der Haushaltspflichten und widmet sich nunmehr der Meditation oder ausschließlich der Arbeit. Er kann noch zu Hause leben, verläßt aber vielfach das Haus, um anderswo zu wohnen. Durch diesen Übergang wird sichergestellt, daß der Sohn in die Rolle des Familienvaters aufrückt und damit die volle Verantwortlichkeit übernimmt, während der Vater den Haushalt verläßt. Dadurch erfolgt ein natürlicher und *problemloser Transfer der Autorität.* Begünstigt wird diese Entwicklung durch die Prinzipien der Hindu-Religion und durch eine Betonung asketischer Lebensformen. Diese erlegen Kindern und Jugendlichen absoluten Gehorsam gegenüber den Eltern, Achtung der Vorfahren und der Älteren, der Götter und der Weisen auf. Das Ideal der Askese, das mit einer ständigen Zurücknahme eigener Interessen verbunden ist, verringert ebenfalls die Konfliktmöglichkeiten mit der älteren Generation.

Die hier gegebene Darstellung der traditionellen Verhältnisse trifft vorwiegend auf die Familien der höheren Kasten mit ausgesprochen orthodoxer religiöser Orientierung zu und bezieht sich auf das männliche Geschlecht. Aber auch bei ihnen ist in den letzten Jahren ein zunehmender Wandel eingetreten.

5.3.2 China

China ist ein gutes Beispiel für die transkulturelle Betrachtung der Eltern-Kind-Beziehung und ihres Konfliktpotentials in der Adoleszenz, weil sich in diesem Lande innerhalb kurzer Zeit ein revolutionärer Umbruch der gesellschaftlichen Verhältnisse vollzogen hat. Dieser ist gekennzeichnet durch einen nahezu abrupten Übergang von einer *postfigurativen* (auf Tradition und Achtung der Ahnen ausgerichteten) in eine *präfigurative* (von der Jugend weitgehend dominierte) *Kultur*. Hinzu kommt die staatlich verordnete Einkindfamilie, die in eklantantem Gegensatz zur jahrhundertealten chinesischen Familientradition steht, und ein ausgeprägtes Streben, westliche Industrialisierung und Wohlstand in kurzer Zeit zu erreichen.

Die traditionelle chinesische Gesellschaft war durch folgende Prinzipien geleitet: *Dominanz des männlichen Geschlechts, der älteren Generation und des relativ älteren Familienmitgliedes* (z. B. des älteren Bruders). Die Machtstellung des Vaters innerhalb der Großfamilie, die dort ebenso verbreitet war wie in Indien, war nahezu unumschränkt. Die jüngere Generation hatte sich gegenüber der älteren zu verantworten. Die patriarchalische Struktur war gekennzeichnet durch eine Herrschaft der älteren Generation über die jüngere, die soweit ging, daß Adoleszenten noch möglichst lange in der Familie gehalten wurden. Dies war durch die starke ökonomische Abhängigkeit der Jüngeren von den Älteren möglich. Eine weitere Eigenart war die erhebliche Bedeutung der älteren Familienmitglieder für die Jüngeren. So kam dem ältesten Bruder gegenüber dem jüngeren die Rolle des Erziehers und zugleich des Verantwortlichen zu. Die hierarchische Kette der Herrschaft und der Verantwortung lieferte einerseits klare Verhältnisse für Identifikationsvorgänge und diente zum anderen der Einübung gesellschaftlicher Fertigkeiten. So brachte z. B. die Rolle des älteren Geschwisters gleichzeitig einen erheblichen Zuwachs an erzieherischen Fähigkeiten, die für die eigenen Kinder später erfolgreich angewandt werden konnten. Auch auf diese Verhältnisse übte die Religion einen stabilisierenden Einfluß aus. Nach Konfuzius kann die Vater-Sohn-Beziehung als Archetypus aller anderen gesellschaftlichen Beziehungen angesehen werden. Sie war gekennzeichnet durch einen tiefen Respekt des Sohnes gegenüber dem Vater. Dieser Gesellschaftsform waren Konflikte zwischen Adoleszenten und ihren Eltern ebenfalls kaum bekannt. Sie waren aufgrund der eindeutigen gesellschaftlichen und religiösen Prinzipien auch gar nicht möglich.

Diese traditionelle chinesische Kultur wurde nun relativ rasch im Zuge der Industrialisierung und der ideologischen *Veränderungen* aufgegeben. Diese Veränderungen brachten mit sich, daß die *Dominanz im gesellschaftlichen Leben auf die junge Generation überging*. Dies erklärt sich aus zwei Faktoren: einmal sind die Jugendlichen am besten dazu geeignet, technologische Neuerungen aufzunehmen und im Rahmen beruflicher Tätigkeiten auszuführen, zum anderen ist die Jugend eher bereit und in der Lage, traditionelle Vorstellungen aufzugeben und durch neue Weltanschauungen zu ersetzen. Dementsprechend stützte sich die *Revolution* vorwiegend auf die jüngere Generation. Die Adoleszenten wurden ermutigt, die bislang praktizierten traditionellen Wertvorstellungen ad acta zu legen. Durch die selbst erfahrene Wertschätzung und ihre Überlegenheit im Arbeitsprozeß gewannen sie innerhalb der Gesellschaft eine führende Position. Aufgrund dieser Tatsache veränderte sich das Verhalten der Adoleszenten schlagartig. Sie wurden bald gefürchtet, weil sie gegenüber traditionellen Werten intolerant waren und die Ideale ihrer Eltern vielfach mißachteten. Parallel zu dieser Entwicklung vollzog sich die *Hinwendung zur Kernfamilie*, die freie Wahl des Ehepartners, die Befreiung von der ökonomischen Abhängigkeit von der Großfamilie sowie ein grundlegender Wandel der Einstellungen zwischen jüngerer und älterer Generation. Gleichzeitig kam es auch zu Auseinandersetzungen zwischen Kindern und ihren Eltern, welche intrafamiliär nicht bewältigt werden konnten und deshalb durch ein staatliches Reglement eingedämmt wurden.

5.4 Literatur

Elwin, V.: Maison de jeunes chez les Muria. 1959

Fuchs, E.: Youth in a Changing World. Cross-Cultural Perspectives on Adolescence. Mouton, Den Haag 1976

Garfield, J. K.: La vie sexuelle. In Alexandre, P. et al.: L'homme et les autres. Paris 1967

Kreuzer, A.: Junge Volljährige im Kriminalrecht – aus juristisch-kriminologisch kriminalpolitischer Sicht. Monatsschrift für Kriminologie und Strafrechtsreform 61 (1978) 1−21

Malinowski, B.: Das Geschlechtsleben der Wilden in Nordwest-Melanesien. Liebe, Ehe und Familienleben bei den Eingeborenen der Trobriand-Inseln, British-Neuguinea. Europäische Verlagsanstalt, Frankfurt 1983 (Taschenbuch Syndikat/ EVA, 12) (Orig.: The Sexual Life of Savages in North-Western Melanesia. Routledge, London 1929)

Mead, M.: Kindheit und Jugend in Samoa. dtv, München 1970 a (Jugend und Sexualität in primitiven Gesellschaften, Bd. I)

(Orig.: Coming of Age in Samoa. A Psychological Study of Primitive Youth for Western Civilization. Morrow, New York 1928)

Mead, M.: Kindheit und Jugend in Neuguinea. dtv, München 1970 b (Jugend und Sexualität in primitiven Gesellschaften, Bd. II) (Orig.: Growing up in New Guinea. Morrow, New York 1930)

Mead, M.: Der Konflikt der Generationen. Jugend ohne Vorbild. Walter, Olten 1971 (dtv, München 1974) (Orig.: Culture and Commitment. A Study of the Generation Gap. New York 1970)

Murdock, G. P.: Ethnographic atlas: a summary. Ethnology 6 (1967) 109−236

Neidhardt, F.: Die junge Generation. Jugend und Gesellschaft in der Bundesrepublik, 3. Aufl. Leske, Opladen 1970 (Beiträge zur Sozialkunde, Reihe B, H. 6)

Poustka, F.: Psychiatrische Störungen bei Kindern ausländischer Arbeitnehmer. Enke, Stuttgart 1984 (Klinische Psychologie und Psychopathologie, Bd. XVII)

Rosenmayr, L.: Schwerpunkte der Jugendsoziologie. In König, R.: Handbuch der empirischen Sozialforschung, 2. Aufl., Bd. VI: Jugend. dtv/Enke, Stuttgart 1976

Schiamberg, L.: Some socio-cultural factors in adolescent-parent conflict: a cross-cultural comparison of selected cultures. Adolescence 4 (1969) 333–360

Schlegel, A.: The adolescent socialization of the Hopi-girl. Ethnology 12 (1973) 449–462

Steinhausen, C., H. Remschmidt: Migration und psychische Störungen. Ein Vergleich von Kindern griechischer „Gastarbeiter" und deutschen Kindern in West-Berlin. Zeitschrift für Kinder- und Jugendpsychiatrie 10 (1982) 344–364

6. Theorien der Adoleszenz

6.1 Allgemeine Gesichtspunkte

Wie im geschichtlichen Rückblick (Kap. 1) bereits gezeigt, wurde die Entwicklungsetappe Adoleszenz zu verschiedenen Zeiten unterschiedlich beurteilt. Ihre Betrachtung als einer Phase der Unruhe, des Sturm und Drang, des Protests, der Krise und des Generationenkonflikts zieht sich jedoch durch Jahrzehnte oder gar Jahrhunderte. Derartige Ansichten über die Adoleszenz stützen sich jeweils auf konkrete Erfahrungen, auf literarische Beschreibungen und die eigene Erinnerung. Insofern kennzeichnen sie *auch* die Adoleszenz, allerdings jeweils die einer kleinen Minderheit.

Das Sturm-und-Drang-Modell (wesentlich gefördert durch die einflußreiche Adoleszenzkonzeption von Stanley Hall und dessen 1904 erschienenes Buch „Adolescence") oder das „Stör-Reiz-Modell" (Thomae 1969) der Adoleszenz, das lange Zeit die Diskussion beherrschte, ist ebensowenig repräsentativ für die Entwicklung im Jugendalter wie das Krisenmodell und das Modell der Subkultur. Alle diese Vorstellungen mögen jeweils für einen kleinen Teil der Adoleszenten zutreffen, für den überwiegenden Teil jedoch nicht.

Mit dem Anwachsen der empirischen Untersuchungen zur Psychologie, Soziologie und Psychopathologie der Adoleszenz und vor allem durch epidemiologische Erhebungen an auslesefreien Stichproben hat sich das Bild der Adoleszenz differenziert und in vielen Punkten verändert. Dies erschwert die Theorienbildung. Pars-pro-toto-Thesen, vorzeitige Verallgemeinerungen, einseitige Perspektiven, die inhaltlich und literarisch interessant sein mögen, können das empirische Wissen nicht integrieren und sind daher als Theorien nicht mehr zeitgemäß. Man muß sich allerdings auch die Frage stellen, ob eine Theorie der Adoleszenz, die das gesamte Detailwissen zu integrieren vermag, überhaupt möglich ist.

Entsprechend stößt man beim Versuch, die theoretischen Ansätze zur Adoleszenz zu klassifizieren, auf die Schwierigkeit, daß alle gewählten Kriterien entweder *einen* Gesichtspunkt unzulässig verallgemeinern oder die Situation jeweils einer kleinen Gruppe von Adoleszenten zur allgemeingültigen Theorie erheben. Angesichts dieser Ausgangslage scheint es daher am zweckmäßigsten, die theoretischen Ansätze zur Adoleszenz nach den Fachgebieten zu ordnen, die sich wissenschaftlich mit ihr beschäftigen.

6.2 Biogenetische Theorien

Biogenetische Theorien betrachten Entwicklungen im wesentlichen als *Entfaltung von Anlagen*, die sich gesetzmäßig, in Form von aufeinanderfolgenden Entwicklungsstufen vollzieht, von denen jede auf der vorangehenden aufbaut. Sie gehen von biologischen Modellvorstellungen aus, sind stark vom Gedankengut Charles Darwins (1809−1882) und Ernst Haeckels (1834−1919) geprägt und mit den Namen der Entwicklungspsychologen Oswald Kroh (1887−1955) und Heinz Werner (1890−1964) verbunden.

Die *Evolutionstheorie* Darwins fand im biogenetischen Grundgesetz von Ernst Haeckel (1866), wonach die Ontogenese eine Rekapitulation der Phylogenese sei, ihre Fortsetzung. Zugleich wurden diese Gedanken in die Entwicklungspsychologie und Pädagogik eingeführt. So geht die Bezeichnung „Kindergarten", die durch den Pädagogen Fröbel (1782−1852) eingeführt wurde, auf derartige Gedankengänge zurück, wonach Kinder wie Pflanzen in einem Garten nach einem mehr oder weniger imanenten Plan wachsen und gedeihen, sofern die äußeren Bedingungen (guter Nährboden, Sonne und Regen) vorhanden sind.

Biogenetische Theorien gehen von folgenden *Annahmen* aus (Trautner 1978):

1. *Endogene Steuerung der Entwicklung:* Die Entwicklung ist biologisch vorprogrammiert und vollzieht sich störungsfrei nach einem vorgegebenen Plan, sofern nicht widrige Bedingungen entgegenwirken. Der Reifungs- und Entfaltungsplan ist genetisch festgelegt und kann je nach Variabilität der genetischen Anlagen individuell sehr unterschiedlich sein. Zu den Anlagen gehören z. B. die Begabungen (Musikalität, sprachliche, mathematische Begabung), die sich bekanntermaßen in bestimmten Familien häufen. Entsprechend dem Konzept der endogenen Steuerung von Entwicklungsvorgängen spielen Begriffe wie Wachstum, Reifung, Differenzierung und Strukturierung in diesen Theorien eine große Rolle. So vollzieht sich nach der biogenetischen Theorie von Werner Entwicklung nach Maßgabe eines „orthogenetischen Entwicklungsprinzips" (s. u.). Sie schreitet von einem ursprünglichen Zustand der Ganzheitlichkeit und Undifferenziertheit fort zu einem Zustand der Differenzierung, Gliederung und hierarchischen Integration.

2. *Entwicklung als Stufen- bzw. Phasenfolge:* Lange Zeit hat das Stufen- oder Phasenmodell die Entwicklungspsychologie beherrscht.

Die Annahme solcher Stufen und Phasen impliziert, daß Entwicklung nicht stetig, sondern *diskontinuierlich* verläuft. Dabei werden mehr oder weniger gesetzmäßige Phasen oder Stufen unterscheiden, die hierarchisch angeordnet sind und progressiv und bei gesunder Entwicklung irreversibel durchlaufen werden. Ein *Rückfall* auf eine frühere Stufe ist in diesem Modell als „Entwicklungsrückschritt" (Regression) anzusehen. Die Definition der Stufen, Phasen oder auch Stadien ist bei den einzelnen Autoren verschieden. Insofern sind die Theorien nur schwer vergleichbar. Gemeinsam ist den Stufen- oder Phasendefinitionen, daß sie „gegenüber dem früheren Zustand durch plötzliche und tiefgreifende Niveauänderungen ausgezeichnete Entwicklungsabschnitte" darstellen, die längere Zeit bestehen bleiben (Trautner 1978). Phasen implizieren im Unterschied zu Stufen im Prinzip die Wiederkehr bestimmter Zustandsbilder.

3. *Zusammengehörigkeit von Entfaltungskonzept und Stufenkonzept:* Die regelhafte Kombination von Entfaltungskonzept und Stufenkonzept ist ein häufiges, aber kein notwendiges Kennzeichen von Entwicklungsmodellen, die Stufen-, Phasen- oder Stadieneinteilungen benutzen. Sie trifft z. B. nicht zu auf die psychoanalytische Theorie oder auf die kognitive Entwicklungstheorie von Piaget. Die biogenetischen Entwicklungstheorien sind jedoch durch diese regelhafte Kombination von Entfaltungskonzept und Stufenkonzept gekennzeichnet.

4. *Betonung von Reifungsprozessen:* Entsprechend dem Grundgedanken der Entfaltung von Anlagen nach einem vorgegebenen Bauplan spielen für die biogenetischen Entwicklungstheorien Reifungsprozesse eine herausragende Rolle. Alle wesentlichen Funktionen des Organismus reifen, sofern günstige Umweltbedingungen vorgegeben sind, nach dem immanenten Bauplan, der Reifungsablauf läßt sich aber nicht durch äußere Einflüsse verändern und nur begrenzt beschleunigen. Sowohl die Art des Entwicklungsverlaufes als auch die Entwicklungsgeschwindigkeit sind somit durch Reifungsprozesse determiniert, die von außen nicht wesentlich beeinflußt werden können. Derartige Vorstellungen haben zweifellos in gewissen Bereichen Gültigkeit, z. B. bei der Ausreifung verschiedener Strukturen des Zentralnervensystems. Sie können aber nicht auf die Entwicklung aller physischen und psychischen Funktionen des Menschen ausgedehnt werden.

6.2.1 Die biogenetischen Theorien Oswald Krohs und Heinz Werners

Das Entwicklungsmodell Krohs

Das Entwicklungsmodell Krohs kann als *Prototyp eines Stufenmodells mit biogenetischer Ausrichtung* angesehen werden. Kroh unterscheidet im Rahmen der Entwicklung drei Stufen, von denen jede wiederum in drei Phasen unterteilt ist.

Die erste Stufe umfaßt die frühe Kindheit, die zweite und dritte Stufe die Reifezeit. Der Übergang von einer Stufe zur anderen wird als krisenhaftes Geschehen aufgefaßt. Dies läßt sich u. a. an den beiden Trotzperioden ablesen, von denen die erste am Ende der ersten Stufe stattfindet und gewissermaßen die zweite Stufe ankündigt (etwa im dritten Lebensjahr), während die zweite Trotzperiode mit einer „Wendung nach innen" verbunden ist und die dritte Stufe, also die Reifezeit, ankündigt.

Die *Reifezeit*, die mit *Pubertät und Adoleszenz* gleichgesetzt werden kann, wird durch das zweite Trotzalter eingeleitet. Es folgen die Phasen der Reifezeit, die inhaltlich mit einer Reihe anderer Theorien zur Adoleszenz übereinstimmen. Nach dieser Auffassung orientieren sich Jugendliche stark an Vorbildern und Idealen, entdecken vermehrt ihre Innenwelt und wachsen kontinuierlich in die „endgültige Lebensform" hinein.

Kritisch muß angemerkt werden, daß sich weder die Phasen in der genannten Abfolge noch die Trotzperioden als gesetzmäßige Entwicklungsetappen nachweisen ließen. Kroh hat zwar eine Reihe von Entwicklungsvorgängen richtig gesehen, diese aber dem Zeitgeist verhaftet, in ein zu starres Stufen- und Phasenschema eingeordnet.

Heinz Werner

Für die Theorie Heinz Werners sind das orthogenetische Prinzip als „Leitvorstellung" und die Prinzipien der Differenzierung und Integration (Hierarchisierung) konstituierend.

Das aus der Embryologie abgeleitete *orthogenetische Prinzip* besagt, daß Entwicklung stets von einem Zustand der Ganzheitlichkeit und fehlenden Differenzierung in Richtung einer zunehmenden Gliederung, Differenzierung und Hierarchisierung fortschreitet. Diese Prinzip ist nicht an menschliche Entwicklung gebunden, sondern kennzeichnet nach Werner Entwicklungsprozesse bei Pflanzen und Tieren gleichermaßen.

Das Fortschreiten der Entwicklung in Richtung zunehmender *Differenzierung und Integration* läßt sich durch vier *Polaritäten* kennzeichnen (Werner 1970):

1. komplex (synkretisch) gegenüber abgesondert
2. diffus (global) gegenüber gegliedert
3. verschwommen gegenüber prägnant
4. unbestimmt gegenüber bestimmt

Entwicklung läßt sich definieren als kontinuierliches Fortschreiten vom Komplexen, Diffusen, Verschwommenen und Unbestimmten zum Abgesonderten, Gegliederten, Prägnanten und Bestimmten. Es kommt also zu einer zunehmenden *Differenzierung und Integration bzw. Zentralisation*. In diesem Sinne führt Werner aus:

„Wir sprechen von einer zunehmenden *Zentralisation im Bereiche der Sinngebungen* und der seelischen Funktionen und meinen damit einen hierarchischen Bau unserer Psyche: die Sphären der Sinnlichkeit werden der Herrschaft der höheren Funktionen des Geistes unterworfen. Wir sprechen ferner von einer zunehmenden Zentrierung des formellen Baues der Bewußtseinsgegebenheiten: durch diese Zentrierung werden die anschaulichen Gestalten so gegliedert, daß beherrschende Teile gegenüber dienenden sich herausbilden" (Werner 1970).

In der Entwicklungspsychologie Werners, die sich sehr mit den Parallelen zwischen kindlicher Entwicklung, der Entwicklung im Tierreich und „urtümlichen Vorstellungsweisen und Denkvorgängen" beschäftigt, wobei auch Parallelen zur Psychologie der Naturvölker gezogen werden, hat die Phase der *Adoleszenz* nur einen sehr geringen Raum. Vom Grundkonzept der Wernerschen Entwicklungspsychologie her ist sie aber jene Entwicklungsphase, in der eine zunehmende Strukturierung und Differenzierung im kognitiven und affektiven Bereich erfolgt und zugleich jene Hierarchisierung eintritt, die mit dem Vorherrschen der „Bewußtseinsgegebenheiten" verbunden ist.

Wenngleich die Entwicklungspsychologie Werners keine detaillierten Ausführungen zur Phase der Adoleszenz enthält, so waren die Grundgedanken seines Ansatzes doch sehr einflußreich für die Betrachtung der Entwicklung in der Adoleszenz unter dem Aspekt der Reifung, Entfaltung, Strukturierung und Differenzierung. Es ergeben sich auch Zusammenhänge zur Feldtheorie der Adoleszenz von Kurt Lewin (s. u.), obwohl diese eine ganz andere Ausgangsbasis hat.

6.2.2 Wachstumsmodelle der Adoleszenz

Im Gegensatz zu den biogenetischen Entwicklungstheorien, die von Stufen und Phasen ausgehen, nehmen Wachstumsmodelle der Adoleszenz einen *kontinuierlichen Entwicklungsablauf* an. Sie haben ihren Ursprung in den biologischen Gegebenheiten des Körperwachstums und der Wachstumsgeschwindigkeit. „Der Begriff Wachstum umfaßt dabei nicht nur eine Zunahme an Größe und Gewicht, sondern auch strukturelle Veränderungen, etwa der Proportionen und der Kompliziertheit" (Nickel 1975). Im weitesten Sinne umfaßt der *Wachstumsbegriff* eine Vielzahl von Funktionsveränderungen über die Zeit, nicht nur im Sinne einer Zunahme, sondern auch im Sinne einer Abnahme. Dieser weite Wachstumsbegriff wurde ausgehend vom körperlichen Wachstum auf eine Reihe von Funktionen angewandt: zunächst auf die intellektuellen Funktionen und ihre Entwicklung (Anastasi 1965), dann auf die Psychomotorik, auf Gedächtnisvorgänge und auf viele andere Funktionen. Kennzeichnend für die Wachstumsmodelle der Adoleszenz und der Entwicklung überhaupt ist also die Beobachtung verschiedener körperlicher und psychischer Funktionen im Längsschnitt und das Festhalten der Veränderungen in sogenannten *Wachstumskurven*.

Da sich in der *Adoleszenz*, gerade was Wachstum betrifft, eine Vielzahl von Veränderungen ereignen, schienen die Wachstumsmodelle in besonderer Weise geeignet, adoleszenztypische Entwicklungsprozesse abzubilden. Nach dieser Vorstellung läßt sich Adoleszenz auffassen als Phase, in der der *Zuwachs im Rahmen verschiedener Fähigkeiten und Funktionen sehr stark* ist, aber zugleich seinen *Höchststand* erreicht. Dies gilt für das körperliche Wachstum ebenso wie für die motorischen Funktionen, die Ausreifung bestimmter Hirnfunktionen (z. B. die Lateralität), die Intelligenz (zumindest die testmäßig erfaßte) und vielleicht auch die emotionale Entwicklung. Auch was die moralische Entwicklung betrifft, so wird in der Adoleszenz bei ungestörtem Entwicklungsverlauf die höchste Entwicklungsstufe erreicht (Kohlberg).

Wachstumsmodelle haben mit den biogenetischen Phasen- und Stufenmodellen gemeinsam, daß sie von einer *endogenen Determiniertheit* der Entwicklungsprozesse ausgehen. Im Gegensatz zu diesen betonen sie aber die Kontinuität der Entwicklung. Führende Vertreter sind Carmichael (1951), Olson (1953), Jones (1954) und Stott (1967).

Kritisch ist zu den biogenetischen Theorien folgendes anzumerken:
– Sie gehen zu stark von somatischen Gegebenheiten aus, die sie unzulässig verallgemeinern. Die Gültigkeit des Wachstums- und Reifungsmodells für die Gehirnentwicklung, für Wachstum und die Entwicklung motorischer Funktionen steht außer Frage. Aber bereits bei der kognitiven und der emotionalen Entwicklung greifen diese Theorien zu kurz. Wie viele andere Ansätze machen sie die Beobachtungen in einem Bereich zur Gesetzmäßigkeit, die auch in allen anderen Bereichen gelten soll. Diese *unzulässige Generalisierung* begrenzt ihren Erklärungswert.

– Ein weiterer Kritikpunkt betrifft das *Stufenkonzept*. Die beschriebenen Entwicklungsstufen und -phasen haben sich durch entsprechende Nachuntersuchungen nicht bestätigen lassen. Möglicherweise unterliegen sie auch einem starken soziokulturellen Wandel, so daß bei heutigen Überprüfungen die damals beschriebenen Stufen und Phasen gar nicht mehr erwartet werden können.

Trotz dieser Einwände haben die biogenetischen Theorien viele Erkenntnisse zum derzeitigen Diskussionsstand der Entwicklungspsychologie im allgemeinen und der Adoleszenz im besonderen beigetragen.

6.3 Psychoanalytische Theorien

6.3.1 Die klassische Psychoanalyse

Nach den Vorstellungen Sigmund Freuds (1856–1939) ist die Pubertät und die mit ihr beginnende Adoleszenz dadurch gekennzeichnet, daß aufgrund der biologischen Wandlungen und der biologischen Reifung starke *libidinöse Energien freigesetzt* werden, denen der Jugendliche zunächst mehr oder weniger ausgeliefert ist und deren Kräfte er zu kanalisieren lernt, wobei ihm unbewußte Techniken in Gestalt der Abwehrmechanismen zu Hilfe kommen. Unterstützt durch die *Abwehrmechanismen* kann das Ich sich gegen eine Überflutung durch die Kräfte des Es schützen und einen regulären oder pathologischen Anpassungsprozeß herbeiführen. Innerhalb der Abwehrmechanismen existieren solche, die eine konstruktive Anpassung ermöglichen (z. B. Sublimierung), während andere ein eher pathologisches Gleichgewicht mit sich bringen, das gleichzeitig zur Symptombildung führt (z. B. Verdrängung, Verschiebung oder Projektion).

Für das Verständnis der psychischen Situation der Adoleszenz im psychoanalytischen Modell muß man sich sowohl die *psychoanalytische Entwicklungslehre* als auch die Instanzenlehre in ihren Implikationen vor Augen führen. Die Entwicklungsphasen sind in Tab. 6.**1** wiedergegeben, wobei ebenfalls die Konzeptionen von Erikson, Piaget und Jersild berücksichtigt sind. Die Tabelle zeigt auch, welche *Störungsmuster* entsprechend diesem Modell in den einzelnen Phasen ihren Ursprung haben bzw. daß im Rahmen einer Regression ein Rückfall auf die typischen Mechanismen der jeweiligen Entwicklungsphase erfolgen kann.

Anna Freud (1936) hat in „Das Ich und die Abwehrmechanismen" den Aspekt der Ich-Entwicklung und der Abwehrprozesse wesentlich erweitert. Danach werden die Jugendlichen mit dem vermehrten Aufbrechen triebhafter Impulse durch ein höheres Maß an libidinöser Energie beunruhigt als im Kindesalter. Gleichzeitig entwickeln sich

Tabelle 6.1 Gegenüberstellung der Phasenlehren von Freud, Erikson, Piaget und Jersild und psychopathologische Handlungsmuster, die mit den jeweiligen Phasen in Verbindung gebracht werden (nach Anthony 1970)

Alter	Psychosexuelle Stadien (Freud)	Psychosoziale Stadien (Erikson)	Kognitive Stufen (Piaget)	Affektive Stadien (Jersild)	Psychopathologie
0–1½	oral	Urvertrauen vs. Urmißtrauen	sensomotorisch	Ängste vor: Dunkelheit Fremden Alleinsein plötzlichen Geräuschen fehlender Hilfe	Autismus anaklitische Depression Eß- und Schlafschwierigkeiten
1½–3	anal	Autonomie vs. Zweifel/Scham	symbolisch	Trennung Verlassenheit plötzliche Bewegungen	Symbiose Negativismus Obstipation Schüchternheit/Rückzug Nachtängste
3–5	genital ödipal	Initiative vs. Schuldgefühl	Intuition Repräsentanz	Tiere imaginäre Wesen Verletzung	Phobien Alpträume Sprachprobleme Enuresis Enkopresis Angstzustände
6–11	Latenzzeit	Fleiß vs. Minderwertigkeit	konkret operational	Schulversagen ausgelacht werden Eigentumsverlust Entstellung Krankheit, Tod	Schulprobleme Schulphobien Zwänge Konversionssymptome Tics
12–17	Adoleszenz: Wiederbelebung früherer Konflikte	Identität vs. Rollendiffusion	formal operational	körperlich, sozial, intellektuell anders sein sexuelle Ängste Gesichtsverlust	Identitätsdiffusion Anorexia nervosa Delinquenz Schizophrenie

vermehrt Energien, um mit diesen Impulsen fertig zu werden. Das klassische Konzept der psychoanalytischen Therapie „Wo Es war, soll Ich werden" stellt sich hier in einem ganz normalen Entwicklungsprozeß für eine bestimmte Lebensetappe gewissermaßen in Reinkultur dar. Bei dem Versuch, mit den triebhaften Impulsen aufgrund gestärkter Ich-Funktionen fertig zu werden, konzentriert sich die libidinöse Energie nicht mehr vorwiegend auf die Eltern, sondern auf andere erwachsene Menschen, die als Vorbild geeignet erscheinen (Identifikation, Idolbildung), aber ebenso auf Gleichaltrige.

Ist dieser Prozeß erfolgreich, so werden Pubertät und Adoleszenz im wesentlichen ohne größere Probleme durchlaufen. Treten dabei Fehlschläge auf, so kann sich die *libidinöse Energie gegen die eigene Person richten*, was zu einer *Regression* auf eine frühere Entwicklungsstufe führen kann. Ein gewisses Ausmaß an Beunruhigung und Konflikten ist in dieser Modellvorstellung normal. Liegt ein Übermaß an Konflikten vor, so spricht dies für eine mangelhafte Bewältigung mit der Gefahr einer Regression. Stellen sich keinerlei Konflikte oder Beunruhigungen ein, so kann dies ebenfalls ein Zeichen einer Störung sein, deren Wesen darin bestehen kann, daß übermäßig starke Abwehrkräfte vorliegen, die alle andrängenden Es-Impulse durch Abwehrmechanismen sofort binden und damit ein häufig pathologisches (neurotisches) Gleichgewicht herstellen.

Versucht man, die hier nur kurz dargestellte klassische psychoanalytische Theorie der Adoleszenz auf einen Nenner zu bringen, so besteht der wesentliche Entwicklungsvorgang in der Adoleszenz darin, daß die *Ich-Funktionen (also die Persönlichkeit) sich den Triebkräften* von Pubertät und Adoleszenz *anpassen* oder, anders ausgedrückt, daß ein Gleichgewicht zwischen beiden entsteht. Letztlich hat diese Theorie stark biologische Wurzeln. Soziale Momente sind nur insofern berücksichtigt, als andere Personen (Erwachsene oder Gleichaltrige) zu Objekten für die Übertragung der libidinösen Energie werden.

6.3.2 Neoanalytische Weiterentwicklungen

Im Gegensatz zur klassischen Psychoanalyse berücksichtigen die neoanalytischen Weiterentwicklungen mehr die Bedeutung der *Ich-Funktionen* (was bereits bei Anna Freud begann) und verknüpfen diese mit einer stärkeren Einbeziehung sozialer Einwirkungen auf Jugendliche.

Es besteht eine Verwandtschaft mit dem aus der kognitiven Psychologie entwickelten Konzept der *Coping-Strategien* (s. Kap. 3), die aus psychoanalytischer Sicht als bewußte Ich-Prozesse aufgefaßt werden können. Blos (1962) trennte Coping-Prozesse von *Abwehrprozessen*, während Kroeber (1963) und Haan (1963) Coping-Strategien und Abwehrmechanismen als aus einer Wurzel stammende Ich-Funktionen definierten, die jeweils auf einen grundlegenden Ich-Prozeß zurückgehen, sich aber in der konkreten Situation entweder als Abwehrmechanismus oder als Coping-Strategie äußern können (Haan 1977) (s. Tab. 3.**4**).

6.3.3 Individuations- und Identitätstheorien

Die Individuationstheorie von Blos

Blos (1967, 1968, 1973) unterscheidet *zwei Individuationsphasen* im Verlaufe der Entwicklung zum Erwachsenen: eine erste im dritten Lebensjahr und eine zweite in der Adoleszenz.

Beide Individuationsphasen oder -prozesse haben einige *Gemeinsamkeiten* (Coleman 1984):

– eine besonders ausgeprägte Verwundbarkeit der Persönlichkeit,
– das Vorherrschen des Bedürfnisses, sich selbst zu verändern, um den neuen Anforderungen der Entwicklung gerecht zu werden,
– das Auftreten psychopathologischer Symptome im Falle der Nichtbewältigung von Entwicklungsanforderungen und
– Ablösungsprozesse, die das Individuum in die Lage versetzen, Liebesobjekte außerhalb der Familie zu finden.

Wichtige Elemente im *„zweiten Individuationsprozeß"*, als den Blos die Adoleszenz auffaßt, sind:

1. **Regressionsneigung**, d. h. Neigung zu Verhaltensweisen, die für eine wesentlich frühere Alters- und Entwicklungsstufe typisch sind. Blos hält die Orientierung vieler Jugendlicher an *Idolen* für ein regressives Phänomen, weil es an die Idealisierung der Eltern durch jüngere Kinder erinnert. Zu den regressiven Verhaltensweisen rechnet Blos auch die *„emotionale Verschmelzung"*, d. h. die Neigung Jugendlicher zur vollständigen Übernahme religiöser und politischer Ideen, aber auch die Neigung, in Naturerlebnissen oder Idealen aufzugehen. Derartige Zustände dienten als Zuflucht, die auch durch Drogengenuß induziert werden könne.

Auch der *„Affekt- und Objekthunger"* Jugendlicher hat nach Blos regressive Aspekte. Er nährt sich aus dem Bedürfnis Jugendlicher nach intensiven emotionalen Erlebnissen, die häufig in einer Gruppe gesucht werden, welche zugleich eine Ersatzfunktion gegenüber der Familie habe, aus der sich der Jugendliche ablöst. In der Gruppe suchen die Adoleszenten Anregung, Verständnis, Zugehörigkeit und Identifikation.

Die *Ambivalenz* stellt eine weitere Form der Regression dar, wobei viele adoleszenztypische Verhaltensweisen wie Aggression, Negativismus und Opposition als Ausdruck dieser Ambivalenz angesehen werden können. Aus der Ambivalenz Jugendlicher erklärt Blos viele ihrer Verhaltensweisen. So führt er die emotionale Instabilität in der Adoleszenz ebenso auf die Ambivalenz zurück wie das von einem Pol zum anderen wechselnde Verhalten (Aktivität und Passivität, Liebe und Haß, Initiative und Rückzug). Dieses Verhalten ist nach Blos eine „Neuauflage" analoger Verhaltensweisen aus den ersten Lebensjahren.

Nach Blos ist die Adoleszenz die einzige Entwicklungsphase, in der *regressive Verhaltensweisen notwendig zur normalen Reifung* gehören. Nach der Auseinandersetzung mit kindlichen Verhaltensmustern und einer geglückten Ablösung der infantilen Bindungen erfolgt der Übergang in das reife Erwachsenenalter, in dem regressive Momente nicht mehr zum normalen Verhaltensinventar gehören.

2. **Nonkonformität:** Nach Blos handelt es sich dabei um einen *Abwehrmechanismus gegenüber der ausgeprägten Regressionsneigung.* Im oppositionellen und nonkonformistischen Verhalten finden Jugendliche ihr Selbst, auch und besonders in Abhebung von konformistischen Verhaltensweisen anderer. Insofern dient dieses Verhalten der *Individuation.* Im andersartigen Verhalten spürt der Adoleszent am ehesten, daß er er selbst ist und die Freiheit hat, sich auch anders zu verhalten.

Nach psychoanalytischer Auffassung, in deren Bereich die Blossche Theorie ja auch einzuordnen ist, kann aber die Individuation nur dann erfolgreich ablaufen, wenn es dem Individuum gelingt, sich von den Bindungen seiner frühen Kindheit zu lösen. Die Adoleszenz ist also eine Wiederauflage der Auseinandersetzung mit der frühen Kindheit.

Die Individuationstheorie von Blos steht in der Tradition des Sturm-und-Drang-Modells der Adoleszenz, das in allen psychoanalytischen Theorien wiederzufinden ist. Bestechend an diesem Modell ist, daß es eine Vielzahl adoleszenztypischer Verhaltensweisen zu erklären vermag. Es ist jedoch stärker an theoretischen Annahmen orientiert als an empirischen Befunden.

Identitätstheorie von Erikson

Die Vorstellungen von Erikson über Identität und Identitätsentwicklung sind im wesentlichen in „Kindheit und Gesellschaft" (1965) und „Identität und Lebenszyklus" (1971) dargestellt. Das zuerst genannte Werk enthält einen Abschnitt über „Jugend und Identitätsentwicklung", während das zweite die Identität im Verlaufe des individuellen Lebens beschreibt, freilich mit Schwerpunkten in der Kindheit und Jugend.

Auf die Gedanken und Überlegungen von Erikson im Zusammenhang mit der Ich-Entwicklung wurde bereits eingegangen (s. Kap. 3). Seine Theorie ist durch folgende Merkmale gekennzeichnet:

1. Den *gesellschaftlichen Bezug:* Schon der Titel „Kindheit und Gesellschaft" weist in diese Richtung. Erikson sieht die Entwicklung im Kindes- und Jugendalter sehr stark abhängig von der jeweiligen sozialen Umgebung, was z. B. in seinem Begriff des „psychosozialen Moratoriums" zum Ausdruck kommt, das einen gesellschaftlich garantierten Experimentierraum darstellt.

2. In der Adoleszenz kommt es in geradezu gesetzmäßiger Weise zu einer *„normativen Krise"*, die zwar keine Krankheit darstellt, aber dazu führt, daß die Jugendlichen Auffälligkeiten entwickeln, die an die Psychopathologie grenzen oder zumindest erhebliche Krisen für die Jugendlichen darstellen. Zu diesen normativen Krisen kommt es, weil in der Adoleszenz eine Vielzahl von Aufgaben (Bewältigung der körperlichen Reifung, Rollenübernahme des Erwachsenen, Entscheidung für einen Beruf, Partnerwahl usw.) zusammentreffen, die ein Finden der eigenen Identität extrem erschweren.

3. Damit die Adoleszenten dieser Vielzahl von Aufgaben gerecht werden können, existiert ein *gesellschaftlich gebilligtes psychosoziales Moratorium* (also eine Zeit des Aufschubs), in der sie die Gelegenheit haben, ihre künftigen Rollen und Aufgaben als Erwachsene durchzuprobieren. Dabei kommt es zu überschießenden Reaktionen, zu nonkonformistischem Verhalten und zu Fehlentwicklungen. Dieses Moratorium ist eine Art „Zwischenwelt zwischen Kindheit und Erwachsenenalter (...), in dessen Rahmen die Extreme subjektiven Erlebens, die Alternativen ideologischer Ausrichtung und die Möglichkeiten realistischer Verpflichtungen erst spielend und dann in gemeinschaftlicher Bemeisterung erprobt werden können" (Erikson 1971).

4. Zentrales Thema im individuellen Lebenslauf ist das kontinuierliche *Streben nach einer eigenen Identität* und deren Aufrechterhaltung. Diese Identität, die in der Adoleszenz besonders bedeutsam wird, leitet Erikson aus psychoanalytischen Überlegungen ab:

„Identität, die am Ende der Kindheit zum bedeutendsten Gegengewicht gegen die potentiell schädliche Vorherrschaft des kindlichen Über-Ichs wird, erlaubt dem Individuum, sich von der übermäßigen Selbstverurteilung und dem diffusen Haß auf Andersartiges zu befreien. Diese Freiheit ist eine der Voraussetzungen dafür, daß das Ich die reife Sexualität, die neuen Körperkräfte und die Aufgaben eines Erwachsenen zu integrieren vermag" (Erikson 1971).

5. *Entwicklungsgang und Entwicklungsstufen der Identität:* Die Entwicklung der Identität hat Erikson in sogenannten epigenetischen Diagrammen in Phasen oder Stufen eingeteilt (Abb. 6.**1**). Ein Individuum durchläuft demnach im Laufe seiner Identitätsentwicklung eine Reihe von psychosozialen Krisen (A). Diese spielen sich im Umkreis bestimmter Bezugspersonen ab (B), hängen mit Elementen der Sozialordnung (C) und psychosozialen Modalitäten (D) zusammen und lassen sich den psychoanalytischen Phasen der sexuellen Entwicklung zuordnen (E).

Es ist ein großes Verdienst Eriksons, die in der Adoleszenz sehr wichtige Identitätsentwicklung in den Mittelpunkt seiner Theorie gestellt zu haben. Ebenso ist der Bezug, den er zu Rollen und Rollenverhalten hergestellt hat, von allergrößter Bedeutung und zugleich ein Brückenschlag zur soziologischen Betrachtung der Adoleszenz. Andererseits geht seine Theorie davon aus, daß das Modell der „Identitätskrise" auf alle Jugendlichen übertragbar ist, was empirischen Tatsachen nicht entspricht und zugleich seine Orientierung am Sturm-und-Drang-Modell bzw. am Stör-Reiz-Modell der Adoleszenz exemplifiziert.

6.4 Psychologische Theorien

Psychologische Theorien haben sich aus verschiedenen Blickrichtungen heraus mit der Adoleszenz befaßt. Während zunächst entwicklungspsychologische Fragestellungen im Vordergrund standen, die sehr durch den biographisch-deskriptiven Ansatz gekennzeichnet waren und dementsprechend den subjektiven Aspekt in den Vordergrund stellten, hob die Feldtheorie (Lewin 1963) den Einfluß der Umgebung mehr hervor. Die kognitiven Ansätze, die sich hierzu parallel entwickelten und einerseits von Piaget geprägt waren, zum anderen ihre Wurzeln in der Verhaltenstherapie und Verhaltenstheorie sowie in der Ich-Psychologie hatten, traten in den letzten Jahren in den Vordergrund. Sie haben auch dazu beigetragen, daß die biographische Methode wieder eine neue Aktualität erlangt hat. Schließlich steht mit dem transaktionalen Ansatz eine Konzeption zur Verfügung, die den Jugendlichen als aktiven Gestalter seiner Entwicklung betrachtet (Coleman 1978; Oerter 1984). Er ist aus dieser Sicht nicht Objekt verschiedener biologischer, psychologischer und sozialer Einflüsse, sondern Handelnder,

Abb. 6.**1** Psychosoziale Krisen, Bezugspersonen, Elemente der Sozialordnung, psychosoziale Modalitäten und psychosexuelle Phasen im Verlauf der Identitätsentwicklung (Stufen I—VIII) (aus Erikson, E. H.: Identität und Lebenszyklus. Suhrkamp, Frankfurt 1971)   ▷

	A psychosoziale Krisen	B Umkreis der Beziehungs- personen	C Elemente der Sozialordnung	D psychosoziale Modalitäten	E psycho- sexuelle Phasen
I	Vertrauen gg. Mißtrauen	Mutter	kosmische Ordnung	gegeben bekommen geben	oral- respiratorisch, sensorisch kinästhetisch (Einver- leibungsmodi)
II	Autonomie gg. Scham, Zweifel	Eltern	„Gesetz und Ordnung"	halten (festhalten) lassen (loslassen)	anal-urethral muskulär (retentiv- eliminierend)
III	Initiative gg. Schuldgefühl	Familienzelle	Ideale, Leitbilder	tun (drauflos- gehen) „tun als ob" (= spielen)	infantil-genital lokomotorisch (eindringend, einschließend)
IV	Werksinn gg. Minderwertig- keitsgefühl	Wohngegend Schule	technolo- gische Elemente	etwas „Richtiges" machen, etwas mit anderen zusammen machen	Latenzzeit
V	Identität und Ablehnung gg. Identitäts- diffusion	„eigene" Gruppen, „die Anderen" Führer- Vorbilder	ideologische Perspektiven	wer bin ich (wer bin ich nicht) das Ich in der Gemeinschaft	Pubertät
VI	Intimität und Solidarität gg. Isolierung	Freunde, sexuelle Partner, Rivalen, Mitarbeiter	Arbeits- und Rivalitäts- ordnungen	sich im anderen verlieren und finden	Genitalität
VII	Generativität gg. Selbstab- sorption	gemeinsame Arbeit, Zusammen- leben in der Ehe	Zeit- strömungen in Erziehung und Tradition	schaffen versorgen	
VIII	Integrität gg. Verzweiflung	„die Menschheit" „Menschen meiner Art"	Weisheit	sein, was man geworden ist; wissen, daß man einmal nicht mehr sein wird	

der mit entscheiden kann, welche Einflüsse in seinem Verhalten die nachhaltigsten Spuren hinterlassen.

Bei allen psychologischen Theorien zur Entwicklung im allgemeinen und zur Adoleszenz im besonderen spielen Lernprozesse eine wichtige Rolle. Insofern wären auch die verschiedenen Lerntheorien mitzuberücksichtigen. Sie haben aber nicht zu einer eigenen Konzeption der Adoleszenz geführt und werden daher im folgenden nicht ausdrücklich dargestellt.

6.4.1 Biographisch-deskriptiver Ansatz

Wichtigster Vertreter dieser Theorie der Adoleszenz ist Thomae (1984) (s. auch Kap. 3). Der biographisch-deskriptive Ansatz geht von folgenden Gesichtspunkten aus:

– Die Auffassung von der Jugendzeit als einer „Sturm-und-Drang-Periode" (Hall 1904; Blos 1962) kann durch empirische Untersuchungen als widerlegt gelten (s. auch Rutter u. Mitarb. 1976). Stattdessen vollzieht sich Entwicklung auch in der Adoleszenz eher kontinuierlich, stetig und unter Einfluß der jeweiligen Umgebung.
– Die meisten Theorien zur Adoleszenz betrachten diese Lebensphase im Rückblick aus der Sicht des „reifen Erwachsenenalters" (Thomae 1984). Unter diesem Blickwinkel werden die Formen der Auseinandersetzung im Jugendalter häufig als „defizitäre Reaktionsarten" aufgefaßt. In den seltensten Fällen ist der Übergang vom Jugendalter ins Erwachsenenalter wirklich empirisch untersucht worden.
– Für die Untersuchung dieses Überganges und der dabei auftretenden Konflikte sowie deren Lösungen bietet sich der biographische Ansatz an. Das Studium der menschlichen Biographie über längere Lebensspannen ermöglicht am besten, jene Formen der Auseinandersetzung (Daseinstechniken) zu studieren, die in der Adoleszenz typisch sind.
– Beim Studium der Biographien kann man sich auf die Aussagen der Betroffenen verlassen, denn das eigene Erleben ist auch für das Verhalten und jede Art von Problemlösung relevant.
– Bei der Analyse von Problemsituationen ist es zweckmäßig, die relevanten Vorgänge zunächst zu beschreiben und mit den Kategorien zu charakterisieren, die nahe am Phänomen und nicht theorieüberladen sind, wie dies für eine Reihe tiefenpsychologischer Termini wie „Rationalisierung", „Verdrängung", „Leugnen" oder „Projektion" zuträfe. Bei derartigen Termini werden Prozeß und Ergebnis vermengt (Lazarus 1980), und darüber hinaus müßten Stellungnahmen und Antworten der Betroffenen „nach ihrer verborgenen Bedeutung eingeschätzt werden" (Thomae 1984).

Die langjährigen Analysen Thomaes und seiner Mitarbeiter an insgesamt 320 Biographien von Männern und Frauen der Geburtsjahrgänge 1890−1950 haben ihn zu der Auffassung geführt, daß Bewältigungsverhalten in alltäglichen, aber auch in besonderen Situationen thematisch strukturiert ist. Die auftauchenden Probleme werden mittels bestimmter *Daseinstechniken* (Leistungstechniken, Anpassungstechniken, defensive Techniken, evasive oder expressive Techniken, aggressive Verhaltensweisen) gelöst. In der Auseinandersetzung mit einer speziellen Problematik (Entwicklungsaufgabe) kommt es zu einer jeweils spezifischen und typischen Lösung, die sowohl von der Persönlichkeit als auch von der Situation abhängt.

Dabei neigen Jugendliche dazu, von einer individuell unterschiedlichen *Thematik* auszugehen, *die das Verhalten strukturiert* und als eine Art Regulativ bei der Problembewältigung wirkt. Diese jeweils typische Thematik kann stark variieren. In der Praxis haben sich folgende Themen herauskristallisiert:

1. Regulative Thematik,
2. antizipatorische Regulation,
3. Daseinssteigerung/Aktivation,
4. soziale Integration,
5. soziale Abhebung,
6. Kreativität und Selbstverwirklichung,
7. normative Thematik.

Derartige Themen können gewissermaßen als Überschriften oder übergeordnete Maßstäbe aufgefaßt werden, die die verschiedenen Verhaltensweisen koordinieren, bündeln und zusammenfassen.

Zur Kennzeichnung der Reaktionsweisen Jugendlicher hat Thomae (1953) ein *Kategoriensystem* erstellt, das die *Reaktionsformen* auf Konflikte und Belastungen zu erfassen gestattet. Tab. 6.2 zeigt die Verteilung der auf die Jugendzeit (12.−22. Lebensjahr) bezogenen Aussagen von 54 Frauen und Männern der Geburtsjahrgänge 1890−1950 auf dieses Kategoriensystem.

Dabei sind Leistung, Widerstand, verschiedene Formen der Anpassung und die Pflege von sozialen Kontakten wichtige und an der Spitze stehende Reaktionsformen in der Adoleszenz. Bei *chronisch kranken Jugendlichen* sind in weitaus stärkerem Maße Bagatellisieren, psychosomatische Reaktionen, Inkaufnahme von Risiko, Meidungsreaktionen und Intellektualisierung vertreten (Thomae 1984).

Thomae konnte nachweisen, daß nicht nur zwischen gesunden und chronisch kranken Jugendlichen unterschiedliche „Reaktionshierarchien" bestehen, sondern auch zwischen verschiedenen *Generationen*. Dies spricht dafür, daß nicht nur die Eigenart des Jugendlichen, son-

Tabelle 6.**2** Häufigkeitsverteilung der auf die Jugendzeit bezogenen Reaktionsformen auf Konflikt und Belastung (aus Thomae, H.: Formen der Auseinandersetzung mit Konflikt und Belastung im Jugendalter. In Olbrich, E., E. Todt: Probleme des Jugendalters. Neuere Sichtweisen. Springer, Berlin 1984)

Reaktionsform	Häufigkeit
Leistung	85
Widerstand, Opposition	77
Anpassung an die institutionellen Aspekte der Situation	74
Anpassung an die Eigenheiten und Bedürfnisse anderer	59
Suche nach und Pflege von sozialen Kontakten	45
Aufgreifen von Chancen	44
Zurückstellen eigener Bedürfnisse	38
Resignation, depressive Reaktion	31
Akzeptieren, positive Deutung	30
Evasive Reaktion (aus dem Felde gehen)	25
Aggression (Kritik)	22
Selbstbehauptung, Durchsetzung	19
Sich auf andere verlassen	14
Identifikation mit Eltern, Lehrern usw.	12
Appell um Hilfe	11
Innere Distanzierung	7
Psychosomatische Reaktion	6
Sichtreibenlassen	5
Intrapunitive Reaktion	3
Extrapunitive Reaktion	2

dern auch politisch-ökonomische Zusammenhänge und historische Situationen den Bewältigungsprozeß in der Adoleszenz mitbestimmen. Die Reaktionsweisen verschiedener Generationen sind um so ähnlicher, je enger sie zeitlich beieinander liegen. Diesen Befund deutet Thomae ebenfalls im Sinne einer stark exogenen Beeinflussung in der Adoleszenz und weniger als Auswirkung der Entwicklungsphase Adoleszenz an sich.

Bewältigungsstrategien in der Adoleszenz formen sich an der Art und Qualität der Belastungen und Konflikte unter Berücksichtigung der eigenen Möglichkeiten und Grenzen. Thomae betont, daß in diesem Konzept auch die interindividuelle Variabilität ihren Platz hat, geht auf diesen Aspekt, bezogen auf die Adoleszenz, jedoch nicht näher ein.

6.4.2 Feldtheorie der Adoleszenz

Die Feldtheorie der Adoleszenz geht auf den Gestaltpsychologen Kurt Lewin (1890–1947) zurück. Dieser geht von dem Postulat aus, daß das Verhalten des einzelnen eine Funktion der Person und ihrer Umgebung ist. Dabei sind Person und Umgebung wechselseitig voneinander abhängig. Die Summe aller Faktoren von Person und Umgebung und ihre Wechselwirkung bezeichnet Lewin als *„Lebensraum" oder psychologischen Raum*. Das Verhalten des einzelnen ist eine Funktion seines Lebensraumes. Für die *Adoleszenz* ist nach dieser Theorie typisch, daß der gesicherte Lebensraum des Kindes verlassen, aber derjenige des Erwachsenen noch nicht erreicht ist. Somit gerät der Jugendliche in eine *Zwischenstellung*, die ihn in verschiedener Weise verunsichert. Viele Verhaltensweisen der Adoleszenten (z. B. Abkapselung, Scheu, Aggressivität) sind Ausdruck dieser Unsicherheit. Während der Lebensraum im Kindesalter noch wenig strukturiert ist und in der Adoleszenz zunächst verunsichert wird, beginnt er sich mit zunehmendem Erwachsenenalter stärker zu strukturieren und zu differenzieren.

Der Jugendliche ist *„Marginalperson"*. Er gehört weder der Gruppe der Kinder noch der der Erwachsenen an, er ist Außenseiter wie die Angehörigen einer Minorität. Er entwickelt jedoch die notwendigen *Anpassungsmechanismen*, die auf einem Ineinandergreifen von Feldkräften und personenspezifischen Verhaltensweisen beruhen. Dabei vollzieht sich die *Entwicklung im Lebensraum* durch folgende vier Prozesse:

1. Es kommt zu einer *Ausweitung* des Lebensraumes sowohl im Hinblick auf Größe und Umfang des Feldes als auch im Hinblick auf seine Differenzierung und zeitliche Perspektive (Dimension der Vergangenheit und der Zukunft). Auch die Dimension Realität-Irrealität ist einbezogen, d. h., es kommt zu besseren Unterscheidungen zwischen Realität und Irrealität.
2. Es entwickelt sich eine zunehmende *Differenzierung* des Lebensraumes, d. h., es kommt zu einer Vielzahl von Phantasien, Vorstellungen, Denkprozessen, sozialen Bezügen und Aktivitäten.
3. Der Lebensraum wird besser *organisiert*, d. h., zwischen seinen Elementen (z. B. Einstellungen, kognitiven Prozessen, affektiven Reaktionen) bildet sich eine Gesetzmäßigkeit und Ordnung heraus.
4. Die Organisation des Lebensraumes wird flüssiger und *weniger rigide*. Damit ist eine bessere Umstellungsfähigkeit und effektivere Möglichkeit verbunden, sich auf die Anforderungen der Umwelt einzustellen.

Über diese generelle Konzeption hinaus erlaubt die Lewinsche Feldtheorie die *Integration einer Reihe von adoleszenztypischen Befunden.* So versucht Lewin die *körperlichen Veränderungen* in der Adoleszenz einzubeziehen: Während der Kindheit sind relativ geringe körperliche Veränderungen zu konstatieren, deshalb ist die Vorstellung des Kindes von seinem Körper relativ stabil. In der Phase der Adoleszenz ergeben sich massive körperliche Veränderungen, die zu neuen Erfahrungen und Gefühlen führen, so daß der bis dahin stabile und beherrschte Lebensraum sich plötzlich verändert und nicht mehr überschaubar ist. Da das Bild vom eigenen Körper für die Stabilität der Person sehr wichtig sei, werde dadurch verständlich, wie sehr die Jugendlichen in Unsicherheit, Zweifel und Irritationen gerieten.

Darüber hinaus geraten die Jugendlichen in der Adoleszenz in ein *kognitiv unstrukturiertes Gebiet.* Sie werden mit neuen Anforderungen konfrontiert, für die sie noch keine eigenen Bewältigungsmechanismen entwickelt haben. Dies verstärkt ihre Unsicherheit.

Die Frage nach der statistischen Häufigkeit bestimmter Probleme und Verhaltensweisen in der Adoleszenz ist für die Feldtheorie ebenso unerheblich wie die Frage, ob bestimmte Verhaltensweisen eher genetisch oder umweltbedingt sind. Das *relativ breite Konzept* des Lebensraumes läßt sich sowohl auf Individuen als auch auf Gruppen und auf unterschiedliche Kulturen anwenden. Die Breite dieses Konzeptes verkörpert zugleich die Stärke und die Schwäche dieser Theorie.

Die Feldtheorie Lewins wurde von Barker im Hinblick auf die somatopsychischen Zusammenhänge weiterentwickelt, die sich, wie bereits gezeigt, relativ gut in diese Theorie integrieren lassen.

6.4.3 Kognitive Ansätze

Kognitive Theorien zur Adoleszenz gehen im wesentlichen von folgenden Ansätzen aus:

- von der *Piagetschen Entwicklungstheorie*, die einen starken Akzent auf die Wandlung und Weiterentwicklung kognitiver Funktionen legt und mit den Prozessen der Assimilation und Akkommodation Anpassungsleistungen, aber auch kreative Weiterentwicklungen des Individuums erklärt;
- von der *Streßtheorie und Belastungsforschung* (Lazarus 1966, 1980), aus der sich gewissermaßen als „Fußnote zur Streßtheorie" (Roskies u. Lazarus 1980) die Coping-Forschung entwickelte;
- vom Konzept der *Entwicklungsaufgabe* (Havighurst 1948) (s. auch Kap. 3), aus deren Sicht die Entwicklung in der Adoleszenz schwerpunktmäßig eine Auseinandersetzung mit jeweils alterstypischen Entwicklungsaufgaben ist. Hier ergeben sich Berührungspunkte

mit der *Krisentheorie* (Caplan 1964; Moos 1976), nach der Belastungen und kritische Lebensereignisse sowohl zum Zusammenbruch der Coping-Mechanismen und zu pathologischen Erscheinungen führen können als auch zu konstruktiven Lösungen.

Diese beiden Möglichkeiten (Zusammenbruch oder konstruktive
Lösung) sind allen drei zuletzt genannten theoretischen Positionen ei-
gen. Obwohl sie sowohl das Scheitern als auch die Meisterung von Belastungen und Krisen in ihr mögliches Verhaltensspektrum einbeziehen, betonen sie doch die *konstruktive Auseinandersetzung* und die
hieraus resultierenden Aufbau- und Anpassungskräfte.

Am deutlichsten wird dies in der Theorie von Lazarus. Danach setzen Coping-Prozesse immer dann ein, wenn Gefährdungen, Bedro-
hungen oder Herausforderungen an ein Individuum herangetragen
werden. Der *Coping-Prozeß* (Bewältigungsprozeß) selbst läuft in drei
Stufen ab (s. Kap. 3): primäre Abschätzung (primary appraisal) der Situation unter Berücksichtigung kognitiver und affektiver Prozesse, sekundäre Abschätzung (secondary appraisal) der Problemlösemöglich-
keiten einschließlich möglicher Alternativen, gegebenenfalls auch eine
tertiäre Abschätzung mit Neubewertung der Situation und neuen Verhaltensalternativen.

Wichtig ist in diesem Modell, daß die drei genannten *Formen der
Einschätzung* oder Abschätzung nicht getrennt und zeitlich nacheinan-
der auftreten müssen. Sie können vielmehr ineinander übergehen und
sich wechselseitig beeinflussen. Auf diese Weise kann z. B. die Einschätzung von Handlungskonsequenzen auf die Beurteilung der Be-
drohlichkeit einer Situation zurückwirken (Olbrich 1985). Coping-
Strategien treten dann auf, wenn das herkömmliche Verhaltensinventar des Individuums erschöpft ist, das Individuum sich also etwas
Neues einfallen lassen muß, um eine vielleicht noch nie dagewesene Situation konstruktiv zu bewältigen. Deshalb steckt in den Coping-Strategien der Keim der Weiterentwicklung. Die Adoleszenz läßt sich nun
als Phase auffassen, in der es aufgrund der entwicklungspsychologischen Gegebenheiten zu einer besonderen *Aktivierung von Coping-
Prozessen* kommt, die zugleich ein Stimulus für die Weiterentwicklung
sind.

Interessant ist die Frage, ob in der Adoleszenz das konstruktive
„Entwicklungsreizmodell" das vorherrschende ist oder das in der älteren Literatur bevorzugte *„Stör-Reiz-Modell"*. Zwar ist nicht zu verken-
nen, daß bis zu 30% der Adoleszenten vorübergehend Zeichen einer
Krise, psychische Auffälligkeiten oder soziale Probleme aufweisen.
Diese werden aber überwunden und sind nicht als Störreize, sondern
als *„Entwicklungsreize"* für die künftige Entwicklung aufzufassen (Olbrich 1985). Als Entwicklungsreize können „die Anforderungen zur

Anpassung an veränderte somatische, soziale und psychische Bedingungen verstanden werden, die von der Person adaptiv beantwortet werden können und die so zur Prägung der Veränderungsreihe beitragen, die wir Entwicklung nennen" (Olbrich 1985).

Nach bisherigen Ergebnissen scheint das Entwicklungsreizmodell für die Mehrzahl psychisch gesunder Jugendlicher zu gelten, während das Stör-Reiz-Modell, also die Auswirkung von alterstypischen Entwicklungsprozessen als Störfaktoren, Belastungen und Krisen, eher für den psychopathologischen Bereich gilt (Reinhard 1988). In stark vereinfachter Form und unter Berücksichtigung neoanalytischer Konzepte ließe sich danach die *normale Entwicklung* in der Adoleszenz schwerpunktmäßig als Auseinandersetzung im Sinne eines Entwicklungsreizmodells auffassen, in dem konstruktive Coping-Strategien dominieren, während für den *psychopathologischen Bereich* eher das Stör-Reiz-Modell angemessen wäre, in welchem Abwehrmechanismen vorherrschend sind oder auch eine Kombination von beiden (konstruktive Coping-Strategien und Abwehrmechanismen) (s. auch Kap. 3).

Die Untersuchung von Reinhard (1988) über „Formen der Daseinsbewältigung psychisch gestörter Jugendlicher" konnte eindeutig Hypothesen, die am „Stör-Reiz-Modell" orientiert waren, bestätigen. Jedoch ist kaum anzunehmen, daß dies in gleicher Weise für alle Jugendlichen gilt.

6.4.4 Fokaltheorie der Adoleszenz (Coleman)

Die Fokaltheorie von Coleman stellt eine *Integration verschiedener theoretischer Ansätze* (z. B. psychoanalytischer, soziologischer und psychologischer) dar. Sie wird hier unter die psychologischen Theorien subsumiert, weil der Ausgangspunkt psychologisch ist und die Daten, auf die sich Coleman stützt, überwiegend aus psychologischen Untersuchungen stammen (Coleman 1974, 1980).

Coleman kritisiert am *psychoanalytischen Ansatz*, daß er ausschließlich von klinischen Erfahrungen ausgeht und daher kein repräsentatives Bild der Jugend erfasse. Da Jugendliche, die klinisch behandelt werden, immer problembeladen sind, werde in der psychoanalytischen Auffassung das Vorhandensein von Konflikten überbewertet und zur Norm erhoben. *Soziologische Theorien* hingegen betrachteten die Jugend oft als „Speerspitze sozialen Wandels" oder gleichsam als „fortschrittliche Partei" die hauptsächlich im Zusammenhang mit Erneuerung oder Veränderung gesellschaftlicher Werte zu sehen sei. Aus dieser Sicht werde Jugend zur „Metapher für sozialen Wandel" (Coleman 1984) und von daher leicht mit radikalen Kräften in der Gesellschaft verwechselt. Insofern greife auch dieser Ansatz zu kurz. Schließ-

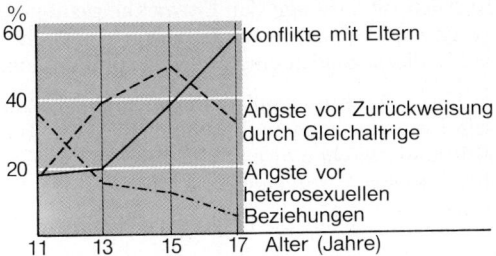

Abb. 6.2 Häufigkeit, mit der verschiedene Themen von verschiedenen Altersgruppen in den Altersstufen 11, 13, 15 und 17 angesprochen werden (nach Coleman 1980)

lich würden unter dem Einfluß der *Massenmedien* eine Vielzahl von Problemen des Jugendalters, die zwar schwerwiegend sind, aber nur jeweils eine kleine Gruppe betreffen (z. B. Vandalismus, Drogenkonsum, Rowdytum), in der Öffentlichkeit hochgespielt und zu einem repräsentativen Bild der Jugend hochstilisiert.

Alle drei Tendenzen führten dazu, daß im Sinne eines Pars-pro-toto-Vorgehens *einzelne Aspekte überbewertet* würden, was mit empirischen Ergebnissen nicht in Einklang steht. Diese Situation sucht Coleman mit seiner Fokaltheorie der Adoleszenz zu überbrücken. Er geht davon aus, daß jeweils bestimmte Probleme oder Beziehungsmuster auf verschiedenen Altersstufen in den Mittelpunkt treten, daß aber *kein Problem oder Beziehungsmuster für eine Altersstufe spezifisch* sei. Die verschiedenen Problemkreise überlappen sich also, und aufgrund der Tatsache, daß kein Problemkreis in quasi gesetzmäßiger Weise für eine Altersstufe als prototypisch angesehen wird, erlaubt diese Annahme ganz verschiedene individuelle Varianten.

Coleman (1984) weist darauf hin, daß diese Vorstellung *Ähnlichkeiten mit den klassischen Stufentheorien* hat. Sie sei aber weitaus flexibler und unterscheide sich von den Stufentheorien in drei wichtigen Aspekten:

1. *Die Lösung eines Problems sei nicht unabdingbare Voraussetzung für die Lösung des nächsten Problems.* Wenngleich bei der überwiegenden Mehrzahl der Jugendlichen jeweils die Lösung eines ganz bestimmten Problemes im Vordergrund steht, so könne es durchaus bei einer Minderheit von Jugendlichen vorkommen, daß sie zur gleichen Zeit mit mehr als einem Problem konfrontiert seien. Dies führe manchmal zur Dekompensation.
2. In der Fokaltheorie gibt es *keine festen Grenzen zwischen den einzelnen Entwicklungsstufen.* Dies bedeutet zugleich, daß bestimmte Problemkreise oder Entwicklungsaufgaben nicht an ein bestimmtes Alter gebunden sind.

3. Auch die *Abfolge* der Entwicklungsaufgaben bzw. Problemkreise sei *nicht unumkehrbar* festgelegt. Vielmehr wird in der Fokaltheorie diesbezüglich eine große Flexibilität angenommen.

Abb. 6.**2** veranschaulicht den Grundgedanken der Fokaltheorie. Sie zeigt, wie verschiedene Problemkreise bzw. Entwicklungsaufgaben im Zeitraum zwischen 11 und 17 Jahren zu unterschiedlichen Zeitpunkten ihre höchste Ausprägung annehmen.

Es stellt sich nun die Frage, *inwiefern diese Theorie die Widersprüche der anderen theoretischen Ansätze überbrücken kann.* Es geht dabei im wesentlichen um zwei Fragen:

– Inwiefern überwindet dieser Ansatz das Pars-pro-toto-Vorgehen der anderen Theorien, also die unzulässige Übergeneralisierung?
– Inwiefern kann diese Theorie normales und pathologisches Verhalten gleichermaßen erklären?

Zur ersten Frage betont Coleman: eine *Übergeneralisierung* wird dadurch vermieden, daß der Problemfokus bezogen auf einzelne Altersgruppen, aber auch bezogen auf Individuen, variieren kann. Es wird also kein Problemkreis zum Ankerpunkt einer bestimmten Altersgruppe gemacht, und individuelle Varianten sind jederzeit möglich. Da in dieser Theorie alle Wandlungsvorgänge in der Adoleszenz ihren Platz haben, wird die Einseitigkeit, die in einer Übergeneralisierung eines Aspektes zum Ausdruck kommt, vermieden.

Zur zweiten Frage läßt sich aus der Theorie folgendes ableiten: Im *Normalfall*, also bei einer weitgehend problemlosen Entwicklung, wenden sich Jugendliche jeweils immer nur einem Problemkreis, also einer Entwicklungsaufgabe, zu. Dadurch zieht sich der Prozeß der Anpassung in der Adoleszenz über einen längeren Zeitraum hin. Verschiedene Problemkreise treten zu verschiedenen Altersstufen in den Vordergrund, so daß sich auf diese Weise die Belastungen verteilen und angemessen bewältigt werden. Bei *pathologischen Entwicklungsverläufen* jedoch treten aus verschiedenartigen Gründen mehrere Entwicklungsaufgaben bzw. Problemkreise zur gleichen Zeit auf, so daß sich die Belastungen summieren und die Anpassungsfähigkeit des einzelnen Jugendlichen überfordern. Aus dieser Überforderung heraus entstehen psychopathologische Auffälligkeiten. Der Grund für die Summation verschiedener Probleme bzw. Entwicklungsaufgaben kann sehr verschieden sein und im körperlichen wie im psychischen Bereich liegen (Reifungsverzögerung, chronische Erkrankung, beeinträchtigende Erlebnisse, prämorbide Auffälligkeiten bzw. Persönlichkeitseigenschaften).

Coleman (1984) führt drei Vorteile für seine Theorie an:

1. sie basiere auf empirischen Befunden,
2. sie trage zur Überwindung des Widerspruches zwischen Anpassungsanspruch und erfolgreicher Bewältigung der Anpassung bei den meisten Jugendlichen bei und stütze sich
3. auf Bewältigungsprozesse (Coping-Mechanismen), mit deren Hilfe die meisten Jugendlichen die Entwicklungsphase der Adoleszenz erfolgreich durchliefen.

6.5 Soziologische Theorien

Soziologische Theorien der Adoleszenz lokalisieren die wichtigsten Determinanten für die Entwicklung im Jugendalter (aber nicht nur in diesem) in der jeweiligen Umwelt des Individuums. Gesellschaftliche Prozesse gewinnen damit eine ausschlaggebende Bedeutung für alle Entwicklungsvorgänge im Jugendalter. Diese werden durch die jeweilige Gestaltung der Gesellschaft beeinflußt und sind auf diese Weise auch Abbild der jeweiligen „gesellschaftlichen Lagen" (Tenbruck 1986).

Nach Coleman (1984) sind soziologische Theorien der Adoleszenz durch folgende Merkmale gekennzeichnet:

– Konzentration auf Rollen
– Interesse an der Entwicklung des Selbst und
– Interesse am Prozeß der Sozialisation.

Zwischen diesen Merkmalen bestehen enge Beziehungen (vgl. Elder u. Mitarb. 1968).

Hier soll nicht die Vielzahl von Problemen dargestellt werden, die sich aus gesellschaftlichen Prozessen und ihrer Auswirkung auf die Entwicklung im Jugendalter ergeben. So wurde z. B. der Aspekt, inwiefern bewußt herbeigeführte gesellschaftliche Veränderungen die Entwicklung von Jugend beeinflussen, bislang wenig untersucht (Beispiel: Herabsetzung des Volljährigkeitsalters). Vielmehr sollen soziologische Theorien zur Adoleszenz nur unter drei Aspekten abgehandelt werden: dem Aspekt der Rollentheorie, der Handlungstheorie und des sozialökologischen Ansatzes.

6.5.1 Rollentheoretische Ansätze

Nach Elder ist die Entwicklung eines Individuums ganz entscheidend durch den Aufbau eines Rollenrepertoires gekennzeichnet, welches einen wichtigen Teil des Selbst des jeweiligen Individuums ausmacht.

Eine *Rolle* läßt sich in Anlehnung an Hofstätter (1957) als eine in sich zusammenhängende Folge von Verhaltensweisen (Verhaltenssequenz) definieren, die auf die Verhaltenssequenz anderer Personen abgestimmt ist (s. auch Kap. 3).

Rollen sind stark durch die jeweilige soziokulturelle Umgebung bestimmt. Wenn die Entwicklung des Individuums durch eine immer stärkere Differenzierung seines Rollenrepertoires gekennzeichnet ist, so zeigt sich darin auch der gesellschaftliche Einfluß, da Rollen durch gesellschaftliche Prozesse herbeigeführt, definiert und differenziert werden.

In der *Adoleszenz* ergeben sich aus der Sicht der Rollentheorie zwei wichtige Veränderungen (Elder u. Mitarb. 1968):

- Einerseits kommt es zu zahlreichen Veränderungen innerhalb der Rolle. Diese *Binnendifferenzierung* ergibt sich aus der Notwendigkeit, den adoleszenzspezifischen Entwicklungsaufgaben gerecht zu werden, und entspricht zugleich den gesellschaftlichen Erwartungen.
- Andererseits ergibt sich die Notwendigkeit, *neue Rollen* zu übernehmen. Diese sind aber infolge der für die Adoleszenz typischen und ausgeprägten Veränderungen (Ablösung vom Elternhaus, Beginn einer beruflichen Tätigkeit, Aufnahme einer Partnerschaft usw.) im Vergleich zur mehr oder weniger geschützten Kindheit schwer zu übernehmen.

Es kommt zu einer deutlichen *Diskontinuität*, zu Rollen- und Statusunsicherheiten und auch zu Krisen. Die Binnendifferenzierung bereits vorhandener Rollen und die Übernahme neuer Rollen können miteinander in Kollision geraten, so daß der Jugendliche eine mehr oder weniger ausgeprägte Rollendiskontinuität erlebt (Coleman 1984). Diese Rollendiskontinuität prägt das Selbstbild und die Identität des Jugendlichen. Infolge der damit verbundenen Verunsicherung stellt er sich die klassischen Fragen der Adoleszenz: Wer bin ich? Wie bin ich? Für wen hält man mich? Diese Fragen werden akzentuiert durch die verstärkte Hinwendung zum Körperlichen, die wiederum durch die verschiedenen Veränderungen im somatischen Bereich bedingt ist. Schließlich wird die Rollen- und Statusunsicherheit noch dadurch verstärkt, daß in der Gesellschaft gerade für die Adoleszenz (außer vielleicht in der Erwartung ihrer Anpassung) keine klar definierten Erwartungen bestehen. Auf diese Weise kommt der rollentheoretische Ansatz aus anderer Perspektive zu einer ähnlichen Sicht der Adoleszenz als einer *Phase der Beunruhigung sowie der Rollen- und Statusunsicherheit* wie psychoanalytische Theorien.

Diese Konzeption der Adoleszenz als *„altersphasenspezifische Status-Rollen-Konfiguration"* (Olk 1988) oder als kollektive Statuspassage bedarf der Ergänzung durch folgende Beobachtungen und Befunde:

1. Rollenübernahme und Status sind fortlaufend dem *sozialen Wandel* unterworfen. Dieser schließt neben der Familie und Schule als wichtige Sozialisationsinstanzen die Gruppen Gleichaltriger, die Massenmedien, die wirtschaftliche Situation, die Arbeitsmarktlage usw. ein. Gegen einige dieser Einflüsse bilden sich z. T. ganz individuelle Reaktionen. Traditionen werden immer mehr abgebaut. In diesem Sinne wird in der sozialwissenschaftlichen Literatur neuerdings von einer Destandardisierung, Enttraditionalisierung und Individualisierung des Jugendalters gesprochen.
2. Andererseits wurde in den letzten Jahren, auch im Hinblick auf die Adoleszenz, der *interaktionstheoretische Ansatz* stärker betont, also die jeweiligen Wechselbeziehungen zwischen dem Adoleszenten und seinen intra- oder extrafamiliären Bezugspersonen.

Damit ist bereits die Brücke zu den handlungstheoretischen Ansätzen geschlagen.

6.5.2 Handlungstheoretische Ansätze

Derartige Ansätze stützen sich auf die neueren Sozialisationstheorien. Diese bezeichnen mit *„Handeln"* „das bewußte, auf ein Ziel gerichtete, geplante und beabsichtigte Verhalten eines Menschen" (Heitmeyer u. Hurrelmann 1988). Für das Jugendalter wichtige und spezifische Handlungsweisen sind *interaktives und kommunikatives Handeln*. Unter interaktivem Handeln wird dabei die wechselseitige Beeinflussung von Menschen durch bewußtes und geplantes Handeln bezeichnet, während kommunikatives Handeln ein gemeinsames Verständigungsmuster (sprachlicher oder nicht-sprachlicher Art) voraussetzt.

Die Phase der Adoleszenz ist gekennzeichnet durch den *Aufbau neuer Handlungskompetenzen*, die, im Gegensatz zu deterministischen Modellen (Lerntheorien, systemischen Modellen, Psychoanalyse), durch die gestaltende Kraft des Individuums in der Auseinandersetzung mit der äußeren und inneren Realität aufgebaut werden. In diesem Sinne sind die Beziehungen zwischen Mensch und Gesellschaft wechselseitig: „Gesellschaftliche Bedingungen beeinflussen, determinieren aber nicht die menschlichen Bewußtseins- und Handlungsstrukturen" (Heitmeyer u. Hurrelmann 1988).

Die handlungstheoretischen Ansätze zur Erklärung der Adoleszenz lassen sich auf die interaktionsorientierte Handlungstheorie von G. H. Mead (1968) zurückführen. Im einzelnen basieren diese Ansätze auf folgenden *Annahmen* bzw. Befunden:

1. Entwicklungsförderndes Handeln ist stets sozial-kommunikatives Handeln. Gemeint ist damit der wechselseitige Informationsaustausch in einer sozialen Situation.
2. In der Adoleszenz ergibt sich aufgrund der Vielzahl von Entwicklungsaufgaben die Notwendigkeit, neue Handlungskompetenzen aufzubauen.
3. Dies geschieht durch die aktive, konstruktive und kreative Auseinandersetzung mit den gesellschaftlichen Bedingungen, die das Individuum in seinen Handlungen nicht determinieren, wohl aber beeinflussen.
4. Die neu erworbenen Handlungskompetenzen erschließen den Jugendlichen in der Gesellschaft neuartige Handlungsräume.
5. Die Vielzahl unterschiedlicher Handlungsanforderungen und Entwicklungsaufgaben setzt eine Koordination der neu erworbenen und früher erworbenen Handlungskompetenzen voraus, um den Anforderungen jeweils gerecht zu werden. Dies ist aber nur möglich, wenn eine gewisse Distanz gegenüber den Handlungsanforderungen besteht, was mit Begriffen wie „Rollendistanz" oder „Ambiguitätstoleranz" bezeichnet wird (Krappmann 1969). In welchem Ausmaß diese Rollen- oder Ambiguitätstoleranz erreicht wird, hängt von einer Vielzahl individueller Faktoren, ebenso auch von sozialen und materiellen Lebensbedingungen ab.

Vor dem Hintergrund dieser Elemente der Handlungstheorien läßt sich *Entwicklung in der Adoleszenz* unter zwei wesentlichen Aspekten betrachten (Heitmeyer u. Hurrelmann 1988), die auch enge Berührungspunkte zur psychologischen Theorienbildung aufweisen:

1. *Entwicklung als „Handlung im Kontext":* In dieser Perspektive geht es nicht darum, Stufen oder Phasen der Entwicklung zu unterscheiden, sondern Entwicklung allgemein und in der Adoleszenz im besonderen als eine Abfolge entwicklungsbezogener Handlungen und Handlungskompetenzen aufzufassen, die ganz wesentlich durch die kreative Auseinandersetzung mit den jeweiligen Anforderungen und Lebensbedingungen entstehen. Im Gegensatz zur psychologischen Sichtweise werden Entwicklungsaufgaben nur als sinnvoll anerkannt, wenn sie dem jeweiligen gesellschaftlichen Strukturwandel entsprechen.
2. *Entwicklung als „Lebensbewältigung":* Dieses in der psychologischen Literatur bereits sehr differenziert entwickelte Konzept (s. o. und Kap. 3; Thomae 1984; Jessor u. Jessor 1977) hat in der soziologischen Literatur noch nicht den Bekanntheitsgrad gefunden, den es verdient. Es läßt sich im wesentlichen mit dem Begriff des *Coping* und der Coping-Mechanismen beschreiben. In dieser Perspektive geht es um ein stark gegenstandsorientiertes Konzept von Handlung, das sich an der Interaktion zwischen Individuum und Umwelt orientiert.

Sicher ist durch die Handlungstheorien eine neue Perspektive in der Jugendforschung entstanden, der Neuigkeitsgehalt dieser Theorien ist jedoch nicht sehr groß. Sie greifen stark auf psychologische Konzepte wie Entwicklungsaufgaben, Daseinsbewältigung und somit auf individuelle Konzepte zurück. Man mag diesen psychologischen Theorien vorwerfen, daß sie den gesellschaftlichen Aspekt zu wenig berücksichtigen. Vielleicht liegt in der Zusammenführung handlungsorientierter Theorien und der traditionellen psychologischen Theorien die eigentliche Weiterentwicklung.

6.5.3 Sozialökologische Ansätze

Dieser Ansatz geht davon aus, daß die objektiven Merkmale der Umgebung eines Individuums ebenso bedeutsam sind wie subjektive Vorgänge oder das Erleben dieser Umgebung durch das Individuum. Mit der zunehmenden Erkenntnis der Bedeutung ökologischer Zusammenhänge wurde dieser Ansatz auch auf die Entwicklung von Kindern und Jugendlichen übertragen. Der sozialökologische Ansatz ist im wesentlichen mit dem Namen Bronfenbrenner (1977) verbunden, der die Forderung aufgestellt hat, Entwicklung als stetiges Wechselspiel zwischen dem menschlichen Organismus und seiner sich ebenfalls permanent verändernden Umwelt zu sehen.

Bronfenbrenner (1981) unterscheidet verschiedene *Ebenen bzw. Subsysteme des Ökosystems*, das uns umgibt:

1. *Mikrosystem:* Es umfaßt die unmittelbare Umgebung wie häusliches Milieu, schulische Umgebung usw.
2. *Mesosystem:* Dieses erstreckt sich auf die Wechselbeziehungen zwischen verschiedenen Lebensbereichen, etwa zwischen Schule und Familie.
3. *Exosystem:* Dieses besteht im wesentlichen aus gesellschaftlichen Institutionen, Behörden, Administrationssystemen usw. Das Individuum ist nicht mehr in diesem System enthalten, wohl aber dessen Einwirkungen ausgesetzt.
4. *Makrosystem:* Gemeint sind damit kulturelle und subkulturelle Normen sowie Weltanschauungen und Ideologien, die in einer Gesellschaft herrschen.

Bronfenbrenners Theorie ist ziemlich allgemein gehalten und bezieht sich nicht speziell auf das Jugendalter. Im Hinblick auf die Adoleszenz muß sie erst weiterentwickelt werden. Generell ist der sozialökologische Ansatz zwar von seinem Konzept her einleuchtend, hat aber bislang noch wenig empirische Stützung erfahren. Eine ausführliche Darstellung findet sich bei Baacke (1988) sowie Oerter (1987).

6.6 Literatur

Achenbach, T. M.: Developmental Psychopathology, 2nd ed. Wiley, New York 1982

Anastasi, A.: Differentielle Psychologie. Unterschiede im Verhalten von Individuen und Gruppen, 2 Bde. Beltz, Weinheim 1976 (Orig.: Differential Psychology, 3rd ed. Macmillan, New York 1965)

Anthony, E. J.: The behavior disorders of childhood. In Mussen, P. H.: Carmichael's Manual of Child Psychology, vol. I. Wiley, New York 1970

Baacke, D.: Sozialökologische Ansätze in der Jugendforschung. In Krüger, H.-H.: Handbuch der Jugendforschung. Leske & Budrich, Leverkusen 1988

Barker, R. G.: Ecological Psychology. Stanford 1968

Blos, P.: The second individuation process of adolescence. Psychoanalytic Study of the Child 22 (1967) 162—186

Blos, P.: Character formation in adolescence. Psychoanalytic Study of the Child 23 (1968) 245—263

Blos, P.: Adoleszenz: Eine psychoanalytische Interpretation. Klett, Stuttgart 1973 (Konzepte der Humanwissenschaften) (Orig.: On Adolescence. A Psychoanalytic Interpretation. Free Press, New York u. Collier-Macmillan, London 1962)

Bronfenbrenner, U.: Toward an experimental ecology of human development. American Psychologist 32 (1977) 513—531

Bronfenbrenner, U.: Die Ökologie der menschlichen Entwicklung. Natürliche und geplante Experimente. Klett, Stuttgart 1981 (Orig.: The Ecology of Human Development. Harvard Univ. Press, Cambridge/Mass. 1979)

Caplan, G.: Principles of Preventive Psychiatry. Basic Books, New York 1964

Carmichael, L.: Ontogenetic development. In Stevens, S. S.: Handbook of Experimental Psychology. New York 1951

Coleman, J. C.: Relationships in Adolescence. Routledge & Kegan Paul, London 1974

Coleman, J. C.: Current contradictions in adolescent theory. Journal of Youth and Adolesccence 7 (1978) 1—11

Coleman, J. C.: The Nature of Adolescence. Methuen, London 1980

Coleman, J. C.: Eine neue Theorie der Adoleszenz. In Olbrich, E., E. Todt: Probleme des Jugendalters. Neuere Sichtweisen. Springer, Berlin 1984

Elder jr., G. H., E. F. Borgatta, W. W. Lambert: Adolescent sozialisation and development. In Borgatta, E. F., W. W. Lambert: Handbook of Personality Theory and Research. Rand McNally, Chicago 1968

Erikson, E. H.: Kindheit und Gesellschaft. Klett, Stuttgart 1965 a (Orig.: Childhood and Society. Norton, New York 1950)

Erikson, E. H.: Identifikation und Identität. In von Friedeburg, L.: Jugend in der modernen Gesellschaft. Kiepenheuer & Witsch, Köln 1965 b

Erikson, E. H.: Identität und Lebenszyklus: Drei Aufsätze. Suhrkamp, Frankfurt 1971 (Orig.:

Identity and the Life Cycle. Int. Univ. Press, New York 1959)

Freud, A.: Das Ich und die Abwehrmechanismen. Int. Psychoanalytischer Verlag, Wien 1936

Haan, N.: Proposed model of ego functioning. Coping and defense mechanisms in relationship to IQ change. Psychological Monographs 77 (8, Whole No. 571) (1963) 1–23

Haan, N.: Coping and Defending. Process of Self-Environment Organization. Academic Press, New York 1977 (Personality and Psychopathology, vol. XVI)

Haeckel, E.: Generelle Morphologie der Organismen. Berlin 1866

Hall, St.: Adolescence. Its Psychology and Its Relations to Physiology, Anthropology, Sociology, Sex, Crime, Religion, and Education, vol. I and II. Appleton, New York 1904

Hall, G. St.: Adolescence. Appleton, New York 1916 (dtsch. in Muuss, R. E.: Adoleszenz. Klett, Stuttgart 1971)

Havighurst, R. J.: Developmental Tasks and Education. McKay, New York 1948; 3rd ed. 1972

Heitmeyer, W., K. Hurrelmann: Sozialisations- und handlungstheoretische Ansätze in der Jugendforschung. In: Krüger, H.-H.: Handbuch der Jugendforschung, Leske & Budrich, Leverkusen 1988

Hofstätter, P. R.: Psychologie. Fischer, Frankfurt 1957 (Fischer-Lexikon, Bd. VI)

Jersild, A. T., F. Holmes: Children's fears. Child Development Monographs No. 20 (1935)

Jessor, R., S. L. Jessor: Problem Behavior and Psychosocial Development. A Longitudinal Study of Youth. Academic Press, New York 1977

Jones, H. E.: The environment and mental development. In Carmichael, L.: Manual of Child Psychology. Wiley, New York 1954

Kohlberg, L.: The development of moral character and ideology. In Hoffmann, M. L., L. W. Hoffman: Review of Child Development Research, vol. I. Russel Sage, New York 1964

Krappmann, L.: Soziologische Dimensionen der Identität. Klett, Stuttgart 1969

Kroh, O.: Psychologie der Entwicklung. In Kleinert, H., H. Stucki u. Mitarb.: Lexikon der Pädagogik, 3 Bde. Francke, Bern 1950–1952 (auch in Muuss, R. E.: Adoleszenz. Klett, Stuttgart 1971)

Krüger, H.-H.: Handbuch der Jugendforschung. Leske & Budrich, Leverkusen 1988

Lazarus, R. S.: Psychological Stress and the Coping Process. McGraw-Hill, New York 1966

Lazarus, R. S.: The stress and coping paradigms. In Bond, A., J. E. Rosen: Competence and Coping during Adulthood. Univ. Press New England, Boston 1980

Lazarus, R. S.: The stress and coping paradigms. In Bond, A., J. E. Rosen: Competence and Coping during Adulthood. Univ. Press New England, Boston 1988

Lewin, K.: Feldtheorie in den Sozialwissenschaften. Ausgewählte theoretische Schriften. Huber, Bern 1963 (Orig.: Field Theory in Social Science. Harper, New York 1951)

Mead, G. H.: Geist, Identität und Gesellschaft – aus der Sicht des Sozialbehaviorismus. Suhrkamp,

Frankfurt 1968 (Orig.: Mind, Self, and Society. From the Standpoint of a Social Behaviorist. Univ. Chicago Press, Chicago 1934)

Moos, R. H.: Human Adaptation: Coping with Life Crises. Heath, Lexington/Mass. 1976

Muuss, R. E.: Theories of Adolescence. Random House, New York 1964

Muuss, R. E.: Adoleszenz. Klett, Stuttgart 1971

Nickel, H.: Entwicklungspsychologie des Kindes- und Jugendalters, 3. Aufl., 2 Bde. Huber, Bern 1975

Oerter, R.: Zur Entwicklung der Handlungsstruktur im Jugendalter: Eine neue theoretische Perspektive. In Olbrich, E., E. Todt: Probleme des Jugendalters. Neuere Sichtweisen. Springer, Berlin 1984

Oerter, R.: Der ökologische Ansatz. In Oerter, R., L. Montada u. Mitarb.: Entwicklungspsychologie. 2. Aufl. Psychologie Verlags-Union, München 1987

Olbrich, E.: Konstruktive Auseinandersetzungen im Jugendalter: Entwicklung, Förderung und Verhaltenseffekte. In Oerter, R.: Lebensbewältigung im Jugendalter. Edition Psychologie, VCH Verlagsgesellschaft, Weinheim 1985

Olk, Th.: Gesellschaftstheoretische Ansätze in der Jugendforschung. In Krüger, H.-H.: Handbuch der Jugendforschung. Leske & Budrich, Leverkusen 1988

Olson, W. C.: Die Entwicklung des Kindes. Gehlen, Berlin 1953

Piaget, J.: Gesammelte Werke. Studienausgabe, Bde. I–X. Klett, Stuttgart 1975

Reinhard, H. G.: Entwicklung und psychische Störung im Jugendalter. Formen der Daseinsbewältigung psychisch gestörter Jugendlicher. Thieme, Stuttgart 1988

Remschmidt, H.: Die Rolle der Entwicklungsdimension: Entwicklung – Reifung – Lernen. In Remschmidt, H., M. H. Schmidt: Kinder- und Jugendpsychiatrie in Klinik und Praxis, Bd. I. Thieme, Stuttgart 1988

Remschmidt, H., H.-G. Heinscher: Psychodynamische Ansätze. In Remschmidt, H., M. H. Schmidt: Kinder- und Jugendpsychiatrie in Klinik und Praxis, Bd. I. Thieme, Stuttgart 1988

Roskies, E., R. S. Lazarus: Coping theory and the teaching of coping skills. In Davidson, P. O., S. M. Davidson: Behavioral Medicine. Brunner/Mazel, New York 1980

Rutter, M., P. Graham, O. F. D. Chadwick, W. Yule: Adolescent turmoil: fact or fiction? Journal of Child Psychology and Psychiatry 17 (1976) 35–56

Stott, L. H.: Child Development. An Individual Longitudinal Approach. Holt, New York 1967

Tenbruck, F. H.: Jugend: Gesellschaftliche Lagen oder gesellschaftliches Versagen? In Remschmidt, H.: Jugend und Gesellschaft. Realitätsbewältigung, Krisen und Auswege. Wissenschaftliche Verlagsgesellschaft, Stuttgart 1986 u. Umwelt & Medizin Verlagsgesellschaft, Frankfurt 1986

Thomae, H.: Über Daseinstechniken sozial auffälliger Jugendlicher. Psychologische Forschung 24 (1953) 11–33

Thomae, H.: Ansätze zu einer

Theorie der Reifezeit. Vita humana (1969) 213−237

Thomae, H.: Formen der Auseinandersetzung mit Konflikt und Belastung im Jugendalter. In Olbrich, E., E. Todt: Probleme des Jugendalters. Neuere Sichtweisen. Springer, Berlin 1984

Trautner, H. M.: Lehrbuch der Entwicklungspsychologie, Bd. I. Hogrefe, Göttingen 1978

Werner, H.: Einführung in die Entwicklungspsychologie, 4. Aufl. Barth, München 1953

7. Psychische Gesundheit und Krankheit in der Adoleszenz

7.1 Krankheitsbegriff

Wie die Erwachsenenpsychiatrie, so verfügt auch die Adoleszentenpsychiatrie noch nicht über einen anerkannten und allgemeingültigen Krankheitsbegriff. Vielleicht ist die Forderung nach einem auf alle psychischen Erkrankungen anwendbaren Krankheitsbegriff vorerst utopisch, weil noch viele Kenntnisse fehlen, die für eine solche Definition erforderlich wären.

Man hilft sich in der Regel pragmatisch, indem man psychischen Störungen, die „offensichtlich" behandlungsbedürftig sind, den Status von „Krankheiten" zuschreibt. Auf diese Weise wird Krankheit durch *Behandlungsbedürftigkeit* definiert. Dies ist für den „Kernbereich" jugendpsychiatrischer Erkrankungen zweifellos angemessen, weil bei vielen eine spezielle Begründung der Behandlungsbedürftigkeit nicht erforderlich ist (z. B. bei schweren Anorexien, ausgeprägten Zwangsneurosen, schizophrenen Psychosen).

Problematischer wird es, wenn man *Varianten des Normalverhaltens* mit dem Begriff „Krankheit" belegen will. Hier stellt sich oft die Frage des fließenden Überganges von Verhaltensweisen, die im allgemeinen noch als normal angesehen werden, zu solchen, die bereits als pathologisch definiert werden müssen. Es stellt sich auch die Frage, ob eine derartige „Verdünnungsreihe" vom extrem Pathologischen bis zur Normalität für *alle* jugendpsychiatrischen Krankheitsbilder gültig sein kann.

Diese Überlegung betrifft die Frage, ob man von einem eher „*kategorialen*" oder einem „*dimensionalen*" Krankheitsbegriff in der Adoleszentenpsychiatrie ausgehen soll. Ersterer impliziert eine qualitative Andersartigkeit jugendpsychiatrischer Erkrankungen gegenüber der Norm, der letztere läßt fließende Übergänge zu.

7.1.1 Allgemeine und spezielle Krankheitsbegriffe

Häfner (1983) hat vorgeschlagen, zwischen einem „allgemeinen Krankheitsbegriff" und „speziellen Krankheitsbegriffen" in der Psychiatrie zu unterscheiden. Diese Differenzierung ist auch für die Adoleszentenpsychiatrie sinnvoll. Während der *allgemeine Krankheitsbegriff* den Unterschied zu Gesundheit, Verhaltensauffälligkeiten und anderen Formen gestörter Gesundheit wie Behinderungen zu definieren versucht, gehen die *speziellen Krankheitsbegriffe* von der Definition „eines bestimmten krankhaften Zustandes und der Gesetzmäßigkeit seines Verlaufs im Unterschied zu anderen Krankheiten" aus. In dieser Konzeption hat der spezielle Krankheitsbegriff z. B. im Hinblick auf eine bestimmte Erkrankung und ihre Verlaufsgesetzmäßigkeiten den allgemeinen Krankheitsbegriff auszufüllen.

Zweifellos ist ein Krankheitsbegriff, der auf einer nachgewiesenen *Ätiologie* aufbauen kann, am befriedigendsten und weitreichendsten. Bei vielen organischen Erkrankungen (von Infektionen bis Tumoren) ist dieser an der Ätiologie orientierte Krankheitsbegriff anwendbar. In der Psychiatrie steht man jedoch vor schwierigeren Problemen.

Auch für dieses Fachgebiet hat man versucht, ätiologisch orientierte Krankheitsbegriffe abzuleiten im Sinne der Kahlbaum-Kraepelinschen These, wonach sich aus Symptomatik, Topologie und Ätiologie „*natürliche Krankheitseinheiten*" erschließen lassen. Diese Bedingungen lassen sich jedoch nur für eine begrenzte Zahl organisch verursachter Erkrankungen definieren. Deshalb ist dieser Ansatz in der Psychiatrie auf Kritik gestoßen, und neuere Klassifikationssysteme (z. B. MAS, DSM-III-R sowie ICD-10) verzichten bewußt auf die ätiologische Komponente bei der Klassifikation von psychiatrischen Erkrankungen. Dieser Verzicht steht nicht für ein Programm, sondern spiegelt den Wissensstand wider, der eine auf Ätiologie beruhende Klassifikation noch nicht ermöglicht.

Solange ein auf ätiologischen Kriterien beruhender Krankheitsbegriff noch nicht möglich ist, gibt es zwei Wege, Krankheitsbegriffe zu umschreiben:

1. die Definition verschiedener Ebenen, auf denen Krankheitsbegriffe in Form von „Konstrukten" angesiedelt sind, und

2. die Definition verhältnismäßig grober Bereiche, in denen sich krankhafte Organveränderungen, krankhaftes Verhalten und krankhaftes Erleben abspielen.

Beide Vorgehensweisen erstrecken sich auf spezielle Krankheitskonzepte. Der erste Weg wurde von Häfner (1983) vorgeschlagen (Tab. 7.**1**).

Die angegebene Reihung von einer Beschreibung der Symptome und Syndrome bis zur eindeutigen Ätiologie gibt bei vielen Erkrankungen auch den Gang der Forschung wieder, der häufig mit der Beschreibung bestimmter Krankheitserscheinungen (Symptome) beginnt, weitergeführt wird in einer Ordnung dieser Symptome zu Syndromen, die

Tabelle 7.**1** Ebenen, auf denen Krankheitsbegriffe als Konstrukte erscheinen
(aus Häfner, H.: Nervenarzt 54 [1983] 231)

Ebenen des Anspruchs an Krankheitskonstrukte	Kriterien bzw. Methoden der Feststellung
Symptome	1. Beschreibung von Symptomen
Syndrome	2. Bildung einer unterscheidbaren und interkorrelierten Gruppe von Symptomen: Syndrom
Krankheitssyndrom (Sydenham)	3. Stabilität des Syndroms
Kraepelinsche Krankheitseinheit (der endogenen Psychose)	4. Objektivieren des Syndroms (meßbare Indikatoren)
	5. Verlaufsgesetzlichkeit zusammengehöriger Syndrome
Morphologischer Krankheitsbegriff	6. Topologie des Krankheitsgeschehens
Funktionelles Krankheitskonstrukt	7. Erklärung von Syndrom und Verlauf durch pathologischen Funktionszusammenhang
Ätiologischer Krankheitsbegriff (Kahlbaum-Kraepelinscher Anspruch an „natürliche Krankheiten")	8. Eindeutige Ätiologie

Einheitlichkeit des Syndroms prüft und über die meßbare Objektivierung und die Beschreibung der Verlaufsgesetzmäßigkeiten zur Klärung von Funktionszusammenhängen und letztlich zur ätiologischen Aufklärung führt.

Unter Berücksichtigung der bislang geführten Diskussion kommen wir in Anlehnung an Häfner (1983) zu folgender **Definition**:

Als *jugendpsychiatrische Erkrankung* bezeichnen wir einen Zustand unwillkürlich gestörter Lebensfunktionen, der durch Beginn, Verlauf und gegebenenfalls auch Ende eine zeitliche Dimension aufweist und einen Jugendlichen entscheidend daran hindert, an den alterstypischen Lebensvollzügen aktiv teilzunehmen und diese konstruktiv zu bewältigen.

Diese Definition enthält, worauf Häfner (1983) auch hinweist, eine Reihe von Bestimmungsstücken, die relativ allgemein sind und auf die jeweilige Störung bzw. Erkrankung hin spezifiziert werden müssen. Geht man von konkreten Störungen aus, so wird sie relativ eindeutig. So ist z. B. ein Jugendlicher, der aufgrund einer Schulphobie monatelang die Schule nicht besucht, eindeutig daran gehindert, an den *altersentsprechenden Lebensvollzügen*" aktiv teilzunehmen. Entsprechendes gilt für den schizophrenen Jugendlichen, der sich zurückzieht und nicht mehr in der Lage ist, das Haus zu verlassen. Schwierigkeiten bereitet die Definition auch im Bereich des *"Schweregrades"* jugendpsychiatrischer Erkrankungen. Aber dieser läßt sich am ehesten dadurch einbeziehen, daß man von der gestörten Teilhabe an den altersentsprechenden Lebensvollzügen ausgeht. Damit ist einerseits die soziale Dimension berücksichtigt, zum anderen ein gewisser Objektivitätsgrad erreicht.

7.1.2 Verschiedene Vorstellungen zum Krankheitsbegriff

Es existieren unterschiedliche Auffassungen im Hinblick auf den psychiatrischen Krankheitsbegriff, die in der Literatur meist in Gestalt bestimmter *"Modelle"* diskutiert werden. In diesem Sinne werden z. B. unterschieden:

– das sogenannte medizinische Modell,
– das psychosoziale Krankheitsmodell,
– das biopsychologische Krankheitsmodell,
– multifaktorielle Krankheitsmodelle,
– individuelle und systemische Krankheitsbegriffe,
– das psychoanalytische Krankheitsmodell,
– das Krisenmodell.

Alle diese Vorstellungen gehen von einem bestimmten Aspekt aus, der meist generalisiert und mit dem Anspruch verbunden wird, alle oder zumindest den größten Teil psychiatrischer Erkrankungen zu erklären. Dies leisten die Krankheitsmodelle jedoch nicht (Remschmidt 1988a). Für alle diese Modellvorstellungen gibt es Krankheitsbereiche, in denen sie sich relativ gut anwenden lassen, und andere, in denen sie nicht zutreffen.

7.1.3 Krisenmodell

Da in der Adoleszenz krisenhafte Entwicklungen nicht selten sind, soll lediglich auf das Krisenmodell eingegangen werden. Es hat in den letzten Jahren besondere Aufmerksamkeit gefunden. Mancherorts wurde versucht, relativ gut umschriebene psychiatrische Erkrankungen mit dem Begriff „Krise" zu umschreiben. Dadurch sind zum Teil unklare Vorstellungen entstanden, die auch Kompetenzkonflikte unter den Mitarbeitern psychiatrischer Einrichtungen erzeugt haben. Angesichts dieser Situation haben Häfner u. Helmchen (1978) eine *Abgrenzung zwischen dem psychiatrischen Notfall und verschiedenen Krisensituationen* vorgeschlagen (Abb. 7.1).

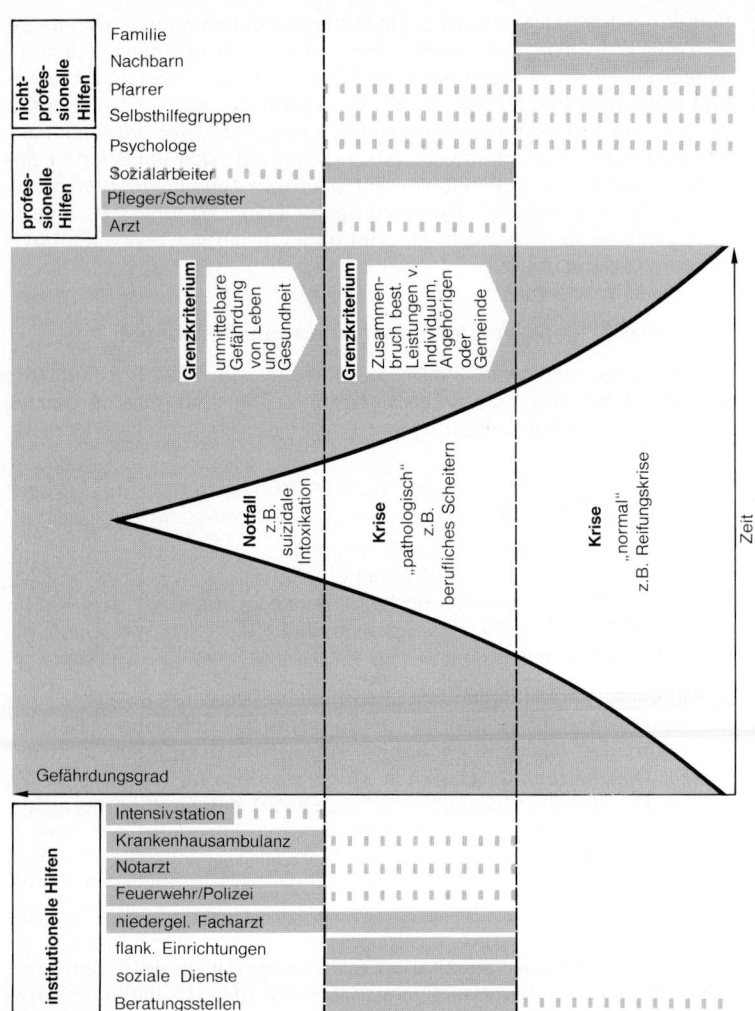

Abb. 7.**1** Adäquate Versorgung von Notfällen und Krisen durch institutionelle, professionelle und nichtprofessionelle Hilfen.
Notwendige Zuordnung: , mögliche Zuordnung:
(nach Häfner u. Helmchen 1978)

1. Ein **psychiatrischer Notfall** ist von psychiatrischen und Allgemein-
   krisen abzugrenzen:

   „Der psychiatrische Notfall ist im Vergleich zur psychiatrischen Krise
   sehr viel stärker durch die vitale Gefährdung und deshalb durch Konzentration auf die Einzelperson, hohe Prozeßgeschwindigkeit und deshalb unmittelbaren Handlungszwang unter Zeitdruck und durch psych-
   iatrisch-medizinische Befunderhebung charakterisiert" (Häfner u.
   Helmchen 1978).

   Er erfordert deshalb als professionelle Helfer den Arzt und die
   ärztliche Institution.

2. Bei der **psychiatrischen Krise** liegen ebenfalls erhebliche individuelle Probleme vor, gegebenenfalls auch psychiatrische Symptome.
   Chronifizierte psychiatrische Erkrankungen oder auch phasenhaft
   verlaufende Erkrankungen können zu krisenhaften Zuspitzungen
   führen. In solchen Fällen ist ebenfalls der Psychiater gefordert.
   Die psychiatrische Krise ist durch personale und soziale Gefährdung gekennzeichnet. Als professionelle Helfer sind, sofern die
   Krise sich nicht zum Notfall ausweitet oder im Rahmen einer bereits festgestellten psychiatrischen Erkrankung erfolgt, Psychologen und Sozialarbeiter gefordert. Vor allem ist das Umfeld des Patienten in die „Krisenintervention" einzubeziehen.

   Ein Sonderfall sind die sogenannten *„Adoleszentenkrisen"*
   (s. Kap. 8), bei denen es vor dem Hintergrund einer Reifungs- und
   Entwicklungsproblematik zu erheblichen intrapsychischen Problemen (Identitätskrisen, Selbstwertkrisen) kommen kann, die relativ
   häufig die Grenze zum Notfall (akute Gefährdung im Rahmen eines Suizidversuchs) überschreiten. Sie müssen dann auch als Notfall behandelt werden (Remschmidt 1978).

3. Schließlich gibt es auch **„normale" Krisen** (und dies sind die häufigsten), die sich in der Regel weder zum Notfall zuspitzen noch Ausdruck einer Exazerbation einer psychiatrischen Erkrankung sind.
   In diesen Fällen ist die Hilfestellung in der Familie, bei guten
   Freunden, bei Seelsorgern oder anderen vertrauten Menschen leist-
   bar, die dem in eine Krise geratenen jungen Menschen weiterhelfen
   können. Dies können auch Beratungsstellen sein, die nicht an
   psychiatrische Dienste angelehnt sind.
   Derartige Krisen sind also keine Krankheiten, sondern gehören
   zum normalen Reifungs- und Entwicklungsablauf. Sie können sich
   aber in der Adoleszenz zuspitzen zu psychiatrischen Krisen oder
   gar zum psychiatrischen Notfall.

7.1.4 Ausweitungen und Einengungen des Krankheitsbegriffes

Ausweitungen des psychiatrischen Krankheitsbegriffes begegnen uns heute häufiger als Einengungen. Sie finden sich im diagnostischen und im therapeutischen Bereich.

Diagnostisch liegen Ausweitungen dann vor, wenn jede soziale Störung und jede Lebensschwierigkeit mit dem Begriff einer psychiatrischen Erkrankung oder seelischen Störung belegt werden. Auch im Bereich umschriebener Funktionsstörungen (Teilleistungsstörungen) kann es zu Ausweitungen kommen, wenn z. B. relative Begabungsmängel oder aufholbare Reifungsverzögerungen als psychiatrische Erkrankung bezeichnet werden. Im Bereich der Persönlichkeitsvarianten sowie der Dissozialität und Delinquenz gibt es ebenfalls häufig Ausweitungen des Krankheitsbegriffes. Derartige Erweiterungen können dazu führen, daß auch alterstypische Entwicklungsschwierigkeiten und Konflikte oder allgemeine Lebensprobleme als Erkrankung angesehen werden. Dies entspricht jedoch nicht der Auffassung der Kinder- und Jugendpsychiatrie.

Ausweitungen des Krankheitsbegriffes begegnet man auch im *therapeutischen Bereich*. Sie zeigen sich in der Tendenz, jede Lebensschwierigkeit einer Psychotherapie zuführen zu wollen. Psychotherapie ist und bleibt aber die Behandlung von psychischen Erkrankungen mit psychischen Mitteln. Vor einer Überdehnung des Psychotherapiebegriffes und der Indikation für Psychotherapie muß nachdrücklich gewarnt werden.

Einengungen des Krankheitsbegriffes finden wir *vor allem im gesetzlichen Bereich*, sei es in der gerichtlichen Adoleszentenpsychiatrie, sei es im Bereich der Sozialhilfe. Da die Terminologie gesetzlicher Bestimmungen von anderen Prämissen ausgeht als die psychiatrische Nomenklatur, kommt es immer wieder zu Mißverständnissen, die im Einzelfall durch eine entsprechend schlüssige Interpretation ausgeräumt werden müssen.

7.2 Klassifikation psychischer Störungen in der Adoleszenz

Die Klassifikation von Erkrankungen ist notwendig sowohl für die Verständigung im klinischen Bereich als auch für die Forschung. An eine wissenschaftlich haltbare Klassifikation kinder- und jugendpsychiatrischer Erkrankungen müssen folgende Anforderungen gestellt werden:

1. Sie muß auf beobachtbaren und reproduzierbaren Tatsachen beruhen, die zu umschriebenen Krankheitsbildern vereinigt werden.
2. Diese Krankheitsbilder müssen klar definiert sein, wozu meist ein Glossar benutzt wird, das alle Definitionen enthält.

3. Sie muß valide (gültig) sein, d. h., sie muß auch wirklich diejenigen Störungen erfassen, die sie zu erfassen beansprucht.
4. Sie muß reliabel (zuverlässig) sein, d. h., bei wiederholter Klassifikation des gleichen Sachverhaltes muß die gleiche diagnostische Zuordnung resultieren.
5. Sie muß objektiv sein, d. h., verschiedene Beurteiler müssen bei der Klassifikation des gleichen Krankheitsbildes zum gleichen Ergebnis kommen.
6. Sie muß wichtige Krankheitsbilder voneinander zu trennen erlauben und muß klinisch sowie wissenschaftlich anwendbar sein.
7. Klassifiziert werden stets Krankheitsbilder und Störungen und nicht Kinder bzw. Personen.

Entsprechend den Fortschritten der Kinder- und Jugendpsychiatrie, die sich in Diagnostik und Therapie in zunehmendem Maße einer *mehrdimensionalen* Betrachtung psychiatrischer Erkrankungen zuwandte und zugleich die psychosozialen Bedingungen stärker berücksichtigte, haben sich auch die Möglichkeiten der Klassifikation gewandelt.

Die wichtigsten Klassifikationssysteme sind:

– die „*International Classification of Diseases*" *(ICD)*, das Klassifikationssystem der Weltgesundheitsorganisation WHO. Gegenwärtig ist die 1978 erschienene neunte Version (ICD-9) in Gebrauch, die zehnte (ICD-10) wird bald in Kraft treten.
– das „*Diagnostic and Statistical Manual of Mental Disorders*" *(DSM)*, das Klassifikationssystem der „American Psychiatric Association" (APA). Gegenwärtig ist die Revision der dritten Auflage (DSM-III-R) (American Psychiatric Association 1987, deutsch 1989) in Gebrauch. Viele Arbeiten beziehen sich aber noch auf die dritte Auflage (DSM-III) von 1980 (deutsch 1984).
– das „*Multiaxiale Klassifikationsschema für psychiatrische Erkrankungen im Kindes- und Jugendalter*" *(MAS)* nach Rutter, Shaffer und Sturge. Es wurde speziell für den kinder- und jugendpsychiatrischen Bereich entwickelt und orientiert sich in der Achse „klinisch-psychiatrisches Syndrom" an der ICD-9. Es wurde von Remschmidt u. Schmidt (1986) für den deutschen Sprachraum bearbeitet.

Parallel zum *Internationalen Klassifikationssystem ICD* der WHO (ICD = International Classification of Diseases) hat eine Gruppe von Kinderpsychiatern in Zusammenarbeit mit der Weltgesundheitsorganisation einen *multiaxialen Diagnosenschlüssel* für psychiatrische Erkrankungen bei Kindern und Jugendlichen erarbeitet, der erlaubt, verschiedene klassifikatorisch wichtige Aspekte in einer Diagnose zu berücksichtigen. Gegenüber dem bislang üblichen eindimensionalen

ICD-Schlüssel hat das multiaxiale Diagnosensystem den entscheiden-den Vorteil, mehrere wichtige Faktoren (klinisch-psychiatrisches Syndrom, Intelligenz, Entwicklung usw.) zu erfassen und in einer Diagnose zu vereinigen. Dabei wurden in der neuesten Fassung die ICD-Kategorien berücksichtigt, so daß die Vorteile beider Klassifikationsmöglichkeiten in *einem* Diagnosenschlüssel vereinigt werden konnten.

Der multiaxiale Diagnosenschlüssel umfaßt *fünf Achsen* oder Dimensionen. Die erste bezieht sich auf das *klinisch-psychiatrische Syndrom* (z. B. hyperkinetisches Syndrom), die zweite Achse auf *umschriebene Entwicklungsrückstände* (z. B. umschriebener Rückstand in der Sprech- oder Sprachentwicklung), die dritte Achse umfaßt das *Intelligenzniveau* (z. B. Intelligenzquotient durchschnittlich), die vierte Achse bezieht sich auf *körperliche Erkrankungen* (z. B. minimale zerebrale Dysfunktion), die fünfte Achse schließlich auf *abnorme psychosoziale Umstände* (z. B. psychische Störungen in der Familie).

Für den jugendpsychiatrischen Bereich ist wichtig, daß nicht nur das klinisch-psychiatrische Syndrom berücksichtigt wird (wie dies im bislang benutzten ICD-Schlüssel der Fall ist), sondern daß auch Entwicklungseinflüsse (zweite Achse), Intelligenzniveau, körperliche Erkrankungen und vor allem die psychosoziale Situation angemessen berücksichtigt werden. Letztere (die fünfte Achse) umfaßt 17 verschiedene Kategorien, die, wie auch die Merkmale der anderen Achsen, im Glossar ausführlich definiert sind. Damit ist die Möglichkeit gegeben, nicht nur klassische psychiatrische Erkrankungen zu klassifizieren, sondern auch eine Vielfalt zusätzlicher Bedingungen.

7.3 Epidemiologie psychischer Störungen in der Adoleszenz

7.3.1 Methodische Gesichtspunkte epidemiologischer Untersuchungen

In der medizinischen Epidemiologie unterscheidet man zwischen *Prävalenz*- und *Inzidenz*populationen bzw. -raten. Erstere sind durch die Gesamtzahl der Erkrankungen zu einem bestimmten Zeitpunkt (*Punktprävalenz*) oder in einem bestimmten Zeitraum (*Streckenprävalenz*) definiert, während sich die *Inzidenz* auf die Anzahl der neu auftretenden Erkrankungen in einem bestimmten Zeitraum bezieht. Die Inzidenz läßt sich zuverlässig nur im Rahmen von Längsschnittuntersuchungen an unausgelesenen Populationen erfassen, da nicht zu erwarten ist, daß alle neu Erkrankten Hilfe in Anspruch nehmen und Behandlungseinrichtungen aufsuchen.

Probleme der Abgrenzung von Normvarianten und psychopathologischen Auffälligkeiten

Eine große Schwierigkeit der psychiatrischen Epidemiologie besteht darin, psychiatrische Krankheiten bzw. Auffälligkeiten klar zu definieren und insbesondere ihren Schweregrad festzulegen. Es geht vielfach um die Frage, wann ein Verhalten als pathologisch und wann noch als Normvariante aufzufassen ist. Diese Schwierigkeit ist im wesentlichen in folgendem begründet:

1. **Entwicklungsaspekt:** Viele Verhaltensweisen kommen auf bestimmten Altersstufen so häufig vor, daß man geneigt ist, sie als „normal" zu bezeichnen. So gehören in der beginnenden Adoleszenz Rückzugsverhalten, hypochondrische Befürchtungen, Suizidgedanken und vorübergehende Verstimmungszustände zum alterstypischen Entwicklungsverlauf und sind für sich genommen nicht als krankhaft zu betrachten. Wird allerdings das gesamte Verhalten eines Adoleszenten von derartigen Symptomen so beherrscht, daß er nicht mehr in der Lage ist, an den altersentsprechenden Lebensvollzügen teilzunehmen, so ist die Grenze zum pathologischen Verhalten überschritten. Diese Grenze zwischen Normvarianten und pathologischen Verhaltensweisen ist aber vielfach schwer zu definieren.

2. **Situationsbedingtheit des Verhaltens:** Viele Verhaltensweisen sind von äußeren Bedingungen (Situation, Person) abhängig und treten nicht generell auf. In der Schule, zu Hause oder am Arbeitsplatz können Jugendliche sehr unterschiedlich „auffallen", da das „abweichende" oder „krankhafte" Verhalten oft an eine bestimmte Umgebung oder eine bestimmte Situation gekoppelt ist. So treten Konzentrationsstörungen bei kognitiven Leistungsanforderungen gehäuft in der Schule auf, Eß- und Schlafstörungen überwiegend zu Hause und Störungen des Sozialverhaltens im Kontakt mit Gleichaltrigen. Die Situationsbedingtheit des Verhaltens und die dadurch gegebene Abhängigkeit von einer bestimmten Umgebung hat manche Autoren dazu geführt, diesen Gesichtspunkt in Klassifikationssysteme einzubeziehen (z. B. Achenbach 1989). Andere wiederum bezeichnen ein Verhalten erst dann als krankhaft oder besonders schwerwiegend, wenn es über mehrere Situationen hinweg (z. B. in der Schule, zu Hause und am Arbeitsplatz) persistiert. Die Situationsabhängigkeit des Verhaltens impliziert, daß man, um sich ein Bild von der Störung zu machen, unterschiedliche Personen (Lehrer, Eltern, Lehrmeister) fragen muß.

3. **Krankheitswahrnehmung:** Jugendliche haben zeitweise eine andere Krankheits- und Problemwahrnehmung als Erwachsene. Sie ist nicht unabhängig von der jeweiligen Umgebung, wird also von Kontakt- und Bezugspersonen erheblich beeinflußt.

Methoden der Falldefinition

Neben diesen Faktoren gibt es eine Reihe von Unsicherheiten, die mit der psychiatrischen Diagnostik zusammenhängen. Hier geht es um die Frage, wann und mit welcher Methode ein Jugendlicher als psychiatrisch krank, also als „psychiatrischer Fall", definiert wird. In der psychiatrischen Epidemiologie wurden mehrere Methoden der „Falldefinition" entwickelt:

1. **Falldefinition nach Maßgabe des klinisch-diagnostischen Vorgehens:** Diese Methode entspricht dem traditionellen Ansatz in der klinischen Praxis. Aufgrund der *Anamnese* und der klinisch-psychiatrischen *Untersuchung* wird eine *psychiatrische Diagnose* gestellt, die die objektivierten Symptome einem Diagnosenschema zuordnet. Zur Feststellung der Symptome haben sich eine Reihe von zusätzlichen Instrumenten als nützlich erwiesen, wie Symptomlisten, psychiatrische Interviews, Forschungskriterien usw.
Mit der Einführung einheitlicher diagnostischer Klassifikationssysteme war es möglich, eine verbindliche Nomenklatur herzustellen, die auch eine Vergleichbarkeit von Diagnosen unterschiedlicher Kliniker aus verschiedenen Ländern zuläßt.

2. **Fragebogenmethode:** Ähnlich wie bei der klinisch-psychiatrischen Untersuchung werden, allerdings über vorgegebene Instrumente oder im Rahmen eines standardisierten Interviews, Symptome oder Verhaltensweisen abgefragt und die Antworten zu einem Gesamt-Score aufsummiert. Die Antworten können ungewichtet oder gewichtet sein. Man erhält ein *quantitatives Maß*, wobei sich wiederum das Problem ergibt, wie man von diesem zu einem *kategorialen Urteil* (z. B. gesund versus krank oder psychiatrisch auffällig) kommt. Um diese Entscheidung zu treffen, ist es notwendig, einen *kritischen Wert* zu definieren, dessen Überschreitung das Vorliegen einer Erkrankung impliziert. Die Methode hat Nachteile wie die Möglichkeit der Fehlklassifikation, ungenügende Erfassung monosymptomatischer Krankheitsbilder oder ungenügende Festlegung eines Schweregrades. Andererseits besteht für manche der erprobten Fragebögen eine recht gute Korrelation mit der klinisch-psychiatrisch festgestellten Auffälligkeit.

3. **Der faktorenanalytische Ansatz:** Auf der Grundlage von Fragebögen werden mittels der Faktorenanalyse oder der Cluster-Analyse Krankheitskategorien definiert. Die Symptome und Verhaltensweisen werden einzelnen Dimensionen oder Faktoren zugeordnet, die übergeordnete Kategorien repräsentieren. Entsprechend der Anzahl der extrahierten Faktoren erhält jede Person auf jedem Faktor einen Wert. Dieser setzt sich aus den Item-Antworten zusammen,

die auf dem jeweiligen Faktor hoch laden. Der Vorteil dieses empirischen Ansatzes besteht darin, daß er *kategoriale Urteile* ermöglicht. Die Berechnung eines Cut-off-Scores im herkömmlichen Sinne ist nicht mehr erforderlich. Als Definitionskriterium für die psychische Auffälligkeit eines Probanden wird die *Standardabweichung* des Faktorenwertes herangezogen. Eine Person gilt dann als auffällig oder als „Fall", wenn ihr Wert auf einem Faktor außerhalb von zwei Standardabweichungen liegt.

Alle angeführten Verfahren sind in zahlreichen Untersuchungen angewandt worden. *In der epidemiologischen Forschung* hat sich am besten ein *zweistufiges Vorgehen* bewährt: In der ersten Stufe wird in einer großen repräsentativen Stichprobe ein *Screening-Verfahren* angewandt, in der zweiten Stufe werden nur noch die als auffällig definierten Klienten genauer untersucht, in der Regel im Rahmen eines klinischen Interviews mit entsprechenden Zusatzuntersuchungen. Der *Schwellenwert (Cut-off-Wert)* beim Screening-Verfahren wird so angesetzt, daß mehr Fälle als erwartet selegiert werden (Selektionsrate höher als die erwartete Prävalenzrate). Es werden also falsch-positive Fälle in Kauf genommen, um falsch-negative zu vermeiden.

7.3.2 Ergebnisse epidemiologischer Untersuchungen

Bereits den offiziellen Statistiken der Todesursachen sind Anhaltspunkte zu entnehmen, wie dringlich die psychischen Probleme der Adoleszenten sind: In der Bundesrepublik ist der Suizid die zweithäufigste Todesursache bei den 15- bis 25jährigen nach dem mit Abstand häufigsten Unfalltod im Rahmen von Kraftfahrzeugunfällen, danach folgen sonstige Unfälle und Todesfälle infolge bösartiger Neubildungen. Diese Beobachtungen entsprechen denen in anderen industrialisierten Ländern.

Gemessen an der großen Zahl epidemiologischer Untersuchungen zur Prävalenz psychischer Störungen und Erkrankungen bei Kindern liegen vergleichsweise wenige Studien vor, die sich speziell auf die Adoleszenz konzentrieren. In zahlreichen Untersuchungen wird eine breite Altersspanne zugrunde gelegt, die das Kindesalter und die Adoleszenz umfaßt, wobei häufig keine hinreichende Differenzierung in einzelne Altersgruppen erfolgt.

Nur wenige epidemiologische Untersuchungen zur Häufigkeit psychiatrischer Erkrankungen in der Adoleszenz gehen von unausgelesenen Stichproben aus. Wir müssen streng unterscheiden zwischen Erhebungen an einer „Gesamtpopulation" und am selektionierten Krankengut klinischer Einrichtungen. Beide Arten von Erhebungen sind wichtig. Während die zuerstgenannten uns ein Bild von der Häufigkeit psychiatrischer Störungen unabhängig von etwaiger Diagnostik und Therapie vermitteln, erfassen wir in letzteren in der Regel die schwerwiegenderen und behandlungsbedürftigen Störungen. Diese Erhebungen an klinischen Stichproben geben zugleich einen Überblick über die „Inanspruchnahme" kinder- und jugendpsychiatrischer Einrichtungen.

Die Quote psychischer Störungen und Erkrankungen in der Altersgruppe von 15−25 Jahren läßt sich bei Anwendung sehr restriktiver Kriterien auf 5−8% schätzen. Die Angabe einer oberen Grenze hängt davon ab, wie man psychische Störungen und Erkrankungen definiert. Gerade in der Adoleszenz gibt es eine Reihe krisenhafter Entwicklungsabläufe, bei denen schwer entscheidbar ist, ob es sich um psychopathologische Zustände handelt oder ob sie Ausdruck überspitzter physiologischer Abläufe sind.

Untersuchungen an unausgelesenen Stichproben

Nach den Ergebnissen der Isle-of-Wight-Studie (Rutter u. Mitarb. 1970, 1976) beträgt die Prävalenz psychiatrischer Störungen bei Adoleszenten zwischen rund 13 und 17,5%. Während diese Prävalenzquoten sich auf jugendpsychiatrische Erkrankungen eines gewissen Schweregrades stützen, zeigen sich in der gleichen Untersuchung Auffälligkeiten, die sich noch nicht auf eindeutige psychiatrische Krankheitsbilder beziehen, jedoch im Rahmen solcher Störungen vorkommen können. Die Quoten sind nicht gering: Immerhin zeigten zwischen 41 und 47% der Adoleszenten ein Gefühl des Unglücklichseins, 20−23% hatten erhebliche Selbstwertkrisen, rund 7% hatten Suizidgedanken, rund 29% Beziehungsideen, und 20−28% klagten über Angstgefühle sowie 13% über ein Gefühl der Traurigkeit.

Auch in dieser Studie ließ sich im übrigen das landläufige Urteil von der übermäßigen *Entfremdung* Jugendlicher von ihren Eltern nicht bestätigen (s. Kap. 3).

Die Prävalenz psychischer Störungen und Erkrankungen variiert im Jugendalter, wie Tab. 7.**2** zeigt, zwischen 7,7 und 21%. Dabei sind die höheren Altersstufen in der Adoleszenz praktisch nicht untersucht.

Über diese globalen Ergebnisse hinaus lassen sich für die Adoleszenz folgende Aussagen machen:

1. *Entwicklungsabhängige Störungen* (Sprachentwicklungsstörungen, Enuresis, Enkopresis, Hyperaktivität usw.) gehen mit zunehmendem Lebensalter zurück. Sie sind durchweg bei Jungen häufiger als bei Mädchen.
2. Überwiegend *emotionale Störungen* (Zwangssyndrome, Phobien, Angstzustände, suizidale Syndrome) sind ab der Adoleszenz bei

Tabelle 7.**2** Ergebnisse einiger Untersuchungen zur Prävalenz psychischer Störungen und Erkrankungen im Jugendalter

Autoren	Stichproben-größe	Alter	Auffälligkeits-rate
1. Shepherd u. Mitarb. England 1971, 1973	6304	5−15	18,7%
2. Graham u. Rutter England 1973 (s. auch Rutter u. Mitarb. 1976)	2303	14−15	7,7% (selegiert) 21,0% (unselegiert)
3. Leslie England 1974	1198	13−14	17,2%
4. Lavik Norwegen 1976, 1977	382 (Oslo) 101 (Provinz)	15−16	19,6% 7,9%
5. Esser u. Schmidt BRD 1985, 1987	191	13	18%
6. Remschmidt u. Walter BRD 1990	1969	6−17	12,7%

Mädchen häufiger als bei Jungen. Vor der Pubertät ist auch bei diesen Störungen eine Dominanz der Jungen festzustellen.

3. Früh manifest werdende *dissoziale Verhaltensweisen*, die ebenfalls überwiegend Jungen betreffen, setzen sich meist in die Adoleszenz und auch ins Erwachsenenalter fort.

4. *Schizophrene Erkrankungen und manisch depressive Psychosen* sind im Kindesalter selten und zeigen in der Adoleszenz einen deutlichen Häufigkeitsanstieg, der sich im Erwachsenenalter noch fortsetzt. Sie gehören zu den sogenannten „neu auftretenden Erkrankungen" (s. u.).

5. Die meisten *Einzelsymptome* haben eine geringe *prognostische Bedeutung*. Dies trifft jedoch nicht für aggressives und antisoziales Verhalten zu, das eine hohe Stabilität vom Kindesalter bis ins Erwachsenenalter aufweist.

Untersuchungen an klinischen Stichproben

Inanspruchnahmeraten und Versorgungsbedarf

Die überwiegende Zahl psychisch Kranker nimmt die bestehenden Versorgungseinrichtungen und Hilfsangebote nicht in Anspruch. Diese

Erkenntnis zählt zu den gesichertsten in der psychiatrischen Epidemiologie und gilt gleichermaßen für Kinder, Jugendliche und Erwachsene. Nach einer neueren deutschen Untersuchung (Fichter 1988) zeigen Jugendliche mit einem psychiatrischen Befund sogar eine geringere Behandlungsrate als Erwachsene.

Der Vergleich zwischen *Prävalenzraten* und *Inanspruchnahmeraten* zeigt regelmäßig, daß erstere erheblich höher liegen, was den eingangs dargestellten Sachverhalt unterstreicht. So haben Erhebungen in drei hessischen Landkreisen gezeigt, daß eine mittlere Inanspruchnahmerate von nur 3,3% aller 0- bis 17jährigen besteht, während die Rate der psychisch auffälligen Kinder und Jugendlichen 12,7% betrug (Remschmidt u. Walter 1990). Dieses Ergebnis steht im Einklang mit zahlreichen in- und ausländischen Untersuchungen.

Da also psychisch kranke Jugendliche ebenso wie Kinder zum großen Teil unbehandelt bleiben, stellt sich die Frage, *von welchen Faktoren es abhängt, ob vorhandene Versorgungseinrichtungen genutzt werden.* Sie lassen sich wie folgt zusammenfassen:

1. *Versorgungsnetz:* Verschiedene Erhebungen haben gezeigt, daß psychisch auffällige Jugendliche, die einen Hausarzt aufsuchen, häufig nicht an eine Fachinstitution überwiesen werden. Oft wird der Besuch einer solchen Institution seitens der Jugendlichen verweigert. Dabei spielen auch örtliche Gegebenheiten eine Rolle (längere Wegstrecken, ungünstige Verkehrsverbindungen), allerdings werden diese oft vorgeschoben. Schließlich ist den Jugendlichen, ihren Eltern, manchmal aber auch Ärzten oft nicht hinreichend bekannt, welche Spezialinstitutionen in erreichbarer Nähe sind.
2. *Familiäre Merkmale:* Die meisten Untersuchungen kommen zu dem Ergebnis, daß Jugendliche aus den oberen sozialen Schichten häufiger Einrichtungen aufsuchen als solche aus den unteren sozialen Schichten. Die Behandlungsbereitschaft nimmt im Durchschnitt mit dem Bildungsniveau der Eltern zu.
3. *Merkmale der Jugendlichen:* Expansive Störungen führen häufiger zur Behandlung als introversive Störungen. Ebenso führen Lern- und Leistungsstörungen häufig zu Behandlungen, insbesondere wenn die Eltern stark leistungsorientiert sind (Fichter 1988). Ferner scheinen psychiatrisch auffällige Jungen häufiger behandelt zu werden als psychiatrisch auffällige Mädchen. Dies mag zum Teil damit zusammenhängen, daß bei männlichen Jugendlichen häufiger leichter erkennbare extraversive Störungen vorliegen. Darüber hinaus weisen nichtberufstätige Jugendliche höhere Behandlungsraten auf als berufstätige und nichtehelich geborene Jugendliche eine dreimal so hohe Behandlungsrate wie ehelich geborene (Fichter 1988).

4. *Problemwahrnehmung des Jugendlichen und seiner Eltern:* Problemwahrnehmung und Einstellung sind jeweils abhängig vom Jugendlichen und seiner Umgebung. Viele Jugendliche betrachten ihre Auffälligkeit nicht als behandlungsbedürftig, andere neigen zur Überbewertung. Beide Verhaltensweisen können seitens der Umgebung verstärkt oder abgemildert werden.

5. *Einstellung gegenüber Maßnahmen:* Der nächste Schritt nach der Problemwahrnehmung ist die Akzeptanz professioneller Hilfen, was mit der Übernahme einer Krankenrolle oder eines Klientenstatus verbunden ist. Hier existieren zusätzliche Barrieren: bei den Adoleszenten, weil sie ohnehin eine Abneigung gegen Institutionen haben und sich leicht in ihrer Freiheit beeinträchtigt fühlen; bei den Eltern, weil mit psychischen Auffälligkeiten oder Störungen immer noch ein erheblicher Makel verbunden ist. Beides wird durch die Unkenntnis der Institutionen bzw. Behandlungseinrichtungen verstärkt. Untersuchungen an Jugendlichen, die bereits eine Behandlungsinstitution kennengelernt haben, zeigen, daß diese Erfahrung sehr deutlich zu einer Reduktion der Vorurteile führt (Knölker u. Lücke 1991). Eine Reihe von Jugendlichen findet eigene Möglichkeiten, mit ihrer Störung oder Erkrankung fertig zu werden, sofern diese nicht extrem schwer ausgeprägt ist oder eine organische Ursache hat. Es ist ein Ziel jeder Therapie, die Bewältigungsmechanismen des Jugendlichen mit ihm gemeinsam aufzufinden und nutzbar zu machen.

Merkmale von Patienten in klinischen Populationen

Im ambulanten Krankengut von Diagnose- und Behandlungseinrichtungen sind Adoleszenten gemessen an ihrem Bevölkerungsanteil unterrepräsentiert. Allerdings ist in den letzten Jahren sowohl in Polikliniken als auch in Erziehungsberatungsstellen ein verstärkter Trend zu höheren Altersgruppen erkennbar.

Was die *Geschlechterrelation* betrifft, so überwiegen bis zur Pubertät eindeutig die Jungen, während nach der Pubertät eine Verschiebung des Geschlechterverhältnisses zugunsten der Mädchen stattfindet. Letzteres betrifft überwiegend die introversiven Störungen, während die dissozialen und die extraversiven Störungen auch nach der Pubertät bei den männlichen Jugendlichen überrepräsentiert sind.

Abb. 7.**2** zeigt die Häufigkeit neurotischer und dissozialer Störungen bei Jungen und Mädchen in einer nahezu vollständigen Inanspruchnahmepopulation dreier Landkreise.

Beide Arten von Erkrankungen zeigen im übrigen eine klare Beziehung zur *sozialen Schicht.* Emotionale und neurotische Störungen do-

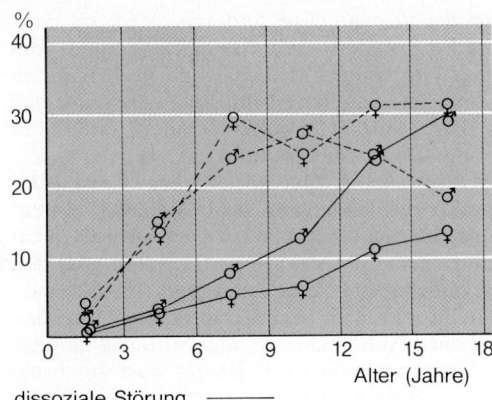

dissoziale Störung ———

neurotische Störung ------

Abb. 7.**2** Häufigkeit neurotischer und dissozialer Störungen bei Jungen und Mädchen in einer nahezu vollständigen Inanspruchnahmepopulation dreier Landkreise (aus Remschmidt, H.: Epidemiology and classification of psychiatric disorders in childhood and adolescence. In Brambring, M., F. Lösel, H. Skowronek: Children at Risk. Assessment, Longitudinal Research, and Intervention. de Gruyter, Berlin 1989)

minieren in den oberen sozialen Schichten, dissoziale Verhaltensweisen in den unteren.

7.4 Ätiologie psychischer Erkrankungen in der Adoleszenz

7.4.1 Einteilung der Ursachen und Bedingungsfaktoren psychischer Erkrankungen

Psychische Störungen und Erkrankungen im Kindes- und Jugendalter können durch vielfältige Faktoren verursacht, ausgelöst oder aufrechterhalten werden. Bei vielen Störungsmustern (z. B. manchen organisch bedingten Erkrankungen) ist der ursächliche Zusammenhang eindeutig zu klären, bei einer größeren Zahl jedoch vorerst noch nicht. In diesen Fällen müssen oft mehrere Ursachen angenommen werden.

Eine Einteilung der für die Pathogenese bedeutsamen Faktoren ist nach unterschiedlichen Gesichtspunkten möglich, z. B. dem *Zeitpunkt* und der *Art* der Schädigung, der Art und Intensität ihrer *Auswirkung* und nach den *beeinträchtigten Funktionen oder Interaktionen.* Auch die *Wechselwirkung* bzw. gegenseitige Beeinflussung verschiedener Faktoren sowie der jedem Einteilungsprinzip zugrundeliegende Normbegriff sind zu berücksichtigen. Tab. 7.**3** gibt eine Übersicht über verschiedene Klassifikationsmöglichkeiten pathogenetisch wirksamer Faktoren einschließlich einiger aus ihnen resultierender Konsequenzen. Auf die darin enthaltenen Gesichtspunkte soll kurz eingegangen werden.

Zeitpunkt der Schädigung

Der Zeitpunkt einer Schädigung kann für Diagnostik und Therapie von entscheidender Bedeutung sein. Gewöhnlich werden Schädigungsmöglichkeiten vom Zeitpunkt der Geburt ausgehend in *pränatale, perinatale* und *postnatale* Schädigungen unterteilt.

– In der *pränatalen* Phase manifestieren sich vor allem genetische, konstitutionelle und toxische Einflüsse. Im Zusammenhang mit pränatalen Schädigungsmöglichkeiten wird immer wieder die Frage diskutiert, ob auch seelische Belastungen der Mutter während der Schwangerschaft Auswirkungen auf das Kind haben können.
– Unter den *perinatalen* Einflüssen spielen neben erblichen und konstitutionellen Faktoren vor allem Ereignisse während der Geburt (Sauerstoffmangel, Verletzungen sowie Entzündungen) eine entscheidende Rolle. Allerdings genügt es nicht, diese anamnestisch zu erheben. Das Vorhandensein einer Asphyxie sagt keineswegs immer etwas über eine erfolgte Schädigung aus. Mehrere Untersuchungen haben gezeigt, daß die anamnestisch erfaßten prä- und perinatalen Schädigungen nicht viel zur Ursachenaufklärung psychischer Auffälligkeiten beitragen und daß sie vor allem für die Diagnose einer MCD nicht genügen (Grüneberg u. Remschmidt 1984; Esser u. Schmidt 1987).
– Die *postnatale* Etappe wird aufgegliedert in Säuglingsalter, Spiel- und Kindergartenalter, Vorschulalter, Schulalter sowie Pubertät und Adoleszenz (s. auch Tab. 1.**1**). Sie umfaßt einen langen Zeitraum, in dem sehr unterschiedliche Faktoren wirksam werden können, von organischen bis zu soziokulturellen Einflüssen.

Art der Schädigung

Hinsichtlich der Art der Schädigung kann man genetische, somatische, psychische, psychosoziale und soziokulturelle Einflußfaktoren unterscheiden. In den seltensten Fällen liegt nur *eine* Schädigung vor, vielfach sind es mehrere. Aber auch bei einer einheitlichen Schädigung (z. B. einer körperlich oder psychisch bedingten) kann es im *Verlauf* einer Erkrankung zu vielfältigen *sekundären Überlagerungen* kommen.

Tabelle 7.**3** Verschiedene Klassifikationsmöglichkeiten pathogenetisch wirksamer Faktoren und aus ihnen resultierender Konsequenzen (aus Remschmidt, H.: Pathogene Einflüsse und ihre Auswirkungen. In Remschmidt, H., M. H. Schmidt: Kinder- und Jugendpsychiatrie in Klinik und Praxis, Bd. I. Thieme, Stuttgart 1988)

1. Zeitpunkt der Schädigung	pränatal	Fetopathien, Embryopathien, Chromosomenstörungen, auch psychische Einflüsse usw.
	perinatal	Sauerstoffmangel, Verletzungen usw.
	postnatal	Entzündungen, Verletzungen, psychische, psychosoziale, pädagogische und soziokulturelle Faktoren
2. Art der Noxe	genetisch	Stoffwechselstörungen
	somatisch	z. B. Entzündungen, Hypoxämien, Verletzungen, Tumoren, Mißbildungen
	psychisch	psychische Traumen, Konflikte
	psychosozial	sozioökonomische Benachteiligung, Diskriminierung, familiäre (pädagogische) Einflüsse
	soziokulturell	Subkultur, Normen, kulturspezifische Sitten und Gebräuche, epochale Einflüsse
3. Art der Auswirkung	Läsion	organisches Substrat nachweisbar
	Reifungsverzögerung	organisches Substrat nicht immer nachweisbar
	Funktionsstörung	organisches Substrat meist nicht nachweisbar, aber funktionelle Ausfälle (z. B. pathol. EEG-Befund)
	Interaktionsstörung	keine organischen Einflüsse nachweisbar
4. Intensität der Auswirkung	Normvariante	noch in den Normbereich zu rechnen[*]
	Grenzfall	bereits pathologische Anzeichen[*]
	pathol. Fall	eindeutig pathologische Zeichen[*]

[*] Alle diese Bezeichnungen und vor allem die Grenzziehung sind wiederum abhängig vom zugrundeliegenden Normbegriff; dieser wiederum von theoretischen Vorstellungen und soziokulturellen Faktoren.

Tabelle 7.**3** (Fortsetzung)

5. Beeinträchtigte Funktionen oder Interaktionen	Hirnfunktion	hirnorganisches Psychosyndrom, neuropsychologische Syndrome
	Entwicklung	Entwicklungs- und Reifungsverzögerung
	Intelligenz	Oligophrenien und Demenzprozesse
	Sprache	Sprach- und Sprachentwicklungsstörungen
	Affektivität	Störungen der Affektivität (z. B. Depression, Antriebsarmut)
	Psychomotorik	universelle und umschriebene Störungen der Psychomotorik
	Sexualität	sexuelle Verhaltensabweichungen
	Sozialverhalten	soziale Anpassungsstörungen, Delinquenz
6. Wechselwirkungs- und Normproblem	dynamische Betrachtung	keine Noxe trifft auf ein statisches Gebilde, sondern auf zahlreiche dynamische Prozesse und ein Individuum, das sich mit vielen von ihnen *erlebend* auseinandersetzt. Betrachtungsweise von Störungen ist normabhängig*

* Alle diese Bezeichnungen und vor allem die Grenzziehung sind wiederum abhängig vom zugrundeliegenden Normbegriff; dieser wiederum von theoretischen Vorstellungen und soziokulturellen Faktoren.

Ein Beispiel sind sekundäre psychische Störungen, z. B. dissoziale Entwicklungen nach Hirnfunktionsstörungen oder Teilleistungsschwächen.

In der Adoleszenz werden einerseits *genetische Belastungen*, die sich im Kindesalter noch nicht gezeigt haben, manifest. Ein Beispiel ist die Frühmanifestation endogen-phasischer Psychosen bei Belastung der Eltern mit gleichartigen Erkrankungen. In diesem Falle manifestieren sich die endogen-phasischen Psychosen im Durchschnitt zwei Jahre früher als bei Jugendlichen ohne eine derartige familiäre Belastung.

Andererseits spielen in der Adoleszenz spezifische *psychische Traumen und Konflikte* eine herausragende Rolle. Sie stehen häufig im Zusammenhang mit der Ablösung von der Familie, mit Partnerschaftskonflikten, beruflichen Eingliederungsproblemen und Problemen bei der Identitätsfindung.

Soziokulturelle Einflüsse manifestieren sich in Normvorstellungen und kulturspezifischen Eigenarten sowie in epochalen Einflüssen, die für eine Zeit jeweils typisch und prägend sind. Von besonderer Bedeutung für die Adoleszenz wurden in den letzten Jahren Konflikte in Gastarbeiterfamilien, bei denen es häufig zum Aufeinanderprallen bzw. zur Unvereinbarkeit von Normen aufgrund unterschiedlicher kultureller Hintergründe kommt.

Art der Auswirkung

Bei manchen psychiatrischen Erkrankungen in der Adoleszenz lassen sich organische Ursachen in Form einer *Läsion* (strukturelle Schädigung des Gehirns) oder einer *Funktionsstörung* nachweisen. Auch *Reifungsverzögerungen* im psychischen sowie im physischen Bereich sind als Ursache oder Teilursache für psychiatrische Erkrankungen in der Adoleszenz nicht selten. Hinzuweisen wäre z. B. auf umschriebene Entwicklungsstörungen. In vielen Fällen gelingt es aber nicht, Störungen der Hirnfunktionen für psychiatrische Erkrankungen oder Auffälligkeiten verantwortlich zu machen. Häufig sind Konflikte, ungünstige soziale Bedingungen oder eine besondere Verletzlichkeit für die Störungen verantwortlich. Derartige Störungen, von denen die neurotischen am häufigsten sind, manifestieren sich vielfach in Form von *Interaktionsstörungen*, besonders im Sozialbereich. Diese Adoleszenten sind oft nicht in der Lage, mit Gleichaltrigen angemessenen Kontakt aufzunehmen, können sich nicht in eine Gruppe eingliedern, ziehen sich zurück oder reagieren überschießend aggressiv oder dissozial.

Intensität der Auswirkung und Normproblem

Gerade in der Adoleszenz ist vielfach schwer zu unterscheiden, ob ein Verhalten als *Krankheit oder* noch als *Variante der normalen Entwicklung* zu sehen ist. Dies gilt insbesondere für die sogenannten *Adoleszentenkrisen*, bei denen man häufig nicht unterscheiden kann, ob das Störungsmuster Ausdruck einer schwerwiegenderen Erkrankung oder einer vorübergehenden Krise ist, die sich vollständig wieder beheben läßt.

Diese Fragestellung berührt die Problematik der *Normenbildung*, die die Definition psychiatrischer Störungen und Erkrankungen erheblich beeinflußt (Remschmidt 1988e). Diese sind weder nach der statistischen noch nach der idealen Norm klar und eindeutig abgrenzbar. Auch der Zustand des Leidens kann nicht der geeignete Maßstab sein, denn es gibt psychisch Kranke, die an ihrer Störung nicht leiden (z. B. Patienten mit manischen Erkrankungen), andererseits Menschen, die erheblich leiden, aber ihren Aufgaben gewachsen sind.

Die normative Beurteilung von Krankheitsbildern und psychischen Auffälligkeiten sollte daher verschiedene *Dimensionen des Krankseins* bzw. der die Krankheit verursachenden oder aufrechterhaltenden Bedingungen einbeziehen. D. h., der jeweils angelegte Normbegriff muß sich zwangsläufig in diesen Bereichen widerspiegeln. Dies ist z. B. im Multiaxialen Klassifikationsschema (MAS), aber auch im DSM-III-R der Fall, in denen die einzelnen Achsen verschiedene Dimensionen verkörpern.

Alle diese Achsen oder Dimensionen setzen im Krankheitsfalle voraus, daß ein Jugendlicher so stark auffällig ist, daß er in seinen normalen und altersentsprechenden Lebensvollzügen in objektiv feststellbarer Weise eingeschränkt oder behindert ist. Diese allgemeine Umschreibung läßt sich auch auf den Einzelfall recht gut anwenden. Hier besteht eine Analogie zu den sogenannten *unbestimmten Rechtsbegriffen*, die auch jeweils im Hinblick auf den einzelnen Fall zu interpretieren sind. Das Kindeswohl beispielsweise kann nicht abstrakt und positiv definiert werden, wohl aber läßt sich im Einzelfall recht genau sagen, welche Maßnahmen ihm entsprechen und welche nicht (Remschmidt 1978). Dennoch wird in der Praxis häufig die *statistische Norm* zur Abgrenzung von Störungen zugrunde gelegt, denn sie erlaubt, positive und negative Normabweichungen festzulegen. Die *Idealnorm* hingegen kennt nur negative Normabweichungen, weil eine „Überbefolgung" der Normen nicht als Variante oder Normabweichung aufgefaßt werden kann. Vielmehr wird das absolute Befolgen einer solchen Norm mit dem Idealzustand gleichgesetzt.

Die Psychopathologie und Psychiatrie beschäftigt sich vorwiegend mit „negativen" Normabweichungen. Aber auch „positive", d. h. im oberen Bereich der statistischen Norm liegende Verhaltensabweichungen können pathologisch sein, z. B. psychopathologische Auffälligkeiten bei sehr hoher Intelligenz (Schmidt 1977). Abweichungen bzw. Verschiebungen auf der Gaußschen Normalverteilungskurve können also in *beiden* Richtungen psychische Störungen oder psychiatrische Krankheitsbilder bedeuten.

Die Normfrage stellt sich nicht bei schwerwiegenden psychiatrischen Störungen und Erkrankungen (z. B. Anorexien, Schizophrenien, Manien, schweren neurotischen Störungen). Sie wird aber bei einer Reihe von Verhaltensauffälligkeiten bedeutsam, die Überspitzungen normalen Verhaltens darstellen.

Beeinträchtigte Funktionen und Interaktionen

Eine weitere in der klinischen Praxis brauchbare Form der Einteilung geht von den *Funktionen* aus, die bei psychiatrischen Erkrankungen

gestört sein können. Danach unterscheidet man Störungen der Hirn-
funktion, der allgemeinen psychischen Entwicklung, der Intelligenz,
des Sprechens und der Sprache, der Aktivität, der Motorik, der Sexualität, des Sozialverhaltens usw.

Diese Betrachtungsweise, die meist auch der Klassifikation psychischer Störungen zugrunde liegt, ist im Hinblick auf die *Ursache* der Erkrankung relativ neutral. Sie geht von der Beschreibung der Störungen
in bestimmten Funktionsbereichen aus, ohne voreilig Schlüsse auf die
Ursachen zu ziehen. Natürlich muß es das Bestreben der Forschung
und Praxis bleiben, die Ursachen der Erkrankungen aufzudecken. Da
diese jedoch in vielen Fällen noch nicht bekannt sind, ist eine Kennzeichnung der Erkrankung nach ihrer Symptomatik legitim. Dies geschieht in den meisten Klassifikationsschemata, nicht weil man sich
von den Ursachen entfernen möchte, sondern weil sich vereinfachte
ätiologische Vorstellungen, die früher häufig angenommen wurden, in
empirischen Untersuchungen nicht bestätigen ließen.

Wechselwirkung

Alle bislang angeführten Faktoren wirken bei der Genese psychischer
Erkrankungen eng zusammen. Deshalb wird der Realität nur eine *dynamische* Betrachtung gerecht, die davon ausgeht, daß die angeführten
Faktoren nicht auf ein statisches Gebilde, sondern auf zahlreiche dynamische Prozesse und ein Individuum in einem Sozialraum stoßen, das
sich, je nach seinen Voraussetzungen, mit den meisten Schädigungen
auch „erlebend" auseinandersetzt.

Abb. 7.3 soll das Wechselspiel zwischen schädigenden und protektiven Einflüssen verdeutlichen. In den einzelnen Altersstufen dominieren zeitweise bestimmte schädigende Ereignisse oder Einflüsse, obwohl im Prinzip jede Noxe auch auf jeder Altersstufe ihre Wirkung
entfalten kann.

Dadurch kommen Prozesse der Eigendynamik und *Selbstregulation*
in Gang, die konstituierende Bestandteile der Entwicklung sind und
zur Manifestation wie zur Behebung von Störungen und Erkrankungen
einen wesentlichen Beitrag leisten können. Sie zeigen sich in der aktiven Auswahl von Einflüssen, im Beziehungsgefüge zu anderen Menschen, im Bereich der Motivation. Sie äußern sich gerade in der Adoleszenz vielfach in Persönlichkeitsentwicklungen, die kraft Eigenmoti-
vation in eine individuelle Verwirklichung einmünden, die sich weder
durch genetische noch durch Umwelteinflüsse begreifen läßt, sondern
als „Überrundung" dieser Einflüsse durch die freie Entscheidung einer
Person.

schädigende Einflüsse   Altersstufen

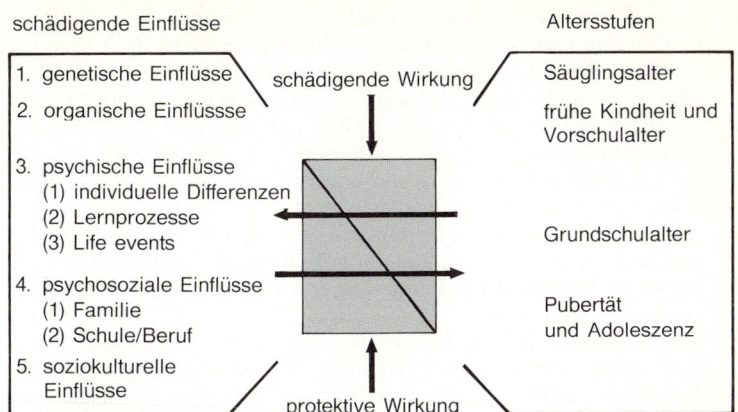

1. genetische Einflüsse
2. organische Einflüssse

3. psychische Einflüsse
   (1) individuelle Differenzen
   (2) Lernprozesse
   (3) Life events

4. psychosoziale Einflüsse
   (1) Familie
   (2) Schule/Beruf
5. soziokulturelle
   Einflüsse

schädigende Wirkung

protektive Wirkung

Säuglingsalter

frühe Kindheit und
Vorschulalter

Grundschulalter

Pubertät
und Adoleszenz

protektive Faktoren

Abb. 7.**3** Wechselspiel zwischen schädigenden und protektiven Einflüssen (aus Remschmidt, H.: Postnatale Einflüsse. In Remschmidt, H., M. H. Schmidt: Kinder- und Jugendpsychiatrie in Klinik und Praxis, Bd. I. Thieme, Stuttgart 1988)

7.4.2 Besondere Risikogruppen

Von einer psychischen Störung bzw. Behinderung bedroht sind vor allem folgende Gruppen:

1. **Kinder und Jugendliche mit zerebralen Funktionsstörungen:** Sie unterliegen einem erhöhten Risiko, zusätzlich psychische Störungen zu entwickeln. *Das Risiko steigt mit der Intensität der Hirnfunktionsstörung*, ohne daß eine strikte Relation zwischen zerebraler Funktionsstörung und psychopathologischen Ausfällen besteht. Mit Hirnfunktionsstörungen sind insbesondere dissoziale Verhaltensweisen mit oder ohne aggressive Note, hyperkinetisches Verhalten sowie Lern- und Leistungsstörungen verknüpft. Viele dieser Störungen zeigen sich erst in der Adoleszenz so deutlich, daß eine Intervention erforderlich ist.
2. **Kinder und Jugendliche mit Behinderungen verschiedenster Art:** Alle Formen von Behinderungen erhöhen das Risiko für die Entstehung psychischer Störungen. Die Behinderungen müssen dabei nicht das Zentralnervensystem betreffen. So liegt die Rate an psychischen Störungen bei einer Durchschnittspopulation von Schulkindern bei 7%, während körperbehinderte Kinder ohne Beeinträchtigung des ZNS bereits eine Auffälligkeitsrate von 12% auf-

weisen. Kommen Hirnfunktionsstörungen hinzu, so steigt die Rate in Relation zum Schweregrad der Schädigung deutlich an (Rutter u. Mitarb. 1970). Chronisch kranke und behinderte Jugendliche sind hinsichtlich der Entwicklung zusätzlicher psychischer Störungen besonders gefährdet: Sie müssen sich mit ihrer langfristig anhaltenden Erkrankung auseinandersetzen und unterliegen zahlreichen krankheitsbedingten Einschränkungen, die sie von der Teilnahme an altersentsprechenden Aktivitäten gesunder Jugendlicher ausschließen. Sie müssen immer wieder Krankenhausaufenthalte und diätetische Einschränkungen in Kauf nehmen und sind den oft wenig einfühlsamen Reaktionen ihrer Umgebung mehr oder weniger hilflos ausgesetzt.

3. **Kinder kranker Eltern:** Jede ernstere chronische Erkrankung eines Elternteils kann zu einer erheblichen Beeinträchtigung des Familienmilieus führen und das Auftreten psychischer Störungen bei den Kindern begünstigen. Bei *psychiatrischen* Erkrankungen ist dieses Risiko besonders hoch. Rutter (1966) stellte fest, daß eines von fünf Kindern, die mit psychiatrischen Erkrankungen im Maudsley-Hospital in London vorgestellt wurden, einen psychisch kranken Elternteil hatte. Diese Rate erwies sich als dreimal höher als bei einer vergleichbaren Gruppe von Kindern, die in einer Kinderklinik oder einer Zahnklinik vorgestellt wurden. Besondere Risikogruppen sind die Kinder schizophrener Eltern, die Kinder von Eltern mit endogen-phasischen Psychosen, die Kinder von Eltern, die an Alkoholismus oder schweren Persönlichkeitsstörungen leiden, sowie die Kinder delinquenter Eltern. Das Risiko von Kindern aus Familien, in denen ein Elternteil an einer schizophrenen oder endogen-phasischen Psychose leidet, gleichsinnig zu erkranken, liegt zwischen 10 und 15%. Dabei ist typisch, daß sich diese Erkrankungen nicht im Kindesalter, sondern in der Adoleszenz manifestieren. Dies gilt sowohl für schizophrene als auch für endogen-phasische bzw. schwerwiegende depressive Erkrankungen. Bei Kindern depressiver Eltern z. B. manifestiert sich eine depressive Erkrankung einige Jahre früher als bei Jugendlichen, die keinen einschlägig erkrankten Elternteil haben. Es ist bislang nicht sicher, ob Maßnahmen der primären Prävention in der Lage sind, bei Kindern schizophrener oder depressiver Eltern eine entsprechende Erkrankung zu verhindern. Es ist zu vermuten, daß günstige Entwicklungsbedingungen das Auftreten psychiatrischer Erkrankungen verhindern oder zumindest verzögern können.

4. **Kinder und Jugendliche aus sozialen Randgruppen:** Die Zugehörigkeit zu einer Gruppe mit niedrigem Sozialstatus bei ungünstigen ökonomischen Bedingungen stellt ebenfalls ein Risiko für die Manifestation psychischer Störungen und Erkrankungen dar. Es sind

nicht die sozioökonomischen Bedingungen an sich, die für die Entwicklung der Störung verantwortlich sind, sondern die häufig damit
assoziierten Bedingungen der Diskriminierung, der sozialen Desorganisation der Familie und vielfach auch der Entwurzelung.

5. **Kinder aus desorganisierten Familien:** Familiäre Desorganisation
ist nicht unbedingt an einen niedrigen sozioökonomischen Status
und soziale Diskriminierung gebunden. Auch in den sogenannten
gehobenen Schichten sind familiäre Konflikte sowie schwere Störungen des Familienlebens keine Seltenheit. Im Zusammenhang
mit der familiären Desorganisation taucht immer wieder der Begriff
der *Broken-home-Faktoren* auf. Zu ihnen werden u. a. gezählt:
nichteheliche Geburt, getrennt lebende Eltern, Verlust eines oder
beider Elternteile durch Tod oder Krankheit vor Vollendung des
15. Lebensjahres, mehrjähriges Getrenntleben von den Eltern, Belastungen der Kindheit durch ernsthafte Konflikte oder ausgesprochene Belastungssituationen einschließlich psychiatrischer Erkrankungen, Alkoholismus oder dissozialer Verhaltensweisen der Eltern. Es steht außer Frage, daß derartige Bedingungen die psychische Entwicklung zutiefst beeinflussen und das Risiko für die Manifestation psychiatrischer Störungen erheblich erhöhen. Allerdings
sind diesbezüglich keine spezifischen Zusammenhänge auf der
Ebene eines der Krankheitsbilder gesichert worden. Der Prozent-
satz desorganisierter Familien ist in großstädtischen Lebensräumen
größer als auf dem Lande. Darin wird die Ursache dafür gesehen,
daß die Rate psychisch gestörter Kinder und Jugendlicher in Großstädten oft doppelt so hoch liegt wie in einer ländlichen Umgebung.
Obwohl der Mechanismus der Auswirkungen noch nicht klar erkannt ist, läßt sich festhalten, daß disharmonische und gestörte personale Beziehungen innerhalb der Familie (insbesondere zwischen
den Eltern) in hohem Maße mit psychischen Störungen und Delinquenz der Kinder assoziiert sind. Dies gilt auch bei transkultureller
Betrachtung, so daß die Vermutung einer kausalen Beziehung na-
heliegt (WHO 1977).

6. **Kinder und Jugendliche in Institutionen:** Spätestens seit den Untersuchungen von R. Spitz ist bekannt, daß Kinder in Institutionen ungünstigen Entwicklungsbedingungen unterliegen können. Die Ge-
fährdungsfaktoren liegen nicht nur in der institutionellen Umgebung, sondern auch in der Tatsache, daß häufig Kinder mit Vor-
schädigungen oder sehr ungünstigen familiären Bedingungen in
Heimen oder anderen Institutionen untergebracht werden. Andererseits läßt sich die kognitive und die Sprachentwicklung von Kindern in Institutionen erheblich verbessern, wenn man ihnen entsprechend breite und reiche Anregungen bietet (Tizard u. Reese
1975).

7.4.3 Familiäre und individuelle Faktoren im Zusammenhang mit psychischen Störungen in der Adoleszenz

Zunächst ist zu fragen, *wodurch sich Adoleszenten mit psychiatrischen Auffälligkeiten von anderen unterscheiden.* In der Isle-of-Wight-Studie (Rutter u. Mitarb. 1976) unterscheiden sich psychiatrisch auffällige Adoleszenten von anderen im wesentlichen im kognitiven Bereich, der Familienpathologie und der Eltern-Kind-Beziehung:

- Psychiatrisch auffällige Adoleszenten zeigen im *kognitiven* Bereich häufiger einen niedrigeren Intelligenzquotienten sowie Rechen- und Lesestörungen.
- Ihre *familiäre Situation* ist häufiger als bei anderen Adoleszenten gekennzeichnet durch getrennt lebende Eltern, außerfamiliäre Pflege zu gewissen Zeiten der eigenen Entwicklung, Ehekrisen und Reizbarkeit der Eltern sowie psychiatrische Erkrankungen in der Familie, insbesondere der Mutter.
- Ferner ist eine gewisse *Eltern-Kind-Entfremdung* zu konstatieren, die sich in Streit, mangelnder Kommunikation, Rückzug des Jugendlichen aus der Familie sowie Mißbilligung seiner Freunde durch die Eltern äußert.

Diese globale Feststellung läßt sich spezifizieren nach den drei von uns unterschiedenen Verlaufstypen (s. u.). Da Verlaufstyp B (nichtpersistierende Erkrankungen) für die Adoleszenz weniger bedeutsam ist, beschränken wir uns auf einen *Vergleich zwischen* den in der Adoleszenz *neu auftretenden (Typ C) und* den aus der Kindheit *persistierenden Erkrankungen (Typ A)* hinsichtlich bestimmter familiärer und individueller Variablen (Tab. 7.4).

Die Jugendlichen mit persistierenden Störungen (Typ A) unterscheiden sich deutlich von denjenigen mit neu auftretenden. Für sie ist charakteristisch, daß sie seltener mit den leiblichen Eltern zusammenleben, sich zeitweise in außerfamiliärer Pflege befanden und sowohl im Alter von 10 als auch im Alter von 14 Jahren z. T. erhebliche Leseschwierigkeiten (Lese-Rechtschreib-Schwierigkeiten) aufweisen. Zu beachten ist, daß sich die Gruppen hinsichtlich ihres Intelligenzquotienten nicht unterscheiden.

Vergleicht man die Jugendlichen mit persistierenden psychiatrischen Störungen mit solchen ohne psychische Auffälligkeiten, so werden diese Unterschiede noch deutlicher. Neben den in Tab. 7.4 dargestellten signifikanten Unterschieden treten weitere hinzu, die sich auf die Ehekrise der Eltern und auf psychiatrische Erkrankungen der Mutter beziehen. Die Adoleszenten mit persistierenden psychiatrischen Erkrankungen weisen gegenüber einer Kontrollgruppe unauffälliger Adoleszenten auch einen *niedrigeren Intelligenzquotienten und eine geringere*

Tabelle 7.**4** Vergleich neu auftretender und persistierender psychiatrischer Erkrankungen in der Adoleszenz (Verlaufstyp A bzw. C) hinsichtlich individueller und familiärer Variablen (nach Rutter u. Mitarb. 1976; aus Remschmidt, H.: Adoleszentenkrisen und ihre Behandlung. In Specht, F., K. Gerlicher, K. Schütt: Beratungsarbeit mit Jugendlichen. Fragestellungen − Erfahrungen − Anregungen. Vandenhoeck & Ruprecht, Göttingen 1979)

Familiäre und individuelle Faktoren	Typ C neu auftretende Störungen n = 94	Typ A persistierende Störungen n = 62
Kind lebt nicht mit den natürlichen Eltern zusammen	18,2%	37,3% XX
Anhaltende Ehekrise der Eltern	20,8%	30,2%
Kind befand sich in Pflege	8,3%	32,8% XXX
Psychiatrische Erkrankung der Mutter	17,6%	30,2%
Deutliche Leseschwierigkeiten im Alter von 10 Jahren	3,3%	14,3% X
Deutliche Leseschwierigkeiten im Alter von 14 Jahren	2,2%	21,4% XXX
Mittlerer Intelligenzquotient	105 ± 17,1	102 ± 15,1

Rechenleistung auf. Die niedrigeren Lese- und Rechenleistungen bei psychiatrisch auffälligen Adoleszenten sind für das Auftreten neurotischer und dissozialer Störungen bedeutsam. In verschiedenen Untersuchungen ist nachgewiesen worden, daß derartige Ausfälle, sofern sie nicht rechtzeitig einer Behandlung zugeführt werden, zu erheblichen Selbstwertkrisen, neurotischen Fehlentwicklungen und dissozialen Störungen führen können (Weinschenk 1965).

7.5 Verlauf und Prognose

7.5.1 Einflüsse auf den Verlauf

Zahlreiche Faktoren können den Verlauf psychischer Erkrankungen im Kindes- und Jugendalter beeinflussen. Die wichtigsten sind in Tab. 7.**5** wiedergegeben. Diese Faktoren können in verschiedener Weise zusammenwirken: Sie können sich addieren, multiplizieren, gegenseitig ausschließen oder ergänzen. Wenn man Vielzahl und Verschiedenheit dieser Faktoren betrachtet und sich im klaren ist, wie un-

Tabelle 7.**5** Faktoren, die den Verlauf kinderpsychiatrischer Erkrankungen beeinflussen können (aus Remschmidt, H.: Verlauf und Prognose kinder- und jugendpsychiatrischer Erkrankungen. In Remschmidt, H., M. H. Schmidt: Kinder- und Jugendpsychiatrie in Klinik und Praxis, Bd. I. Thieme, Stuttgart 1988)

1. Genetische Faktoren

2. Eigengesetzlichkeit der Erkrankung (sogenannter natürlicher Verlauf)

3. Entwicklungsfaktoren (Wachstum, Reifung, Differenzierung, Prägung, Lernen)

4. Alter und Geschlecht

5. Systematische Einwirkungen (Therapie und andere Hilfen)

6. „Zufällige" Einwirkungen (Lebensereignisse, Umweltfaktoren)

7. Risikofaktoren

8. Protektive Faktoren (im Kind, in der Umgebung)

terschiedlich sie zusammenwirken können, so könnte man zu dem Schluß kommen, daß sich der Aufwand für die Verlaufsforschung nicht lohnt, weil das Gefüge möglicher Einflüsse zu undurchschaubar ist. Sorgfältige und langfristig durchgeführte Verlaufsstudien widerlegen aber diese Auffassung. Neben den angeführten verlaufsbestimmenden Einflüssen spielt auch der Verlaufstyp der Erkrankung eine Rolle (s. u.).

Schädigende Ereignisse und protektive Faktoren stehen im Hinblick auf die Manifestation psychischer Störungen und Erkrankungen jeweils in Wechselwirkung. In den letzten Jahren hat sich das Augenmerk stärker auf die protektiven Faktoren verlagert, was auch für die Adoleszenz bedeutsam ist. Denn die in der Adoleszenz neu entwickelten Bewältigungsstrategien *können vielfach als protektive Faktoren aufgefaßt werden*.

Unter *protektiven Faktoren* verstehen wir Einflüsse, die die Manifestation einer Erkrankung verzögern, abmildern oder verhindern können. Sie sind nicht unbedingt gleichzusetzen mit positiven oder erfreulichen Erfahrungen (Rutter 1985):

1. So können z. B. belastende Erfahrungen die Widerstandskraft gegen weitere Belastungen stärken. In diesem Zusammenhang gehört die Beobachtung Bleulers (1972), wonach Kinder, die einen psychotischen Elternteil haben, an dieser Belastung „wachsen" können, wenn sie erfolgreich kompensatorische Aufgaben für die Familie übernehmen.

2. Protektive Faktoren wirken indirekt über Interaktionsprozesse des jeweiligen Individuums mit seiner Umgebung; ihr Vorhandensein wird erst sichtbar, wenn eine entsprechende Belastungssituation auftritt.
3. Schließlich gibt es protektive Faktoren, die weniger mit Erfahrung und Erlebnissen zu tun haben. Ein Beispiel ist die Zugehörigkeit zum weiblichen Geschlecht, ein Merkmal, das sich (zumindest bis zur Pubertät) als Schutzfaktor gegenüber den meisten psychischen Störungen und Erkrankungen erweist.

Aufgrund dieser Erkenntnisse muß man von der These Abstand nehmen, wonach der Mensch in den ersten Lebensjahren weitgehend geprägt wird. Die *frühen Erfahrungen* sind nicht unbedeutend, determinieren aber keineswegs die spätere Entwicklung oder das Risiko für psychiatrische Erkrankungen. Sie müssen vielmehr als einer unter vielen bedeutsamen Faktoren angesehen werden, unter denen kognitive Prozesse, Temperamentseigenschaften, Qualität von Beziehungen, Erfolgserlebnisse, günstiges oder ungünstiges Selbstkonzept, Erfahrungen auf verschiedenen Altersstufen usw. eine wichtige Rolle spielen. Freilich ist unser Wissen um die Wirkung protektiver Faktoren noch sehr lückenhaft.

Abb. 7.4 zeigt ein Modell zur *Wirkung und Wechselwirkung von Risikofaktoren und protektiven Faktoren*, das sich aus der Kauai-Studie ableitet (Werner 1985). In diesem Modell werden Risikofaktoren zum Zeitpunkt der Geburt von Belastungsfaktoren und protektiven Faktoren unterschieden. Das Vorhandensein mehrerer Risikofaktoren stellt ein Risiko für weitere belastende Ereignisse dar und macht ein Kind vulnerabel, was die Wahrscheinlichkeit für das Auftreten psychiatrischer Erkrankungen erhöht. Bei der Manifestation psychiatrischer Erkrankungen können eine Reihe von Belastungsfaktoren eine Rolle spielen (z. B. längere Trennung im ersten Lebensjahr, Erkrankung der Eltern, Ehescheidung). Diese stehen aber in Wechselwirkung mit protektiven Faktoren, die wiederum als „Eigenschaften" des Kindes oder Jugendlichen oder als schützende Umgebungsfaktoren angesehen werden können. Durch das Zusammenspiel von Risiko- und Belastungsfaktoren einerseits und protektiven Faktoren andererseits entsteht entweder eine Fehlanpassung bzw. psychiatrische Erkrankung oder eine Anpassung bzw. Bewältigung des Risikos, psychisch krank zu werden.

Im Sinne dieser Überlegungen sind vor allem jene *Adoleszenten* interessant, *die trotz hoher Belastung* und ungünstiger Umstände nicht psychiatrisch erkranken, sondern *eine positive Entwicklung nehmen*. In verschiedenen Studien hat sich hierzu folgendes gezeigt:

– Solche Jugendliche verfügen über günstige Temperamentseigenschaften (Ausgeglichenheit, geringe Irritierbarkeit, gute Kommunikationsfähigkeit und Selbstkontrolle, positives Selbstkonzept).

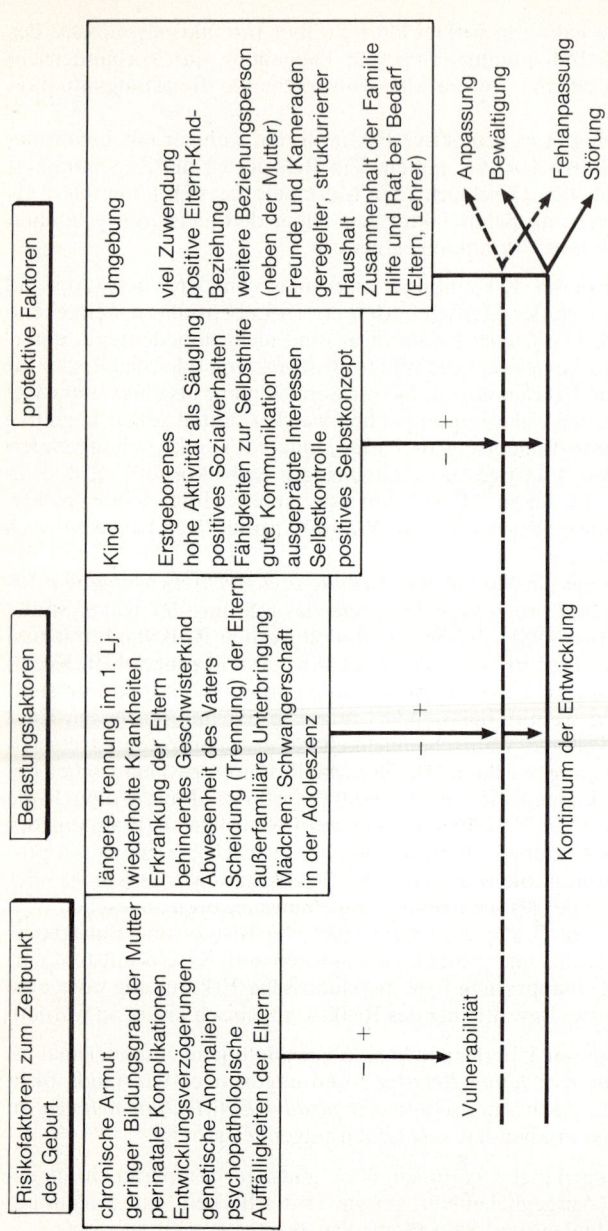

Abb. 7.4 Modell zur Wirkung und Wechselwirkung von Risiko-, Belastungs- und protektiven Faktoren (nach der Kauai-Studie, Werner 1985)

– Sie bringen es aufgrund dieser Eigenschaften fertig, ihre Umgebung eher aktiv zu gestalten (auf Freunde zuzugehen, sich Zuwendung zu holen, ihre Interessen zu verwirklichen).
– Bei ihnen wirkt sich das Erreichen äußerer Ziele sehr positiv aus (z. B. Schulabschluß, berufliche Integration).

7.5.2 Verlaufsformen psychiatrischer Störungen in der Adoleszenz

Der Verlauf psychiatrischer Störungen in der Adoleszenz hängt von verschiedenen Faktoren ab: der psychischen Auffälligkeit oder Unauffälligkeit in der Kindheit, der Art der psychischen Störung in der Kindheit und Adoleszenz, der Persönlichkeit, der Art der Behandlung, familiären, beruflichen und persönlichen Schicksal, vom Ausgang der Auseinandersetzung mit den Entwicklungsaufgaben usw. Im Rahmen einer Längsschnittbetrachtung psychiatrischer Störungen vom Kindesalter bis zur Adoleszenz lassen sich etwas vereinfacht drei Verlaufstypen herausstellen (Rutter u. Mitarb. 1970; Remschmidt 1975a u. b):

1. Ein *kontinuierlicher bzw. zweigipfliger Verlauf (Typ A)*, der sich auf psychische Störungen bezieht, die bereits in der frühen Kindheit auftraten und sich entweder kontinuierlich in der Adoleszenz fortsetzten oder aber nach einer mehr oder weniger ausgedehnten stummen Phase in der Adoleszenz wieder aktualisiert wurden.
   Dies gilt z. B. für die Schulphobie, die ein Häufigkeitsmaximum zum Zeitpunkt der Einschulung und ein zweites im 14. Lebensjahr aufweist. Die Störungen vom Typ A setzen sich auch ins Erwachsenenalter fort und lassen sich mit einem *Kontinuitätsmodell* psychiatrischer Erkrankungen über weite Lebensphasen vereinbaren. Zu diesem Typus gehören u. a. dissoziale Verhaltensweisen, Persönlichkeitsstörungen, bestimmte Neurosen sowie die bereits erwähnte Schulphobie. Störungen mit diesem Verlauf können wir auch als **persistierende** psychiatrische **Erkrankungen** bezeichnen.

2. Ein *zweiter Verlaufstyp (Typ B)* ist gekennzeichnet durch einen deutlichen *Häufigkeitsabfall* der Störungsmuster, die in der Kindheit als behandlungsbedürftig angesehen wurden, sich aber in der Adoleszenz zurückbilden.
   Hierzu gehören vor allem viele in der Kindheit geläufige Verhaltensauffälligkeiten (Enuresis, Enkopresis, Hyperaktivität, manche aggressiven Verhaltensweisen) sowie einige neurotische Reaktionen, insbesondere Angstzustände und Tierphobien. Diese Störungen finden häufig in der Adoleszenz ihren Abschluß und setzen sich nicht in das Erwachsenenalter fort. Wir können sie auch als **nicht-persistierende Störungen** bezeichnen.

3. Der *dritte Verlaufstyp (Typ C)* ist durch einen deutlichen *Häufig-keitsanstieg* in der Adoleszenz gekennzeichnet, nach weitgehender psychischer Unauffälligkeit im Kindesalter.
Hierzu zu rechnen sind Störungen, deren Erstmanifestation in der Adoleszenz liegt, entweder weil in dieser Phase erstmalig die typischen psychischen Ausdrucksmittel zur Verfügung stehen oder aber weil zu diesem Zeitpunkt (u. U. begünstigt durch exogene Einflüsse) genetische Dispositionen sich manifestieren. Dies ist der Fall bei depressiven Syndromen verschiedener Genese, Zwangssyndromen, der Anorexia nervosa sowie bei schizophrenen und manisch-depressiven Psychosen. Die unter dem Verlauf des Typs C zusammengefaßten Störungen bezeichnen wir auch als **neu auftretende Erkrankungen**.

Die *Reifungs- oder Adoleszentenkrisen* (s. Kap. 8) lassen sich entweder dem Verlaufstyp A oder dem Verlaufstyp C zuordnen. Vieles spricht dafür, daß sich die Adoleszenkrisen je nach ihrer Zuordnung zum persistierenden Verlauf (Typ A) bzw. zu den neu auftretenden Erkrankungen (Typ C) unterscheiden. Die Verlaufstypen A und C unterscheiden sich, wie bereits erwähnt, hinsichtlich einer Reihe familiärer und individueller Variablen. Da Adoleszentenkrisen sich aber entweder im Rahmen einer aus der Kindheit persistierenden psychiatrischen Erkrankung oder einer in der Adoleszenz neu auftretenden Erkrankung entwickeln können, dürften sich diese Differenzen auch auf die Adoleszentenkrisen übertragen lassen.

7.5.3 Einige Ergebnisse aus Verlaufsstudien

Psychoreaktive Störungen: Psychoreaktive Verhaltensstörungen im Kindes- und Jugendalter haben insgesamt eine gute Prognose. Verlaufsuntersuchungen zeigen, daß sie z. T. schon im Heranwachsendenalter (18–21 Jahre) weitgehend verschwunden sind. In diesem Zusammenhang gehören Studien mittlerer Katamnesedauer, in denen die Klientel von Erziehungsberatungsstellen nachuntersucht wurde, wobei man jeweils behandelte Patienten mit solchen verglich, die auf einer Warteliste standen, aber nicht behandelt wurden. Derartige Untersuchungen weisen Remissionsquoten von 60–80% auf, wobei sich die Behandelten von den Unbehandelten langfristig nicht unterschieden. Für diese Störungen gilt also nicht das Kontinuitätsmodell.

Dissoziales Verhalten und Persönlichkeitsstörungen: Dissoziale Verhaltensweisen, die sich frühzeitig zeigen, haben eine hohe Persistenz. Im Zusammenhang mit ihren Longitudinalstudien kam Robins (1966, 1978) zu dem Ergebnis, daß fast alle Erwachsenen mit Störungen des Sozialverhaltens schon in ihrer Kindheit durch dissoziales Verhalten aufgefallen waren. Alkoholismus, Drogenmißbrauch, Arbeitsprobleme, Gewalttätigkeit sowie Kriminalität im Erwachsenenalter zeigten statistisch signifikante Zusammenhänge mit antisozialem Verhalten in der Kindheit. Diese Längsschnittuntersuchungen beziehen sich ausnahmslos auf eine Inanspruchnahmepopulation. Aber auch in auslesefreien Stichproben finden sich deutliche Hinweise auf eine negative Prognose dissozialer Störungen (Mitchell u. Rosa 1981; Farrington 1978).

Neurotische Störungen: An stationären jugendlichen Patienten wurden katamnestisch relativ gute Ergebnisse objektiviert. Bereits zum Zeitpunkt der Entlassung aus der stationären Behandlung wurden Heilungs- bzw. Besserungsraten zwischen 70 und 91% angegeben, für die Zwei- bis Fünfjahreskatamnese 83–90%, für die Langzeitkatamnese zwischen 70 und 90% (King u. Pittman 1969; Warren 1965).

Affektive Erkrankungen: Bei affektiven Störungen beträgt die Rate Geheilter bzw. wesentlich Gebesserter in der Langzeitprognose insgesamt ca. 60–80%. Die prognostischen Aussagen über endogen-phasische Psychosen sind sehr unterschiedlich. Nach Taylor u. Abrams (1981) und Weiner (1982) ist das frühe Einsetzen einer bipolaren Symptomatik besonders ungünstig, während unipolare depressive Verläufe später beginnen und weniger remittieren. Frühe bipolare Verläufe sind auch mit einem hohen Suizidrisiko verknüpft sowie mit dem Risiko häufiger und schwerer Affektschwankungen. Aus epidemiologischen Daten ist zu entnehmen, daß bei 35% aller erwachsenen Patienten mit bipolarer affektiver Erkrankung die ersten Phasen in der Adoleszenz auftreten (Welner u. Mitarb. 1979).

Schizophrenie: Unter den Schizophrenien der Adoleszenz zeigt sich eine Heilungsquote von nur 23%, eine Besserungsrate von 25% und eine Chronifizierung in 52% der Fälle (Weiner 1982). Das weibliche Geschlecht hat eine bessere Langzeitprognose als das männliche (Huber u. Mitarb. 1979). Patienten mit ausgeglichener Primärpersönlichkeit haben größere Heilungschancen. Vorteilhaft für den Ausgang ist auch eine höhere Schulbildung und eine gute soziale Anpassung bis zum Ausbruch der Erkrankung sowie das Fehlen von prämorbiden Persönlichkeitsauffälligkeiten (Martin 1989). Psychische Auslösung, akuter Ausbruch und produktive Symptomatik sind günstige Indikatoren (Huber u. Mitarb. 1979, 1980). Die prophylaktische Therapie mit Neuroleptika kann die Rückfallsequenz der Schizophrenen signifikant reduzieren (Davis u. Mitarb. 1980). Offene Probleme sind aber die Dauer der Nachbehandlung und die Höhe der Dosierung bei jugendlichen Patienten.

Anorexia nervosa: Relativ gut dokumentiert ist der Verlauf der Anorexia nervosa, die in den letzten Jahren zumindest in den stationären Einrichtungen der industrialisierten Länder stark zugenommen hat.

Geht man von den am Körpergewicht und dem Wiedereintreten der Menstruation orientierten Prognosekriterien von Morgan u. Russell (1975) aus, so kann man nach vier Jahren in rund 48% der Fälle mit einer guten Prognose rechnen sowie bei je einem Viertel mit einem mittelmäßigen bzw. ungünstigen Erfolg. Berücksichtigt man allerdings psychopathologische Merkmale, die in diesen Kriterien nicht enthalten sind, so ist die Prognose nach vier und mehr Jahren deutlich ungünstiger.

7.6 Besonderheiten bei der Untersuchung und Behandlung von Adoleszenten

In diesem Abschnitt wird auf einige Besonderheiten im Umgang mit Adoleszenten eingegangen. Sie werden zwar überwiegend aus der Sicht der Kinder- und Jugendpsychiatrie dargestellt, sind aber auch für Angehörige anderer Berufsgruppen relevant, die mit Jugendlichen und ihren Krisen und Problemen zu tun haben.

Vor jeder Beratung und Behandlung ist eine sorgfältige und umfassende Diagnostik erforderlich. Gerade im Jugendalter sind Diagnostik und Therapie jedoch mit einer Reihe von Schwierigkeiten belastet. Dies sind vor allem:

– mangelnde Motivation der Jugendlichen, sich überhaupt untersuchen zu lassen;
– fehlende oder eingeschränkte Krankheitseinsicht bzw. Problemverleugnung;
– Abneigung gegen Institutionen, Autoritäten und Maßstäbe der Erwachsenenwelt;
– problematische Beziehung zu den Eltern oder anderen Bezugspersonen, die häufig die Untersuchung veranlassen;
– resignative Haltung und fehlendes Vertrauen gegenüber den Helfern (Ärzten, Psychologen, Sozialarbeitern usw.).

7.6.1 Besonderheiten in der Diagnostik

Die Diagnostik ist in der Adoleszenz meist schwieriger als im Kindesalter und im Erwachsenenalter. Bei Kindern sind die Eltern die zentralen Bezugspersonen, über die man die meisten Informationen erhält. Im Erwachsenenalter sind die Patienten häufig selbst motiviert bzw. ihre Angehörigen, so daß die notwendigen Informationen ebenfalls leicht zu erhalten sind. Der Jugendliche hingegen befürchtet oft aufgrund einer schwierigen Eltern-Kind-Beziehung, daß eine Allianz zwischen Eltern und Untersucher bzw. Therapeut hinter seinem Rücken errichtet wird und er sich erneut in der Rolle des Unselbständigen findet, die er endlich abstreifen möchte.

Von Notfällen abgesehen, die eine direkte Intervention erfordern, haben diagnostische Maßnahmen jeder Art mit den genannten Schwierigkeiten zu kämpfen.

Der Erstkontakt ist von entscheidender Bedeutung für das Gelingen diagnostischer und therapeutischer Maßnahmen. Die Jugendlichen werden in der Mehrzahl der Fälle von ihren Eltern oder anderen Bezugspersonen zur Untersuchung geschickt oder gebracht. Die Quote der „Selbstmelder" steigt mit dem Lebensalter an und beträgt bei jungen Erwachsenen (18- bis 21jährigen) bereits etwa 70%.

Der Erstkontakt kommt in der Regel durch eine *telefonische Anmeldung* zustande, die von einer Ambulanzschwester, Arzthelferin oder Sekretärin entgegengenommen wird. Bereits dieser Kontakt ist von großer Bedeutung. Durch einige gezielte Fragen werden die Dringlichkeit der Vorstellung und der Vorstellungsgrund eruiert. Diese Fragen dürfen jedoch nicht bereits Details der Problematik beinhalten. Sie sollen lediglich den *Problembereich abgrenzen* und zu einer klaren Terminvereinbarung führen. Dabei ist jeweils zu klären, ob der Patient oder die Patientin allein zur Vorstellung kommt oder in Begleitung der Eltern bzw. anderer Bezugspersonen.

Der *Erstkontakt zwischen dem Patienten und dem Arzt* findet in der Regel in der Sprechstunde oder Ambulanz statt, wenn es nicht um Notfälle geht. Dabei empfiehlt es sich in den meisten Fällen, die Eltern und den Patienten *getrennt* zu explorieren. Danach ist häufig ein gemeinsames Familiengespräch als diagnostische Maßnahme aufschlußreich.

Es empfiehlt sich, zunächst die Eltern mit dem Jugendlichen gemeinsam zu begrüßen und die Vorgehensweise mit allen zu besprechen. Dabei wird in der Regel auch deutlich, ob der Patient mit der Vorgehensweise einverstanden ist.

Im Anschluß an das *Elterngespräch*, das zunächst den Vorstellungsanlaß und die derzeitige Problematik zum Gegenstand hat und dann auf anamnestische Angaben eingeht, folgt das *Erstgespräch mit dem Jugendlichen*. Diese Reihenfolge kann ebenso umgekehrt sein und ist je nach Alter, Entwicklungsstand und Art der Problematik zu modifizieren.

Bei *Adoleszenten, die aus eigenem Ansporn kommen*, erfolgt ein Großteil der diagnostischen Maßnahmen mit dem Patienten selbst. Es wird aber im Verlaufe des diagnostischen Prozesses die Frage aufgeworfen, ob er damit einverstanden ist, daß mit den Eltern ein Gespräch geführt wird. Volljährige Adoleszenten lehnen dies zuweilen ab. Auch bei 16- bis 18jährigen muß man den Wunsch, die Eltern zunächst auszuklammern, akzeptieren; allerdings mit dem Vorsatz, den Jugendlichen davon zu überzeugen, daß seine Eltern oder andere Bezugspersonen zur Klärung der Problematik einen wichtigen Beitrag leisten können. In der Regel gelingt dies, so daß das Elterngespräch später geführt werden kann.

Angesichts der Verschiedenheit der Probleme und der Unterschiedlichkeit adoleszenten Verhaltens ist es schwierig, für den Erstkontakt feste Regeln zu geben. Es ist die Kunst des Untersuchers, sein Vorgehen an die jeweilige Situation anzupassen. Dennoch gibt es einige *Grundsätze für den Erstkontakt mit Adoleszenten*:

1. Der Untersucher muß den Eindruck vermitteln, daß er sich nicht nur für die aktuelle psychiatrische Problematik interessiert, sondern auch für den Jugendlichen als Person mit seinen Interessen, Beziehungen und Problemen. Das Gespräch beginnt deshalb in der Regel mit Fragen nach dem Lebensumfeld (Familie, Schule, berufliche Situation).
2. Die präsentierte Problematik muß ernstgenommen werden. Dazu gehört die Pünktlichkeit des Untersuchers, das Vermeiden von längeren Wartezeiten und das Vermitteln von Verständnis für die Problematik, auch wenn diese im Verhältnis zum Anlaß und Auslöser inadäquat erscheint. Diese Haltung verbietet dem Untersucher z. B., geäußerte Probleme zu bagatellisieren.
3. Dem Patienten muß vermittelt werden, daß *er* die Hauptperson ist und daß der Kontakt zwischen dem Patienten und dem Untersucher die wichtigste Beziehung ist. Damit wird zugleich der Stellenwert der Eltern als Informanten festgelegt.
4. Auf den Vorstellungs- bzw. Untersuchungsanlaß sollte sehr detailliert eingegangen werden. Jugendliche beschreiben oft ein Problem aus einer gewissen Scheu heraus sehr allgemein. Hier sollte gezielt nachgefragt und darum gebeten werden, eine Schwierigkeit oder Symptomatik (z. B. Angstzustände) durch Beispiele zu erläutern.
5. Die Einhaltung der Schweigepflicht muß dem Jugendlichen gegenüber ausdrücklich betont werden. Dies gilt insbesondere in bezug auf seine Eltern.
6. Zum Abschluß des Erstkontaktes wird mit dem Jugendlichen besprochen, wie die weiteren diagnostischen und therapeutischen Schritte aussehen sollen (z. B. standardisierte Untersuchungsmethoden, psychologische Untersuchung, somatische Zusatzuntersuchungen, Familiendiagnostik).

Über alle Schritte muß der Jugendliche genau informiert werden, damit die Arzt-Patient-Beziehung nicht von vornherein durch Mißtrauen ungünstig gestaltet wird.

Getrennte Gespräche (mit dem Jugendlichen allein und mit den Eltern allein, gegebenenfalls auch mit beiden Elternteilen allein) sind außerordentlich wichtig. Sie führen wechselseitig zu unterschiedlichen Informationen und können daher nicht durch gemeinsame Familiengespräche ersetzt werden.

Das *gemeinsame Familiengespräch* als familiendiagnostische Maßnahme hat einen anderen Zweck als die Einzelgespräche mit dem Patienten und seinen Eltern. Es dient der Objektivierung des Interaktionsverhaltens, während bei den Einzelgesprächen die klinische Symptomatik, die Beobachtung und anamnestische Aspekte im Vordergrund stehen.

Es kommt aber auch im Jugendalter vor, daß der Patient weder ein Einzelgespräch führen will noch ein Gespräch des Therapeuten mit seinen Eltern zuläßt. Dies ist insbesondere der Fall bei einer extrem ausgeprägten Trennungsangst (z. B. Schulphobie). In diesen Fällen empfiehlt es sich, mit gemeinsamen Familiengesprächen zu beginnen und die Einzelgespräche nachzuholen, wenn das Vertrauen zum Untersucher hergestellt ist.

7.6.2 Besonderheiten in der Therapie

Allgemeine Gesichtspunkte

Die Vielzahl und Heterogenität psychiatrischer Störungen und Erkrankungen in der Adoleszenz erfordert vielfältige Behandlungsmethoden. An diese müssen *grundlegende Anforderungen* gestellt werden, wie sie auch in anderen Gebieten der Medizin gültig sind (Remschmidt 1982, 1988b). Diese Anforderungen sind bei einer großen Zahl von Behandlungsmethoden nicht oder noch nicht verwirklicht. Sie sollten aber beachtet bzw. ihre Realisierung sollte angestrebt werden.

1. Sie müssen dem jeweiligen Störungsmuster angemessen sein (Grundsatz der *Spezifität*). Die Spezifität im Hinblick auf die Störungen erfordert häufig Modifikationen (s. Punkte 2 u. 3) und ist daher im Hinblick auf die zu behandelnden Patienten und deren Familien als relativ anzusehen. Welche Methode angewandt wird, richtet sich vielfach nach der Praktikabilität und der Wirksamkeit beim jeweiligen Krankheitsbild.
2. Sie müssen Modifikationen auf verschiedenen Alters- und Entwicklungsstufen erlauben (Grundsatz der *alters- und entwicklungsbezogenen Abwandlung*).
3. Sie müssen in der Durchführung variabel und in unterschiedlichen Settings praktikabel sein, z. B. im stationären Bereich, in der Ta-

gesklinik, in der Ambulanz oder als Home-treatment (Grundsatz der *Variabilität und Praktikabilität*).

4. Ihre Wirksamkeit sollte nachgewiesen sein, möglichst im Vergleich zu anderen Behandlungsmethoden, und auch wirtschaftlichen Gesichtspunkten Rechnung tragen (Grundsatz der *Evaluation* und der *Effizienzprüfung*). Dieser Grundsatz gilt sowohl für die somatischen Behandlungsmethoden als auch für die Psychotherapie. Was letztere betrifft, so gibt es erst wenige aussagekräftige und methodisch ausgereifte Untersuchungen.

Von großer Bedeutung ist das *Abstimmen der Therapiemaßnahmen auf Alter und Entwicklungsstand*. Diese Forderung ist oft schwer zu erfüllen. Kinder sind, da sie noch stärker erzieherischen Einflüssen unterliegen, leichter zu behandeln als Jugendliche. Die tiefgreifenden psychischen und psychosozialen Wandlungen in Pubertät und Adoleszenz (Entwicklung zur Geschlechtsreife, Ich-Entwicklung und Identitätsfindung, Auseinandersetzung mit der Autorität in Familie und Gesellschaft) geben therapeutischen Versuchen jedweder Art Probleme auf (Remschmidt 1975a). Sie erschweren somatische wie psychotherapeutische Behandlungsmethoden. Die schwierigste Aufgabe bei adoleszenten Patienten ist das Erreichen einer Therapiemotivation.

Darüber hinaus sind folgende Gesichtspunkte besonders wichtig:

- Bei allen psychiatrischen Erkrankungen in der Adoleszenz müssen *Entwicklungsvorgänge* und ihre Auswirkungen berücksichtigt werden. Sie bestimmen häufig die Symptomatik einer Störung und sind auch für die Therapie maßgebend.
- Obwohl in dieser Phase eine gewisse Lösung von der *Familie* mit der Lockerung familiärer Bindungen typisch ist, bleibt diese noch eine enge Bezugsgruppe. Ein Großteil der krisenhaften Entwicklungen in der Adoleszenz ereignet sich im Zusammenhang mit familiären Faktoren und führt zum Teil zu erheblichen Problemen innerhalb der Familie.
- Auch *Bildungs- und Ausbildungsinstitutionen* spielen für die Entwicklung von Jugendlichen eine wichtige Rolle. Daher müssen auch sie im Hinblick auf die Auslösung und Behebung von Störungen einbezogen werden.
- Die *Risikofaktoren* für Entwicklungsvarianten, Störungen und Erkrankungen sollten frühzeitig identifiziert und soweit wie möglich im Rahmen eines Behandlungsplanes eliminiert oder abgeschwächt werden.
- Wie die Kinderpsychiatrie, so ist auch die Adoleszentenpsychiatrie dazu prädestiniert, *präventiv* zu wirken. Bei rechtzeitigem Eingreifen ist es häufig noch möglich, die Chronifizierung psychiatrischer Erkrankungen zu vermeiden oder (letzteres viel seltener) einer

Erstmanifestation vorzubeugen. In beiderlei Hinsicht hat in den letzten Jahren ein Umdenken insofern stattgefunden, als man in stärkerem Maße versucht, die *protektiven Faktoren* im Patienten, seiner Familie und seinem Umfeld zu entdecken, um sie für die Behandlung nutzbar zu machen.

Zur Klassifikation von Therapiemaßnahmen

Die in der Adoleszentenpsychiatrie gebräuchlichen Behandlungsmethoden lassen sich unter verschiedenen Gesichtspunkten klassifizieren (Abb. 7.5). Wichtige Aspekte sind die Behandlungs*methode* (Psychopharmakotherapie, funktionelle Übungsbehandlung, Verhaltenstherapie, Psychoanalyse usw.), das *Setting* (Rahmenbedingungen, z. B. individuumzentrierte Therapie, Familientherapie bzw. ambulante, stationäre, teilstationäre Therapie) und die *Störungsmuster*, die behandelt werden sollen (z. B. Angstsyndrome, Zwangssyndrome, schizophrene Psychosen, Autismus). Abb. 7.5 verdeutlicht, daß Methode, Setting und Störung prinzipiell beliebig kombinierbar sind. Welche Methode in welchem Setting durchgeführt wird, sollte im Idealfall nach Maßgabe der empirisch erwiesenen Wirksamkeit bestimmt werden. Beispielsweise werden monosymptomatische Phobien am effektivsten verhaltenstherapeutisch behandelt, während Individuationskrisen in der Adoleszenz eher einen breiteren, tiefenpsychologischen Ansatz erfordern.

Besondere Probleme bei der Psychotherapie von Adoleszenten

Die Durchführung psychotherapeutischer, aber auch anderer Behandlungen in der Adoleszenz stößt oft auf große Schwierigkeiten, die im wesentlichen durch drei *Problemkreise* bedingt sind:

– Aufgrund des oft *fehlenden Leidensdruckes* sind Einleitung und Aufrechterhaltung der Therapie besonders schwierig.
– Die *Rolle des Therapeuten* ist schwieriger zu definieren und auszufüllen als in der Therapie von Erwachsenen oder Kindern. Erwachsene nehmen die Therapeutenrolle eher an und sehen auch die Notwendigkeit der Therapie, Kinder akzeptieren eher die Autorität des Therapeuten und lassen sich leichter führen. Beides trifft für die Adoleszenz nicht zu.
– Eine weitere Schwierigkeit liegt in der *speziellen Problemlage der Adoleszenten*, die sich u. a. in einer Ablehnung der retrospektiven Schau, einer Zentrierung auf die aktuellen Probleme und in der Ablehnung von Hilfsangeboten und Autorität zeigt.

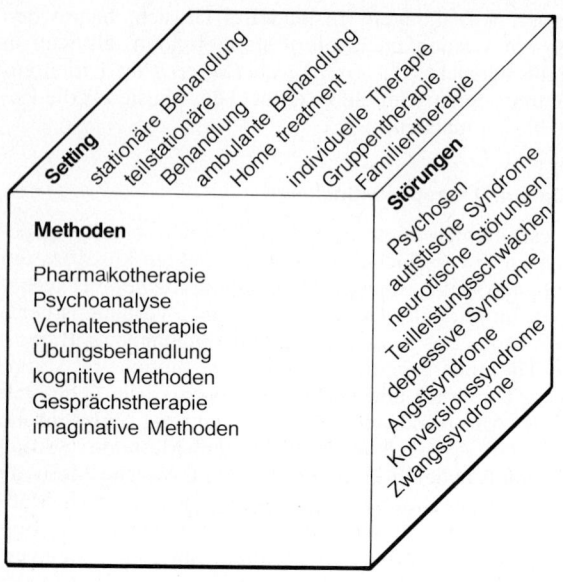

Abb. 7.5 Klassifikation von Therapiemaßnahmen nach Methode, Setting und Störungsmuster

Diese Gesichtspunkte waren Anlaß, verschiedene Behandlungsformen für diese Altersgruppe zu modifizieren.

Krankheitswahrnehmung und Auseinandersetzung mit psychischen Erkrankungen

Obwohl psychische Störungen und Erkrankungen in der Adoleszenz so häufig sind wie im Kindesalter und auch weitgehend wie im Erwachsenenalter, ist der Anteil Jugendlicher und Heranwachsender an psychotherapeutischen Behandlungen deutlich geringer (Wittchen u. Fichter 1980). Psychisch kranke bzw. gestörte *Adoleszenten nehmen aus verschiedenen Gründen ihre Erkrankung nicht wahr oder nicht an.*

Einerseits können sie schwer entscheiden, wann ihre psychische Problematik Krankheitswertigkeit annimmt, da viele psychische Symptome mit altersspezifischen Problemen und Krisen in der Adoleszenz zusammenhängen. Vielfach werden also auftretende *Symptome* gar *nicht als Krankheit definiert.*

Zum anderen fällt es vielen jungen Menschen auch dann, wenn sie schwerwiegende Störungen bei sich erkannt und möglicherweise auch als krankhaft registriert haben (z. B. Depression, Suizidalität), schwer, die *Einsicht in die Behandlungsbedürftigkeit* zu entwickeln. Sie ziehen es häufig vor, selbst mit der Problematik fertig zu werden, weil für sie Selbständigkeit ein neu gewonnener und hoher Wert ist, der in ihrer Sicht durch Annahme von Beratung und Hilfe wieder veräußert wird. Angesichts der aversiven Haltung gegenüber der „fertigen Erwachsenenwelt", gegenüber Autorität und gegenüber Institutionen, wird diese „*Beratungs- und Behandlungsaversion*" verständlich. Oft sind es ja auch die Erwachsenen (z. B. Eltern oder Angehörige), die den Ratschlag für eine Behandlung geben. Aber gerade von den Eltern in Behandlung geschickt zu werden, wird als Beeinträchtigung der eigenen Selbständigkeit empfunden. Wirksamer zur Erzeugung von Krankheitswahrnehmung und Behandlungsmotivation sind Gleichaltrige, sofern diese die Störung eines jungen Menschen als krankhaft erkennen.

Jugendliche, die besondere Schwierigkeiten im Kontaktbereich zu Gleichaltrigen haben, sind häufig der Meinung, daß ihre Symptomatik nur sie betrifft und andere derartige Probleme nicht haben. Sie sind besonders schwer zu erreichen und zu motivieren.

Ferner ist zu bedenken, daß die klassisch-analytische Vorgehensweise (Couch, regelmäßige Termine, passive Rolle des Therapeuten) erneute Abhängigkeit und regressives Verhalten begünstigt (Redl 1969). Deshalb geht man in der Behandlung von Jugendlichen heute anders vor.

Alle diese Gesichtspunkte, die empirisch gut belegt sind (Seiffge-Krenke 1986), machen schon den Beginn einer Behandlung von Jugendlichen äußerst schwierig und schränken sie auf bestimmte Gruppen bzw. Störungsmuster ein.

Herstellen und Aufrechterhalten eines Arbeitsbündnisses

Die genannten Faktoren erschweren sowohl die Herstellung als auch die Aufrechterhaltung eines Arbeitsbündnisses mit dem Jugendlichen. Ob eine Behandlung beginnt und aufrechterhalten werden kann, hängt vom Leidensdruck bzw. der Schwere des Krankheitsbildes ab, aber ebenso von der Fähigkeit des Therapeuten, mit den besonderen Problemen des Jugendlichen umzugehen. Folgende Vorgehensweisen haben sich zur Weckung einer Therapiemotivation als nützlich erwiesen:

Abbau von Mißtrauen: Viele Jugendliche begegnen dem Therapeuten zunächst mit großem Mißtrauen. Oft wurden sie von den Eltern geschickt und hatten selbst keinerlei Neigung, sich in Behandlung zu begeben. Mißtrauen kann durch große Offenheit im Gespräch, durch das Eingehen auf Widerstand und Verschlossenheit und durch möglichst klare Schilderung der therapeutischen Vorgehensweise abgebaut werden. Hierzu gehört eine Aufklärung, wie sich die Behandlung im einzelnen vollzieht und wie sie beginnt.

Herstellen einer möglichst angstfreien Atmosphäre: Da viele Jugendliche sowohl ängstlich und gehemmt sind als auch deutliche oppositionelle Regungen haben, empfiehlt es sich, ihre Interessensgebiete anzusprechen und durch aggressionsfreies Eingehen auch auf vorwurfsvolle Äußerungen der Opposition entgegenzuwirken. Hat sich ein Gespräch einmal eingestellt, so ist ein wichtiger Schritt zur Erzeugung einer Behandlungsmotivation getan. Da viele Jugendliche große Hemmungen haben, über ihre Probleme zu sprechen, hat sich bewährt, auf nichtverbale Methoden überzugehen (z. B. Katathymes Bilderleben) oder den Gesprächsort aus dem Sprechzimmer zu verlagern (Spaziergang, Tischtennisspielen usw.).

Zusichern der absoluten Vertraulichkeit: Der Therapeut wird von den Jugendlichen oft als Agent der Eltern, der Schule oder anderer Personen oder Institutionen angesehen, und es entsteht die Befürchtung, daß Gesprächsinhalte weitergegeben werden könnten. Schon im ersten Gespräch sollte den Jugendlichen daher die absolute Vertraulichkeit zugesichert werden. Darüber hinaus sollte der Therapeut dem Patienten klarzumachen versuchen, daß hinsichtlich der Gesprächsgegenstände keine Einschränkungen gemacht werden sollten. Auch Nebensächliches erweise sich für ein Verständnis der Störung als sehr wichtig.

Klare Regelung der Dreiecksbeziehung Patient-Therapeut-Eltern: Bei Jugendlichen, die noch bei ihren Eltern wohnen oder gar von diesen in Behandlung geschickt werden, ist es von Anfang an erforderlich, die Rolle der Eltern im Behandlungsprozeß klar zu definieren. Im Rahmen einer Einzeltherapie muß die Regel herrschen, daß die Vertraulichkeit gewahrt bleibt und mit den Eltern nur im Einverständnis mit dem Patienten gesprochen wird. Lehnt der Patient jede Einbeziehung der Eltern ab, so ist doch darauf hinzuwirken, daß die Eltern von Zeit zu Zeit einbezogen werden, allerdings immer in Absprache mit dem Patienten. Bei einer Familientherapie ist das Problem insofern gelöst, als gemeinsame Sitzungen erfolgen. Aber auch in diesem Falle sind immer wieder Einzelsitzungen mit dem Patienten wichtig.

Vereinbarung einer Probezeit: Diese Maßnahme erweist sich immer wieder als nützlich, wenn der Patient therapieunwillig ist oder von vornherein die Meinung vertritt, die Gespräche würden nichts nützen. In einer solchen Situation ist die Vereinbarung einer gewissen Zahl von Gesprächsstunden angebracht. In diesen kann sich dann erweisen, ob eine hinreichende Beziehung zwischen dem Therapeuten und dem Patienten zustande kommt und damit auch ein Arbeitsbündnis.

Übertragung und Gegenübertragung

Die *Übertragung* gehört zu den Grundprinzipien psychoanalytischer Therapie und ist bei der Behandlung Jugendlicher am schwersten herzustellen. Es stellt sich auch die Frage, ob die Übertragungsmanifestationen von Jugendlichen denen erwachsener Patienten strukturell gleichzusetzen sind (Seiffge-Krenke 1986). Vielfach bestehen bei den Jugendlichen erhebliche *Übertragungswiderstände*, die die Funktion haben, den Jugendlichen vor der Reaktivierung seiner inzestuösen Phantasien gegenüber den Eltern zu schützen. Auf diese Weise kann es zu Beginn der Behandlung zu einer Symptomverstärkung kommen und dadurch wiederum zu einem Behandlungsabbruch. Im Verlaufe der bereits begonnenen Behandlung ist es ein Ziel, diesen Übertragungswiderstand abzubauen, ohne auf der anderen Seite eine *Idealisierung des Therapeuten* zu erzeugen. Zwischen diesen beiden Polen variiert in der Adoleszenz das Übertragungsverhalten.

Auch *Gegenübertragungsprobleme* stellen sich in der Adoleszenz anders dar als bei Erwachsenen und bei Kindern. Durch die Wechselhaftigkeit in Verhalten und Persönlichkeit der Adoleszenten wird die Gegenübertragung oft erschwert. Dies hat aber auch eine konstruktive bzw. realistische Seite: Es spiegelt nämlich innerhalb der Therapiesituation jene Probleme wider, die die Adoleszenten auch außerhalb der Therapiesituation hinsichtlich ihrer Anpassung an die stabilere Erwachsenenwelt haben.

Aktivität und Neutralität des Therapeuten

Der Therapeut muß aktiver sein als in der Erwachsenentherapie. Die in der Erwachsenentherapie praktizierte passivere Therapeutenrolle beunruhigt und ängstigt die Jugendlichen viel zu sehr. Andererseits liegt im aktiven Vorgehen die Gefahr, zum Vater- oder Muttersubstitut zu werden. Um sich davor zu hüten, tendiert der Therapeut manchmal dazu, mit dem Jugendlichen eine Allianz gegen die Eltern zu bilden, was ebenfalls dem Therapieziel (Realitätsanpassung und Realitätsbewältigung) nicht förderlich ist. Deshalb muß der Therapeut versuchen, trotz seiner aktiven Rolle *neutral* zu bleiben und weder eine Allianz mit dem Patienten gegenüber den Eltern noch mit den Eltern gegenüber dem Patienten einzugehen.

Adoleszenzspezifische Modifikation des therapeutischen Vorgehens

Auch die spezifische Problemlage der Adoleszenten erfordert ein anderes Vorgehen als in der Erwachsenentherapie. Jugendliche sprechen sehr ungern über die Vergangenheit. Die Therapie hat sich deshalb in erster Linie auf die akuten und *aktuellen Probleme* zu konzentrieren.

Die Adoleszenten erleben den Therapeuten sehr leicht als Vertreter der Gesellschaft, der sie zur Anpassung zwingen möchte, oder auch als Beauftragten ihrer Eltern. Gerade bei der stationären Therapie, die auch mit Einengungen in anderen Bereichen einhergeht, ist diese Gefahr besonders gegeben. Hingegen ist die Kontaktaufnahme und das Kontaktbedürfnis gegenüber Gleichaltrigen sehr ausgeprägt, was bei entsprechender Indikation für die Anwendung gruppentherapeutischer Verfahren spricht (Remschmidt 1975a).

Aus den dargestellten Überlegungen wird deutlich, daß die Psychotherapie bei Jugendlichen den Bedürfnissen dieser Altersstufe angepaßt werden muß. Dabei haben sich folgende Prinzipien bewährt (Remschmidt 1975a; Seiffge-Krenke 1986):

1. *Direktiveres Vorgehen* als in der Erwachsenentherapie: Der Therapeut muß seine Distanz aufgeben, aktiv in den Prozeß eingreifen und in der Lage sein, Grenzen zu setzen und trotz der insgesamt wohlwollenden und offenen Haltung einen festen Standpunkt zu vertreten.
2. *Flexibilität* im therapeutischen Vorgehen: Der Therapeut muß ein schematisches Vorgehen vermeiden. Er muß bereit sein, auf die Interessen der Patienten einzugehen, sich für ihre Freizeitbeschäftigungen interessieren und in der Lage sein, das Sprechzimmer zu verlassen, wenn die Situation es erfordert.
3. *Vermeiden ausgeprägter Frustrationen:* Die ohnehin von Versagensängsten gekennzeichneten Jugendlichen vertragen schwer Frustrationen im Verlaufe des therapeutischen Prozesses. Solche können entstehen durch zu hohe Anforderungen an ihre Introspektions- und Verbalisierungsfähigkeit oder an ihre Phantasie, durch längere Gesprächspausen, durch moralisierende Bewertungen, aber auch durch ein zu starkes Autoritätsgefälle zwischen Therapeut und Patient. Das klassische psychoanalytische Setting (Couch, Zurückhaltung des Therapeuten) kann ebenfalls zu Frustrationen führen. Deshalb wird es bei Jugendlichen durch normales Gegenübersitzen ersetzt, wie dies Dührssen (1972) im Rahmen der sogenannten dynamischen Psychotherapie vorgeschlagen hat. Auch hierdurch können Unsicherheit und Angst reduziert werden (Fahrig 1976).
4. *Stärkung der Ich-Funktionen* und vorsichtiger Umgang mit Regressionen: Wichtig bei jeder Psychotherapie in der Adoleszenz ist eine Ich-Stärkung. Es ist auch erforderlich, Regressionen zuzulassen. Jedoch muß immer der Realitätsaspekt dominieren. Insofern sind langanhaltende Regressionen mit zu starker Reaktivierung infantiler Wünsche zu vermeiden.
5. *Dominieren einer ich-stützenden gegenüber einer aufdeckenden Vorgehensweise:* Während bei der Behandlung von Erwachsenen die Reaktivierung frühkindlicher Erlebnisse und Erfahrungen eine be-

sondere Rolle spielt, tritt dies in der Adoleszenz in den Hintergrund. Denn in dieser Lebensphase besteht eine starke Orientierung an der Gegenwart und an den aktuellen Problemen, hingegen eine Abneigung, sich mit der eigenen Kindheit zu befassen. Dies hängt auch damit zusammen, daß es eine wesentliche Entwicklungsaufgabe in der Adoleszenz ist, sich vom Kindheitsstatus zu lösen. Insofern ist es nur folgerichtig, wenn ich-stärkenden Vorgängen die größere Bedeutung beigemessen wird. Dies bedeutet allerdings nicht, daß Kindheitserlebnisse und Erfahrungen ausgeklammert werden sollen. Sie sollten nur nicht den Schwerpunkt der Behandlung bilden.

6. *Anbieten korrigierender emotionaler Erfahrungen:* In der Auseinandersetzung mit dem Therapeuten bietet sich die Gelegenheit, neue emotionale Erfahrungen zu machen. Diese zeigen sich auch im Gespräch über Alltagsprobleme, über Konflikte und Auseinandersetzungen, über Interessen und Werthaltungen. Voraussetzung ist, daß sich der Therapeut auf die spezifische Problemlage des Jugendlichen einstellt. Dies kann auch bedeuten, daß er sich mit dessen Interessensschwerpunkten, zu denen er sonst noch keinen Zugang hatte, beschäftigen muß. Nach Ansicht verschiedener Jugendlichentherapeuten ist die Möglichkeit, zu neuen emotionalen Erfahrungen zu kommen, wichtiger als der deutende Umgang mit Erlebnissen, Assoziationen oder Träumen.

7. *Wahl eines angemessenen Settings:* Die klassische analytische Behandlungssituation ist aus den erwähnten Gründen nicht angemessen. In der Regel sitzen sich Therapeut und Patient gegenüber. Vielfach ist es auch notwendig, auf ganz andere Aktivitäten auszuweichen (z. B. Spaziergänge, gemeinsames Spiel, gemeinsamer Besuch einer Veranstaltung). Durch derlei Abwandlungen des therapeutischen Settings werden Regressionen und Übertragung weniger begünstigt, was gerade bei Adoleszenten wichtig ist (Seiffge-Krenke 1986).

8. *Kombinationen der Einzeltherapie mit anderen Verfahren:* Erfahrungen im ambulanten und stationären Bereich zeigen, daß zumindest bei schwerwiegenden psychischen Erkrankungen eine psychoanalytische oder andersartige Einzeltherapie mit einer Gruppentherapie oder einer Familientherapie kombiniert werden sollte. Dieses Vorgehen hat sich vor allem in der stationären Psychotherapie sehr bewährt. Der Vorteil der Gruppentherapie liegt darin, daß sich einerseits die Behandlungsintensität auf die einzelnen Jugendlichen verteilt, d. h., ein gewisser „therapeutischer Druck", wie er in der Einzelsituation entsteht, wird von den Jugendlichen genommen. Zum anderen ergeben sich Übertragungsangebote auf andere Gruppenmitglieder, und die Aussprache in einer Gleichaltrigengruppe ermöglicht die Relativierung der eigenen Problematik.

Umgang mit den Eltern und anderen Bezugspersonen

In der Phase der Adoleszenz, in der u. a. die Ablösung von den Eltern und anderen erwachsenen Bezugspersonen wichtig ist, stellt der Umgang mit diesen während der Psychotherapie ein sehr schwieriges Problem dar. Denn viele Konflikte, die sich auch in der Erkrankung zeigen, haben mit den engsten Bezugspersonen zu tun. Insofern berühren sie sowohl den Jugendlichen als auch seine Eltern. Man sollte meinen, daß in einer solchen Situation eine Familientherapie am günstigsten wäre. Dies trifft jedoch nur für einen Teil der Störungen zu.

In der Einzeltherapie wird die familiäre Problematik erörtert, ohne daß die anderen Beteiligten anwesend sind. Die *Beziehungsstruktur des Jugendlichen zu seinen Eltern* wird zum Gegenstand der Auseinandersetzung. Nach Stierlin u. Ravenscroft (1972) können folgende *Modalitäten bei Trennungskonflikten* unterschieden werden:

1. *Der Bindungsmodus:* Bei diesem Modus sind Eltern wie Jugendliche bestrebt, eine Trennung zu vermeiden oder zu verzögern. Damit wird eine Verselbständigung des Jugendlichen verhindert. Es kommt zu einer ausgeprägten Infantilisierung des Jugendlichen, oder die Eltern sorgen dafür, daß er unter erheblichen Schuldgefühlen leidet.
2. *Der Delegationsmodus:* Bei dieser Modalität kommt es zu Koalitionsbildungen zwischen einem Elternteil und dem Jugendlichen gegenüber dem anderen Elternteil.
3. *Der Ausstoßungsmodus:* Hierbei resultiert eine starke Vernachlässigung und Zurückweisung der Jugendlichen, die häufig zu einer vorzeitigen Trennung führt.

Diese Bindungsmodalitäten finden sich keineswegs bei der überwiegenden Mehrzahl der in Behandlung kommenden Jugendlichen. Sie sind aber geeignet, das Grundsätzliche der Problematik zu verdeutlichen.

In solchen Situationen kann der Therapeut in Konflikte kommen, wenn er Koalitionen mit den Eltern oder dem Jugendlichen eingeht. Die Eltern können das Gefühl bekommen, der Therapeut sei für ihr Kind wichtiger als sie selbst. Aber auch der Jugendliche gerät häufig in Schwierigkeiten, weil er in bilaterale *Loyalitätskonflikte* (gegenüber den Eltern und dem Therapeuten) verwickelt werden kann.

Um derartige Vertrickungen und Kollisionen zu vermeiden, ist es notwendig, klare Absprachen mit dem Patienten und seinen Eltern zu treffen. Hierbei sollten folgende Gesichtspunkte beachtet werden:

– Mit dem Patienten ist zu vereinbaren, ob und in welchen Abständen Elterngespräche notwendig sind. Dies hängt u. a. vom Alter des Patienten, der Art der Problematik, dem Schweregrad der Störung sowie der sozialen Einbindung in die Familie ab.

– Elterngespräche sollten nur nach Absprache mit dem Patienten geführt werden.

– Über die Frage, wer diese Gespräche führen soll, gibt es unterschiedliche Auffassungen. Ein Teil der Therapeuten vertritt die Meinung, daß sie von einer anderen Person als dem Therapeuten geführt werden sollen, damit dieser nicht in Übertragungs- und Gegenübertragungskollisionen gerät (Seiffge-Krenke 1986). Andererseits entstehen auch hierdurch häufig Probleme, und es sind komplizierte Absprachen erforderlich. Unsere eigenen Erfahrungen sprechen dafür, daß derselbe Therapeut, der den Jugendlichen behandelt, auch die Elterngespräche führen sollte.

Trotz aller Bemühungen um klare Absprachen und um Übersichtlichkeit kommt es nicht selten zu einem **Eingreifen der Eltern in den Behandlungsprozeß**. Dies geschieht insbesondere dann, wenn sich die Symptomatik verstärkt oder unvorhersehbare Ereignisse den Behandlungsverlauf beeinträchtigen (z. B. schulisches Leistungsversagen, Unfälle, Änderungen der familiären Situation). In solchen Zusammenhängen kommt es häufig zu folgenden Interventionen seitens der Eltern:

1. *Benutzung des Therapeuten als Elternsurrogat:* Die Eltern erwarten, daß der Therapeut ihre Aufgabe weitgehend übernimmt. Er soll den Patienten beeinflussen, ihm Grenzen setzen und ihn zu Verhaltensweisen motivieren, die von den Eltern nicht erreicht wurden. Um dies zu erreichen, tragen die Eltern immer wieder vertrauliche Mitteilungen an den Therapeuten heran oder bitten um nicht vereinbarte Gespräche, von denen der Patient nichts wissen soll. Auf derartige Angebote sollte der Therapeut nicht eingehen. Vielmehr muß den Eltern erklärt werden, daß es für die Therapie nur nützlich ist, wenn man derartiges gemeinsam bespricht oder mit dem Patienten vereinbart, daß ein Elterngespräch stattfindet.

2. *Eintreten einer Konkurrenzsituation zwischen Eltern und Therapeuten:* Nicht selten erleben Eltern die Beziehung des Therapeuten zu ihrem Kind als bedrohlich und befürchten eine Entfremdung zwischen ihnen und ihrem Kind. Sie versuchen dies dadurch zu kompensieren, daß sie dem Patienten besonders viel gestatten und ihn auch in materieller Hinsicht verwöhnen.

3. *Therapieabbruch unter äußeren Vorwänden:* Aus verschiedenen Gründen kann der Fall eintreten, daß Eltern das therapeutische Bündnis zwischen dem Jugendlichen und dem Behandelnden nicht länger ertragen. Sie befürchten z. B. häufig, daß ihr ganzes Familienleben in der Therapie besprochen wird und sie auf diese Weise desavouiert werden. Oft wird eine Verstärkung der Symptomatik

zum Anlaß genommen, die Therapie zu beenden, oder auch eine Symptomverbesserung, die als Heilung überbewertet wird. Wenn keine konkreten Gefahren für den Jugendlichen bestehen (z. B. Suizidalität, Fremdgefährdung), so muß der Therapeut diese Maßnahme akzeptieren. Er sollte aber stets den Weg zurück offenlassen in Form eines Angebotes, sich bei weiteren Schwierigkeiten oder Problemen erneut zu melden. Dies gilt auch für den Abbruch stationärer Behandlungen in einer Klinik, hinter dem sich sehr verschiedenartige Kommunikationsstörungen verbergen können (vgl. Remschmidt 1972).

7.7 Literatur

Achenbach, T. M.: Empirically based assessment of child and adolescent disorders: Implications for diagnosis, classification, epidemiology, and longitudinal research. In Brambring, M., F. Lösel, H. Skowronek: Children at Risk: Assessment, Longitudinal Research, and Intervention. de Gruyter, Berlin 1989

American Psychiatric Association (APA): Diagnostic and Statistical Manual of Mental Disorders, 3rd ed. (DSM-III). APA, Washington 1980 (dtsch. Bearb. von Koehler, K., H. Saß: Diagnostisches und statistisches Manual psychischer Störungen [DSM-III]. Beltz, Weinheim 1984)

American Psychiatric Association (APA): Diagnostic and Statistical Manual of Mental Disorders, 3rd ed. revised (DSM-III-R). APA, Washington 1987 (dtsch. Bearb. von Wittchen, H.-U., H. Saß, M. Zaudig, K. Koehler: Diagnostisches und statistisches Manual psychischer Störungen [DSM-III-R]. Beltz, Weinheim 1989)

Bleuler, M.: Die schizophrenen Geistesstörungen im Lichte langjähriger Kranken- und und Familiengeschichten. Thieme, Stuttgart 1972

Davis, J. M., C. B. Schaffer, G. A. Klillian, C. Kinard, C. Chan: Important issues in the drug treatment of schizophrenia. Schizophrenia Bulletin 6 (1980) 70−87

Dilling, H.: Deutsche Übersetzung des Kapitels V (F) „Psychische, Verhaltens- und Entwicklungsstörungen" der ICD-10. Klinische Beschreibungen und diagnostische Leitlinien (Stand September 1988, WHO/MNH/MEP/87. 1, Rev. 2). Fassung vom 25.5.1989). Deutsche Gesellschaft für Psychiatrie und Nervenheilkunde (DGPN), Lübeck 1989 (unveröffentlicht)

Dührssen, A.: Analytische Psychotherapie in Theorie, Praxis und Ergebnissen. Vandenhoeck & Ruprecht, Göttingen 1972

Esser, G., M. H. Schmidt: Epidemiologie und Verlauf kinderpsychiatrischer Störungen im Schulalter − Ergebnisse einer Längsschnittstudie. Nervenheilkunde 6 (1987a) 27−35

Esser, G., M. H. Schmidt: Minimale cerebrale Dysfunktion − Leerformel oder Syndrom? Empirische Untersuchung zur Bedeutung eines zentralen Konzepts in der Kinderpsychiatrie. Enke, Stuttgart 1987 b (Klinische Psychologie und Psychopathologie, Bd. XLIII)

Fahrig, H.: Dynamische Psychotherapie bei Kindern und Jugendlichen. In Biermann, G.: Handbuch der Kinderpsychotherapie, Ergänzungsband. Reinhardt, München 1976 (Nachdruck aus Praxis der Kinderpsychologie und Kinderpsychiatrie 25 [1976] 33−42)

Farrington, D. P.: The family background of aggressive youth. In Hersov, L. A., M. Berger: Aggression and Antisocial Behaviour in Childhood and Adolescence. Pergamon, Oxford 1978

Fichter, M. M.: Die Oberbayerische Verlaufsuntersuchung. Psychische Erkrankungen in der Bevölkerung. Bericht an die Deutsche Forschungsgemeinschaft über das Projekt D4 am Sonderforschungsbereich 116 („Psychiatrische Epidemiologie") in Mannheim, Außenstelle München. München 1988

Graham, P., M. Rutter: Psychiatric disorder in the young adolescent: a follow-up study. Proceedings of the Royal Society of Medicine 66 (1973) 1226−1229

Grüneberg, B., H. Remschmidt: Störungen der sozialen Wahrnehmung bei Kindern mit minimaler cerebraler Dysfunktion (MCD). Zeitschrift für Kinder- und Jugendpsychiatrie 12 (1984) 33−52

Häfner, H.: Allgemeine und spezielle Krankheitsbegriffe in der Psychiatrie. Nervenarzt 54 (1983) 231−238

Häfner, H., H. Helmchen: Psychiatrischer Notfall und psychiatrische Krise – konzeptuelle Fragen. Nervenarzt 49 (1978) 82−87

Huber, G., G. Gross, R. Schüttler: Schizophrenie. Verlaufs- und sozialpsychiatrische Langzeituntersuchungen an den 1945−1959 in Bonn hospitalisierten schizophrenen Kranken. Springer, Berlin 1979

Huber, G., G. Gross, R. Schüttler: Langzeitentwicklung schizophrener Erkrankungen. In Schimmelpfennig, G. W.: Psychiatrische Verlaufsforschung. Huber, Bern 1980

King, L. J., G. D. Pittman: A 6-year-follow-up study of 56 adolescent patients: predictive value of presenting clinical picture. British Journal of Psychiatry 115 (1969) 1437−1441

Knölker, U., M. Lücke: Stationäre Behandlung in Psychiatrie und Kinder- und Jugendpsychiatrie: Hilfe und/oder Stigma? Enke, Stuttgart 1991

Lavik, N. J.: Adolescents in the community and service contacts. In Poustka, F., W. Spiel: Therapien in der Kinder- und Jugendpsychiatrie, Bd. 2. V. Kongreß der Union Europäischer Pädopsychiater, Wien, 30. 6. bis 3. 7. 1975. Engermann, Wien 1976

Lavik, N. J.: Urban-rural differences in rates of disorder. In Graham, P. J.: Epidemiological Approaches in Child Psychiatry. Academic Press, London 1977

Leslie, S. A.: Psychiatric disorder in the young adolescents of an industrial town. British Journal of Psychiatry 125 (1974) 113−124

Martin, M.: Der Verlauf der Schizophrenie im Jugendalter unter Rehabilitationsbedingungen. Med. Habil., Marburg 1989 Enke, Stuttgart 1990

Mitchell, S., P. Rosa: Boyhood behavior problems as precursors of criminality: a 15-year-follow-up study. Journal of Child Psychology and Psychiatry 22 (1981) 19–33

Morgan, H. G., G. F. M. Russell: Values of family background and clinical features as predictors of long-term outcome in anorexia nervosa. 4-year-follow-up study of 41 patients. Psychological Medicine 5 (1975) 355–371

Redl, F.: Adolescents – just how do they react? In Caplan, G., S. Lebovici: Adolescence – Psychosocial Perspectives. Basic Books, New York 1969

Remschmidt, H.: Entlassung gegen Revers – über Kommunikationsstörungen zwischen Klinik und Eltern psychisch kranker Kinder. Nervenarzt 43 (1972) 578–583

Remschmidt, H.: Neuere Ergebnisse zur Psychologie und Psychiatrie der Adoleszenz. Zeitschrift für Kinder- und Jugendpsychiatrie 3 (1975a) 67–101

Remschmidt, H.: Psychologie und Psychopathologie der Adoleszenz. Monatsschrift für Kinderheilkunde 123 (1975b) 316–323

Remschmidt, H.: Therapeutische Probleme in der Kinder- und Jugendpsychiatrie. In Vogel, T., J. Vliegen: Diagnostische und therapeutische Methoden in der Psychiatrie. Thieme, Stuttgart 1977

Remschmidt, H.: Das Wohl des Kindes aus ärztlicher Sicht. Zeitschrift für Kinder- und Jugendpsychiatrie 6 (1978) 409–428

Remschmidt, H.: Adoleszentenkrisen und ihre Behandlung. In Specht, F., K. Gerlicher, K. Schütt: Beratungsarbeit mit Jugendlichen: Fragestellungen – Erfahrungen – Anregungen. Vandenhoeck & Ruprecht, Göttingen 1979

Remschmidt, H.: Indikationen und Grenzen der Psychotherapie in der Kinder- und Jugendpsychiatrie. In Helmchen, H., M. Linden, U. Rueger: Psychotherapie in der Psychiatrie. Springer, Berlin 1982

Remschmidt, H.: Was wird aus kinderpsychiatrischen Patienten? Methodische Überlegungen und Ergebnisse. In Schmidt, M. H., S. Drömann: Langzeitverlauf kinder- und jugendpsychiatrischer Erkrankungen. Enke, Stuttgart 1986

Remschmidt, H.: Der Krankheitsbegriff in der Kinder- und Jugendpsychiatrie. In Remschmidt, H., M. H. Schmidt: Kinder- und Jugendpsychiatrie in Klinik und Praxis, Bd. I. Thieme, Stuttgart 1988a

Remschmidt, H.: Gesichtspunkte zur Indikationsstellung therapeutischer Maßnahmen. In Remschmidt, H., M. H. Schmidt: Kinder- und Jugendpsychiatrie in Klinik und Praxis, Bd. I. Thieme, Stuttgart 1988b

Remschmidt, H.: Pathogene Einflüsse und ihre Auswirkungen. In Remschmidt, H., M. H. Schmidt: Kinder- und Jugendpsychiatrie in Klinik und Praxis, Bd. I. Thieme, Stuttgart 1988c

Remschmidt, H.: Postnatale Einflüsse. In Remschmidt, H., M. H. Schmidt: Kinder- und Jugendpsychiatrie in Klinik und

Praxis, Bd. I. Thieme, Stuttgart 1988d

Remschmidt, H.: Probleme der Norm. In Remschmidt, H., M. H. Schmidt: Kinder- und Jugendpsychiatrie in Klinik und Praxis, Bd. I, Thieme, Stuttgart 1988e

Remschmidt, H.: Risikofaktoren, protektive Faktoren und Prävention. In Kisker, K. P., H. Lauter, J.-E. Meyer, C. Müller, E. Strömgren: Psychiatrie der Gegenwart, 3. Aufl., Bd. VII: Kinder- und Jugendpsychiatrie. Springer, Berlin 1988f

Remschmidt, H.: Verlauf und Prognose kinder- und jugendpsychiatrischer Erkrankungen. In Remschmidt, H., M. H. Schmidt: Kinder- und Jugendpsychiatrie in Klinik und Praxis, Bd. I. Thieme, Stuttgart 1988g

Remschmidt, H.: Epidemiology and classification of psychiatric disorders in childhood and adolescence. In Brambring, M., F. Lösel, H. Skowronek: Children at Risk. Assessment, Longitudinal Research, and Intervention. de Gruyter, Berlin 1989

Remschmidt, H., B. Herpertz-Dahlmann: Sind kinder- und jugendpsychiatrische Erkrankungen Vorstufen psychiatrischer Erkrankungen des Erwachsenenalters? Fortschritte der Neurologie und Psychiatrie 57 (1989) 281−298

Remschmidt, H., M. Schmidt (unter Mitarbeit von C. Klicpera): Multiaxiales Klassifikationsschema für psychiatrische Erkrankungen im Kindes- und Jugendalter nach Rutter, Shaffer und Sturge. Mit einem synoptischen Vergleich zum DSM-III, 2. Aufl. Huber, Bern 1986

Remschmidt, H., R. Walter: Psychische Auffälligkeiten bei Schulkindern. Eine epidemiologische Untersuchung. (Mit deutschen Normen für die Child Behavior Checklist.) Hogrefe, Göttingen 1990

Robins, L. N.: Deviant Children Grown Up. Williams & Wilkins, New York 1966; 2nd ed.: Krieger, New York 1974)

Robins, L. N.: Follow-up studies investigating childhood disorders. In Hare, E. H., J. H. Wing: Psychiatric Epidemiology. Oxford Univ. Press, London 1971

Robins, L. N.: Sturdy childhood predictors of adult antisocial behaviour. Replication from longitudinal studies. Psychological Medicine 8 (1978) 611−622

Rutter, M.: Children of Sick Children. Oxford Univ. Press, London 1966

Rutter, M.: Resilience in the face of adversity. Protective factors and resistance to psychiatric disorders. British Journal of Psychiatry 147 (1985) 598−611

Rutter, M., J. Tizard, K. Whitmore: Education, Health and Behaviour. Longmans, London 1970; Reprint: Krieger, Huntington/N. Y. 1981

Rutter, M., P. Graham, O. F. D. Chadwick, W. Yule: Adolescent turmoil: fact or fiction? Journal of Child Psychology and Psychiatry 17 (1976) 35−56

Schmidt, M. H.: Verhaltensstörungen bei Kindern mit sehr hoher Intelligenz. Huber, Bern 1977 (Zeitschrift für Kinder- und Jugendpsychiatrie, Beih. 1)

Schmidt, M. H., S. Drömann: Langzeitverlauf kinder- und jugendpsychiatrischer Erkrankungen. Enke, Stuttgart 1986 (Klinische Psychologie und Psychopathologie, Bd. XLI)

Seiffge-Krenke, I.: Psychoanalytische Therapie Jugendlicher. Kohlhammer, Stuttgart 1986

Shepherd, M., B. Oppenheim, S. Mitchell: Childhood Behavior and Mental Health. Univ. London Press, London 1971

Shepherd, M., B. Oppenheim, S. Mitchell: Auffälliges Verhalten bei Kindern. Verbreitung und Verlauf. Eine epidemiologische Untersuchung. Vandenhoeck & Ruprecht, Göttingen 1973

Stierlin, H., K. Ravenscroft: Varieties of adolescent „separation conflicts". British Journal of Medical Psychology 45 (1972) 299–313

Taylor, A., R. Abrams: Early and late onset of bipolar illness. Archives of General Psychiatry 38 (1981) 58–61

Tizard, B., J. Reese: The effect of early institutional rearing on behaviour problems and affectional relationships of four-year-old children. Journal of Child Psychology aand Psychiatry 16 (1975) 61–74

Warren, W.: A study of adolescent psychiatric in-patients and the outcome 6 or more years later, II: follow-up study. Journal of Child and Adolescent Psychiatry 6 (1965) 1–17

Weiner, J. B.: Child and Adolescent Psychopathology. Wiley, New York 1982

Weinschenk, C.: Die erbliche Lese-Rechtschreibschwäche und ihre sozialpsychiatrischen Auswirkungen: Ein Lehrbuch für Ärzte, Psychologen und Pädagogen, 2. Aufl. Huber, Bern 1965

Welner, A., Z. Welner, R. Fishman: Psychiatric adolescent in-patients: 8 to 10-year-follow-up. Archives of General Psychiatry 36 (1979) 698–700

Werner, E. E.: Stress and protective factors in children's lives. In Nicol, A. R.: Longitudinal Studies in Child Psychology and Psychiatry. Wiley, New York 1985

Wittchen, H. U., M. M. Fichter: Psychotherapie in der Bundesrepublik. Materialien und Analysen zur psychosozialen und psychotherapeutischen Versorgung. Beltz, Weinheim 1980

World Health Organization (WHO): International Classification of Diseases, 8th ed. (ICD-8). WHO, Genève 1965

World Health Organization (WHO): Child Mental Health and Psychosocial Development. WHO, Genève 1977

World Health Organization (WHO): International Classification of Diseases, 9th ed. (ICD-9). WHO, Genève 1978

World Health Organization (WHO): Tenth Revision of the International Classification of Diseases, chapt. V (Categories F00–F99): Mental and Behavioural Disorders (including Disorders of Psychological Development). Clinical Descriptions and Diagnostic Guidelines. WHO, Division of Mental Health, Genève 1990 (WHO/MNH/MEP/87. 1, Rev. 4)

8. Entwicklungskrisen in der Adoleszenz (Adoleszentenkrisen)

8.1 Definition

Gegenstand dieses Buchs sind Entwicklung und Entwicklungskrisen in der Adoleszenz. Krisen sind keine Krankheiten, können aber zu psychiatrischen Notfällen (z. B. bei einem Suizidversuch) oder zu psychischen Krankheiten führen (s. Kap. 7). Während die eigentlichen psychischen Krankheiten in diesem Buch nicht besprochen werden (sie sind ausführlich abgehandelt in der „Psychiatrie der Adoleszenz"), werden die Adoleszentenkrisen aus mehreren Gründen herausgegriffen:

- Es ist wichtig, sie rechtzeitig und richtig zu beurteilen und ggf. entsprechende Fachleute heranzuziehen.
- Eine Abgrenzung zur normalen psychischen Entwicklung kann besonders schwer sein. Sie müssen von tiefreichenderen psychopathologischen Krankheitsbildern unterschieden werden.
- Sie sind verhältnismäßig häufig, werden aber oft verkannt (sie werden entweder bagatellisiert oder beunruhigen unnötig).
- Sie können zu zahlreichen Fehlformen des Verhaltens und zu Persönlichkeitsstörungen führen.
- Sie können mit einer Spontanheilung enden oder durch psychotherapeutische Hilfestellung zur adäquaten Bewältigung neuer Triebkräfte, zu einer stabilen Integration der Persönlichkeit führen.

Bei den Adoleszentenkrisen kommt es vor dem Hintergrund einer Reifungs- und Entwicklungsproblematik zu erheblichen intrapsychischen Problemen, die relativ häufig die Grenze zum Notfall überschreiten und dann als Notfall behandelt werden müssen. Die Adoleszentenkrisen sind für diese Altersstufe spezifische Krisen. Sie lassen sich auch auffassen als fehlgeschlagene Bewältigung der adoleszenzspezifischen Entwicklungsaufgaben. Der Jugendliche ist überfordert von der Vielzahl der zu bewältigenden Probleme und schafft es nicht, der neuen Situation angepaßte Bewältigungsmechanismen zu entwickkeln.

Etwa 20% der Adoleszenten zeigen einen dramatischen und stürmischen Entwicklungsverlauf (Newman u. Newman 1979).

Der Terminus *Adoleszentenkrise* ist eine ungenaue Bezeichnung für eine Reihe sehr unterschiedlicher Auffälligkeiten des Erlebens und Verhaltens in der Adoleszenz. Die Bezeichnung ist, wenn man sie überhaupt als Diagnose auffassen will, eine *Querschnittsdiagnose*, die zunächst nichts über eine nosologische Einheit und auch nichts über den Verlauf auszusagen vermag. Insofern ist sie allenfalls eine pragmatische Bezeichnung für sehr heterogene Störungsmuster, deren gemeinsame Merkmale der Zeitpunkt ihres Auftretens und ein in der Regel stürmischer und symptomreicher Verlauf sind. Letzterer bringt es mit sich, daß Adoleszentenkrisen jederzeit zum *Notfall* werden können, wenn sie in Erlebnisse oder Handlungen einmünden, die zu Veränderungen der Realitätsbeziehungen sowie zur Selbst- und Fremdgefährdung führen.

Synonym mit „Adoleszentenkrise" kann die Bezeichnung „*Normvarianten des Erlebens und Verhaltens in der Adoleszenz*" verwendet werden. Denn vom Grundsatz her handelt es sich um *Variationen der Entwicklung in der Adoleszenz*, die sich meist im Bereich des Erlebens (Selbstwertskrupel, Schuldgefühle, Insuffizienzgefühle, körperliche und seelische Selbstwertkonflikte) oder auch im Verhalten (Suizidversuche, Weglaufen, übertriebene Protesthaltung) ausdrücken. Der gemeinsame Nenner dieser Erlebnisse und Verhaltensweisen ist eine vom Jugendlichen und seiner Umgebung erlebte schwerwiegende Krise, deren Ausgang und Prognose im Akutstadium nicht abgeschätzt werden kann.

Adoleszentenkrisen lassen sich auch als fehlgeschlagene Bewältigung von Entwicklungsaufgaben auffassen. Hier kann das von Havighurst (1948) geprägte Konzept der Entwicklungsaufgabe (s. Kap. 3) seine direkte Anwendung finden.

8.2 Klassifikation

Weder die ICD (MAS, ICD-9, ICD-10) noch das DSM-III-R kennen den Terminus „Adoleszentenkrise". Es handelt sich bei dieser summarischen Bezeichnung ja auch nicht um eine Diagnose, sondern um sehr unterschiedliche Verhaltens- und Erlebnisweisen, die in die Gruppierung der Neurosen, der Persönlichkeitsstörungen oder der Psychosen gehören können, nur läßt sich dies im Akutstadium häufig nicht entscheiden. Die Einordnungsprobleme sind ähnlich wie beim *Suizidversuch*, der auch nicht als eigene Kategorie in den beiden geläufigen Klassifikationssystemen enthalten ist, weil er Ausdruck einer Reihe sehr verschiedener Störungen und Erkrankungen sein kann und bei diesen verschlüsselt wird. Eine Reihe von Kliniken sind jedoch dazu übergegangen, „handlungsrelevante Symptome oder Syndrome" in einer eigenen Liste *zusätzlich* zur Diagnose zu registrieren.

8.3 Verschiedene Formen der Entwicklungskrisen

Im folgenden werden einige Störungen abgehandelt, die meist unter dem Begriff Adoleszentenkrise zusammengefaßt werden.

8.3.1 Störungen der Sexualentwicklung

Von Bedeutung sind hierbei die exzessive Onanie, homosexuelle Neigungen bei Jungen, sexuelle Verwahrlosung bei Mädchen sowie verschiedene Formen sexueller Verhaltensabweichungen. Zu erwähnen ist auch die Pubertätsaskese, die sich in einer Unterdrückung und Ablehnung sexueller Impulse äußert und eng mit entsprechenden restriktiven Normen zusammenhängt.

Unsicherheit und Skrupel in bezug auf sexuelles Verhalten führen in der Adoleszenz häufig zu schweren Krisen, die nicht selten in Suizidversuche einmünden. Die meisten Störungen dieser Art sind vorübergehender Natur. Andererseits werden gerade in der Adoleszenz Grundlagen für Störungen gelegt, die im Erwachsenenalter persistieren können.

In vielen Fällen haben die Jugendlichen unklare Vorstellungen über Sexualität und Sexualverhalten oder empfinden sich unter einem sexuellen „Leistungsdruck". Dieser muß sich nicht in häufigen intimen Beziehungen äußern, sondern häufiger in der Befürchtung, den vermeintlichen alterstypischen sexuellen Anforderungen nicht gewachsen zu sein. Die Sorgen solcher Jugendlichen kreisen um Fragen wie: Müßte ich nicht längst und regelmäßig intime Kontakte haben? Kann das häufige Onanieren mir schaden? Sind mir nicht andere Jugendliche (z. B. meine Freunde) in sexueller Hinsicht deutlich überlegen? Bin ich sexuell abwegig veranlagt? Vielleicht haben Jungen bzw. Mädchen an mir gar kein Interesse? Müßte ich nicht ein stärkeres sexuelles Bedürfnis haben? Oder umgekehrt: Ist mein sexuelles Bedürfnis übermäßig ausgeprägt? Manchmal fragen sich insbesondere männliche Jugendliche, ob ihre Geschlechtsorgane normal entwickelt sind, oder sind beunruhigt, wenn, z. B. im Rahmen einer depressiven Verstimmung, Libidoverlust oder Erektionsstörungen auftreten. Viele dieser Fragen lassen sich im Gespräch klären. Das Wissen um die ubiquitäre Bedeutung sexueller Probleme in der Adoleszenz erleichtert dem Untersucher häufig den Zugang zu den Jugendlichen. Diese fühlen sich oft entlastet, wenn der Untersucher von sich aus diese Thematik anspricht.

8.3.2 Identitäts- und Autoritätskrisen

Identitätskrisen können unter sehr vielschichtigen Symptomen auftreten. Charakteristisch sind Insuffizienzgefühle, häufig auch depressive

Verstimmungen und Suizidtendenzen. Nicht selten sind sie mit Depersonalisationserlebnissen und hypochondrischen Befürchtungen (Pubertätshypochondrie) verbunden. Sie lassen sich erklären als Reaktion auf den Verlust des Kindheitsstatus, auf die erheblichen Diskrepanzen zwischen biologischen und gesellschaftlichen Möglichkeiten, auf die Verunsicherung hinsichtlich des späteren Status und auf den massiven biologischen Umbruch. Die Jugendlichen sind auf der Suche nach sich selbst. Sie stellen sich die typischen Fragen: Wer bin ich, was ist meine Aufgabe, wie möchte ich sein, für wen hält man mich? Viele Jugendliche haben die Befürchtung, nicht eigenständig zu sein, oder empfinden sich als „Abklatsch" einer anderen Person. Aus dieser Befürchtung heraus entsteht häufig eine Abkehr von früheren Vorbildern, auch von den Eltern.

Verunsicherungen und Ängste können so weit führen, daß die Jugendlichen die Befürchtung haben, ihre körperliche und seelische Einheit zu verlieren. Sie entwickeln dann häufig entsprechende Methoden, sich ihrer selbst immer wieder zu vergewissern (z. B. Betasten des Körpers oder Betrachten im Spiegel, schriftliche Formulierungen ihrer Gedanken und Zwangsmechanismen). Hier zeigt sich, wie verschiedene Störungen in der Adoleszenz zusammenhängen bzw. sich in ihrer Symptomatik überschneiden (Identitätskrisen, Depersonalisationssyndrome und Zwangssyndrome).

Im DSM-III-R ist die *Identitätsstörung* (313.82) als eigenes Syndrom vorgesehen. Neben einem ausgeprägten subjektiven Unbehagen bezüglich verschiedener Aspekte der Identität besteht eine erhebliche Unsicherheit im Hinblick auf folgende Bereiche (mindestens 3 Kriterien müssen zutreffen):

– langfristige Ziele,
– Berufswahl,
– Freundeskreis,
– sexuelle Orientierung und Sexualverhalten,
– religiöse Identifikation,
– moralische Vorstellungen,
– Gruppenloyalität.

Die Störung ist weder auf eine affektive noch auf eine schizophrene Erkrankung zurückzuführen und nicht so tiefgreifend und andauernd, daß die Diagnose einer Borderline-Persönlichkeitsstörung gerechtfertigt wäre. Auch in dieser Beschreibung zeigt sich, daß Identitätskrisen als Nichtbewältigung von Entwicklungsaufgaben verstanden werden können (Berlin 1980).

Autoritätskrisen: Die in der Adoleszenz häufig zu beobachtende Protesthaltung (s. auch Kap. 3 u. 4) äußert sich nicht selten als universeller

Protest, als familiärer Protest, als Vaterprotest oder als Weglaufen. Die zuerst genannten Möglichkeiten haben eine Auseinandersetzung mit Autorität, Ordnung und Normengefüge zum Inhalt, die zuletzt genannte umschreibt den Rückzug aus dieser Auseinandersetzung durch Flucht. Die Flucht kann in unterschiedliche Felder erfolgen. Nicht selten fliehen Jugendliche in die Drogenabhängigkeit oder in pseudoreligiöse Gemeinschaften (sogenannte Jugendreligionen). Autoritätskrisen können auch mit Reifungsanomalien einhergehen und können zum psychiatrischen Notfall werden, wenn es zu delinquenten Handlungen (z. B. zu Gruppendelikten) oder zu Suizidalität kommt.

8.3.3 Entfremdungserlebnisse (Depersonalisation und Derealisation)

Unter dem Begriff „Entfremdungserlebnisse" werden Veränderungen der Selbstwahrnehmung (*Depersonalisation*) und der Fremd- bzw. Umgebungswahrnehmung (*Derealisation*) verstanden, die subjektiv als Wandlung der Wirklichkeit oder als Wirklichkeitsverlust empfunden werden.

Körperliche Entfremdungserlebnisse kommen in der Adoleszenz nicht selten vor. Sie treten häufig attackenweise auf und werden von den Jugendlichen weniger als Ausnahmezustand erlebt, sondern als „Steigerungen oder krisenhafte Höhepunkte der Selbstreflexion" (Meyer 1972).

Depersonalisationserlebnisse sind eng verknüpft mit Identitätsproblemen und haben auch Beziehungen zur Pubertätshypochondrie. Die Notwendigkeit einer Umorientierung der Vorstellungen vom eigenen Körper in der Adoleszenz liefert die Grundlage für ihr Auftreten. Das Syndrom ist mehrdeutig und kann im Vorfeld von Schizophrenien und Zyklothymien, aber auch im Rahmen von Neurosen sowie erlebnisreaktiv auftreten.

Laut DSM-III sollen 30−70% junger Erwachsener zu irgendeinem Zeitpunkt leichte Depersonalisationserscheinungen vorübergehender Art aufweisen.

Die **Depersonalisation** ist dadurch gekennzeichnet, daß sich die Betroffenen über *Veränderungen an ihrem Körper* beunruhigen. Kernsymptome sind:

– Gefühl der Entfremdung,
– Beunruhigung bzw. Beeinträchtigung durch diese Entfremdungserlebnisse,
– nicht wahnhafte Natur der Entfremdungserlebnisse,
– Verbindung der Entfremdungserlebnisse mit dem Empfinden, emotional unzureichend reagieren zu können.

Die Jugendlichen äußern z. B. Sorgen darüber, daß ihre Hände oder Beine größer oder kleiner geworden sind, daß sich ihre Gesichtsproportionen verändert haben, daß sie das Gefühl haben, ihr Arm oder ihr Bein gehöre nicht mehr zu ihnen und daß sie insgesamt Zweifel an der eigenen Wirklichkeit haben. Je nach sprachlicher Ausdrucksfähigkeit können diese Gefühle oder Empfindungen mehr oder weniger deutlich beschrieben werden. Manche sprechen von regelrechten „Wirklichkeitszweifeln", die ihre Person betreffen. Häufig äußern sie, sie fühlten sich wie im Traum oder würden mechanisch wie eine Maschine reagieren. Sehr oft ist damit die Besorgnis verknüpft, sie seien nicht mehr Herr über ihre Persönlichkeit und ihre Handlungen. Manche Jugendliche entwickeln regelrechte *Rückversicherungstechniken*, mit denen sie den Realitätsgehalt ihrer Handlungen oder ihrer Existenz prüfen. Dazu gehören z. B. Betasten des eigenen Körpers, Sich-Kneifen oder Zufügen anderer leichter Schmerzreize, der Blick in den Spiegel, um sich des eigenen Gesichtes zu vergewissern. Häufig sind mit der Symptomatik sensorische Störungen verquickt: Die Patienten geben an, sie hörten alles wie von ferne, die Umgebung sei auch optisch entrückt.

Alle diese Symptome gehen aber mit einer *intakten Realitätskontrolle* gegenüber der Umwelt einher. D. h., der Patient zieht zwar die Realität in Zweifel, bewegt sich aber in seiner Umgebung realitätsgerecht.

Bei der **Derealisation** ist die *Veränderung* im wesentlichen auf die Wahrnehmung *der Umgebung* konzentriert. Form oder Größe von Gegenständen oder Personen werden verändert, entstellt oder wie leblos wahrgenommen. Als Nebenmerkmale des Syndroms sind im DSM-III erwähnt: Schwindel, Depressionen, zwanghafte Grübeleien, Ängstlichkeit, die Angst, verrückt zu werden, und eine Störung des subjektiven Zeitgefühls. Auch äußern manche Patienten, daß sie sich nicht mehr so gut wie früher erinnern können.

Die Diagnose erfolgt aufgrund der Anamnese, einer sorgfältigen Exploration und der klinischen Symptomatik. Entfremdungserlebnisse (Depersonalisation und Derealisation) können ein eigenes Syndrom darstellen oder auch Symptom einer anderen Erkrankung sein. Dementsprechend können wir nach Meyer (1959) verschiedene *Formen* unterscheiden:

1. Depersonalisation als akute Erlebnisreaktion,
2. Depersonalisation als neurotisches Symptom,
3. hysterische Depersonalisation,
4. anankastische Depersonalisation,
5. Depersonalisation im Rahmen schizophrener Psychosen,

6. Depersonalisation im Rahmen endogen-phasischer Psychosen,
7. Depersonalisation im Rahmen von Adoleszentenkrisen.

Im letzteren Fall sind typische Klagen der Jugendlichen das Gefühl, nicht verstanden zu werden, kein Vertrauen zu finden, einsam zu sein, die eigene Position in der Welt nicht gefunden zu haben, nichts wert zu sein, kein eigenes Ich zu haben usw. In diesem Kontext schreibt Meyer (1959): „Die Depersonalisation als Abgeschiedenheit von der Welt macht diese Einsamkeit des Pubertierenden vollständig." Die Abgrenzung von den anderen erwähnten Depersonalisationssymptomen geschieht aufgrund der Tatsache, daß keine für die anderen Störungen typische Symptomatik vorliegt. Sie erfolgt also per exclusionem. Daher läßt sich aufgrund der Querschnittsbetrachtung keine Prognose für den weiteren Verlauf stellen.

Ätiologie und Genese: Bislang liegt keine umfassende und befriedigende Theorie zur Erklärung von Depersonalisations- und Derealisationserlebnissen vor. Die meisten Erklärungsansätze laufen darauf hinaus, daß der nichtpsychotischen Depersonalisation die Funktion eines Abwehr- oder Ausweichmechanismus zukommt.

8.3.4 Körperliche Selbstwertkonflikte (Dysmorphophobien)

Durch die Wahrnehmung der verschiedenen Wandlungen im somatischen Bereich wird die Vorstellung vom eigenen Körper erheblich verändert (s. Kap. 3). Die vermehrte Beobachtung der eigenen Körperlichkeit und der Vergleich mit anderen bringt es häufig mit sich, daß vorhandene oder vermeintliche körperliche Mängel überbewertet werden und zu schweren krisenhaften Entwicklungen (Selbstwertkrisen, Suizidversuchen) oder gar zu kriminellen Handlungen führen. Derartige Entwicklungen hat Stutte (1974) unter der Bezeichnung „*Thersites-Komplex"* beschrieben. Die Realisierung körperlicher Veränderungen disponiert auch zum Auftreten von Derealisations- und Depersonalisationserlebnissen.

Körperliche Selbstwertkonflikte konzentrieren sich häufig um folgende *Themen*:

– wirkliche oder vermeintliche Entstellungen im Gesichtsbereich (z. B. zu lange Nase, Gesichtsasymmetrien, zu kleiner Mund, Acne vulgaris im Gesicht, Narbenbildungen);
– Körpergröße: Sowohl zu geringe als auch übermäßige Größe führen häufig zu Selbstwertkonflikten; bei Mädchen ist es häufiger die übermäßige Körpergröße, bei männlichen Jugendlichen eine zu kleine Statur.
– Ferner sind von Bedeutung: Deformität der Wirbelsäule (Skoliosen

und Kyphosen), Einschränkungen der Beweglichkeit, Ganganomalien, Folgen von Verletzungen verschiedenster Art (Verbrennungen, Verbrühungen), Hämangiome an sichtbarer Stelle (z. B. im Gesichtsbereich).

Derartige körperliche Entstellungen können bei entsprechend sensiblen Jugendlichen zu schweren Selbstwertkrisen führen. Andererseits beobachtet man immer wieder Jugendliche, die trotz erheblicher Entstellungen nicht oder kaum auffällig sind. Hier zeigt sich das individuell unterschiedliche Wechselspiel zwischen Risikofaktoren und protektiven Faktoren einerseits und den Möglichkeiten, die eigene Entwicklung mitzugestalten, also selbst mit widrigen persönlichen und sozialen Umständen durch aktive Auseinandersetzung fertigzuwerden.

Die Störung ist unter der Bezeichnung *Dysmorphophobie* im DSM-III-R beschrieben (in der ICD-9 und ICD-10 ist sie nicht enthalten). Als Hauptmerkmal wird eine übertriebene Beschäftigung mit einem vermeintlichen körperlichen Mangel oder eine überwertige Beschäftigung mit einer geringfügigen körperlichen Anomalie beschrieben, wobei ein wahnhaftes Geschehen ausgeschlossen ist.

Angaben über die Häufigkeit der Störung unter Adoleszenten liegen nicht vor. Klinische Beobachtungen sprechen für ein relativ häufiges Vorkommen mit recht unterschiedlicher Ausprägung. Unzufriedenheit mit der eigenen Körperlichkeit ist in der Adoleszenz sehr verbreitet. Von einer Störung kann erst dann gesprochen werden, wenn sie die Jugendlichen daran hindert, ihre alterstypischen Entwicklungsaufgaben wahrzunehmen. Auch hier erweist sich das Konzept der Entwicklungsaufgabe sowohl für das Verständnis der Störung als auch für ihre Behandlung als fruchtbar.

Ein 15,8 Jahre altes *Mädchen mit Gaumenspalte* verübte, teils bei ihrem Arbeitgeber, teils zu Hause, insgesamt 5 Brandstiftungen. Infolge ihrer offenen Gaumenspalte fiel sie beim Sprechen auf und wurde im Laufe ihrer Entwicklung häufig ausgelacht, verspottet und in sozialer Hinsicht im Vergleich zu ihren Altersgenossen zurückgesetzt. Die Untersuchung ergab zahlreiche Hinweise auf eine erhebliche *Selbstwertkrise*. Diese äußerte sich in einer Hemmung im Kontakt zu anderen Menschen, im mangelnden Zutrauen zur eigenen Person, einer Einengung ihrer Handlungsfunktionen, einem labilen Selbstbewußtsein sowie einer Unfähigkeit, aggressive Regungen in sozial akzeptabler Weise nach außen abzureagieren. Bedingt durch den Thersites-Komplex und die einengende Erziehung im Elternhaus konnte die Patientin ihren aggressiven Regungen am ehesten in Form von Impulsdurchbrüchen, hier als Brandstiftung, nachgeben. Im Rahmen einer Einzeltherapie mit begleitender Elternberatung konnten die beschriebenen Zusammenhänge durchsichtig gemacht und aufgearbeitet werden. Diese Therapie erbrachte zusammen mit einer im Anschluß daran durchgeführten *Operation* ein gutes Ergebnis: die Sprache wurde normal, die Patientin fand besseren Kontakt zu ihrer Umgebung und ist in keiner Weise mehr auffällig geworden (Remschmidt 1973).

8.3.5 Narzißtische Krisen

Narzißtische Krisen sind unangemessene Überspitzungen der in der Adoleszenz physiologischerweise vorkommenden Ich-Bezogenheit (Egozentrizität). Die betroffenen Jugendlichen sind dadurch gekennzeichnet, daß sie sich in ihren Fähigkeiten und Möglichkeiten in grotesker Weise überschätzen, einen enormen Ehrgeiz an den Tag legen, übermäßige und ungerechtfertigte Erwartungen an ihre soziale Umgebung stellen (z. B. stets als Ausnahme behandelt zu werden), einen erheblichen Mangel an Einfühlungsvermögen zeigen, außerordentlich empfindlich auf Kritik reagieren (z. B. mit Wut oder Depression) und sich stark mit Neidgefühlen gegenüber anderen, die erfolgreich sind, beschäftigen. Ihr Selbstwertgefühl ist durch häufige Fluktuation zwischen Selbstüberschätzung und Minderwertigkeitsempfinden gekennzeichnet.

Die Störung ist verwandt mit der im DSM-III-R beschriebenen narzißtischen Persönlichkeitsstörung. Sie unterscheidet sich von ihr jedoch durch ihre krisenhafte Zuspitzung und ihren häufig passageren Verlauf. Narzißtische Krisen können auch, oft aus belanglos erscheinenden Anlässen (Kränkung, Zurückweisung), in Suizidversuche einmünden und erfordern insofern eine Behandlung bzw. Beratung.

Ein 18jähriger Gymnasiast, hervorragender Schüler in nahezu allen Fächern, für sein Alter jedoch noch relativ kindlich, unternimmt – für die Eltern aus heiterem Himmel – einen höchst gefährlichen Suizidversuch. Vorangegangen war die Zurückweisung durch ein gleichaltriges Mädchen, in das er sich verliebt hatte, das ihm in der Entwicklung jedoch weit voraus war. Das dadurch entstandene Kränkungserlebnis löste bei dem ehrgeizigen und egozentrischen Jugendlichen eine schwere Selbstwertkrise aus, die eine $1^1/_2$jährige psychotherapeutische Behandlung erforderlich machte. Auch nach bestandenem Abitur war die Selbstwertkrise noch nicht überwunden. Der Patient wollte zur Bundeswehr gehen, um dort seine Männlichkeit zu beweisen. Davon nahm er nach erneuter Beratung Abstand und begann ein naturwissenschaftliches Studium, das er erfolgreich betreibt. Die Krise ist inzwischen überwunden.

Narzißtische Krisen erklären sich wie alle Adoleszentenkrisen primär aus der Überspitzung normaler Entwicklungsvorgänge. Warum sie beim einzelnen Adoleszenten diese starke Akzentuierung zeigen, kann sehr verschiedene Ursachen haben (z. B. Entwicklungsverzögerung, Gleichzeitigkeit zu vieler Entwicklungsaufgaben, Vorschädigung, Disposition für psychotische oder neurotische Erkrankungen). Ausgangspunkt der Störung ist die mit dem Zuwachs neuer Fähigkeiten (Erwerb der formalen Operationen nach Piaget) auftretende vermehrte Ich-Bezogenheit, die sich in verstärktem Selbstbewußtsein, im Gefühl der Einmaligkeit und in Selbstüberschätzung zeigt (Elkind 1967). Während diese Entwicklung bei den allermeisten Jugendlichen eine vorübergehende und keineswegs krisenhafte Erscheinung ist, spitzt sie sich bei manchen krisenhaft zu. Nur für diese sollte nach Blatt (1983) die Bezeichnung „narzißtisch" verwendet werden, um ein pathologisches Muster zu beschreiben. Für die physiologisch auftretende Ich-Bezogenheit hingegen sollte der Terminus „egozentrisch" gebraucht werden.

8.3.6 Suizidversuche

Suizidversuche sind Handlungen, die die Beendigung des eigenen Lebens zum Ziel haben. Beim *Suizid* haben diese Handlungen zum Tode geführt.

Suizid und Suizidversuch stellen *keine* eigenen diagnostischen Kriterien dar. Sie sind deshalb in den gebräuchlichen diagnostischen Schemata (MAS und DSM-III) nicht als eigene Kategorien vorgesehen. Vielmehr können sich hinter einem Suizidversuch sehr unterschiedliche Ursachen verbergen, die im Einzelfall zu klären sind.

Jährlich nehmen sich in der Bundesrepublik über 100 Kinder das Leben, wobei das Verhältnis von Jungen zu Mädchen etwa 5 : 1 beträgt. Im Alter von 15−25 Jahren erfährt die Quote der Suizidversuche, aber auch der Suizide, einen erheblichen Anstieg. In dieser Altersgruppe finden wir jährlich 1 500 gelungene Suizide.

Bei Jugendlichen stehen neben psychiatrischen Erkrankungen Identitätsprobleme und phasenspezifische Konflikte im Vordergrund. Suizidgedanken und Suizidphantasien sind in der Adoleszenz überaus häufig. Rund die Hälfte aller Jugendlichen berichtet über solche.

Selbstwertkonflikte, Isolation, Kontaktstörungen, Unzufriedenheit mit der körperlichen Gestalt (Thersites-Komplex) (Stutte 1971), Enttäuschungen in den Beziehungen zum anderen Geschlecht, depressive Verstimmungen und auch schwerwiegendere psychiatrische Erkrankungen sind in der Adoleszenz häufige suizidverursachende oder -auslösende Faktoren. Dabei spielen vielfach situative Einflüsse eine Rolle, die nach 1−2 Jahren nicht mehr aktuell sind. Insofern kommt dem Arzt gerade in der Adoleszenz vielfach die Rolle eines Begleiters zu, der dem Jugendlichen über seine kritische Entwicklungsphase hinweghilft.

Während Suizidhandlungen bei Kindern oft impulsiv, aus der Situation heraus und ohne längere Planung erfolgen, ist dies bei Jugendlichen häufig anders. Zwar existieren auch in der Adoleszenz impulsartige Suizidhandlungen, jedoch ist der Suizidversuch bei den meisten Jugendlichen der Endpunkt einer länger bestehenden Krisen- oder Konfliktsituation, die, bei retrospektiver Betrachtung, in vielen Fällen vorauszusehen gewesen wäre. Vorstadien eines Suizidversuchs wurden von Ringel (1953) unter dem Begriff des *„präsuizidalen Syndroms"* zusammengefaßt. Dieses ist durch drei Merkmale gekennzeichnet:

1. *Einengung des gesamten seelischen Lebensbereiches* (situative Einengung, Einengung der persönlichen Interessen, Einengung der Wertwelt): Diese Einengung zeigt sich häufig in Kontaktscheu, der Vermeidung früher beliebter Situationen, dem Aufgeben von Interessen, Initiativelosigkeit, der verzerrten Wahrnehmung bzw. Interpretation von Ereignissen, im Abbrechen zwischenmenschlicher Beziehungen und im Gefühl der Einsamkeit und des absoluten Unverstandenseins. Die Einengung der Wertwelt drückt sich oft aus in der Ablehnung früher überzeugt vertretener Wertvorstellungen und Aktivitäten sowie einer nihilistischen Grundhaltung. Häufig finden sich entsprechende Aufzeichnungen in Tagebüchern oder Abschiedsbriefen.
2. *Aggressionshemmung nach außen und Richtung der Aggressivität gegen die eigene Person:* Mit der allgemeinen Einengung und der Abwendung von der Umwelt fehlt den Jugendlichen häufig das Projektionsfeld für ihre Aggressionen, die sie nunmehr gegen die eigene Person richten, meist in Form von aggressiven Phantasien, gelegentlich aber auch in selbstverletzenden Handlungen ohne eigentliche Tötungsabsicht.
3. *Todeswünsche und Selbstmordphantasien:* Selbstmordphantasien sind in der Adoleszenz überaus häufig. Man findet sie zu irgendeinem Zeitpunkt bei etwa 50% aller Jugendlichen. Im Rahmen des präsuizidalen Syndroms werden die Selbstmordphantasien aber sehr konkret und nehmen im Denken des jeweiligen Jugendlichen (auch zeitlich gesehen) einen hohen Stellenwert ein.

Nach Löchel (1983) läßt sich das präsuizidale Syndrom bei Kindern und Jugendlichen über die bislang referierten Kriterien hinaus wie folgt spezifizieren:

- Es lassen sich sehr konkrete Vorstellungen über die Durchführung des Suizids feststellen.
- Es finden sich Suizidgedanken in der Anamnese.
- Häufig sind dysphorische Verstimmungen. Die Jugendlichen sind traurig, fühlen sich gekränkt, niedergeschlagen und sind moros verstimmt.

- Es treten psychosomatische Störungen wie Schlaflosigkeit, Veränderung des Eßverhaltens, Müdigkeit und vegetative Irritationen
auf.

Betrachtet man die Suizidmotive im einzelnen, so stehen Familien-
konflikte, schulische bzw. berufliche Schwierigkeiten, Partnerschafts-
und sexuelle Konflikte (bei älteren Jugendlichen) und psychiatrische
Erkrankungen als suizidauslösende Faktoren im Vordergrund (s. auch
Remschmidt u. Schwab 1978).

8.3.7 Dissozialität, Delinquenz und Verwahrlosung

Die Begriffe Dissozialität, Delinquenz und Verwahrlosung werden
sehr unterschiedlich verwendet. Ihren Zusammenhang veranschaulicht
ein Schema von Hartmann (1973) (Abb. 8.1). Darin wird *Dissozialität*
als Oberbegriff aufgefaßt, der alle bemerkenswerten Abweichungen
von sozialen Normen bezeichnet. *Kriminalität* oder *Delinquenz* beinhaltet inkriminierte Abweichungen von der sozialen Norm, und als
Verwahrlosung werden persistierende und generalisierte Abweichungen von den sozialen Normen aufgefaßt. Verwahrlosung kann in diesem Sinne als „fortgesetztes und allgemeines Sozialversagen" definiert
werden. Wer verwahrlost ist, ist als dissozial zu betrachten, jedoch
muß nicht jeder, der dissoziales Verhalten zeigt, zugleich verwahrlost
sein. Ähnlich ist die Beziehung zwischen Delinquenz und Verwahrlosung: Wer strafbare Handlungen (also Delikte) verübt, muß nicht verwahrlost sein; wer verwahrlost ist, muß nicht delinquent sein. Bei vielen delinquenten Jugendlichen treten jedoch gleichzeitig Anzeichen einer Verwahrlosung (also eines persistierenden Sozialversagens) auf
und bei verwahrlosten Jugendlichen häufig Delinquenz.

Je nachdem, ob das **dissoziale Verhalten** eine gewisse „*Normorien-
tierung*" aufweist – sei es auch an der Norm einer Subkultur – oder jeg-
liche „Normbindung" vermissen läßt, unterscheidet man „Störungen
des Sozialverhaltens ohne Sozialisation" (ohne Gruppe) von „Störungen des Sozialverhaltens mit Sozialisation" (in der Gruppe) und Kombinationen mit anderen Symptomen.

Dissozialität zeigt sich in einer Vielfalt von Symptomen, in *nicht so-
zialisierter Form* in Verhaltensweisen wie Negativismus, Ungehorsam,
Streitsucht, Aggressivität, destruktivem Verhalten, Wutausbrüchen,
Ärgern und Tyrannisieren anderer, in gestörten Beziehungen zu anderen Menschen, Bindungsunfähigkeit, häufig auch in Verstößen gegen
sexuelle Verhaltensnormen. Die Störung wird als nicht sozialisiert betrachtet, wenn sich diese Verstöße wahllos gegen eine Vielzahl von
Personen, Gruppen oder Institutionen richten und keinerlei Normbe-
folgung und Normbindung feststellbar ist.

Abb. 8.**1** Beziehung der Begriffe Dissozialität, Delinquenz (Kriminalität), Verwahrlosung und Abnormität (aus Hartmann, K.: Verwahrlosung. In Müller, Ch.: Lexikon der Psychiatrie. Springer, Berlin 1973)

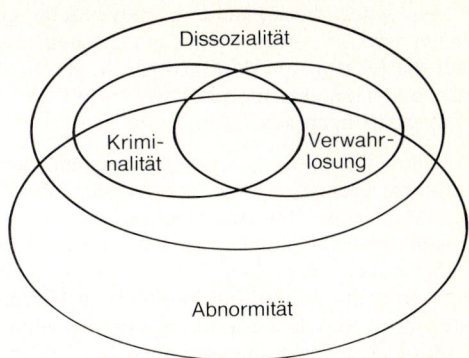

Sozialisierte Störungen können sich in der gleiche Symptomatik äußern, die Kinder oder Jugendlichen verhalten sich aber gegenüber einer Gruppe oder bestimmten Personen loyal und zeigen diesen gegenüber das dissoziale Verhalten nicht. Beispielsweise werden Zerstörungen des Eigentums oder Diebstähle gegenüber Personen aus der Gruppe, mit der man derartige Delikte begeht, nicht durchgeführt.

Im deutschen Sprachgebrauch werden als **„Delinquenz"** alle Handlungen zusammengefaßt, die einen im Strafgesetzbuch kodifizierten Normbruch zum Inhalt haben. Es geht also um strafbare Handlungen. Im angelsächsischen Sprachraum wird der Begriff häufig weiter gefaßt.

Bei Jugendlichen und Heranwachsenden stehen Diebstahlsdelikte an erster und zweiter Stelle, es folgen Sachbeschädigungen, Roheitsdelikte, Rauschgiftdelikte, Straftaten gegen die öffentliche Ordnung und Sexualdelikte.

Untersuchungen zum Dunkelfeld zeigen, daß die Delinquenzrate außerordentlich hoch ist. Dies hat damit zu tun, daß die Jugenddelinquenz ebenso wie die Kinderdelinquenz häufig die Funktion einer bewußt herbeigeführten Auseinandersetzung mit den sozialen Normen hat. Dies betrifft vor allem die Bagatellkriminalität, die sehr im Ansteigen ist. Andererseits kommen im Jugendalter und bei Heranwachsenden (18- bis 21jährige) bereits sehr gravierende Delikte (Sexualdelikte, Mord, Totschlag) vor, die zwar oft aus adoleszenztypischen Konfliktkonstellationen resultieren, aber Züge aufweisen, wie sie für Delikte Erwachsener typisch sind.

Einfacher und schwerer *Diebstahl* stehen an der Spitze der von Jugendlichen und Heranwachsenden (18- bis 21jährige) begangenen Delikte.

Sachbeschädigung steht an dritter Stelle unter den Delikten Jugendlicher und an vierter Stelle unter denen Heranwachsender. Bezogen auf die Gesamtzahl der Tatverdächtigen machen männliche Jugendliche und Heranwachsende jeweils etwa 18−20% der Gesamtzahl der Tatverdächtigen aus.

Unter *Vandalismus* versteht man gemeinsam und in Gruppen durchgeführte Sachbeschädigungen, vorsätzliche Transportgefährdung oder Brandstiftung. Derartige Delikte werden häufig von Kindern oder Jugendlichen begangen, die sich in einer Gruppensituation gegenseitig aufschaukeln. Eine besondere Form ist der Fußball-Vandalismus, bei dem es während und im Anschluß an Fußballspiele zu sinnlosen Zerstörungen von Gegenständen kommt, häufig aber auch zu Aggressionsdelikten gegenüber gegnerischen Gruppen von Fußballfans.

Aggressionsdelikte (Körperverletzung, Mord, Totschlag) machen bei Jugendlichen etwa 5−7% und bei Heranwachsenden etwa 10% aus. Sie ergeben sich aus sehr unterschiedlichen Motiven: Eine Rolle spielen individuelle Konflikte (z. B. Rivalitätskonflikte, nicht überwundene Kränkungen), sexuelle Motive, unkontrollierte Aggressionshandlungen in affektiven Spannungssituationen und plötzlich auftretende Erregung, Alkohol- und Drogeneinwirkung, Aufschaukelung aggressiver Impulse in einer Gruppensituation, ausgeprägte Minderwertigkeitsgefühle, die sich in plötzlich auftretenden aggressiven Impulsen entladen, Demütigungen seitens der Umgebung usw.

Ein 17jähriger Jugendlicher mit XYY-Syndrom zeigte mehrfach *sexuell getönte aggressive Verhaltensweisen*. Er beging aggressiv-sadistische Handlungen an jüngeren Kindern und vergewaltigte dann eine 21jährige Frau. Eine nähere Untersuchung ergab, daß er ausgesprochene Schwierigkeiten im räumlichen Vorstellen und Denken hatte (letzteres war, gemessen an seiner Intelligenz, weit unterdurchschnittlich) und daß er *komplexe soziale Situationen nicht beurteilen konnte*. Dies zeigte sich z. B. darin, daß er der jungen Frau eine Halskette abnahm und vollkommen überzeugt war, daß diese ihm die Kette freiwillig übergeben hatte, obwohl er sie gleichzeitig mit dem Messer bedrohte. Derartige massive Funktionsausfälle können zu Fehleinschätzungen sozialer Situationen führen und damit auch die Opfer weiteren aggressiven Handlungen aussetzen.

Sexualdelikte Jugendlicher umfassen vor allem sexuelle Nötigung, sexuellen Mißbrauch von Kindern, Vergewaltigung und andere Sexualdelikte mit aggressiver Komponente. Laut polizeilicher Kriminalstatistik entfallen rund 25% aller Vergewaltigungen auf männliche Jugendliche und Heranwachsende.

Bei *Rauschgiftdelikten* sind Jugendliche und Heranwachsende mit fast 45% aller Tatverdächtigen beteiligt. Dabei überwiegen wiederum die männlichen Heranwachsenden mit rund 20% (bei weiblichen sind es 5%), während männliche Jugendliche mit rund 6% und weibliche Jugendliche mit rund 3% beteiligt sind. Als Rauschgiftdelikte werden alle Straftaten zusammengefaßt, bei denen Drogen in folgender Weise benutzt werden (Kaiser 1981):

– Drogenherstellung, -einfuhr, -handel, -erwerb, -schmuggel;
– Rezeptfälschung, um in den Besitz von Drogen zu gelangen;
– Besitz und Weitergabe entsprechender Drogen.

Gruppendelikte: Rund 40% aller registrierten Jugendstraftaten werden in der Gruppe begangen (Kaiser 1981). Diese Entwicklung zeichnet sich in Europa etwa seit 1955 ab. Im Vordergrund stehen Diebstahl, Vandalismus und Gewaltdelikte. Dabei werden Jugendliche häufiger gemeinschaftlich gewalttätig als Heranwachsende. Während Jugendliche ihre Gewaltäußerungen häufiger gegen Sachen richten, wenden Heranwachsende Gewalt häufiger gegen Personen an. In Großstädten findet man nicht selten Delinquenzgruppen oder -banden, die hauptsächlich durch aggressive Auseinandersetzungen und Vandalismus auffallen. Es handelt sich meist um männliche Jugendliche zwischen 14 und 18 Jahren, die in der Regel bemerkenswerte Sozialisationsschäden aufweisen. Sie entstammen überwiegend der Unterschicht.

Bei der *Verwahrlosung* (persistierende Dissozialität) kommt es, meist im Jugendalter, zu einer Vielzahl von Symptomen, die sich unter *Labilität* (geringe Kontakt- und Arbeitsbindung, leichte Verführbarkeit), *Impulsivität* (Abhängigkeit von momentanen Einfällen und Handlungsimpulsen), *Aggressivität* (oppositionelles, destruktives und aggressives Verhalten) und vielfach auch Delinquenz zusammenfassen lassen.

8.4 Therapie, Verlauf und Prognose

Da die Adoleszentenkrisen sehr heterogen sind, muß die **Behandlung** im Einzelfall unterschiedliche Wege gehen. Ist die Störung von ihrer Symptomatik her psychosenahe oder liegt eine Selbst- oder Fremdgefährdung vor, so ist eine stationäre Aufnahme unumgänglich.

Die Behandlung richtet sich nach der vermuteten *Grundstörung*. In jedem Falle sind ausführliche *Beratungen* des Jugendlichen und seiner Eltern notwendig. Diese sollten stets davon ausgehen, daß sehr viele Schwierigkeiten in der Adoleszenz Ausdruck von Individuationskrisen sind und nicht dauerhafte psychopathologische Probleme. Sie erklären sich vielfach aus der noch nicht gelungenen Bewältigung von Entwicklungsaufgaben, die im einzelnen analysiert werden müssen. Aus dieser

Analyse und aus dem Verhalten der jeweiligen Jugendlichen ergeben sich vielfach Anhaltspunkte für erfolgreiche Bewältigungsstrategien, die in der Therapie und Beratung aufgegriffen werden können. Die Grundvoraussetzung für eine Beratung ist Offenheit sowohl dem Jugendlichen als auch seinen Eltern gegenüber. Jede Art von Parteinahme muß vermieden werden.

Gelingt es nicht, die Krise durch diese Vorgehensweise abzumildern oder unter Kontrolle zu halten, so ist (stationär oder ambulant) – sofern eine schizophrene oder affektive Psychose ausgeschlossen ist – eine individuelle *Psychotherapie* oder eine Gruppentherapie angezeigt. Dabei sind spezielle Gesichtspunkte zu beachten. Den Jugendlichen fehlt häufig trotz akuter Not- und Krisenzustände der Leidensdruck und die Einsicht in eine längerfristige Therapiebedürftigkeit ihrer Störung. Aber selbst wenn diese gegeben sind, ist die Weiterführung der Behandlung manchmal außerordentlich schwer. Das „Aussteigen" aus der Therapie ist ein geläufiges Problem. Auch ist die Rolle des Therapeuten schwieriger zu definieren und auszufüllen als bei Erwachsenen oder bei Kindern. Denn der Therapeut muß aktiver sein als in der Erwachsenentherapie, wird dadurch aber auch leichter zum Vater- oder Muttersubstitut (s. Kap. 7).

Was die Inhalte der Therapie betrifft, so sollte man sich stets auf die *aktuellen Probleme* konzentrieren. Jugendliche sprechen vielfach nur sehr ungern über die Vergangenheit, weshalb das Hier und Jetzt in der Behandlung möglichst intensiv zur Sprache kommen muß. Die aktive Rolle des Therapeuten zeigt sich auch darin, daß er vermutete Probleme (z. B. im Sexualbereich) von sich aus anschneidet und, gerade auch in sensiblen Bereichen wie dem der Sexualität, Informationen an die Jugendlichen weitergibt. Jugendliche sind oft erschreckend wenig über das informiert, was auf ihrer Altersstufe als „häufig" oder „normal" angesehen werden kann.

Bei einer schweren depressiven Verstimmung oder bei begründetem Verdacht auf eine schizophrene Psychose sollte eine entsprechende medikamentöse Behandlung eingeleitet werden. Nicht zuletzt muß besonderes Augenmerk auf die Suizidalität gerichtet werden, die Anlaß für eine stationäre Behandlung, zumindest in der Anfangsphase, ist.

Die **Prognose** der Adoleszentenkrisen ist im Akutstadium schwer abzuschätzen. Sie hängt letztlich davon ab, welche Grundstörung sich hinter der vielfach sehr dramatischen Symptomatik verbirgt (Abb. 8.2). Im günstigsten Fall erfolgt eine völlige Normalisierung des Erlebens und Verhaltens und somit Heilung. Dies trifft etwa für 30–40% der Adoleszentenkrisen zu. Bei den übrigen muß man mit einem Übergang in eine schizophrene Psychose, eine Persönlichkeitsstörung oder eine längerfristige neurotische Entwicklung rechnen.

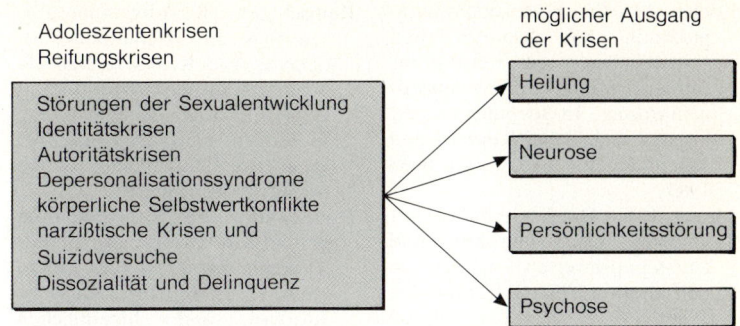

Abb. 8.**2** Adoleszenten- bzw. Reifungskrisen und ihr möglicher Ausgang
(nach Remschmidt 1979)

Langen u. Jaeger (1964; s. auch Langen 1987) stellten in einer Untersuchung an 108 Patienten, bei welchen zunächst eine Pubertätskrise diagnostiziert worden war, bei rund einem Drittel der Fälle einen Übergang in eine Psychose, bei einem weiteren Drittel in eine Charakterstörung fest. Nur ein Drittel erwies sich retrospektiv als sogenannte „karikierte Pubertätsentwicklung". Dies bedeutet, daß man – streng genommen – nur bei diesem Drittel von einer Stabilität der Diagnose sprechen kann.

8.5 Literatur

Berlin, J. N.: Opportunities in adolescence to rectify developmental failures. Adolescent Psychiatry 8 (1980) 231−243

Blatt, S. J.: Narcissism and egocentrism as concepts in individual and cultural development. Psychoanalysis and Contemporary Thought 6 (1983) 291−303

Elkind, D.: Cognitive structure and adolescent experience. Adolescence 2 (1967) 427−434

Hartmann, K.: Verwahrlosung. In Müller, C.: Lexikon der Psychiatrie. Springer, Berlin 1973

Havighurst, R. J.: Developmental Tasks and Education. McKay, New York 1948; 3rd ed. 1972

Kaiser, G.: Kriminologie, 5. Aufl. Müller, Heidelberg 1981 (Uni-Taschenbücher, Bd. 594)

Langen, D.: Probleme und Prognosen der Adoleszentenkrise. In Müller, H.: Adoleszentenmedizin. Urban & Schwarzenberg, München 1987

Langen, D., A. Jaeger: Die Pubertätskrisen und ihre Weiterentwicklungen: Eine katamnestische Untersuchung. Archiv für Psychiatrie und Nervenkrankheiten 205 (1964) 19−36

Löchel, M.: Die präsuizidale Symptomatik bei Kindern und Jugendlichen – ein Beitrag zur Früherkennung der Selbstmordgefährdung. In Jochmus, I., E. Förster: Suizid bei Kindern und Jugendlichen. Enke, Stuttgart 1983

Meyer, J.-E.: Die Entfremdungserlebnisse: Über Herkunft und Entstehungsweisen der Depersonalisation. Thieme, Stuttgart 1959

Meyer, J.-E.: Psychopathologie und Klinik des Jugendalters, der Pubertät und Adoleszenz. In Kisker, K. P., J.-E. Meyer, C. Müller, E. Strömgren: Psychiatrie der Gegenwart, 2. Aufl., Bd. II/1. Springer, Berlin 1972

Newman, B. M., P. R. Newman: An Introduction to the Psychology of Adolescence. Dorsey, Homewood 1979

Reinhard, H. G.: Entwicklung und psychische Störung im Jugendalter. Formen der Daseinsbewältigung psychisch gestörter Jugendlicher. Thieme, Stuttgart 1988

Remschmidt, H.: Bedingungsfaktoren mehrfacher Brandstiftungen bei einem 16jährigen Mädchen. Monatsschrift für Kriminologie und Strafrechtsreform 56 (1973) 58−63

Remschmidt, H.: Adoleszentenkrisen und ihre Behandlung. In Specht, F., K. Gerlicher, K. Schütt: Beratungsarbeit mit Kindern und Jugendlichen: Fragestellungen − Erfahrungen − Anregungen. Vandenhoeck & Ruprecht, Göttingen 1979

Remschmidt, H.: Suizidhandlungen im Kindes- und Jugendalter. Therapie und Prävention. In Jochus, I., E. Förster: Suizid bei Kindern und Jugendlichen. Enke, Stuttgart 1983

Remschmidt, H., T. Schwab: Suizidversuche im Kindes- und Jugendalter. Acta paedopsychiatrica 43 (1978) 197−208

Ringel, E.: Der Selbstmord. Abschluß einer krankhaften psychischen Entwicklung. Eine Untersuchung an 745 geretteten Selbstmördern, 4. Aufl. Fachbuchhandlung f. Psychologie, Frankfurt 1985 (Reprints Psychologie, Bd. XIX)

Stutte, H.: Thersites-Komplex bei Jugendlichen: Hautaffektionen des Gesichts als Ursache. Deutsches Ärzteblatt 68 (1971) 71−72

Stutte, H.: Neurotische Dissozialität auf dem Boden eines Thersiteskomplexes. Praxis der Kinderpsychologie und Kinderpsychiatrie 23 (1974) 161−166

9. Weiterführende Literatur

9.1 Bücher

9.1.1 Entwicklung in der Adoleszenz

Ausubel, D. P.: Das Jugendalter: Fakten – Probleme – Theorie, 4. Aufl. Juventa, München 1974 (Orig.: Theory and Problems of Adolescent Development. Grune & Stratton, New York 1954)

Bancroft, J., J. M. Reinisch: Adolescence and Puberty. Oxford Univ. Press, New York 1990 (Kinsey Institute Series, vol. III)

Bühler, Ch.: Das Seelenleben des Jugendlichen. Versuch einer Analyse und Theorie der psychischen Pubertät, 7. Aufl. G. Fischer, Stuttgart 1991 (UTB, Bd. 1523)

Ewert, O.: Entwicklungspsychologie des Jugendalters. Kohlhammer, Stuttgart 1983

Fend, H.: Vom Kind zum Jugendlichen. Der Übergang und seine Risiken. Huber, Bern 1990 (Entwicklungspsychologie der Adoleszenz in der Moderne, Bd. I)

Fend, H.: Identitätsentwicklung in der Adoleszenz (Entwicklungspsychologie der Adoleszenz in der Moderne, Bd. II) Huber, Bern 1991

Garrison, K. C., K. C. Garrison jr.: Psychology of Adolescence, 7th ed. Prentice-Hall, Englewood Cliffs/N. J. 1975

Gupta, D.: Endokrinologie der Kindheit und Adoleszenz. Thieme, Stuttgart 1986

Jugendwerk der Deutschen Shell (Hrsg.): Jugend 81. Lebensentwürfe, Alltagskulturen, Zukunftsbilder. Studie im Auftrag des Jugendwerks der Deutschen Shell, durchgeführt von Psydata, Institut für Marktanalysen, Sozial- und Medienforschung, Bde. I–III. Jugendwerk der Deutschen Shell, Hamburg 1981; 2. Aufl.: Leske & Budrich, Opladen 1982)

Jugendwerk der Deutschen Shell (Hrsg.): Jugendliche und Erwachsene ,85: Generationen im Vergleich, Bd. I–V. Leske u. Budrich, Leverkusen 1985

Katchadourian, H.: The Biology of Adolescence. Freeman, San Francisco 1977

Klosinski, G. (Hrsg.): Pubertätsriten. Äquivalente und Defizite in unserer Gesellschaft. Huber, Bern 1991

Krüger, H.-H.: Handbuch der Jugendforschung. Leske & Budrich, Leverkusen 1988

Neidhardt, F.: Die junge Generation. Jugend und Gesellschaft in der Bundesrepublik, 3. Aufl. Leske, Opladen 1970 (Beiträge zur Sozialkunde, Reihe B, H. 6)

Neidhardt, F., R. Bergius, T. Bro-
cher, D. Eckensberger, W.
Hornstein, L. Rosenmayr, W.
Loch: Jugend im Spektrum der
Wissenschaften. Beiträge zur
Theorie des Jugendalters. Ju-
venta, München 1970
Nickel, H.: Entwicklungspsycholo-
gie des Kindes- und Jugendal-
ters, Bd. II: Schulkind und
Jugendalter, 3. Aufl. Huber,
Bern 1981
Nickel, H.: Entwicklungspsycholo-
gie des Kindes- und Jugendal-
ters, Bd. I: Allgemeine Grundla-
gen. Die Entwicklung bis zum
Schuleintritt, 4. Aufl. Huber,
Bern 1982
Oerter, R.: Moderne Entwick-
lungspsychologie, 4. Aufl. Auer,
Donauwörth 1969
Oerter, R.: Lebensbewältigung im
Jugendalter. Edition Psycholo-
gie/VCH, Weinheim 1985
Oerter, R., L. Montada u. Mitarb.:
Entwicklungspsychologie,

2. Aufl. Psychologie Verlags-
Union, München 1987
Olbrich, E., E. Todt: Probleme des
Jugendalters. Springer, Berlin
1984
Remschmidt, H.: Jugend und Ge-
sellschaft. Realitätsbewältigung,
Krisen und Auswege. Wissen-
schaftliche Verlagsgesellschaft,
Stuttgart u. Umwelt und Medizin
Verlagsgesellschaft, Frankfurt
1986
Rosenmayr, L.: Schwerpunkte der
Jugendsoziologie. In König, R.:
Handbuch der empirischen So-
zialforschung, 2. Aufl., Bd. VI:
Jugend. dtv/Enke, Stuttgart 1976
Tanner, J. M.: Wachstum und Rei-
fung des Menschen. Thieme,
Stuttgart 1962 (Orig.: Growth at
Adolescence. Blackwell, Oxford
1955)
Trautner, H. M.: Lehrbuch der
Entwicklungspsychologie, Bd. I.
Hogrefe, Göttingen 1978

9.1.2 Psychische Störungen in der Adoleszenz

De Ajuriaguerra, J.: Manuel de
psychiatrie de l'enfant, 2. ed.
Masson, Paris 1974
Chess, S., M. Hassibi: Principles
and Practice of Child Psychiatry.
Plenum, New York 1978
Dührssen, A.: Psychotherapie bei
Kindern und Jugendlichen,
6. Aufl. Vandenhoeck & Ru-
precht, Göttingen 1980
Dührssen, A.: Psychogene Erkran-
kungen bei Kindern und Jugend-
lichen. Eine Einführung in die
allgemeine und spezielle Neuro-
senlehre, 13. Aufl. Vandenhoeck
& Ruprecht, Göttingen 1982
Eggers, C., R. Lempp, G. Nissen,
P. Strunk: Kinder- und Jugend-

psychiatrie, 5. Aufl. Springer,
Berlin 1989 (1.–4. Aufl.: Har-
bauer, H., R. Lempp, G. Nis-
sen, P. Strunk)
Evans, J.: Adolescent and Pre-ado-
lescent Psychiatry. Academic
Press, London u. Grune & Strat-
ton, New York 1982
Göllnitz, G.: Neuropsychiatrie des
Kindes- und Jugendalters,
4. Aufl. Fischer, Stuttgart 1981
Graham, P.: Child Psychiatry. A
Developmental Approach. Ox-
ford Univ. Press, Oxford 1986
Lempp, R.: Eine Pathologie der
psychischen Entwicklung,
4. Aufl. Huber, Bern 1981
Lempp, R.: Gerichtliche Kinder-

und Jugendpsychiatrie: Ein Lehrbuch für Ärzte, Psychologen und Juristen. Huber, Bern 1983

Lewis, M.: Child and Adolescent Psychiatry. A Comprehensive Textbook. Williams & Wilkins, Baltimore 1991

Müller, H.: Adoleszentenmedizin. Urban & Schwarzenberg, München 1987

Nissen, G.: Psychische Störungen im Kindes- und Jugendalter, 2. Aufl. Springer, Berlin 1986

Nissen, G., C. Eggers, J. Martinius, J.: Kinder- und jugendpsychiatrische Pharmakotherapie in Klinik und Praxis. Springer, Berlin 1984

Noshpitz, J. D.: Basic Handbook of Child Psychiatry, vol. I–IV. Basic Books, New York 1979

Ollendick, H., M. Herten: Handbook of Child Psychopathology. Plenum, New York 1983

Quay, H., J. Werry: Psychopathological Disorders of Childhood, 2nd ed. Wiley, New York 1979

Reinhard, H.G.: Entwicklung und psychische Störung im Jugendalter. Formen der Daseinsbewältigung psychisch gestörter Jugendlicher. Thieme, Stuttgart 1988

Remschmidt, H.: Psychiatrie der Adoleszenz. Thieme, Stuttgart 1992

Remschmidt, H.: Kinder- und Jugendpsychiatrie. Eine praktische Einführung, 2. Aufl. Thieme, Stuttgart 1987

Remschmidt, H., M. Schmidt: Neuropsychologie des Kindesalters. Enke, Stuttgart 1981 (Klinische Psychologie und Psychopathologie, Bd. XV)

Remschmidt, H., M. Schmidt: Multiaxiales Klassifikationsschema für psychiatrische Erkrankungen im Kindes- und Jugendalter nach Rutter, Shaffer und Sturge. Mit einem synoptischen Vergleich zum DSM-III, 2. Aufl. Huber, Bern 1986

Remschmidt, H., M. H. Schmidt: Kinder- und Jugendpsychiatrie in Klinik und Praxis, Bd. II: Entwicklungsstörungen, organisch bedingte Störungen, Psychosen, Begutachtung. Thieme, Stuttgart 1985

Remschmidt, H., M. H. Schmidt: Kinder- und Jugendpsychiatrie in Klinik und Praxis, Bd. III: Alterstypische, reaktive und neurotische Störungen. Thieme, Stuttgart 1985

Remschmidt, H., M. H. Schmidt: Kinder- und Jugendpsychiatrie in Klinik und Praxis, Bd. I: Grundprobleme, Pathogenese, Diagnostik, Therapie. Thieme, Stuttgart 1988

Rutter, M.: Scientific foundations of developmental psychiatry. Heinemann, London 1980

Rutter, M.: Developmental Psychiatry. Heinemann, London 1980

Rutter, M., L. Hersov: Child and Adolescent Psychiatry – Modern Approaches, 2nd ed. Blackwell, Oxford 1985

Rutter, M., D. Shaffer, M. Shepherd: A Multiaxial Classification of Child Psychiatric Disorders. World Health Organization, Genève 1975

Rutter, M., D. Shaffer, C. Sturge: A Guide to a Multiaxial Classification Scheme for Psychiatric Disorders in Childhood and Adolescence. Institute of Psychiatry, London 1976

Schmidt, L. R.: Lehrbuch der Kli-

nischen Psychologie, 2. Aufl.
Enke, Stuttgart 1984 (Klinische
Psychologie und Psychopatholo-
gie, Bd. I)
Schmidtchen, S.: Psychologische
Tests für Kinder und Jugendli-
che. Hogrefe, Göttingen 1975
Shaffer, D., A. A. Ehrhardt, L.
Greenhill: The Clinical Guide to
Child Psychiatry. Free Press,
New York 1985
Steinhausen, H.-Ch.: Psychische
Störungen bei Kindern und

Jugendlichen. Lehrbuch der Kin-
der- und Jugendpsychiatrie. Urban & Schwarzenberg, München
1988
Steinhausen, H.-Ch.: Das Jugendalter. Entwicklungen – Probleme – Hilfen. Huber, Bern 1990
Wolman, B. B., J. Egan, A. O.
Ross: Handbook of Treatment of
Mental Disorders in Childhood
and Adolescence. Prentice-Hall,
Englewood Cliffs/N. J. 1978

9.2 Buchreihen

Adolescent Psychiatry. Univ. Chi-
cago Press, Chicago/Ill.
Advances in Behavioral Pediatrics.
JAI Press, Greenwich/CT
Advances in Child Psychiatry and
Child Development. Plenum,
New York
Annual Progress in Child Psychia-
try and Development. Brunner/
Mazel, New York
Child Behavior and Development.
Spectrum, New York
Child Development. Abstracts and
Bibliography. Univ. Chicago
Press, Chicago/Ill.
Child and Youth Psychiatry. Euro-
pean Perspectives. Hogrefe &
Huber, Toronto
Developmental Clinical Psychology

and Psychiatry. Sage, Beverly
Hills
Klinische Psychologie und Psycho-
pathologie. Enke, Stuttgart
Mental Retardation and Develop-
mental Disabilities. Brunner/
Mazel, New York
Monographs of the Society for Re-
search in Child Development.
Univ. Chicago Press, Chicago/
Ill.
Review of Child Development Re-
search. Published under the aus-
pices of the Society for Research
in Child Development. Univ.
Chicago Press, Chicago/Ill.
Wiley Series on Studies in Child
Psychiatry. Wiley, Chichester

9.3 Zeitschriften

Acta paedopsychiatrica. Europäische Zeitschrift für Neuropsychiatrie, Psychologie und Psychotherapie des Kindes- und
Jugendalters. Verlag der Acta
paedopsychiatrica, Düsseldorf,
Bd. 51 (1988 ff) (Heft 1−3 [1988]
im Verlag Marhold, Berlin).
(Bd. 1−19 [1934/35−1952]: Zeit-

schrift für Kinderpsychiatrie.
Bd. 20−50 [1953-1984]: Acta
paedopsychiatrica. Beide im
Verlag Schwabe, Basel)
Adolescence. An International
Journal Quarterly Devoted to
the Physiological, Psychological,
Psychiatric, Sociological, and
Educational Aspects of the Sec-

ond Decade of Human Life. Libra, San Diego 1.1966 ff

American Journal of Orthopsychiatry. American Orthopsychiatric Association, Albany/N. Y. 1.1930 ff

American Journal on Mental Retardation. American Association on Mental Retardation, Washington/D. C. 92.1988 ff (Bd. 45 bis 92,2 [1940/41−1987]: American Journal of Mental Deficiency)

Applied Research in Mental Retardation. Pergamon, New York (Bd. 1−7 [1980/81−1986] ab Bd. 8 [1987 ff]: Research in Developmental Disabilities)

Child Development. Univ. Chicago Press, Chicago-London 1.1930 ff

Child Psychiatry & Human Development. Human Sciences Press, New York 1.1970/71 ff

Development and Psychopathology. Cambridge Univ. Press, New York 1.1989 ff

Developmental Medicine and Child Neurology. MacKeith, London 4.1962 ff (Bd. 1−3 [1958/59 bis 1961]: Cerebral Palsy Bulletin)

European Child and Adolescent Psychiatry. Hogrefe, Göttingen 1.1991 ff

Frühförderung interdisziplinär. Zeitschrift für Praxis und Theorie der frühen Hilfe für behinderte und entwicklungsauffällige Kinder. Reinhardt, München 1.1982 ff

Geistige Behinderung. Fachzeitschrift der Bundesvereinigung Lebenshilfe für geistig Behinderte, Marburg. Lebenshilfe-Verlag, Marburg 19,3.1980 ff (Bd. 1−19,2 [1962−1980]: Lebenshilfe)

Heilpädagogische Forschung. Zeitschrift für Pädagogik und Psychologie Behinderter. Marhold, Berlin 1.1968/69 ff

International Journal of Adolescence and Youth. Academic Publ., 1.1991 ff

Journal of Abnormal Child Psychology. Plenum, New York 1.1973 ff

Journal of Adolescence. Published for the Association for the Psychiatric Study of Adolescents. Academic Press, London 1.1978 ff

Journal of Autism and Developmental Disorders. Plenum, New York 9.1979 ff (Bd. 1−8 [1971−1979]: Journal of Autism and Childhood Schizophrenia)

Journal of Child and Adolescent Psychopharmacology. Mary Ann Liebert, New York 1.1991 ff

Journal of Child Psychology and Psychiatry and Allied Disciplines. Official Organ of the Association for Child Psychology and Psychiatry. Pergamon, Oxford 1.1960 ff

Journal of Clinical Child Psychology. Official Journal of the Section on Clinical Child Psychology, Section 1, Division 12, American Psychological Association. Lawrence Erlbaum, Hillsdale/N. J. 1.1972 ff

Journal of Developmental and Behavioral Pediatrics. Williams & Wilkins, Baltimore 1.1980 ff

Journal of Learning Disabilities. Fairchild, New York 1.1968 ff

Journal of Pediatric Psychology. Plenum, New York 1.1976 ff

Journal of the American Academy of Child and Adolescent Psychiatry. Williams & Wilkins, Baltimore 1.1962 ff

Journal of Youth and Adolescence. Multidisciplinary Research Publication. Plenum, New York 1.1972 ff

Monatsschrift Kinderheilkunde. Organ der Deutschen Gesellschaft für Kinderheilkunde. Springer, Berlin 128,8.1980 ff (Bd. 1−128,7 [1902/1903−1980]: Monatsschrift für Kinderheilkunde; Bd. 9−17 [1910−1919]: Teilung in Unterreihen)

Neuropediatrics. Journal of Pediatric Neurobiology, Neurology and Neurosurgery. Hippokrates, Stuttgart 11.1980 ff (Bd. 1−10 [1969−1979]: Neuropädiatrie)

Neuropsychiatrie de l'enfance et de l'adolescence. Organe officiel de la Société Française de Psychiatrie de l'Enfant et de l'Adolescent. Expansion Scientifique Française, Paris 27.1979 ff (Bd. 1−26 [1953−1978]: Revue de neuropsychiatrie infantile et d'hygiene mentale de l'enfance)

Pädiatrie und Pädologie. Organ der Österreichischen Gesellschaft für Kinder- und Jugendheilkunde (usw.). Springer, Wien 1.1965 ff

Praxis der Kinderpsychologie und Kinderpsychiatrie. Ergebnisse aus Psychoanalyse, Psychologie und Familientherapie. Vandenhoeck & Ruprecht, Göttingen 1.1952 ff

Psichiatria dell'infanzia e dell'adolescenza. Borla, Roma 51.1984 ff (1907−1968: Infanzia anormale; 1969−1983: Neuropsichiatria infantile)

La psychiatrie de l'enfant. Presses Univ. France, Paris 1.1958 ff

Recht der Jugend und des Bildungswesens. Zeitschrift für Schule, Berufsbildung und Jugenderziehung. Luchterhand, Neuwied 1.1953 ff

Zeitschrift für Entwicklungspsychologie und Pädagogische Psychologie. Hogrefe, Göttingen 1.1969 ff

Zeitschrift für Kinder- und Jugendpsychiatrie. Huber, Bern 1.1973 ff

Sachverzeichnis